계엄령·연금개혁·캐즘·메가시티 등
최신 시사 키워드를 한큐에!

편저 시사상식연구소

신문으로 공부하는 말랑말랑
시사상식

종합편

신문이 술술 읽혀야 상식이 쌓인다
신문은 36페이지에서 40페이지 정도의 지면으로 이뤄져 있습니다. 이를 한 권의 책으로 옮겨본다면 몇 페이지 정도 될까요? 하루의 신문 내용을 책으로 옮겨보면 약 200페이지 정도라고 합니다. 알고 개보면 신문이 이렇게 방대한 양의 정보를 담고 있었다니 세상 놀랍지 않은가요? 게다가 책과는 다르게 신문은 여러 분야의 다양한 지식을 다룹니다. 하루치 신문은 책과 비교할 때 질적으로 전혀 뒤떨어지지 않는 다양한 내용들을 전해준다는 것을 알 수 있죠. 신문을 읽으면 전 세계 사회현상과 흐름, 전망, 관련된 역사, 문화 등을 배울 수 있습니다. 가장 저렴하게 지식을 습득할 수 있는 방법인 셈이죠.

연금개혁
2025년 3월 20일 지지부진했던 연금개혁이 18년 만에 국회에서 결실을 맺었습니다. 그동안 국민연금은 저출산·고령화로 인해 2055년 연금고갈이 예상돼, 서둘러 보험료율과 소득대체율 등을 우선적으로라도 조정해 고갈시기를 늦춰야 한다는 국가적 과제가 시급했죠. 이번에 성사된 연금개혁은 '내는 돈'과 '받는 돈'을 결정하는 '모수개혁'입니다. 이번 개혁으로 '더 내고 더 받는' 연금구조가 짜였습니다.

캐 즘
최근 경영 관련 기사를 보면 '캐즘(Chasm)'이라는 용어를 자주 볼 수 있는데요. 캐즘은 새로 개발된 제품이나 서비스에 대해 대중이 적응하고 받아들이기 전까지 겪는 침체기를 뜻합니다. 본래 지층에 균열이 생기면서 단절되는 것을 뜻하는 지질학 용어인데요. 미국 실리콘밸리에서 활동하던 제프리 무어 박사가 1991년 스타트업의 성장과 정융 캐즘에 빗대 설명하면서 경제·경영 용어로 활용되기 시작했습니다.

시대에듀

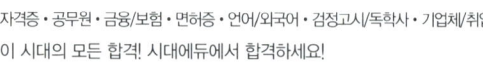

머리말 INTRO

요즘은 잘생겼다는 칭찬보다 센스 있다는 칭찬을 더 듣기 좋아한다고 말하는 분이 많습니다. 이상형을 물어봐도 잘생기고 예쁘기보다 '센스 있는 사람'이라는 답변도 많이 듣게 되지요. 센스가 있다는 건 그만큼 세상과 잘 소통해 사람들이 원하는 포인트를 잘 잡는다는 말과도 일맥상통합니다. 주변 사람들을 즐겁게 만드는 센스는 Common Sense, 즉 상식을 바탕으로 할 때 나온다고 할 수 있는데요. 다방면의 상식이 많은 사람이 센스 있는 유쾌한 사람으로 인정받기 마련입니다.

그런데 일상과 밀접한 관련이 있는 상식들을 책상에만 앉아 머리를 싸매고 공부한다고 해서 내 것으로 만들 수 있을까요? 〈신문으로 공부하는 말랑말랑 시사상식〉은 "상식을 쌓기 가장 좋은 도구인 신문을 두고, 왜 두껍고 지루한 상식책을 살까?"라는 질문에서부터 출발했습니다. 이 책은 효율적으로 상식을 쌓을 수 있는 신문 읽기의 방법을 제시하고, 신문을 이해하는 데 꼭 필요한 기본상식들을 설명해 이해도를 높였습니다. 이번 〈개정판〉에서는 최근 가장 핫한 시사이슈들만 모으고 모아 한눈에 보기 쉽고 말랑말랑하게 풀었습니다.

이 책만 따라하면 더 이상 용어설명 위주의 지루한 상식책을 펼칠 일이 없습니다. 이제는 당신도 걸어다니는 상식사전이 될 수 있습니다.

이 책의 특징

- **첫 째** | 신문의 기본문법. 각 분야의 기본상식을 엄선해 155개 항목으로 정리
- **둘 째** | 말랑말랑 해설 읽고, 관련 기사 정독하고, 퀴즈로 마무리!
- **셋 째** | 지루하고 딱딱한 설명은 가라! 친절하고 말랑말랑한 해설로 상식UP!
- **넷 째** | 신문으로 상식을 업데이트할 수 있는 자신만의 상식 쌓기 노하우 전수
- **다섯째** | 대기업·공사공단·언론사 취업에 꼭 필요한 내용들을 단기간에 익힐 수 있는 필수·완벽대비서!

왜 상식을 쌓아야 할까? COMMON SENSE

💬 상식은 시민사회의 기본 소양

우리는 사회를 살아가며 '상식적', '비상식적'이라는 말을 흔히 사용합니다. 이는 상식이 사회 구성원들이 매끄럽게 소통하게 하는 수단이 된다는 의미입니다. 상식이 없다면 어떤 주제로 대화하면서 맥락을 잘못 이해해 쉽게 다투거나 제대로 된 의견교환을 할 수 없을 것입니다. 상식은 우리가 시민사회를 살아가면서 갖춰야 하는 기본 소양인 셈입니다.

💬 문해력은 상식에서 나온다

최근 우리사회에서는 학생과 성인을 막론하고 '문해력'이 현저히 떨어진다는 분석이 잇달았습니다. 기본적으로 문해력은 글의 구조와 그 안에 담긴 어휘를 이해하는 능력을 뜻하지만, 더 나아가 어떤 사회현상을 스스로의 기준을 갖고 사고하는 것을 뜻하기도 합니다. 그러기 위해서는 상식이 필요합니다. 상식이라는 대상에 대한 기본적인 이해인 상식 습득이 선행되어야, 더 확장되고 심화된 사고도 나올 수 있는 것이죠.

💬 기업은 상식이 있는 사람을 원한다

상식은 그 사람이 살아오며 축적해온 교양의 정도를 의미합니다. 공기업과 공공기관에서는 이미 인재채용 때 상식 필기시험을 치러 보통 이상 정도의 상식을 갖춘 지원자를 선발하고 있습니다. 또한 기업의 채용면접에서는 흔히 사회 현안과 트렌드를 묻는 질문이 나옵니다. 지원자가 얼마나 이슈에 기민하게 반응하고, 이에 발맞춰 사고하고 행동할 수 있는지 심사하는 것이죠. 이런 센스 있는 사람을 기업은 원합니다.

💬 대입구술·면접에서도 상식이 필요해

상식이 많다는 것은 아는 것이 많다는 뜻이고, 많이 아는 사람은 할 수 있는 말도 많습니다. 대입논술과 구술·면접전형에서는 예상치 못한 질문에 즉흥적으로 사고하고 이를 정리해 언어로 풀어내는 능력이 필요합니다. 기본상식이 있다면 무엇보다 유리하겠죠? 이를 위해 평소 다방면의 상식을 쌓는 것뿐 아니라 해당 상식에 관해 스스로 생각을 정리해두는 것도 필요합니다. 그런 바탕이 있어야 비판적이고 창의적인 안목이 나올 수 있습니다.

그렇다면 왜 <말랑말랑 시사상식>일까요?

신문 읽는 법부터 차근차근
이 책은 신문 읽기를 바탕으로 하고 있습니다. 상식의 '보물창고'인 신문 읽는 법을 먼저 살펴보고, 기사의 정보를 습득하여 정리하는 법부터 상세히 알려줍니다.

꼭 알아야 하는 키워드만 쏙쏙
어떤 상식부터 공부해야 될지 모르겠다고요? 광범위한 다방면의 시사상식 키워드를 중요도와 시의성을 바탕으로 쏙쏙 엄선했습니다.

시사상식과 일반상식을 한번에
시사상식과 일반상식의 사전적 정의는 다르지만 꼭 구분해 공부할 필요는 없습니다. 이 책에서는 최신이슈는 아니더라도 늘, 혹은 다시금 화제가 되는 일반상식의 내용도 함께 실었습니다.

말랑말랑, 쉽고 친절한 설명
단순한 설명과 암기 위주로 된 기존의 상식책을 넘어, 읽으면서 정말 쉽고 재미있게 이해할 수 있는 친절한 설명을 곁들였습니다.

시의적절한 기사
상식 키워드가 실제 기사에서 어떻게 사용되는지 알아볼 뿐 아니라, 키워드를 더 깊게 이해하고 관련된 다른 정보는 무엇인지 파악하도록 하는 시의적절한 기사를 골랐습니다.

이해를 돕기 위한 시각자료
말랑말랑한 설명과 함께 이해를 돕는 그림·사진·도표 등의 시각자료를 넣었습니다. 풍부한 정보를 한눈에 파악할 수 있습니다.

한 번 더 이해하기 위한 퀴즈
키워드마다 읽은 내용을 한 번 더 복습하기 위한 다양한 유형의 퀴즈를 곁들였습니다. 실제 상식 시험에 출제되는 내용을 바탕으로 해 기출유형도 엿볼 수 있습니다.

이 책의 구성과 특징 FEATURES

센스 넘치는 지성인의 비결은?

❶ 시사이슈 정리법 공개
신문을 술술 읽으며 쉽고 빠르게 스스로 시사상식을 쌓아갈 수 있는 핵심 노하우를 대방출합니다.

❷ 시사용어 키워드 정리
꼭 알아야 할 용어, 모르는 용어의 정리법을 알려줍니다. 신문 읽기와 병행해 빠짐없이 키워드를 정리하면 효과가 두 배가 되어 상식이 더욱 풍성해집니다.

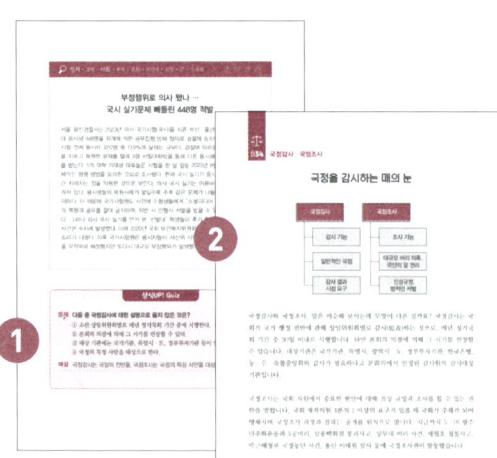

지식을 풍성하게 하는 다양한 통로

❶ 상식 UP! 객관식 퀴즈
객관식 퀴즈를 풀어보면 조금 더 깊이 있는 상식을 쌓아갈 수 있습니다. 말랑말랑한 해설과 함께 공부하면 배경지식은 보너스!

❷ 설명을 돕는 그림과 도표
한눈에 보는 그림과 도표를 추가해 여러분의 이해를 돕고자 합니다. 더욱 생생하게 머릿속에 기억될 것 같죠?

합격의 공식 Formula of pass | 시대에듀 www.sdedu.co.kr

상식 키워드를 습득하는 효과적인 방법

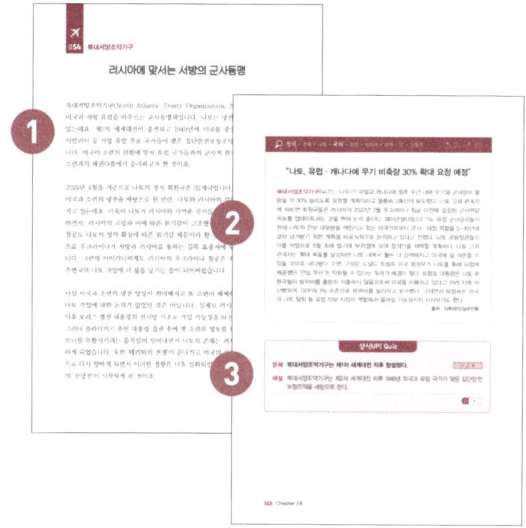

❶ 말랑말랑한 설명

당신에게 꼭 필요한 설명! 말랑말랑하게 풀어 쓴 해설로 상식을 쉽고 재미있게 공부해보세요.

❷ 뉴스 속 상식

쉽고 말랑말랑한 설명을 읽어봤다면 관련 상식들이 어떻게 활용되고 있는지 직접 확인해보면 이해가 훨씬 쉽겠죠? 뉴스 속 상식은 여러분이 공부한 상식용어들이 뉴스 속에 어떻게 언급됐는지 보여줍니다.

❸ 기초 쌓는 OX퀴즈

확률은 반반! OX퀴즈를 풀어보며 상식에 대한 흥미를 늘리고 개념을 마무리해보세요.

취업문 뽀개기는 물론 취업 후 센스 있는 직장인 되기!

〈신문으로 공부하는 말랑말랑 시사상식〉과 함께라면 Mission Complete!

- 매일 업데이트되는 상식을 혼자서 쌓아가는 법을 알면 상식책은 필요없다!
- 신문이 술술 읽히려면 꼭 필요한 기본상식을 말랑말랑하게 공부하자!
- 신문과 퀴즈를 통해서 깔끔하게 상식을 암기하자!
- 취업에 반드시 필요한 일반상식의 핵심만 공략하자!

이 책의 목차 CONTENTS

핵심공략법 말랑말랑 신문 읽기

신문이 술술 읽혀야 상식이 쌓인다 · 020
쉽고, 빠르게 시사상식을 쌓는 공부법을 공개한다 · · · · · · · · · · · · · · · 023

Chapter 1 Hot People

001	윤석열	"주문, 피청구인 대통령 윤석열을 파면한다" · · · · · · · ·	030
002	이재용	돌아온 총수, 위기의 삼성?! ·	032
003	무함마드 빈 살만	미스터 에브리싱 ·	034
004	테일러 스위프트	명실상부 현 세계 최고의 연예인 · · · · · · · · · · · · · · · · ·	036
005	샘 올트먼	챗GPT의 아버지 ·	038
006	루이스 룰라 다 시우바	돌아온 룰라 대통령 ·	040
007	도널드 트럼프	미국을 다시 위대하게! ·	042
008	시진핑	시진핑 리더십, 중국은 독재로 · · · · · · · · · · · · · · · · · · ·	044
009	볼로디미르 젤렌스키	희극 배우에서 조국을 이끄는 영웅으로 · · · · · · · · · ·	046
010	블라디미르 푸틴	21세기의 차르 ·	048
011	베냐민 네타냐후	중동분쟁의 중심 ·	050
012	에마뉘엘 마크롱	재선 성공한 대통령, 다음 과제는 국민통합? · · · · · ·	052
013	라이칭더	대만의 제16대 총통 ·	054
014	레제프 타이이프 에르도안	21세기의 술탄 ·	056
015	마크 저커버그	세상 모든 사람을 연결시키다 · · · · · · · · · · · · · · · · · · ·	058
016	젠슨 황	AI광풍의 최대수혜자 ·	060
017	일론 머스크	일론 머스크의 무모한 도전 ·	062
018	제롬 파월	올빼미파? 매파? 세계 경제대통령 · · · · · · · · · · · · · · ·	064
019	찰스 3세	70년 만에 왕관을 쓴 새로운 영국의 왕 · · · · · · · · · · ·	066
020	한 강	2024년 노벨문학상 수상자 ·	068

Chapter 2 정치 · 법률

021	중대재해 기업처벌법	노동자의 억울한 죽음에 대한 책임 · · · · · · · · · · · · · ·	072

022	유류분	돈은 피보다 진하다?	074
023	특별검사제	수사는 공평하게, 비리는 명백하게	076
024	출생통보제	유령아동을 국가의 울타리로 안전하게	078
025	양형기준	솜방망이 처벌의 근원?	080
026	불체포특권	국회의원의 불합리한 특권?!	082
027	법률안 재의요구권	대통령과 정부의 강력한 정쟁수단	084
028	탄 핵	나라님도 잘못하면 쫓겨납니다	086
029	이해충돌방지법	미공개정보에 의한 공직자의 사적이득 원천봉쇄	088
030	구속영장	범인을 구속하려면 꼭 필요한 것!	090
031	징벌적 손해배상	일벌백계! 불법행위는 꿈도 꾸지 마세요	092
032	국 회	국회에 대해 알아둬야 할 내용, 많아도 너~무 많아!	094
033	계엄령	두 번 세 번 신중해야 하는 대통령의 고유권한	098
034	국정감사 · 국정조사	국정을 감시하는 매의 눈	100
035	특별사면	죗값을 다 안 치렀는데 왜 풀어주죠?	102
036	대통령 중임제	4년이냐, 8년이냐	104
037	중 · 대선거구제	더 올바른 선거제도는 무엇?	106
038	헌 법	제7공화국, 올 수 있을까?	108
039	선 거	정치에 관심을 갖지 않으면 정치도 우리에게 관심을 갖지 않아요	110
040	국회의원	자신이 아닌, 국민을 위해 일합시다	112

Chapter3 국제 · 외교

041	핵무장론	강한 힘엔 강한 대가가	116
042	한미 방위비분담금	안보 무임승차는 없다?!	118
043	팔레스타인 분쟁	끝나지 않을 철천지원수의 관계	120
044	미중 무역전쟁	고래 싸움에 새우 등이 터집니다	123
045	양안관계	중국은 사실 분단국가!	126
046	자위대	자위대는 일본의 진짜 군대가 될까?	128
047	G20	글로벌 경제를 움직이는 리더들의 모임	131
048	쿼 드	미국, 일본, 인도, 호주의 안보 모임	133

이 책의 목차 CONTENTS

049	강제동원해법	누구를 위한 해법일까?	135
050	후쿠시마 오염수 방류	바다는 앞으로 정말 안전할까?	138
051	브릭스	G7에 대항하는 신흥경제국 모임?!	141
052	오버투어리즘	관광객 때문에 못 살겠다!	143
053	영유권 분쟁	네 땅 내 땅 따지다 전쟁 나겠네	145
054	북대서양조약기구	러시아에 맞서는 서방의 군사동맹	147
055	유럽 극우화	유럽, 이제는 우향우?!	149
056	광물협정	누구를 위한 평화협정인가	151

Chapter4 경제 · 경영

057	재정수지	나라살림을 판단하는 지표	156
058	고용률	일자리 좀 늘려주세요!	158
059	양적완화	막힌 돈 줄 뚫어주는 중앙은행의 돈 풀기	161
060	최저임금	최저임금 1만원의 시대가 왔다	163
061	엑스포	세계 산업의 축제	165
062	환 율	외국 돈의 가격 '환율', 이렇게 중요할 줄이야!	167
063	사이드카 · 서킷브레이커	잠시 주식거래를 멈추게 하는 주문	169
064	선 물	선물거래, 왜 하는 건가요?	171
065	벤처캐피탈	유망 벤처기업만 골라 골라!	173
066	경제활동인구	취업 준비생인 나는 비경제활동인구에 속할까?	175
067	기준금리	소수점에도 나라가 흔들린다	177
068	보호무역	누구에겐 천국, 누구에겐 지옥	179
069	ESG	경영에 사회적 책임을 담다	181
070	밸류업	코리아 디스카운트 대응 방안	183
071	연금개혁	18년 만의 개혁, '더 내고 더 받는다'	185
072	국민건강보험	전 세계가 부러워하는 한국의 제도	187
073	투 기	투자와는 무엇이 다를까?	189
074	출구전략	상황을 봐가며 은글슬쩍 발 빼기	192
075	파운드리	반도체 업계의 슈퍼을	194

076	캐 즘	이 고비만 넘기면 시장의 주류로!	196
077	스크루플레이션	경제를 쥐어짜니, 나오는 건 서민들 한숨뿐	198
078	그린플레이션	친환경의 딜레마	200
079	리디노미네이션	돈의 혁명! 화폐단위가 아래로 아래로	202
080	리니언시	빨리 배신하는 사람이 승자가 된다?	205
081	엥겔지수	치솟는 식탁물가, 서민 등골 더 휘겠네	207
082	임베디드 금융	금융과 비금융을 넘어서다	209
083	프로젝트 파이낸싱	부동산거품의 씨앗?	211
084	디폴트	더 이상 부채를 책임질 능력이 없다	213
085	주택담보대출	집 사게 돈 좀 빌려주세요	215
086	RE100	환경을 지키겠다는 기업들의 자발적 약속	217
087	스텔스 창업	회사 몰래 회사 차리기	219
088	민영화	작은 정부의 구현	221
089	체리슈머	최소한의 자원으로 이익을 극대화!	224
090	애자일	기민하고 민첩하게 시장에 대응한다	226
091	깡통전세	집이 아니라 빚 폭탄	228
092	주택청약	서민의 치열한 내 집 마련	230
093	국제유가	기름 값이 세계를 주무른다	232

Chapter 5 사회 · 교육

094	이상동기 범죄	원인 모를 범죄, 흉흉한 사회, 시민은 불안	236
095	가스라이팅	당신은 잘못됐고 그것은 내가 결정한다	238
096	젠트리피케이션	모두 함께 살 수는 없나요?	240
097	리셀러	먼저 사서 비싸게 파는 사람이 진짜 임자	242
098	유리천장	이토록 깨지지 않는 유리라니…	245
099	소득 크레바스	은퇴와 동시에 시작되는 먹고 살 걱정	247
100	고교학점제	고등학생도 수강신청을 한다?!	249
101	플랫폼 노동자	우리도 어엿한 노동자입니다	251
102	조용한 사직	받은 만큼만 일할 겁니다	254

이 책의 목차 CONTENTS

103	의정갈등	기약 없는 갈등에 환자만 더 아파요	256
104	폰지사기	네 돈 놓고 내 돈 먹기	258
105	문해력	당연한 시민사회의 소양	260
106	MZ세대	대한민국을 주름잡는 새로운 세대	262
107	저출산	대한민국의 존립 위기	264
108	외국인 가사도우미	저출산 문제 해결방안 될까?	266
109	뉴트로	유행은 돌고 돌아	269
110	디지털 격차	이것은 어떻게 쓰는 물건인고	271
111	사이버 렉카	남 물어뜯어 돈 버는 사람들	273
112	기후변화협약	기후변화는 누구의 책임일까?	276
113	고령운전자	도로 위의 시한폭탄?!	279
114	주4일 근로제	생산성 강화 vs 생산성 저해	281
115	실업급여	실업급여가 아닌 시럽급여?!	283
116	지방소멸	사람이 없으면 도시도 없다	285
117	메가시티	지방소멸의 타개책?	287
118	마약류 오남용	마약류 의약품도 잘못 사용하면 마약입니다	289
119	사적제재	정의구현? 선을 넘어선 안 돼요!	291
120	스토킹	가해자 처벌은 강하게! 피해자 보호는 언제쯤?	293
121	청소년 SNS 사용 제한	보호필요 vs 자유침해	295
122	학교폭력	이제는 기록에 오래 남아요!	298
123	교권침해	이제 더는 참지 않겠다는 교사들의 외침	300
124	학생인권조례	교권침해의 주범?	302

Chapter 6 문화 · 미디어

125	소프트파워	세계를 아우르는 부드러운 힘	306
126	유네스코 세계유산	인류가 보호해야 할 보편적 가치	308
127	세계 3대 영화제	세계가 주목하는 레드카펫!	311
128	세계 4대 뮤지컬	시간이 지나도 변하지 않는 명작!	313
129	세계 3대 문학상	위대한 문학가에게	315

130	노벨상	꿈의 시상, 최고의 명예	317
131	엠바고	특종을 잡아라! 그래도 지킬 건 지켜야지~	319
132	반달리즘	문화재만은 파괴하면 안 돼요!	321
133	보편적 시청권	누구나 안방에서 스포츠를 즐길 수 있는 권리	323
134	카피레프트	콩 한 쪽도 나눠 먹고, 정보도 나눠줄게!	325
135	뉴라이트	대한민국의 건국일은?	327
136	디지털 복원	문화재를 가상공간에서 만난다	330
137	다크투어리즘	빛과 어둠을 함께	332
138	올림픽	세계화합을 위한 지구촌 운동회	334
139	스낵컬처	과자처럼 가볍게 맛보는 콘텐츠	336

Chapter 7 과학 · IT

140	인공감미료	적당히 먹으면 괜찮아요	340
141	알고리즘	신비하고 광활한 알고리즘의 세계	342
142	6G	이제는 5G를 넘어 6G의 시대!?	344
143	디지털 포렌식	최첨단 디지털 부검 수사	346
144	제임스 웹 우주망원경	인류 역사상 최강의 우주망원경	348
145	메타버스	슬기로운 가상생활	350
146	미세플라스틱	물티슈는 종이로 만들지 않아요	352
147	차세대배터리	안전과 효율, 두 마리 토끼를 잡아라!	354
148	그래핀	꿈의 신소재가 떴다!	356
149	누리호	대한민국, 우주강국의 반열에 오르다	358
150	소형모듈원자로	에너지 위기의 대안이 될까?	360
151	챗GPT	AI 챗봇 전쟁이 시작됐다	362
152	저궤도 위성통신	그냥 인공위성과는 달라!	364
153	빅데이터	세상을 보는 거대한 눈	366
154	NFT	거품인가, 혁신인가	368
155	가상인간	IT시장의 블루칩	370

신문으로 공부하는 말랑말랑 시사상식 〈종합편〉

핵심공략법

말랑말랑
신문읽기

> 말랑말랑 신문 읽기

신문이 술술
읽혀야 상식이 쌓인다

국내 대기업의 한 인사 담당자는 강연 때마다 이런 이야기를 한다고 합니다. "채용 면접관의 마음에 들고 싶다면 스펙을 쌓기보다는 종이신문을 읽으며 종합적 판단력을 키워라" 바로 신문 읽기의 중요성을 강조한 말입니다. 세계적인 투자자 워렌 버핏도 하루에 7가지 신문을 정독한다고 합니다. 그는 "나처럼 돈을 많이 벌려면 신문을 많이 읽어라"라고 조언했습니다.

신문은 36페이지에서 40페이지 정도의 지면으로 이루어져 있습니다. 이를 한 권의 책으로 옮겨본다면 몇 페이지 정도 될까요? 하루의 신문 내용을 책으로 옮겨보면 약 200페이지 정도라고 합니다. 얇고 가벼운 신문이 이렇게 방대한 양의 정보를 담고 있었다니 새삼 놀랍지 않은가요? 게다가 책과는 다르게 신문은 여러 분야의 다양한 지식을 다룹니다. 하루치 신문은 책과 비교할 때 질적으로 전혀 뒤떨어지지 않는 다양한 내용들을 전해준다는 것을 알 수 있죠. 신문을 읽으면 전 세계 사회현상과 흐름, 전망, 관련된 역사, 문화 등을 배울 수 있습니다. 가장 저렴하게 지식을 습득할 수 있는 방법인 셈이죠. 또 종이신문은 타이틀 크기, 지면 배치 등만 봐도 해당 이슈가 어느 정도 중요한지 그 중요도까지 파악할 수 있어 신문을 읽는 것만으로도 상황 판단력과 논리력을 키우는 훈련을 할 수 있습니다.

전 분야의 지식을 모두 섭렵할 필요는 없지만 자신에게 필요한 부분을 쏙쏙 뽑아 내 것으로 만드는 데는 신문만큼 좋은 도구가 없습니다. 한 기업 사장은 바빠서 업무 중에는 짬을 내 신문을 볼 시간이 없기 때문에 새벽 출근길에 반드시 신문을 읽는다고 합니다. 그것도 두 가지 신문을 말입니다. 짧은 시간 동안 신문을 읽어야 하다 보니 나름대로 신문을 읽는 방법이 있다고 하는데요. 그는 경제, 사회, 정치면 순으로 읽고 그 다음에 문화, 스포츠면을 읽습니다. 자신에게 필요한 정보가 담겨 있는 곳을 먼저 읽는 것이죠. 자신의 필요에 따라 각 분야의 지식을 빠르게 얻을 수 있다는 점이 신문의 가장 큰 매력입니다.

신문 이렇게 읽자!

① 나도 기자다. 내가 기사를 쓴다면?

자신이 독자가 아니라 기자라는 생각으로 신문을 읽어야 합니다. 전문가들은 이러한 방법이 최소의 시간을 들여 최대 효과를 내는 방법이라고 말합니다.

◇ 신문읽기 3단계

1단계 : 1면에서 마지막까지 쭉 훑어보면서 큰 제목과 작은 제목의 내용만 간략하게 읽습니다. 5분에서 10분 동안 신문을 넘겨 보며 대략적인 이슈들을 파악하는 과정입니다.
2단계 : 주요한 기사들을 파악하면, 자신이 생각하는 중요도의 경중에 따라 어디에 초점을 둬서 읽을 것인지 결정합니다.
3단계 : 정독하며 필요한 부분은 스크랩합니다. 이때 사건 속에 담긴 의미와 미래의 전망을 파악하며 읽으려는 노력을 기울여야 합니다.

② 신문에서 이것만은 꼭 놓치지 말자.

◇ 글자만 보지 말자.
- 신문을 읽을 때는 글자만이 아니라 사진도 글의 내용만큼이나 중요합니다.
- 꼼꼼히 글자 하나하나에만 집중해서 읽기보다 속독으로 내용을 파악하는 것에 주력해야 합니다.
- 중요한 내용은 스크랩하며 흐름을 파악해야 합니다.

◇ 연재기사, 특집기사는 꼭 읽자.
- 기사의 기획의도를 생각해봅니다.
- 사건의 흐름을 파악하고 경험, 사고의 범위를 넓히는 데 도움이 됩니다.

◇ 경영을 배우고 싶다면 CEO의 사생활까지도 살피자.
- 경마장에 가면 무턱대고 말을 고르지 않고 말을 연구하며 신중에 신중을 기하는 사람들이 많습니다. 이와 마찬가지로 경영에 대해 알고 싶다면 신문에서 다양한 기업의 CEO에 대한 정보를 파악해 보기 바랍니다.

- 그리고 점차 범위를 넓혀가면 좋은 정보가 축적됩니다. 해당 기업의 파트너, 진출한 국가와 관련된 정보들로 하나하나 범위를 넓혀 간다면 경제·경영에 대한 지식이 쌓일 것입니다.

세계 석학, 포럼 등을 다룬 기사들도 놓치지 말자.
- 신문의 가장 큰 장점은 시공간을 초월한 다양한 경험을 선물해준다는 것입니다. 세계 석학들, 전문가들은 우리가 쉽게 만나볼 수 없으며, 이들의 해박한 지식은 우리가 단시간 내에 따라잡기가 어렵습니다.
- 이들의 글을 읽는 것은 우리가 시간과 비용을 들이지 않고 고급 정보를 축적할 수 있는 효율적인 방법입니다.

경제기사를 읽으면 성공이 보장된다.
- 처음에는 경제기사가 무슨 말인지도 모르겠고, 이해는커녕 써있는 말만 암기하려고 해도 도통 잘 되지 않습니다. 하지만 경제기사는 처음에는 어렵지만 자주 보면 금세 친숙해집니다.
- 경제 분야의 기사를 읽을 때는 먼저 경제의 흐름을 파악하고 경기의 움직임을 읽어야 합니다. 그리고 금융시장의 동향을 살피고 난 후 적절한 재테크 계획을 세워보기도 합니다.

1단짜리 단신도 소홀히 보지 말자.
- 가장 가볍게 보고 넘길 수 있으면서도 중간중간 중요한 정보들이 있을 수 있기 때문에 주의를 기울여야 합니다.
- 특히 짤막한 해외 단신에 주목하고, 기업 홍보기사의 경우 모두 믿지는 말도록 합시다.

> 말랑말랑 신문 읽기

쉽고, 빠르게
시사상식을 쌓는 공부법을 공개한다

신문을 이해하는 기본상식과 신문의 중요성을 깨달았다면, 이제는 어떻게 하면 쉽고 빠르게 시사상식을 쌓을 수 있을지 알아봐야겠죠. 우선 매일 조금씩이라도 신문을 읽고 정리하는 습관을 기르는 것이 좋습니다. 읽기만 하고 정리를 하지 않으면 지식을 쌓는 데 한계가 있을 수밖에 없기 때문입니다. 하루에 신문을 다 읽고 정리한다고 했을 때 기본적으로 두 시간, 속성으로 한다면 한 시간 정도는 시간을 들여야 합니다. 만약 그 정도의 시간도 짬을 내기 어렵다 싶은 날에는 하루 30분 정도, 중요한 기사만 읽고 지나가더라도 반드시 정리하는 시간을 가져야 합니다.

어떻게 공부를 해야 할지 구체적으로 알아볼까요?

① 읽고자 하는 신문을 자유롭게 선정합니다. 논조, 기자의 성향, 중립성 등을 고려하는 것도 중요하지만 우선 시사상식을 쌓고 싶다면 이는 크게 중요하지 않습니다. 신문을 읽을 때는 노트와 펜도 함께 준비해야 합니다. 그래서 신문을 다 읽고 한꺼번에 정리할 것이 아니라 신문을 읽으며 메모하고 필기하는 습관을 기르는 것이 좋습니다.

② 먼저 신문의 1면을 읽은 후 뒷부분으로 넘겨 사설을 읽습니다. 신문의 1면은 그날의 가장 중요한 사건·사고들을 한 눈에 보여주는 곳이고, 사설은 이슈가 되는 논쟁들이 무엇인지를 보여주는 곳이기 때문에 신문에서 가장 주목해야 할 부분입니다. 이렇게 신문의 1면과 사설을 읽으며 노트에 정리를 합니다.

> **2025.△△.△△ ○요일 〈○○일보〉**
>
> **1면**
> - 尹 탄핵심판 4일 오전 11시 선고
> - 韓대행, 상법 거부권 … "국가 경제에 부정적"
> - 車·소고기·망사용료 … 美, '韓 비관세장벽' 전방위 지적
>
> **사설**
> - 尹 탄핵심판 4일 선고 … 與野 '승복 다짐'만이 지금 할 일
> - 국방 비관세 장벽까지 … 샅샅이 뒤져 퍼붓겠다는 관세폭격
> - 의대생 수업 불참 '무늬만 복귀', 용납 말아야

이렇게 정리하면 됩니다. 정말로 간단하죠? 하지만 하루, 이틀, 일주일, 오랜 시간 쌓이고 나면 이때 쯤에는 어떤 일이 있었는지, 사건의 흐름이 어떻게 바뀌어 왔는지를 파악할 수 있게 됩니다.

이것이 상식을 쌓는 첫 걸음이며 논술시험, 면접시험 등 각종 입사시험에서 시사이슈, 찬반 논쟁에 대한 답변 시에도 많은 도움이 됩니다.

③ 다음에는 기사 하나하나를 주의 깊게 읽고 정리해봐야겠죠. 기본적으로 신문을 읽고 정리하는 데 2시간 정도는 투자한다고 생각하면 됩니다. 하지만 시간이 부족하다 싶으면 1면에 나와 있는 제목과 관련된 기사들만 찾아 깊이 있게 읽는 것을 권유합니다. 하루씩 빼먹으면 이슈의 흐름이 끊긴다는 점에서도 그렇지만, 무엇보다 공부가 습관이 되지 않으면 매일매일 업데이트되는 상식을 공부할 수 없기 때문입니다. 하루에 2시간, 바쁘면 30분이라도 반드시 신문을 읽고 정리하는 습관을 들이시길 바랍니다.

④ 그렇다면 어떻게 정리해야 할까요?

기사 읽기 → 모르는 용어 적기 → 용어 설명 찾아서 내용 적기 → 관련되는 내용이 있다면 참고 사항으로 적기 → 각 용어 정리마다 마지막에는 〈관련 기사〉 내용을 한 줄로 요약 또는 제목만이라도 적기

이렇게 정리하면 됩니다. 그렇다고 너무 욕심 부리지는 말고, 하루에 5~10개 이내의 용어를 정리하는 것이 적당합니다. 정리할 때는 기사 하나를 읽고 정리를 끝내고, 다음 기사를 읽고 또 정리하고 이런 식도 좋지만 이 방식은 쉽게 지칠 수가 있습니다. 그렇기 때문에 기사를 읽고 생소하고 중요한 용어는 노트에 관련 기사의 제목과 함께 필기해둔 후에, 신문을 다 읽고 나서 적어둔 용어 설명도 찾아보고 하나하나 살을 붙여 정리해나가는 것도 좋은 방법입니다.

시사상식 키워드 정리

1. 인구절벽(사회)

한 세대의 소비가 정점을 찍고 다음 세대가 소비 주역이 될 때까지 경기가 둔화하는 것을 가리킨다. 이는 경제 예측 전문가인 해리 덴트가 자신의 저서 〈인구절벽(Demographic Cliff)〉에서 사용한 용어로 청장년층의 인구 그래프가 절벽과 같이 떨어지는 것을 비유한 것이다. 그에 따르면 한국 경제에도 이미 인구절벽이 시작되었다.

관련기사 '인구절벽' 도래 … 2024년부터 일손 부족

국내 인구가 감소세로 돌아섰다. 이른바 '인구절벽'이 기어코 현실화한 것이다. 인구 감소에 따라 2024년부터 '취업자 마이너스 시대'가 도래할 전망이다. 통계청의 장래인구특별추계(2017~2067년)를 토대로 15세 이상 고용률(60.9%)이 계속된다고 가정하면, 2024년 취업자는 전년보다 1만 9,439명 줄어든다. 취업자 감소 폭은 점차 확대돼 2027년 10만명(10만 1,750명), 2033년 20만명(21만 1,034명), 2040년 30만명(30만 1,589명)을 차례로 넘어선다. 한국 사회에서 처음 맞게 될 취업자 감소 시대는 인구 구조의 변화 때문이다. 취업자 마이너스 시대 사회의 모습은 고령자 비중이 28.1%에 달하는 '세계 1위 고령국가' 일본의 현재를 보면 능히 짐작할 수 있다. 한 해 일손 부족으로 문을 닫은 일본 중소기업이 수백 곳에 달한다. 대기업까지 구인난을 겪는 상황이다 보니, 상대적으로 임금·복지 경쟁력이 약한 중소기업은 말할 것도 없는 상황이다. 고령화 속도가 세계에서 가장 빠른 한국에도 곧 닥칠 현실이다. 65세 이상 고령자에게 지급하는 기초연금 제도를 유지하기 위해 2045년에 만 18세 이상 납세자는 1인당 연 240만원을 부담해야 할 것으로 예상된다.

참고 저출산·고령화 현상

저출산 현상은 태어나는 아이의 수가 감소하여 사회의 출산율이 낮아지는 현상이며, 고령화 현상은 전체 인구 가운데 만 65세 이상 노년 인구가 차지하는 비율이 높아지는 현상이다.

2. 칩4(국제)

미국이 한국, 일본, 대만과 함께 안정적인 반도체 생산·공급망 형성을 목표로 제안한 반도체동맹으로 미국에서는 '팹4(Fab4)'라고 표기한다. '칩(Chip)'은 반도체를, '4'는 총 동맹국의 수를 의미한다. 이는 미국이 추진하고 있는 프렌드쇼어링 전략에 따른 것으로 중국을 배제한 채 반도체 공급망을 구축하겠다는 의도로 풀이됐다. 미국은 반도체 설계가 전문화된 유명 팹리스업체들이 있고, 한국과 대만은 설계한 반도체를 생산·공급하는 파운드리 분야에서 1, 2위를 다투고 있다. 일본 역시 반도체 소재시장에서 큰 비중을 차지한다.

> **관련기사** '중국의 반격' 삼성전자·SK하이닉스 영향은?
>
> 미국으로부터 반도체 수출통제 압박을 받고 있는 중국이 역으로 미국 최대 메모리반도체 기업 '마이크론 테크놀로지' 규제에 전격 나서, 전 세계 반도체 공급망에 긴장감이 고조되고 있다. 수세에 몰린 중국의 반격이 본격 시작됐다는 '신호'로 읽히면서 미중 갈등이 극단으로 치닫는 양상이다. 특히 미국 주도의 '칩4 동맹'에 한국도 참여하고 있어 중국에 대규모 생산기지를 둔 국내 반도체 기업들은 이번 중국 조치 후속으로 국내 기업들도 제재 영향권에 들어설지 예의주시하고 있다.

> **참고** 프렌드쇼어링
>
> 코로나19와 러시아의 우크라이나 침공, 중국의 봉쇄정책 등이 촉발한 글로벌 공급망 위기로 세계경제가 출렁이자 미국이 동맹국 간 공급망을 구축하기 위해 전략적으로 움직이는 것을 말한다. 이를 통해 '믿을 만한 동맹국끼리 뭉쳐 상품을 안정적으로 확보'하겠다는 목적이지만, 중국과 러시아를 공급망에서 배제하려는 의도가 반영됐다는 분석도 있다. 이에 따라 미국은 유럽연합(EU), 호주정부 등과 협력을 강화하고 있으며 기업들도 자발적으로 프렌드쇼어링에 나서고 있다.

3. 허준이(인물)

허준이는 한국계 미국인 수학자로 미국 프린스턴대 교수 겸 한국 고등과학원(KIAS) 수학부 석학교수다. 2022년 한국계 수학자로서는 처음으로 수학 분야의 노벨상이라는 '필즈상'을 수상해 화제가 됐다. 미국 캘리포니아에서 태어난 그는 두 살 때 가족과 함께 한국으로 돌아와 초등학교부터 대학 학부와 석사과정까지를 마쳤다. 2007년 서울대학교 수리과학부·물리천문학부를 졸업했고, 2009년 같은 학교 수리과학부 석사학위를, 2014년 미국 미시간대학교에서 박사학위를 받았다. 박사과정을 위해 미국으로 유학길을 떠난 이후에는 '리드추측'과 '로타추측' 등 오랜 수학 난제들을 하나씩 증명하면서 수학계에 명성을 떨쳤다. 그는 뛰어난 연구업적과 왕성한 연구활동으로 사이먼스 연구자상, 삼성 호암상, 뉴호라이즌상, 블라바트닉 젊은과학자상 등을 받은 바 있다.

관련기사 정부, '제2의 허준이' 길러낼 수학자 지원 프로그램 추진

정부는 수학 분야 우수 연구자의 자유로운 연구를 장기간 지원하는 내용의 '허준이 펠로십'을 추진하기로 했다. 허준이 미국 프린스턴대 교수의 필즈상 수상 쾌거를 재현할 신진 연구자를 양성하기 위한 프로젝트로 대상자의 소속 기관도 국내로 제한하지 않기로 했다. 과학기술정보통신부는 만 39세 이하 청년 수학자를 대상으로 최장 10년 동안 매년 1억원 안팎을 지원하는 펠로십을 신설할 계획이다. 5년 차 중간평가만 한 차례 두어 자유로운 연구를 보장할 방침으로, 우선 6명을 시범지원한 뒤 확대 여부를 검토한다. 이와 함께 중고등학생과 대학생, 대학원생 20명가량을 별도 선발해 수학 분야 연구지도 등도 지원할 예정이다. 펠로십 추진은 "단기 목적으로 연구하지 않고 즐겁게 장기적인 큰 프로젝트를 할 만한 여유롭고 안정적인 환경을 마련했으면 한다"는 허 교수의 의견이 반영된 결과로 알려졌다.

참고 필즈상

수학계의 노벨상으로 불리는 필즈상은 매 4년마다 시상식이 열리며, 1924년 세계수학자대회 조직위원장이었던 '존 필즈'가 국제적 수학상 제정을 제안한 것으로 시작됐다. 새로운 수학 분야 개척에 공헌한 40세 미만의 젊은 수학자에게 수여된다.

⑤ 정리는 노트에 해도 좋고, 컴퓨터 문서로 해도 좋습니다. 대신 3일에 한 번, 또는 일주일에 한 번은 꼭 정리한 내용들을 학습하고, 계속 내용들을 축적해나가야 합니다. 상식용어들을 정리하다보면 반복 등장하는 중요한 단어들이 눈에 띄고, 시대상을 대변하는 중요한 신조어들도 알게 될 것입니다. 이러한 용어들을 정리해두면 나도 모르는 사이에 상식이 쌓여 각종 시험, 수능, 논·구술, 토론 대회에서 좋은 성적을 거두는 밑거름이 될 것입니다.

신문으로 공부하는 종합편
말랑말랑 시사상식

CHAPTER 01

Hot People

001 윤석열

"주문, 피청구인 대통령 윤석열을 파면한다"

2025년 4월 4일, 헌법재판소가 윤석열 대통령의 탄핵심판에서 재판관 8인의 만장일치로 파면을 주문했습니다. 윤 대통령이 12·3 비상계엄을 선포한 지 122일 만, 국회에서 탄핵소추안이 가결되고 111일 만에 이뤄진 선고였습니다. 이로써 윤 대통령은 임기 2년 11개월 만에 직에서 물러나게 되었고, 박근혜 전 대통령에 이어 대한민국 헌정사상 두 번째로 탄핵된 대통령으로 기록되었습니다.

검찰총장 출신인 윤 대통령은 취임 당시부터 공정과 상식을 바탕으로 자유민주주의를 끊임없이 강조해왔는데요. 그러나 출범 직후부터 국정운영은 갖가지 잡음으로 삐걱거렸습니다. 취임 전부터 논란이 된 부인 김건희 여사의 도이치모터스 주가조작 의혹이 이어졌고, 2022년 미국순방 중에 민간인 동행 의혹, 대통령 비속어 논란 등 많은 사건사고가 발생했습니다. 정부와 관련된 의혹보도를 명확한 검증 없이 종종 '가짜뉴스'라고 치부하는 등 언론과의 갈등도 많았죠. 야권과의 소통과 협치도 거의 실종되었습니다. 여기에 정국을 뒤흔들었던 해병대 채상병 사망사건 의혹부터 명태균 게이트까지 갖은 의혹과 사건으로 하루도 시끄럽지 않은 날이 없었습니다. 그리고 2024년 12월 3일 전 국민을 깜짝 놀라게 만든 비상계엄 사태를 일으켜 탄핵심판의 방아쇠를 스스로 당겼습니다.

탄핵심판대에 선 윤 대통령 측은 그동안 야당이 탄핵소추권을 남발하고, 정부 예산안을 삭감하는 식으로 국정운영을 불가능하게 만들었다면서 비상계엄이 '경고성·호소형 계엄'이라고 항변했습니다. 그러나 장고를 거친 헌재의 결론은 달랐습니다. 헌재는 야당의 주도로 탄핵소추안들이 발의됐고, 예산안 또한 감액에 대해서만 야당 단독으로 의결돼 국정운영에 어려움이 있었을 것이라는 점은 인정했습니다. 그러나 그것이 비상계엄의 이유가 될 수는 없다고 못 박았죠. 다시 말해 야당과의 타협과 소통을 통해 해결했어야 할 정치적 문제였다는 것입니다. 아울러 윤 대통령이 국회에 모인 의원들을 끌어내 계엄해제 결의를 방해하려 한 점도 인정됐습니다. 결과적으로 국회가 발의했던 5개의 탄핵소추 사유가 전부 받아들여졌죠.

그러나 파면 이후 윤 대통령은 헌재결정에 대한 승복과 국민에 대한 사과 없이 지지층에 "여러분의 곁을 지키겠다, 용기를 가져라"는 등 자극적인 메시지를 내면서 비판을 받았습니다. 다음 대선을 앞두고 강성 지지층을 결집시키려는 시도로 해석되기도 했죠. 자연인이 된 윤 대통령은 내란혐의에 대한 형사재판 절차를 본격적으로 밟게 됐습니다.

정치 · 경제 · 사회 · 국제 · 문화 · 미디어 · 과학 · IT · 스포츠

자연인 윤석열, 파면 10일 만에 법정 선다 … 내란혐의 첫 심판

헌정 사상 두 번째로 파면된 **윤석열** 전 대통령이 형사 피고인 신분으로 법정에 선다. 대통령직에서 물러난 지 열흘 만이다. '자연인 윤석열'이 마주한 혐의는 내란 음모, 그것도 '우두머리'로서의 역할이다. 법조계에 따르면 서울중앙지법 형사합의25부(재판장 지귀연)는 14일 오전 10시, 서울법원종합청사 417호 대법정에서 윤 전 대통령의 내란혐의 사건 첫 공판을 진행한다. 공판기일에는 피고인 출석이 의무여서 윤 전 대통령은 법정에 직접 나서야 한다. 다만 법원은 경호와 혼잡을 고려해 지하주차장을 통한 비공개 출석을 허용한 상태다. 윤 전 대통령 측은 앞선 준비기일에서 혐의를 전면 부인했다. 공판에서도 같은 주장을 이어갈 가능성이 높다. 일각에서는 재판부에 직접발언 기회를 요청해 자신의 입장을 밝힐 수도 있다는 관측도 나온다. 그는 탄핵심판 당시 헌법재판소 변론 과정에서 수차례 직접 진술에 나선 바 있다.

출처 : 세계일보/일부인용

상식UP! Quiz

문제 윤석열 대통령은 취임 초에 용산 대통령실로 출근하며 기자들과 간단한 문답을 주고 받는 (   )을/를 진행했다. 빈칸에 들어갈 말은?

해설 도어스테핑이다. 대통령 등 주요 인사가 정문을 드나들 때 취재진들과 간단히 현안에 대한 문답을 주고받는 것을 말한다.

답 도어스테핑

002 이재용

돌아온 총수, 위기의 삼성?!

우리나라를 대표하는 기업을 꼽으라면 많은 이들이 주저 없이 삼성을 거론하곤 합니다. 삼성을 이끄는 이재용 회장은 2022년 10월 삼성전자의 회장직에 올랐는데요. 부친인 고(故) 이건희 회장이 2020년 10월 별세한 지 2년 만이자 2012년 부회장으로 승진한지 10년 만입니다. 그는 "국민에게 조금이라도 더 신뢰받고 사랑받는 기업을 만들어보겠다"면서 취임 일성을 밝혔습니다. 그런 삼성이 최근 위기를 맞고 있다는 이야기가 나오고 있죠. 삼성전자의 반도체와 가전제품 사업 부분의 부진으로 영업적자가 이어지고 있습니다. 2024년도 사업보고서에 따르면 삼성전자의 TV 시장 점유율이 2023년 30.1%에서 28.3%로 하락했고, 스마트폰과 D램 등 주요제품의 글로벌시장 점유율도 동시에 떨어진 것으로 나타났습니다.

특히나 삼성이 자랑하던 반도체 부분에서 타격이 두드러졌는데요. 본격적인 인공지능(AI) 시대에 발맞춰 선점했어야 할 고대역폭메모리(HBM)의 투자 시점을 놓치면서, 첨단 반도체 수요에 대응하지 못했다는 평가가 나왔습니다. 파운드리의 절대적 강자인 대만의 TSMC와 격차를 좀처럼 좁히지 못하는데다, 고평가 받던 메모리 반도체 분야에서도 경쟁자들의 추격을 허용하고 있습니다. 실제로 경쟁사인 SK하이닉스에게 2025년 1분기 D램의 세계시장 점유율을 추월당하기도 했죠.

이러한 추세는 삼성전자의 최신제품에도 드러나고 있습니다. 2025년 내놓은 플래그십 스마트폰에 내장된 반도체가 삼성의 것이 아닌 경쟁사인 TSMC에서 생산되고 있는 '퀄컴'의 제품이라고 하는데요. 이 스마트폰은 역대 최대 사전 판매고를 기록하긴 했지만, 그 이익을 다른 반도체 기업들과 나눠먹는 상황에 머무르게 됐죠.

이 회장은 최근 이러한 부진에 대해 임직원들을 질책하며 '삼성다움'을 강조했다고 하는데요. 2022년 광복절 특별사면으로 취업 제한이 풀렸던 이 회장은 2025년 2월 '삼성그룹 부당합병 및 회계부정' 사건 2심에서 무죄 판결을 받으면서 근 10년

째 이어진 사법리스크에서 벗어나게 됐습니다. 위기의 삼성과 족쇄에서 벗어난 총수. 향후 삼성이 보여줄 쇄신과 재도약에 이목이 쏠리는 시점입니다.

정치 · **경제** · 사회 · 국제 · 문화 · 미디어 · 과학 · IT · 스포츠

이재용 "삼성다운 저력 잃어 …
'사즉생' 각오로 위기 대처하자"

이재용 삼성전자 회장이 "삼성은 죽느냐 사느냐 하는 생존의 문제에 직면했다"며 "경영진부터 통렬하게 반성해야 한다"는 메시지를 내놓았다. 이 회장이 이례적으로 강도 높은 메시지를 낸 것은 현재 삼성전자가 직면한 위기가 생존을 위협할 정도로 심각하다고 판단했기 때문으로 풀이된다. 삼성전자는 주력 사업인 D램, TV, 스마트폰 등 주요사업 부문에서 지난해 모두 점유율이 하락했다. 뿐만 아니라 AI 반도체 등 미래 사업 부진으로 앞으로 주요 사업에서 초격차 · 초일류를 장담할 수 없는 만큼 근본적 경쟁력 복원을 촉구하고 조직 전체에 긴장감을 높이기 위한 의도로 해석된다. 삼성전자 안팎에서는 이 회장의 이번 메시지가 복합위기를 겪고 있는 삼성의 위기 타개 방안에 한층 속도를 가하는 분수령이 될 것으로 내다봤다. 사장단에 전달했던 경영 메시지를 전 계열사 임원에게 전파한 만큼 새로운 경영의 방향타가 될 수 있다는 분석이다. 또한 키워드를 '생존'으로 격상한 만큼 이전과 다른 혁신을 넘어 근본적 변화를 추진하겠다는 의지를 피력한 게 아니냐는 해석이다.

출처 : 전자신문/일부인용

상식UP! Quiz

문제 기존 DRAM의 데이터 처리능력을 끌어올린 고대역폭메모리의 명칭은?
① HBM ② VDM
③ RAM ④ SRAM

해설 컴퓨터의 주력 메모리로 사용되는 DRAM을 수직으로 쌓는 방식으로 제작하는 메모리를 HBM(High Bandwidth Memory)이라고 한다. '고대역폭메모리'라고도 한다.

003 무함마드 빈 살만

미스터 에브리싱

지난 2022년 11월 사우디아라비아의 왕세자 무함마드 빈 살만이 한-사우디 수교 60주년을 맞아 우리나라를 방문했습니다. 빈 살만의 방한은 그가 오기 전부터 화제가 됐는데요. 그가 머무르는 호텔은 출입구가 통제되고, 테러 등 혹시 모를 불상사에 대비하기 위해 무장한 경호요원들이 이중삼중으로 배치됐습니다. 출입구에는 가림막을 설치해 내부를 볼 수조차 없게 조치했죠. 빈 살만은 대체 어떤 인물일까요?

그는 '미스터 에브리싱(Mr. everything)'이라는 별명을 갖고 있습니다. 그야말로 모든 것이 가능한 남자라는 의미죠. 최대산유국인 사우디아라비아의 차기 왕위 계승권자이자 총리를 맡고 있습니다. 원래 사우디의 총리직은 국왕이 겸하는 것이 보통인데, 국왕이 왕세자에게 총리직을 양도했다는 것은 그의 권력이 얼마나 강력한지 시사하죠. 실제로 그는 2017년 왕세자에 책봉된 후 전대 국왕인 압둘라 국왕의 세력을 견제하기 위해 대숙청을 단행합니다. 부정부패를 뿌리 뽑겠다며 500명에 달하는 정재계 고위인사들을 호텔에 가두고 처벌을 가했습니다. 이 덕분에 압둘라 국왕의 파벌은 침몰했고, 빈 살만 왕족은 권력을 공고히 하게 됐죠.

그의 재산은 무려 2,500조원으로 추산되는데요. 이렇듯 권력과 재력을 모두 가진 이 왕세자의 방한이 주목받은 것은 그가 우리나라 기업과 손을 잡고 대규모 투자를 할 것이라는 기대감 때문이었습니다. 방한 당시 우리나라의 재계 거물들을 일렬로 모아놓고 면담을 하는 사진도 화제가 됐죠. 그는 먼저 윤석열 대통령과 만나 에너지·방위산업·인프라 건설 등에서 협력을 강화하기로 했고, 협력사업을 추진하는 '전략파트너십 위원회'를 설립해 제2의 중동특수를 기대케 했습니다. 또 우리나라 기업들은 사우디정부·기업·기관과 총사업규모가 40조원에 달하는 업무협약(MOU)을 맺기도 했죠. 또 빈 살만 왕세자는 640조원이라는 천문학적인 비용을 들여 사우디에 '네옴시티(Neom City)'라는 최첨단·스마트 신도시건설을 추진하고 있는데요. 이 프로젝트에 우리 기업들도 수주를 따내기 위해 전 세계 기업들과 경쟁을 벌이는 중입니다.

🔍 정치 · **경제** · 사회 · **국제** · 문화 · 미디어 · 과학 · IT · 스포츠

실탄 마련 나선 빈 살만? …
사우디 '아람코' 60조원 지분 추가 상장

미국 일간지 월스트리트저널(WSJ)은 소식통을 인용해 아람코가 연내 사우디 증시에 대규모 지분 추가상장을 추진 중이라고 보도했다. 아람코는 사우디 실권자인 **무함마드 빈 살만** 사우디 왕세자가 대주주로 있는 세계 최대 석유회사다. 추가지분상장은 사우디 리야드 증권거래소로 잠정 결정된 것으로 보인다. WSJ은 사우디가 해외상장에 따르는 법률 위험(리스크)을 피하고자 이 같은 결정을 내린 것으로 해석했다. 상장 시기는 이르면 연내 이뤄질 전망이다. 아람코의 이번 추가 지분상장배경으론 빈 살만 왕세자가 거론된다. 빈 살만 왕세자는 석유 위주의 산업에서 벗어난 새로운 먹거리를 마련하기 위해 다양한 정책을 펼치고 있다. 이에 따른 투자금 확보를 위해 아람코의 추가지분상장이 이뤄진다는 견해다.

출처 : 이코노미스트/일부인용

상식UP! Quiz

문제 사우디아라비아의 사막에 건설되는 미래형 신도시 프로젝트의 이름은?

① 옥사곤시티
② 레드씨시티
③ 뉴시티
④ 네옴시티

해설 네옴시티는 사우디아라비아의 빈 살만 왕세자가 추진하는 프로젝트다. 홍해 인근 사막에 최첨단의 미래형 신도시를 건설한다는 프로젝트로 사우디의 석유 개발·수출 존 경제를 제조업 중심으로 바꾼다는 계획이다.

004 테일러 스위프트

명실상부 현 세계 최고의 연예인

미국 시사주간지 〈타임〉은 '2023년 올해의 인물'로 팝스타 테일러 스위프트를 선정했습니다. 1927년부터 시작된 타임 올해의 인물에 연예계 인사가 자신의 본업으로 선정된 것은 처음이었는데요. 이전까지 선정된 다른 연예계 인물과는 달리 순수하게 팝스타로서 거둔 성공으로 선정된 겁니다. 〈타임〉은 그녀를 두고 "빛과 어둠으로 양분된 세계에 남은 유일한 단일 문화"이며 "지구상의 많은 사람들을 감동시켰다"고 평가했죠.

미국을 넘어 전 세계를 사로잡고 있는 테일러 스위프트는 이제 '하나의 현상'으로 자리 잡았습니다. 어린 나이답지 않게 컨트리 음악에 심취했던 스위프트는 2006년 데뷔 이후 금세 미국을 대표하는 정상급 싱어송라이터로 떠올랐습니다. 시간이 흐르며 컨트리에서 벗어나 팝의 영역까지 섭렵한 스위프트는 빌보드 앨범차트 역사상 가장 많은 연간 1위 자리에 올랐고, 앨범 판매량은 2억장을 돌파했습니다. 아울러 발표한 정규앨범 10장을 모두 성공시키는 등 전무후무한 기록들을 쓰고 있죠. 그래미 어워드, 빌보드 뮤직 어워드 등 미국의 주요 음악상도 쓸어 담고 있습니다.

스위프트를 하나의 현상이라고 이야기한 이유는 그녀가 팝을 넘어 국가경제 등 다양한 영역에 큰 영향력을 끼치고 있기 때문입니다. 미국 내 대학에서는 그녀의 이름을 딴 경제·심리학 강의가 개설되기도 했죠. 또한 그녀는 2023년 3월부터 '디 에라스 투어(The Eras Tour)'라고 이름 붙인 월드투어를 시작했는데요. 미국 도시 곳곳에서 공연을 열 때마다 수많은 팬들이 몰리면서 도시 지역경제가 일시적으로 활성화되고 물가가 상승하는 현상이 나타났죠. 이런 현상을 두고 스위프트(Swift)와 경제학(Economics)을 합친 '스위프트노믹스(Swiftonomics)'라는 신조어가 만들어졌습니다. 이 단어는 미국 연방준비제도의 경제동향 보고서인 '베이지북'에 등장하기도 했죠. 디 에라스 투어의 매출액은 대중음악 공연사상 최초로 10억달러를 넘어섰습니다.

미국뿐 아니라 영국에서는 스위프트의 투어가 일으킬 소비진작의 영향으로 영국 중앙은행이 기준금리를 인하하지 못할 수도 있다는 금융계 전망이 나왔습니다. 또 싱가포르에서는 정부에서 보조금까지 동원해 스위프트의 투어를 성사시킨 것으로 알려졌는데요. 스위프트의 공연으로 싱가포르의 1분기 국내총생산(GDP)이 0.2% 성장할 것으로도 기대됐습니다.

"영국 물가상승이 테일러 스위프트 때문?"

영국 소비자물가지수(CPI) 상승률에 미국 팝스타 **테일러 스위프트**가 영향을 끼쳤다는 분석이 나왔다. 영국 통계청(ONS)은 지난달 CPI 상승률이 연 2%로 집계됐다고 밝혔다. 이는 시장 전문가들이 예상한 1.9%보다 높은 수치다. 호텔 가격상승률은 전월 대비 8.8% 상승했다. 지난해 같은 기간 1.7%보다 5배 이상 높다. 이 때문에 서비스 부문 물가 상승률이 5.7%로 예상치(5.6%)를 웃돌게 됐다. 이를 두고 스위프트가 지난달 영국에서 '에라스 투어'를 진행한 것이 영향을 미쳤다는 해석이 나온다. 산제이 라자 도이체방크 영국 수석 경제학자는 "정확히 해석하긴 어렵지만 스위프트 효과가 일부 있었으나 다음 달에는 반전(하락)이 있을 것 같다"고 봤다. 그러나 스위프트 공연과 이번 물가상승이 무관하다는 지적도 나온다. ONS가 호텔 가격 데이터를 수집한 날짜를 전후해선 스위프트의 공연이 없었다. 또한 지난달 공연 부문 물가상승률은 7.3%로 전달(7.7%)보다 오히려 낮았다.

출처 : 매경이코노미/일부인용

상식UP! Quiz

문제 테일러 스위프트가 〈타임지〉의 올해의 인물로 선정된 것은 2023년이 처음이다.

O / X

해설 테일러 스위프트는 배우 애슐리 저드와 함께 '미투(Me Too)운동' 확산에 영향을 끼친 공로로 타임지 2017년 올해의 인물에 선정된 바 있다.

답 X

005 샘 올트먼

챗GPT의 아버지

2022년 11월 미국의 인공지능(AI) 연구재단 '오픈AI'가 출시한 '챗GPT(Chat-GPT)'는 생성형AI의 대중화를 이끌었다고 해도 과언이 아닌데요. 이 강력한 생성형AI를 창조한 오픈AI는 그 유명한 일론 머스크와 소프트웨어 엔지니어인 그렉 브록만, 샘 올트먼 등이 2015년 공동 설립했습니다. 그리고 현재까지 오픈AI의 최고경영자(CEO)를 맡고 있는 인물은 샘 올트먼이죠. 흔히 '챗GPT의 아버지'라고 불리는 올트먼은 AI 업계에서 가장 뜨거운 인물 중 하나입니다. 1985년 미국의 유대인 가정에서 태어난 올트먼은 스탠퍼드 대학교에서 컴퓨터 과학을 공부하다가 중퇴하고 창업에 뛰어들었는데요. 친구들과 'Loopt'라는 위치공유 서비스 플랫폼을 설립해 매각했고, 이후 스타트업 펀딩기업인 'Y Combinator'에 입사해 투자자로서 두각을 나타내기도 했죠.

올트먼이 오픈AI를 설립하게 된 배경에는 이세돌 기사와의 바둑 대결로도 유명한 구글 딥마인드의 '알파고(AlphaGo)'가 있었습니다. 알파고가 일으킨 충격으로 AI의 가능성에 주목한 올트먼과 설립자들은 안전하고 공익적인 AI 개발을 목표로 비영리 단체 오픈AI를 설립합니다. 올트먼은 여기서 오픈AI의 방향성을 설정하고 기업을 이끌어나갔죠. 그는 연구진과 엔지니어 인력을 조직했고, 투자자들을 설득해 대규모 투자를 이끌어냈습니다. 특히 거대 IT 기업인 마이크로소프트(MS)의 100억달러 투자를 성사시키면서 AI 개발을 위한 컴퓨팅 자원을 확보하기도 했죠. 오픈AI의 목표가 '인류에 도움이 되는 AI의 개발'인 만큼 올트먼은 자사의 AI가 비윤리적 목적으로 오용되지 않도록 하는 가이드라인을 설정하는 데도 애썼습니다.

오픈AI는 그동안 비영리 법인의 지배를 받았는데요. 그런데 2023년 11월 돌연 오픈AI의 이사진들이 올트먼을 CEO 자리에서 해임하는 사태가 발생했죠. 그가 갑작스레 해임된 배경에는 여러 소문이 오갔지만, 관련업계와 언론들은 사태의 핵심이 비영리 법인인 오픈AI의 특이한 지배구조라고 짚었습니다. 이사회 구성원이 6명뿐인 오픈AI에서 4인의 이사진이 합심해 올트먼을 축출하려는 시도였다는 것이죠.

그러나 이 결정은 큰 후폭풍을 불렀습니다. 먼저 오픈AI의 임직원들이 반발했고, 올트먼을 믿고 투자한 투자자들은 당혹스러워했습니다. 급기야 MS에서 올트먼을 영입해 AI 개발팀을 꾸릴 것이라는 소식이 들리면서 상황은 급변했는데요. 결국 전방위 압박에 이사진은 백기를 들었고, 올트먼은 5일 만에 다시 CEO 자리로 복귀했습니다. 그가 챗GPT로 쌓아올린 위상이 어느 정도인지 증명되는 순간이었죠. 이후 오픈AI는 비영리 법인의 지배를 벗게 되었습니다.

🔍 정치 · **경제** · 사회 · **국제** · 문화 · 미디어 · 과학 · IT · 스포츠

짧지만 강했던 올트먼 방한 … '스타게이트 올라탈까' 셈법 분주

중국발 딥시크 충격이 채 가시기도 전에 **샘 올트먼** 오픈AI 최고경영자(CEO)의 짧은 방한이 국내 재계와 테크업계를 뒤흔들었다. 특히 삼성과 SK 등 국내 주요 기업을 상대로 5,000억달러(약 720조원) 규모의 AI 프로젝트인 '스타게이트'의 청사진을 설명하며 전방위적인 투자유치에 나선 만큼 향후 어떤 기업이 스타게이트 생태계에 올라탈지 관심이 쏠리고 있다. 국내 기업들의 셈법도 분주해진 모습이다. 스타게이트는 오픈AI와 소프트뱅크, 오라클이 미국에 최소 5,000억달러를 투자해 합작사인 스타게이트를 설립, AI 인프라를 구축하는 대규모 프로젝트다. 삼성의 입장에서도 스타게이트 생태계 합류가 새로운 기회가 될 수 있다. 전문가들도 삼성이 HBM과 파운드리 사업에서 부진을 겪고 있는 만큼 스타게이트 합류가 필요하다고 입을 모았다. 이를 통해 고객사 확보라는 가장 큰 과제를 해결할 수 있다는 이유에서다.

출처 : 연합뉴스/일부인용

상식UP! Quiz

문제 샘 올트먼은 오픈AI의 설립 당시 구글의 대규모 투자를 이끌어냈다. [O / X]

해설 오픈AI는 마이크로소프트에게 100억달러 규모의 투자를 받았다.

답 ×

006 루이스 룰라 다 시우바

돌아온 룰라 대통령

루이스 이나시우 '룰라' 다 시우바, 일명 룰라 대통령은 브라질의 제39대 대통령입니다. 그는 지난 2003년 제35대 대통령으로 당선되어 2006년 연임에 성공했고, 2022년 대통령 선거에서 승리해 3선을 이뤘습니다. 그는 2022년 10월 열린 브라질 대선에 노동자당 소속으로 출마해, 같은 달 30일 결선투표까지 가는 끝에 50.9%를 얻어 49.1%를 득표한 자이르 보우소나루 자유당 후보를 근소하게 물리쳤죠.

포퓰리즘 성향의 전임 보우소나루정부는 2018년 출범 이후 민주주의제도 위협, 코로나19 방역 실패, 빈부격차 심화, 아마존 열대우림 파괴 등으로 안팎의 질타를 받아왔습니다. 반면 룰라 대통령은 이전 2003~2010년 집권 당시 대규모 복지프로그램으로 빈곤율을 끌어내려 서민층의 희망으로 떠올랐습니다. 2017년에는 비록 대형 부패스캔들에 연루돼 정치적 어려움을 겪었지만, 당시 수사와 판결이 검사와 판사에 의해 편파적으로 진행됐다는 것이 드러나고 과거 유죄판결이 잇달아 '무효'로 돌아선 것이 가산점이 됐습니다. 다만 당선 이후 2023년 1월 보우소나루 전 대통령의 지지자들이 대선결과에 불복해 대규모 폭동을 일으키기도 했는데요. 지지자들은 수도 브라질리아의 의회에 난입해 기물을 파손하는 등 난동을 부렸습니다.

룰라는 초등학교도 졸업하지 못한 대통령으로도 유명합니다. 가난한 집안에서 태어난 그는 어릴 적부터 돈을 벌어야 했고, 금속을 가공하는 공장에서 일을 배웠는데요. 여기서 그는 불의의 사고로 새끼손가락을 잃기도 했죠. 이후 불합리한 노동환경에 문제의식을 느낀 그는 노동조합에서 활동하며 노동자의 권리보호를 위해 힘쓰는 등 노동운동에 투신했습니다. 그는 1980년 노동운동 동지들과 노동자당을 창당했고 1986년 연방하원의원 선거에서 당선되면서 정계에 진출했습니다. 그는 2003년 대통령으로서 첫 내각을 구성하며 자신의 정치철학인 이른바 '룰라주의'를 내세웠는데요. 브라질 국민의 가난을 뿌리 뽑기 위한 대규모 복지정책기조로서, 빈민에 대한 지원을 강화하는 것이 골자였죠. 아이들을 반드시 학교에 보낸다는 것을 조건으로 가족지원금을 지급하는 '보우사 파밀리아' 정책은 룰라주의의 꽃이라 할 수 있습니다. 이 정책은 그가 퇴임한 후 중단되었다가 2023년 다시 룰라가 집권하고 부활했죠.

한편 룰라의 재집권으로 중남미에 좌파정권이 물밀 듯 들어서는 '핑크타이드(Pink Tide)'가 재현됐는데요. 2018년 이후 중남미 경제 상위 6개국 중 브라질과 멕시코, 아르헨티나, 페루, 칠레, 콜롬비아 정권이 줄줄이 우파에서 좌파로 교체되면서 핑크타이드가 현실화됐습니다.

🔍 **정치** · 경제 · 사회 · **국제** · 문화 · 미디어 · 과학 · IT · 스포츠

룰라, 아마존 개발 · 보호 · 빈곤퇴치 줄타기 '진땀'

브라질 대선에서 **루이스 이나시우 룰라 다 시우바** 후보의 당선이 확정됐을 때, 기후변화를 걱정하는 이들은 안도의 한숨을 쉬었다. 자이르 보우소나루 당시 대통령이 2019년부터 4년 동안 재임하면서 파괴한 아마존 열대우림을 룰라 당선자가 다시 보호해줄 것으로 기대했기 때문이다. 룰라 대통령은 이런 기대를 저버리지 않고 2030년까지 아마존 열대우림에서 불법벌목을 모두 중단시키겠다는 야심 찬 계획을 내놓았다. 브라질 정부는 룰라 대통령 취임 반년 만에 전년도 같은 기간보다 열대우림의 벌목이 3분의 1 남짓 줄어들었다고 밝혔다. 그러나 이런 초기 성과에도 룰라 대통령의 취약한 집권기반과 정책추진력 탓에 약속대로 아마존을 지켜낼지는 두고 봐야 한다는 목소리가 나왔다. 강력한 로비집단인 기업농 세력도 이러한 정책에 부정적이며, 아마존 지역의 개발 없이는 해당 지역의 빈곤을 해결하기 어려운 탓에 보호와 개발의 균형을 꾀해야 한다는 과제도 상존한다.

출처 : 한겨레/일부인용

상식UP! Quiz

문제 중남미 지역에 우파 정권이 다수 들어선 경향을 핑크타이드라 한다. 〔 ○ / × 〕

해설 핑크타이드는 중남미 국가에 좌파성향 정권이 들어서는 경향을 말한다.

답 ×

007 도널드 트럼프

미국을 다시 위대하게!

2025년 1월 도널드 트럼프 미국 대통령이 귀환했습니다. 수많은 언론과 여론조사 결과를 뒤엎고 2024년 11월 대선에서 카멀라 해리스 민주당 후보를 압도하며 제47대 대통령으로 돌아왔죠. 그의 이번 당선에는 드라마틱한 순간이 많았습니다. 그중 많은 이들에게 기억된 장면은 2024년 7월 펜실베이니아에서의 유세 연설 중 날아든 총탄에 암살을 당할 뻔한 순간이었죠. 그가 귓불에 피를 흘리며 보란 듯이 주먹을 치켜드는 모습은 트럼프가 어떤 인물인가를 보여주는 상징적인 장면이었습니다.

트럼프의 귀환은 전 세계를 긴장케 했습니다. 트럼프가 내세우는 '미국 우선주의'가 세계 안보와 경제 질서에 미칠 파장이 매우 클 것으로 예측되기 때문이죠. 이전 바이든 행정부는 기본적으로 서방과 우리나라 등 동맹을 중시하는 대외정책을 펼쳐왔는데요. 트럼프가 동맹·비동맹국을 막론하고 미국의 이익을 최우선으로 삼는 정책노선을 펼치면서 교역하는 상대국에 불리하게 작용할 가능성이 큽니다.

당장 트럼프는 수시로 '관세문제'를 강조해왔죠. 공공연하게 "나는 관세를 사랑한다"고까지 말해왔는데요. 트럼프는 대선기간 유세 때마다 집권 시 '관세 카드'를 전방위적으로 사용할 것임을 강조했습니다. 그는 모든 수입품에 10~20% 보편관세를 매기고, 중국산 수입품에는 60%, 멕시코에서 생산된 중국기업 자동차에 대해서는 100~200% 관세를 매길 것임을 공약으로 내걸었습니다. 이런 방식의 관세정책이 결국 세계 무역시장 전쟁에 불을 붙일 것이라는 전망이 팽배합니다. 상대국도 미국의 관세부과 조치에 가만히 있지 않고 보복할 것이라는 이야기죠. 트럼프가 관세정책을 마치 '무기'처럼 사용해 무역 외에 다른 정치적 이득을 얻으려고 한다는 분석도 있습니다.

트럼프의 귀환은 우리나라에도 달가운 일은 아닌데요. 바이든 정부가 외국의 투자 유도를 위해 마련한 인플레이션감축법(IRA), 반도체법이 시행되면서, 우리나라도 이미 미국에 대규모 자동차·반도체 공장을 짓는 등 막대한 투자를 했습니다. 그런데 트럼프는 이러한 법률에 부정적인 입장을 보였죠. 만약 트럼프가 IRA와 반도체법을 폐기한다면 미국에 돈을 쏟아 부은 우리나라나 다른 국가들에게 직격탄이 될 수밖에 없습니다. 고율관세·방위비분담금 등을 비롯해 이러한 문제도 우리나라가 현명하게 대처해야 할 과제로 떠오른 상황입니다.

> 🔍 정치·경제·사회·국제·문화·미디어·과학·IT·스포츠
>
> ## 트럼프 "자동차·반도체·의약품 25% 관세"
> ## … 한국 수출 먹구름
>
> **도널드 트럼프** 미국 대통령이 자동차, 반도체, 의약품에 25% 이상의 관세를 부과하겠다고 밝히면서 한국의 수출 전선에 먹구름이 더 짙어지고 있다. 자동차는 한국의 대미 최대 수출 품목으로, 지난해 수출액은 8% 증가한 347억달러(약 50조원)다. 산업계와 전문가들 사이에서는 관세 25%가 실제 부과되면 수출 비중이 높은 자동차 등을 중심으로 타격이 상당할 것이라는 전망이 나온다. 조희승 아이엠(iM)증권 연구원은 미국 판매량 중 국내 생산 비중은 현대차가 66.6%, 기아는 47.4%라며, 관세 25%가 부과되면 현대차는 5조 7천억원, 기아차는 4조원의 부담을 안을 수 있다고 전망했다. 하지만 트럼프 행정부의 주요 타깃이 유럽이라거나, 모든 국가 상품에 관세를 매긴다면 상대적 경쟁력과는 무관하다는 점 등을 이유로 파장이 제한적일 수 있다는 예상도 있다.
>
> 출처 : 한겨레/일부인용

상식UP! Quiz

문제 트럼프 미국 행정부의 집권 2기 국정기조인 '미국을 다시 위대하게'의 영문 약칭은?

해설 트럼프는 제47대 대통령 당선이 확정된 이후 '미국 우선주의(America First)'와 '미국을 다시 위대하게(MAGA ; Make America Great Again)' 구호를 집권 2기 국정기조로 내걸었다.

답  MAGA

008 시진핑

시진핑 리더십, 중국은 독재로

시진핑 주석은 2012년 제18차 전국대표대회에서 총서기 및 당 중앙군사위 주석에 선출되어 당·정·군 3대 권력을 장악하였습니다. 처음 중국의 지도자가 되어서 언론에 등장했을 때 그는 온화한 이미지였으나, 취임 이후 부패와의 전쟁을 선언하며 "호랑이에서 파리에 이르기까지 지위고하를 막론하고 한꺼번에 척결해야 한다"며 고위층부터 차례로 단죄하였습니다. 그는 현재도 '당풍염정(黨風廉政, 기품 있는 당과 청렴정치)'을 내세우며 부정부패에 강경한 모습을 보이고 있습니다. 그런데 한편으론 이러한 부패 척결이 결과적으로 시 주석의 정적 세력을 제거하고, 1인 독주체제를 굳히게 한 첫 단추가 되었다는 시각도 있죠.

시 주석은 그동안 장기집권을 위한 과정을 차근차근 밟아왔는데요. 2018년 전국인민대표대회 3차 전체회의에서 개헌의 방향성을 제시하며 '국가주석 및 부주석 임기 2연임 초과 금지' 조항을 삭제했습니다. 그간 중국에서는 주석이 10년을 집권하고 권좌를 이양하는 것이 규정으로 이어져왔는데요. 시 주석의 임기가 끝나는 2022년을 넘어 그 이상의 집권을 겨냥한 것이죠. 그리고 이어진 전 인민 개헌투표에서 이것이 성사되었는데, 별도의 가림막도 없이 투표가 진행되어 국제사회에서 논란이 일기도 했습니다. 그는 또 중앙군사위원회를 비롯한 군권을 장악하고, 2021년 11월에는 중국 공산당 100년 역사를 결산하는 '제3차 역사결의'를 통해 마오쩌둥, 덩샤오핑에 이은 중국 공산당의 제3지도자 반열에 오르고자 했죠. 그리고 결국 2022년 10월 16일 제20차 공산당 전국대표대회 개막식을 열며 자신의 집권 3기 시작을 알렸습니다.

시 주석은 '신시대 중국 특색 사회주의'라는 통치철학을 천명했는데요. '샤오캉(小康)', 즉 모든 중국 인민이 풍족하고 편안한 생활을 누리는 사회를 실현하겠다는 것이 핵심입니다. 이를 위해 '공동부유'라는 개념이 등장하기도 했죠. 경제 성장과 함께 만연한 빈부격차를 해소하고자 제시한 것으로 부의 재분배를 강조하는 것인데,

이 때문에 중국의 거대 기업들은 많은 압박을 받았죠. 또한 시 주석은 이 통치철학을 장기집권의 명분으로 삼고자 하고 있습니다. 중국은 우리와도 밀접한 국가인 만큼 시 주석의 향후 정치적 노선과 집권행보가 크든 작든 영향을 미칠 것으로 보입니다.

🔍 정치·경제·사회·국제·문화·미디어·과학·IT·스포츠

CEO 42인 만난 시진핑 속내 … '유럽·바이오' 방점 찍혔다

2025년 3월 28일 베이징에서 **시진핑** 중국 국가주석이 회견한 42명의 세계 유력 CEO 가운데 유럽 인사가 21명으로 절반을 차지했으며 바이오·의학 기업이 10개 사로 가장 많았다. 미중전략경쟁이 격화되는 가운데 중국이 유럽을 견인하면서, 신약 등 차세대 바이오 제품 생산에서 우위를 차지하려는 의도로 분석된다. 시 주석은 이날 이재용 삼성전자 회장 등 38명의 다국적 기업 총수와 4명의 미중·영중 협력기구 대표를 인민대회당에 초대해 다자주의를 옹호하며 대중국 투자를 권유했다. 시 주석은 연설에서 "모두 이성적 목소리와 행동으로 역사의 수레를 되돌리는 행위를 막고, 제로섬 게임에서 벗어나 협력 공영을 이끌어야 한다"고 말했다고 인민일보가 보도했다. 도널드 트럼프 미국 대통령의 무차별 관세를 다국적 기업과 연대의 기회로 삼으려는 취지로 풀이된다.

출처 : 중앙일보/일부인용

상식UP! Quiz

문제 중국에서 정치인을 가리키는 신조어 '마오덩시'에는 마오쩌둥, 시진핑, 후진타오가 속한다.　　　　　　　　　　　　　　　　　　　　　　　ㅇ / ✕

해설 '마오덩시'는 중국 정치계의 신조어로 마오쩌둥, 덩샤오핑, 시진핑을 말한다. 이는 시진핑이 이미 마오쩌둥이나 덩샤오핑과 같은 반열에 올랐다는 평가가 담겨 있다.

답　✕

009 볼로디미르 젤렌스키

희극 배우에서 조국을 이끄는 영웅으로

우크라이나의 제6대 대통령인 볼로디미르 젤렌스키는 희극 배우 출신이라는 독특한 이력이 있습니다. 물론 과거 미국의 로널드 레이건, 과테말라의 지미 모랄레스 대통령처럼 배우 출신의 대통령이 없었던 것은 아니지만, 현재 젤렌스키는 전 세계 국가 정상 가운데서도 많은 주목을 받고 있습니다. 2022년 2월에 시작된 러시아의 우크라이나 침공 때문이죠.

우크라이나의 유대인 가정에서 태어난 젤렌스키는 키예프의 국립경제대학교에서 법학을 전공했습니다. 그는 17살 때부터 TV 쇼에 출연하며 방송생활을 시작했는데요. 그는 2015년 방영된 드라마 〈인민의 종〉에서 대통령 선거에 출마하는 역사 교사를 연기하며 인기를 끌었습니다. 우크라이나와 국제 정치 풍자를 담은 이 드라마를 통해, 젤렌스키는 실제로 대통령 후보로도 거론되기 시작했습니다. 그는 2018년에 드라마와 동명 정당인 '인민의 종'을 창당하기도 했는데요. 주변의 권유로 대통령 선거에 출마한 그는 놀랍게도 41세의 젊은 나이에 압도적인 표차로 우크라이나 대통령으로 당선되었습니다. 그는 호기롭게 부패 척결과 조세 개혁, 러시아와의 분쟁 종결을 외치며 정무를 시작했지만, 정치 경력이 전무한데다 정치적 기반도 없어 대통령직을 잘 수행할 수 있을지 우려하는 목소리가 많았습니다.

그러나 2022년 2월 나토의 확장과 이에 따른 러시아의 불안·서방과의 갈등 등으로 인해 러시아가 우크라이나를 전면 침공하면서 상황이 달라졌습니다. 미숙한 지도자인줄로만 알았던 젤렌스키는 수도인 키이우에 끝까지 머무르며 국민과 우크라이나군을 독려하기 시작했는데요. 그는 유럽연합(EU)과 국제연합(UN) 등 국제무대에서의 연설을 통해 전쟁의 참상을 알리고 군사적 지원을 요청하기 시작했습니다. 이로써 그는 희극 배우 출신의 대통령에서 전쟁의 한복판에서 조국을 이끄는 당당한 지도자로 올라서게 되었습니다. 그는 EU 가입을 시도하고 나토 가입 지지를 회원국에게 호소하면서, 전쟁의 판도를 바꾸려 노력했습니다. 또한 거센 우크라이나의 저항에 전쟁이 장기화되고 러시아가 우크라이나 함락을 쉽게 이뤄내지 못하면서, 젤렌스키의 영향력은 우크라이나 국민의 신뢰를 이끌어냈습니다.

한편 전쟁이 2년 넘게 지속되면서 러시아의 공세를 잘 버텨내던 우크라이나군은 점차 수세에 몰리기 시작했는데요. 2023년 대반격이 실패로 돌아가고 서방의 추가 군사지원이 지지부진하면서 큰 난관에 봉착했습니다. 젤렌스키는 다시금 미국을 비롯한 서방에 무기지원을 간곡히 호소하고 나섰습니다.

🔍 **정치**·경제·사회·**국제**·문화·미디어·과학·IT·스포츠

젤렌스키 "러, 미-유럽 분열 시도" … 미에 강경대응 촉구

볼로디미르 젤렌스키 우크라이나 대통령은 블라디미르 푸틴 러시아 대통령이 전쟁 종식을 위한 협상 과정에서 유럽과 미국을 분열시키려 한다고 비난했다. 영국 일간 텔레그래프 등에 따르면 젤렌스키 대통령은 이날 프랑스 파리 엘리제궁에서 열린 우크라이나 지원 국제 정상회의 이후 별도 회견에서 이렇게 언급한 뒤 "미국이 러시아에 대해 더 강해질 필요가 있다"고 말했다. 젤렌스키 대통령은 이어 "러시아가 완전한 휴전안을 거부했을 때 미국이 러시아에 제재를 가했어야 한다"며 유감을 표했다. 그러면서 러시아가 흑해상의 휴전을 위해 요구하는 대러 제재 해제를 유럽이 받아들일 경우 "매우 위험한 신호"를 보낼 것이라며 서방이 이를 받아들여선 안 된다고 말했다.

출처 : 연합뉴스/일부인용

상식UP! Quiz

문제 볼로디미르 젤렌스키는 대통령 선거에 출마하기 전 국회의원 신분을 갖고 있었다.

O / X

해설 젤렌스키는 희극 배우 출신의 대통령으로 창당 이력은 있으나 실질적인 정치 경력은 일천했다.

 X

010 블라디미르 푸틴

21세기의 차르

러시아의 독재자 블라디미르 푸틴은 두 번의 대통령 재임(8년간) 뒤 메드베데프 대통령 정부의 총리로 4년간을 지낸 뒤 또다시 2012년에 이어 2018년 러시아 대통령 선거에 출마·당선되었습니다. 3선 연임을 금지하는 러시아 헌법을 우회하기 위한 꼼수라고 비판받았죠. 푸틴 대통령은 '21세기의 차르'라고 불립니다. '차르'란 과거 제정 러시아의 황제를 일컫는 말입니다. 이렇듯 러시아 대통령 블라디미르 푸틴은 강력한 카리스마로 러시아를 휘어잡았습니다.

옛 소련 국가보안위원회(KGB) 요원과 총책임자를 거쳐 러시아의 총리와 대통령을 오가며 강한 러시아를 추구하고 있는 그는 언론 통제와 야당 탄압을 하고, 국제적으로도 힘을 과시하고 있지만 친서민 정책과 경제성장에 힘입어 러시아 내 지지율은 40% 수준을 유지했는데요. 또한 푸틴은 사람들에게 자신은 강한 사람으로, 러시아를 회복시켰고 유럽·미국에 맞서고 있다고 강조하면서 러시아가 마침내 강국으로서 부활했다는 것을 호소하기도 합니다. 사이가 좋지 않은 국가의 지도자들과 만날 때 의도적으로 몇 시간씩 지각을 하는 면도 유명하죠. 이렇게 구소련 시절의 강한 영향력을 대외적으로 되찾겠다는 정책으로 러시아 국내에서는 전폭적인 지지를 받으며 4선에 성공했습니다. 2020년에는 개헌 과정에서 자신의 재임 경력을 백지화시켜 30년이 넘도록 집권할 수 있는 길을 마련하기도 했죠.

그러나 푸틴 대통령은 2022년 2월 감행한 우크라이나 침공으로 인해 전 세계적인 비판을 받고 있습니다. 명분 없는 무리한 침공이었다는 비판과 함께 무자비한 폭격으로 민간인 사상자가 속출하면서, 푸틴 대통령은 카리스마 있는 독재자에서 학살자로 변해가고 있습니다. 러시아 내에서도 전쟁에 대한 반대 여론이 높아져 반전 시위가 벌어지기도 했는데요. 미국과 유럽의 각종 경제 제재로 러시아 경제도 위기를 맞게 됐죠. 이에 대응해 푸틴이 유럽으로 가는 천연가스를 끊어버리면서 상황은 더 악화되었습니다. 전쟁의 여파는 전 세계로 뻗어나가서, 자원과 식량 부족 문제가 만연하고 물가는 급등하는 세계 경제 위기의 그림자가 드리웠습니다. 이렇듯 러시아의 우크라이나 침공은 푸틴 대통령을 넘어 러시아 역사상 최대의 실책으로 기록될 형국입니다.

한편 푸틴은 2024년 대선에서 또다시 압승하면서 5선에 성공했는데요. 이로써 그는 과거 이오시프 스탈린 소련 공산당 서기의 29년 집권을 넘어서며 명실상부한 차르로 등극하게 됐습니다. 동시에 서방에 맞서는 그의 철권통치 또한 더욱 공고해지게 됐죠.

🔍 정치·경제·사회·**국제**·문화·미디어·과학·IT·스포츠

푸틴 "트럼프 그린란드 합병 계획, 일리 있다"

블라디미르 푸틴 러시아 대통령이 그린란드를 미국 영토로 편입하겠다는 도널드 트럼프 미국 대통령의 계획에 대해 '진지하다'고 평가했다. 타스 통신에 따르면 푸틴 대통령은 '북극-대화의 영토' 포럼에서 트럼프 대통령의 그린란드 편입 계획이 "미국 새 행정부의 터무니없는 수사에 불과하다고 생각하는 것은 오산"이라고 말했다. 그는 트럼프 대통령의 그린란드 편입 주장을 북극을 둘러싼 지정학적 경쟁 심화 측면에서 봐야 한다고 주장했다. 푸틴 대통령은 "북극의 역할과 중요성이 러시아와 다른 세계에서 분명히 점점 커지고 있다"며 "유감스럽게도 이 지역에서 발판을 확보하기 위한 지정학적 경쟁과 투쟁도 심화하고 있다"고 설명했다. 앞서 트럼프 대통령은 그린란드를 미국 영토로 편입하겠다고 선언해 논란을 일으켰다.

출처 : 연합뉴스/일부인용

상식UP! Quiz

문제 푸틴 대통령이 우크라이나 영토였던 것을 2014년 러시아 영토로 병합한 지역은 크림반도이다.

o / x

해설 푸틴 대통령은 2014년 우크라이나 영토였던 크림반도를 러시아 영토로 병합하고 우크라이나 동부지역에 대한 군사적 긴장을 고조시켰다.

답 o

011 베냐민 네타냐후

중동분쟁의 중심

베냐민 네타냐후는 이스라엘의 최장수 총리로 지난 2022년 총선에서 승리하면서 도합 16년이 넘게 집권하고 있습니다. 1988년 국회의원에 당선되며 정계에 진출한 네타냐후는 유대인 민족주의를 강조하며 팔레스타인에 대해 강경한 태도를 보이는 등 강경우파의 행보를 밟아왔습니다. 그는 1996년 노동당 '시몬 페레스'에 신승을 거두며 최연소 총리에 당선됐습니다. 그는 이후 한 차례 실각하긴 했지만, 2009년 총리직에 복귀했고 이후로 6선 연임에 성공하는데요. 그는 집권하는 동안 팔레스타인과의 평화협상을 중단하고, 팔레스타인에게 이스라엘을 공식적인 유대인 국가로 인정하라고 압박했습니다. 그러나 팔레스타인 지도자들이 이를 순순히 따를 리 없었죠. 네타냐후의 강경노선 속에 가자지구를 통치하는 하마스와 이스라엘 간의 크고 작은 유혈사태가 이어졌습니다. 2014년에는 가자지구 공습으로 많은 민간인 희생자가 발생하면서 국제적인 비판이 쏟아졌는데요. 특히 이란과의 대외정책으로 골머리를 앓고 있던 미국 오바마 행정부와 갈등을 빚었죠. 트럼프 행정부가 들어서서는 미국과의 사이가 긴밀해지기도 했지만, 가자지구와의 끊임없는 무력분쟁은 민간인의 희생을 야기하고 동시에 네타냐후에 대한 비판을 가중시켰습니다.

유혈분쟁뿐 아니라 네타냐후의 행보는 부패 스캔들로도 얼룩졌는데요. 2016년에는 뇌물과 사기 등의 혐의로 기소됐고, 2020년에는 총리로서 처음으로 재판정에도 섰습니다. 결국 2021년 이스라엘의 8개 정당이 결집한 '반 네타냐후 블록'이 연정 구성에 성공하면서, 네타냐후는 다시 총리직을 내려놔야 했습니다. 그러나 그는 "우리는 조만간 돌아옵니다."라며 재집권을 예고했는데요. 거짓말처럼 2022년 12월 극우파와 유대인 초정통파 세력을 끌어 모은 우파연정으로 총리 임기를 다시 시작하게 됐습니다.

그는 현재 중동분쟁의 중심에 선 인물입니다. 2023년 하마스가 이스라엘을 공습하면서 시작된 전쟁이 장기화되고 피해가 극심해지자 국제사회는 휴전을 촉구했는데요. 그러나 하마스 완전 소탕을 천명한 네타냐후는 '적에 대항해 일단은 단결해야 한다'며 이를 듣지 않았습니다. 지속된 전쟁은 결국 앙숙 이란과 무장세력 헤즈볼라까지 끌어들이게 됐죠. 사우디아라비아나 아랍에미리트(UAE) 등 우호관계를 쌓아가던 중동국가들도 분쟁이 격화되면서 이스라엘과의 관계에 부담을 느끼게 됐습니다. 점차 미국을 비롯한 국제사회는 물론 이스라엘 내부에서도 네타냐후의 퇴진을 요구하는 목소리가 나왔는데요. 그가 집권을 이어나가기 위해 전쟁을 이용하고 있다는 비판도 쏟아졌습니다.

🔍 정치·경제·사회·**국제**·문화·미디어·과학·IT·스포츠

네타냐후 "이란 핵무기 보유 용납 못해, 일 끝내겠다"

베냐민 네타냐후 이스라엘 총리가 이란의 핵무기 위협을 거론하며 "일을 끝내겠다"고 말했다고 CNN이 보도했다. 이를 두고 이스라엘이 도널드 트럼프 미국 대통령의 지지를 등에 업고 이란 핵시설 공격 가능성을 시사한 것 아니냐는 해석이 나온다. CNN 등에 따르면 네타냐후 총리는 이날 취임 이후 이스라엘을 처음 방문한 마르코 루비오 미 국무장관과 공동 기자회견에서 "지난 16개월 동안 이스라엘은 이란의 테러 축에 강력한 타격을 가했다. 트럼프 대통령의 강력한 지도력 아래 우리는 반드시 임무를 완수할 것이라 확신한다"며 이 같은 입장을 밝혔다. 루비오 장관은 "이란이 핵무기를 보유하는 일은 절대 없어야 한다"며 "하마스, 헤즈볼라, 요르단강 서안의 폭력 사태, 시리아의 불안정, 이라크 민병대 문제 등 중동에서 발생하는 모든 위협의 배후에는 바로 이란이 있다"고 지적했다.

출처 : 아시아투데이/일부인용

상식UP! Quiz

문제 2023년 베냐민 네타냐후 총리는 이스라엘의 사법개혁을 추진해 성공시켰다.

O / X

해설 네타냐후는 입법부·행정부에 대한 사법부의 영향을 강화하는 사법개혁을 추진했다. 그러나 총리의 사법부 장악과 민주주의 훼손 논란이 불거져 시민들이 대규모 반대시위를 일으켰다. 결국 2024년 1월 이스라엘 대법원은 투표로 사법개혁안을 무효화했다.

답 X

012 에마뉘엘 마크롱

재선 성공한 대통령, 다음 과제는 국민통합?

에마뉘엘 마크롱 프랑스 대통령이 2022년 4월 24일 치러진 대통령선거에서 극우 성향의 마린 르펜 국민연합(RN) 후보를 누르고 재선에 성공했습니다. 이로써 프랑스 역대 최연소 대통령이라는 기록에 이어 2002년 자크 시라크 전 대통령 이후 20년 만에 재선에 성공한 대통령이 됐죠. 그는 재선이 확실시되자, "이제는 한 진영의 후보가 아니라 만인의 대통령으로서 모두를 위한 대통령이 되겠다"며 국민통합을 역설했습니다.

그는 프랑스 전 대통령인 프랑수아 올랑드 정부에서 경제산업디지털부 장관으로서 2년여 재직하며 각종 우파 정책들을 추진했고, 경제활성화 차원에서 관광지구 내 상점의 일요일 및 심야 영업 제한을 완화하는 경제개혁법을 발표했습니다. 대선 출마를 위해 장관직을 사임하며 자신은 좌파도 우파도 아니라고 밝히며, 기존 정치에 맞서 민주혁명을 일으키겠다고 주장하였습니다. 취임한 이후에도 중도 통합에 대한 그의 전진은 강하게 추진되고 있다는 평가를 받아왔습니다. 2016년 4월 중도 성향의 정당인 앙 마르슈를 창당하고, 39세의 나이로 제25대 프랑스 대통령에 당선된 그에 대한 화젯거리는 연일 끊이지 않았습니다.

그는 대통령 취임 후 많은 정치적 개혁을 시도했습니다. 부유세를 폐지하고 해고를 유연화하는 등 친기업 정책을 펼치는가 하면, 실업급여 제한, 노조 혁파 등의 노동개혁 정책을 펼치기도 했죠. 초반에는 이런 개혁에 대한 반발로 지지율이 10%대를 기록하는 등 정치적 위기를 맞기도 했습니다. 2018년에는 유류세 인상에 반발하여 일어난 '노란 조끼 운동'으로 곤혹을 치르며 인상 계획을 철회하기도 했죠. 그러나 그는 반발이 있을 때마다 '국민 대토론회'를 개최하여 국민을 설득하려고 했습니다. 이래저래 국내 현안은 복잡하게 돌아갔지만, 그는 비교적 코로나19 위기를 잘 넘겼다는 평가를 받았습니다. 또 실업률을 낮추는 등 경제활성화에 성공하고, 불안한 외교상황에서도 중재자로서 유연하게 입지를 다졌다는 평가도 받았습니다.

정치 · 경제 · 사회 · **국제** · 문화 · 미디어 · 과학 · IT · 스포츠

'유럽 핵우산' 활짝 펴지나 … 마크롱, 핵무기 강화계획 공개

도널드 트럼프 미국 대통령이 러시아와 밀착, 유럽 안보보장에서 발을 빼려는 모습을 보이면서 '유럽 자체 핵우산' 필요성이 확산되는 가운데 **에마뉘엘 마크롱** 프랑스 대통령이 핵무기 강화계획을 공개하고 나섰다. 프랑스 르몽드, 미국 월스트리트저널(WSJ) 등에 따르면 마크롱 대통령은 프랑스 북동부의 뤽쇠유 생소뵈르 공군기지를 방문해 16억 유로(약 2조 5,400억원)를 투자해 이 시설을 프랑스 핵 억지 프로그램의 주축이 될 최첨단 기지로 변모시키겠다고 발표했다. 마크롱 대통령은 장병들에게 "우리나라와 우리 대륙은 전쟁을 피하기 위해 계속해서 자신을 방어하고 무장하고 준비해야 한다"며 "앞으로 어떤 일이 일어날지 아무도 예측할 수 없다. 내가 원하는 건 우리가 준비하는 것"이라고 강조했다. 이어 "우리는 러시아가 벌이는 침략전쟁에 맞서 우크라이나를 계속 지원할 것"이라고 덧붙였다. 유럽은 그동안 나토 안에서 미국 핵우산의 보호를 받아왔다. 하지만 트럼프 대통령 취임 이후 나토동맹이 흔들릴 조짐을 보이자 프랑스, 영국과 핵을 공유하는 방식을 대안으로 논의하기 시작했다.

출처 : 경향신문/일부인용

상식UP! Quiz

문제 '제거하다, 치우다'라는 의미의 프랑스어에서 유래한 것으로 구체제 · 인물의 청산을 뜻하는 단어는 무엇인가?
① 네포티즘　　　　　　　　② 나르시시즘
③ 마키아벨리즘　　　　　　 ④ 데가지즘

해설 데가지즘은 '제거하다, 치우다'라는 의미를 가진 프랑스어 'Dégager'에서 유래한 것으로, 구(舊)체제 · 인물의 청산을 뜻한다. 2011년 튀니지에서 23년간 독재한 벤 알리 정권의 축출을 요구한 시위에서 구호로 사용한 이후 각종 시위에서 종종 등장했다. 미국 시사지 애틀랜틱은 2017년 4월에 실시된 프랑스 대선에서 기존 유력 정당의 후보들이 탈락하고 '아웃사이더'라 불렸던 에마뉘엘 마크롱과 마린 르펜이 선전하면서 프랑스의 정치 지형이 바뀌고 있다고 분석하며 그 이념적 바탕을 '데가지즘'이라고 보았다.

013 라이칭더

대만의 제16대 총통

2024년 1월 13일에 열린 대만(중화민국) 정부총통 선거는 전 세계 40개국에서 선거가 열리는 '지구촌 선거의 해'의 시작을 알리는 첫 선거였습니다. 아울러 한창 미중갈등이 고조된 가운데 '미중 대리전'의 성격을 띠어 주목을 받았는데요. 이 선거에서 새로운 총통으로 라이칭더가 당선되었습니다. 라이칭더는 세 명의 후보 중 40.05%를 득표하며 여유롭게 새 총통 자리에 올랐죠. 라이칭더의 당선으로 집권 여당이었던 민주진보당(민진당)은 3연속 재집권에 성공했는데요. 그러나 한편으론 국회의원 선거격인 입법위원 선거에서는 민진당이 과반 의석을 차지하지 못하면서 여소야대 형국이 되었죠.

라이칭더는 친미·대만독립 성향인 민진당 소속으로 우리나라의 국무총리 격인 행정원장과 부총통, 총통 자리에 모두 오른 인물입니다. 새 총통이 된 라이칭더에게는 급변하는 대만 주변의 정세와 야당의 견제 속에서 대만의 안전과 주권을 지켜야 하는 과제가 놓이게 되었죠. 그러나 상황은 녹록치 않습니다. 라이칭더 총통은 친미성향에 반중 독립론을 주장하는 것으로 유명한데요. 라이칭더의 당선에 중국 측은 기존의 '양안관계'는 변하지 않을 것이며, 국제적으로 누구든 '하나의 중국' 원칙을 어기려는 것은 중국 내정에 간섭하는 행위라며 단호한 입장을 밝혔죠. 중국과 대만의 양안관계에 대해서는 뒤에서 더 자세히 알아보겠습니다.

어쨌든 친미성향의 총통이 당선됨에 따라 중국으로부터 독립하고자 하는 대만정부의 열망은 더 강해지게 됐습니다. 라이칭더는 당선 이후 줄곧 대만-미국의 관계가 견고함을 강조하고, 반면 중국에는 강경한 목소리를 내면서 기조를 바꾸지 않았습니다. 지난 2025년 3월에는 중국세력이 대만의 군과 사회 각계에 침투해 위협이 되고 있다며 군대 내 이적행위 처벌과 관광·문화교류 관리 등을 강화하겠다고 밝히기도 했죠. 그러면서 "중국은 이미 대만의 반(反) 침투법이 정의하는 '해외 적대세력'이 됐다"고 발언해 중국의 거센 반발을 불렀습니다. 한편 라이칭더의 이러한 반중노선과 함께, 대만과의 친교를 통해 중국을 안보·경제면에서 압박하려는 미국의 향후 전략에도 이목이 쏠렸습니다.

🔍 정치·경제·사회·**국제**·문화·미디어·과학·IT·스포츠

대만 총통, '中 침투 위협' 종합대책 발표 … "중국은 적대세력"

라이칭더 총통은 타이베이에서 국가 안보 고위급 회의를 개최한 뒤 기자회견을 열고 '대만이 당면한 5대 국가안보·통일전선 위협 및 17개항 대응 전략'을 발표했다. 그는 지난해 중국 간첩 혐의로 기소된 인원이 64명으로 2021년의 3배로 늘었고, 이 가운데는 중국을 위해 반란을 준비한 조직도 있었다며 "민주·자유사회에서 보통사람은 생각해 낼 수 없지만 실제로 현재 대만 사회에 (간첩이) 존재하고 있다"고 말했다. 그러면서 중국이 최근 대만인을 상대로 광범위하게 여권을 발급하거나 양안교류로 대만 내 영향력을 확대하고 있고, 대만 기업인들을 압박해 중국투자를 늘리는가 하면 대만 인재와 기술을 탈취하고 있다고 덧붙였다. 그는 "이런 중국은 이미 대만의 반(反)침투법이 정의하는 '해외 적대세력'이 됐다"고 강조했다.

출처 : 연합뉴스/일부인용

상식UP! Quiz

문제 2024년 1월 중화민국의 새 총통에 당선된 인물은?
① 천수이볜
② 마잉주
③ 차이잉원
④ 라이칭더

해설 차이잉원 총통과 함께 부총통직을 수행했던 라이칭더가 2024년 1월 새 중화민국 총통에 당선됐다.

 ④

014 레제프 타이이프 에르도안

21세기의 술탄

레제프 타이이프 에르도안 튀르키예 대통령이 2023년 5월 28일 대선 결선투표 끝에 재신임되었습니다. 그는 이로써 길게는 30년에 달하는 종신집권에 도전할 수 있게 됐는데요. 2018년 첫 취임한 에르도안 대통령은 이번 재선으로 2028년까지 추가로 5년 더 집권하게 됐습니다. 또한 중임 대통령이 임기 중에 조기대선을 실시해 당선되면 추가 5년 재임이 가능한 헌법에 따라 2033년까지도 집권할 수 있는 길을 열었죠. 이 경우 2003년 총리로 시작된 그의 집권기간은 30년까지 연장됩니다.

의원내각제를 없애고 5년 중임의 제왕적 대통령제를 실시하는 이 같은 내용으로 헌법을 뜯어고친 이는 에르도안 바로 자신이었죠. 이 때문에 2017년 개헌 국민투표 당시에도 1인 지배체제가 민주주의를 훼손할 수 있다는 우려가 나왔습니다. 그런데 그는 앞서 2014년에도 총리 임기가 끝날 즈음 더 이상의 총리 연임이 불가능하자, 대통령 직선제로 개헌을 시도해 성공시켰는데요. 그는 튀르키예 역사상 최초의 직선제 대통령에 당선되며 집권을 이어갈 수 있었죠. 그는 기본적으로 이슬람 율법을 중요시하는 이슬람 원리주의와 권위주의를 표방하고 있습니다. 그는 튀르키예가 건국 당시부터 확립한 '세속주의'를 거부하는 스탠스를 취해왔습니다. 2016년에는 이러한 기조에 반발한 군부가 군사쿠데타를 일으켰는데요. 러시아의 도움으로 가까스로 쿠데타를 진압하고 주동자와 연루된 세력을 대대적으로 숙청했습니다. 그리고 이 틈을 타 국민의 지지를 얻어 지지부진하던 제왕적 대통령제로의 개헌을 시도해 성공시킵니다.

그는 이렇듯 장기집권을 노리고 있지만 튀르키예의 경제와 내정 상황은 매우 좋지 못합니다. 그는 총리 시절엔 비교적 튀르키예의 경제를 잘 이끌어 왔다고 평가받았습니다. 그가 2014년 직선제 개헌으로 대통령에 당선될 수 있었던 것도 국내총생산(GDP)을 집권 10년 사이 3배나 키운 공로를 인정받았기 때문입니다. 그러나 코로나19 팬데믹을 전후해 리라화 가치가 폭락하면서 튀르키예는 살인적인 물가상승에 허덕였죠. 거기에 외교에서는 북대서양조약기구(나토, NATO) 소속임에도 친러시아 기조에 나토 확장을 은근히 반대하는 움직임을 보이고 있어, 미국과 서방국가들의 골칫거리가 되고 있습니다. 그러나 이러한 악재에도 그는 재선에 성공했는데요. 이에 힘입어 그가 제왕적 대통령제 하의 권위주의 통치를 더욱 강화할 것이라는 예측이 지배적입니다.

정치·경제·사회·**국제**·문화·미디어·과학·IT·스포츠

에르도안, 종신집권 포석에도 서방이 침묵하는 이유

레제프 타이이프 에르도안 튀르키예 대통령이 야권을 탄압하며 종신집권의 포석을 까는 가운데 서방국가들의 침묵이 이어지고 있다. 튀르키예 당국은 제1야당 CHP의 유력 대선주자인 에크렘 이마모을루 이스탄불 시장을 전격적으로 구속했다. 그의 시장 직무를 정지시키고, 대선 출마자격까지 박탈했다. 이에 반발한 시민들이 거리로 쏟아져 나오며 10년만의 최대 시위가 발발했다. 에르도안정부는 시위 참가자 약 1,900명을 구금하는 등 탄압의 강도를 높이고 있다. 에르도안이 이렇게 강경한 독재행보를 이어갈 수 있는 배경은 튀르키예가 서방국가들에게 전략적으로 필수적인 존재이기 때문이다. 북대서양조약기구(NATO·나토)도 창설 직후부터 튀르키예를 회원국으로 받아들였다. 러시아 흑해함대의 지중해 진출을 막을 수 있는 주요 갈등지역들과 직접 맞닿은 지리적 특수성 때문이다. 이러한 전략적 중요성 때문에 나토의 민주주의 국가들은 역사적으로도 튀르키예의 민주주의 퇴행을 눈감아줬다. 이 같은 사정을 잘 아는 에르도안 대통령은 국제사회의 압력에도 개의치 않고 야권을 탄압해 종신집권을 노리고 있다는 분석이 나온다.

출처 : 서울경제/일부인용

상식UP! Quiz

문제 다음 중 국교가 이슬람교가 아닌 국가는?
① 이란　　　　　　　　　② 예멘
③ 튀르키예　　　　　　　④ 파키스탄

해설 튀르키예에서는 이슬람교가 가장 영향력 있는 종교이기는 하나, 1928년부터 헌법상으로 국교를 정하고 있지 않다. 또한 정치와 종교를 분리하는 세속주의 중심의 국가로서 공식적인 이슬람 국가는 아니다.

답 ③

015 마크 저커버그

세상 모든 사람을 연결시키다

마크 저커버그는 미국 기업가이자 소프트웨어 개발자로서, 페이스북의 공동 설립자이자 회장 겸 CEO입니다. 그는 하버드대학교 재학 중 친구들과 함께 하버드대 학생들끼리 연락처를 공유하고 인맥을 관리하는 서비스인 페이스북을 만들었습니다. 페이스북은 2008년 말부터 세계 최대의 SNS 사이트였던 마이스페이스를 따돌리고 SNS 분야의 선두주자로 올라섰으며, 2012년 기업공개와 함께 마크 저커버그는 빌 게이츠 다음으로 정보기술 분야 2위의 부자가 되었습니다. 이후 그는 '인스타그램(Instagram)'과 모바일 메신저인 '왓츠앱(WhatsApp)', VR 기업인 '오큘러스(Oculus)'를 인수하며 덩치를 불렸습니다.

1984년 미국에서 태어난 그는 치과 의사인 아버지와 정신과 의사인 어머니 밑에서 자랐습니다. 11세 때, 아버지가 운영하는 치과 사무용 프로그램을 개발하기도 했으며, 고등학교 재학 중 음악재생 프로그램 시냅스를 제작해 마이크로소프트와 AOL(American On-Line)의 인수 및 고용 제안을 받았을 정도로 비범했죠. 그러나 그는 이러한 제안을 거절하고 2002년 9월 하버드대에 입학했습니다. 천재들은 가끔 '괴짜' 같은 면이 있는데 저커버그도 마찬가지였습니다. 페이스매시(Facemash)라는 이름의 프로그램을 만들어 장난삼아 배포한 것입니다. 기숙사에 있는 모든 여학생들의 사진을 해킹해서 우리나라에서 '이상형 월드컵'이라 불리는 서비스를 제공했습니다. 그런데 여기에 하루에만 무려 2만 3,000명이 접속하여 서버가 다운될 정도였다고 하네요. 이렇게 큰 인기를 누린 페이스매시가 25억명이 넘는 이용자가 가입한 세계 규모의 사이트로 성장했고 이것이 바로 페이스북입니다.

한편 가상현실인 메타버스의 가능성에 주목한 저커버그는 2021년 10월 페이스북의 사명을 '메타(Meta)'로 바꿨습니다. 최근 그는 도널드 트럼프 대통령의 당선 이후로 그에게 우호적인 태도를 보이고 있는데요. 트럼프는 전부터 빅테크 기업들을 겨냥하며 '소셜미디어의 지나친 검열이 편향적 메시지를 확산시키고 있다'는 불만을 표했었죠. 그러자 저커버그는 2025년 1월 페이스북과 인스타그램에서 가짜뉴스를 판별하는 '제3자 팩트체크 기능'을 폐지했습니다. 아울러 트럼프의 정책 기조와 발맞춰 젠더와 이민자 문제 등 민감한 주제에 대한 언급을 제한하는 조치를 없앨 것이라 밝히기도 했습니다.

🔍 정치・**경제**・사회・**국제**・문화・미디어・과학・**IT**・스포츠

'親트럼프' 행보 저커버그 역풍 부나 … 메타 AI 연구 책임자 퇴사

메타의 인공지능(AI) 연구 책임자가 돌연 퇴사를 선언했다. 올해 AI에 90조원 규모의 투자 계획을 세운 메타의 AI 전략에도 상당한 차질이 빚어질 전망이다. 조엘 피노 메타 기초 AI 연구그룹(FAIR) 부사장은 자신의 링크드인 계정에 "메타에서 약 8년을 보낸 후 작별인사를 할 시간이 왔다"며 퇴사한다고 밝혔다. 2017년 페이스북(메타 전신)에 합류한 피노 부사장은 2023년 초부터 FAIR를 이끌어왔다. FAIR는 그동안 메타의 대규모언어모델(LLM) '라마'를 비롯해 음성 번역, 이미지 인식 등 AI 관련 연구와 제품 개발에 앞장선 메타의 핵심 AI 연구 조직이다. 일각에서는 피노 부사장의 갑작스러운 사임의 원인으로 **마크 저커버그** CEO의 친(親)트럼프 행보가 거론된다. 피노 부사장은 트럼프 행정부 출범 이후 미국과 외교 및 무역갈등을 빚고 있는 캐나다 출신이다. 테크업계 관계자는 "저커버그 CEO의 지나친 친트럼프 행보는 초기부터 내부반발이 극심했다"며 "피노 부사장 역시 회사의 급작스런 방향전환에 반감을 가졌을 수도 있다"고 말했다.

출처 : 한국경제/일부인용

상식UP! Quiz

문제 미국 기업가이자 소프트웨어 개발자인 페이스북의 공동 설립자는?
① 마크 저커버그　　　　　② 앤디 루빈
③ 래리 페이지　　　　　　④ 에릭 슈미트

해설 마크 저커버그는 하버드대학교 재학 중 친구들과 함께 하버드대 학생들끼리 연락처를 공유하고 인맥을 관리하는 서비스인 페이스북의 전신 페이스매시를 만들었다.

답

016 젠슨 황

AI광풍의 최대수혜자

2024년 6월 미국의 반도체기업 '엔비디아(NVIDIA)'가 '마이크로소프트'와 '애플'을 제치고 전 세계 시가총액 1위에 올라섰다는 소식이 들렸습니다. 3조 3,350억달러, 우리 돈으로 약 4,600조원을 기록했는데요. 게임용 그래픽카드로 유명했던 이 기업이 세계 시총 1위로 등극한 데는 역시 공동창립자이자 CEO인 '젠슨 황'의 역할이 컸다고 할 수 있습니다.

대만계 미국인인 젠슨 황은 미국 실리콘 밸리의 1세대 반도체 기업인 AMD에서 엔지니어로 일했습니다. 그러다 1993년 동료들과 함께 엔비디아를 창립했는데요. 초기에 엔비디아는 PC용 시스템반도체를 생산했지만, 비디오게임 시장의 성장에 주목한 젠슨 황은 그래픽 칩셋(GPU ; Graphics Processing Units) 개발로 눈을 돌렸습니다. 그럼으로써 엔비디아는 고성능의 그래픽카드를 제조하는 기업으로 이름을 알렸고, 1999년에는 나스닥에도 상장됩니다.

젠슨 황은 이 그래픽카드의 범용성을 높이는 시도를 했는데요. 이 선택이 엔비디아의 대성공에 결정적인 역할을 했다고 평가됩니다. 그는 GPU를 단순한 그래픽처리만이 아닌 컴퓨터의 중앙처리장치인 CPU의 기능을 대신해 빠른 데이터 연산을 할 수 있는 범용계산장치로 발전시켰는데요. 이를 가능케 한 기술을 GPGPU(General-Purpose computing on Graphics Processing Units)라고 합니다. GPGPU는 머신러닝(기계학습)과 블록체인, 클라우드 등 현재 IT업계가 몰두하는 기술을 개발할 수 있는 강력한 무기가 되었죠.

2020년대에 들어서고 본격적인 인공지능(AI) 광풍이 불면서 인공지능에 관심이 있는 기업이라면 엔비디아의 GPU는 없어서는 안 될 필수상품이 되었습니다. 엔비디아는 AI칩 시장을 선점했고, 수요가 공급을 초과하면서 엔비디아 칩 가격도 급등했는데요. 덤으로 가상화폐 열풍이 불자 가상화폐 채굴을 위해 많은 이들이 엔비디아의 그래픽카드를 사들이면서 품귀현상이 일어나기도 했죠. 전 세계가 인공지능과 반도체 경쟁으로 뜨거운 지금, 젠슨 황은 세계에서 가장 주목받는 CEO가 되었습니다. 그는 AI칩 시장에서 엔비디아의 독주를 공고히 하겠다고 밝혔는데요. 칩뿐 아니라 데이터센터와 자율주행 등 엔비디아의 매출창구를 다각화할 수 있는 투자를 향후에도 아끼지 않겠다고 말했습니다.

최태원 "엔비디아, 2~3년 내엔 적수 없다"

최태원 SK그룹 회장은 제47회 대한상의 제주포럼에서 참석해 최수연 네이버 대표이사와의 'AI 시대, 우리기업의 도전과 미래비전' 토크쇼에서 "짧은 미래 안에 엔비디아의 아성이 부서지지는 않을 것 같다"며 "2~3년 내에는 적수가 없을 것"이라고 말했다. 엔비디아는 당초 그래픽처리장치(GPU)를 잘 다루는 기업이었고, AI 시대를 맞아 이를 더 발전시켜 아성을 굳건히 했다는 판단이다. 단 2~3년 이후에는 여러 시나리오가 있을 수 있다고 판단했다. 한편 최 대표는 최근 **젠슨 황** 엔비디아 CEO와의 미팅에서는 빅테크들이 AI 기술 패권을 주도적으로 가져가는 환경에서 각 기업만의 전략, 틈새시장에 대해 논의했다고 말했다. 최 대표는 "각 국가마다 하나하나 AI모델을 갖는 게 중요하겠다는 말을 했다"며 "나라마다 다르게 적용할 수 있는 소버린AI에 대해 논의했고, 젠슨 황 CEO도 이 부분을 이해했다"고 전했다.

출처 : 뉴시스/일부인용

상식UP! Quiz

문제 GPU는 컴퓨터의 '뇌'에 해당하는 중앙처리장치로 컴퓨터 운영체제에 필요한 명령을 실행한다. O / X

해설 GPU는 컴퓨터의 그래픽처리장치로 병렬로 작업을 수행해 빠른 연산이 가능하다.

답 X

017 일론 머스크

일론 머스크의 무모한 도전

우리에게 전기자동차 '테슬라' CEO로 잘 알려진 '일론 머스크'는 간편결제 서비스 '페이팔(PayPal)'의 공동창업자이기도 합니다. 그는 대학시절 친구들과 함께 이메일을 통해 송금하는 방법을 개발해 동종 회사였던 컨피니티와 합병하여 페이팔을 세우게 되었습니다. 후에 페이팔 지분을 판 머스크는 28살 나이에 수천억대 자산가가 되었습니다. 할리우드 영화 〈아이언맨〉 배역 연구를 하던 로버트 다우니 주니어는 주인공 '토니 스타크'의 영감을 젊고 추진력 있는 기업가 일론 머스크에게서 받았다고 이야기하기까지 했습니다.

젊은 나이에 부자가 된 머스크는 여기서 멈추지 않고 자신의 평생 꿈인 '화성 개발'에 눈을 돌리게 됩니다. 그는 자신의 꿈을 실현하기 위해 민간 우주기업인 '스페이스X'를 설립했습니다. 우주항공산업은 국가주도 사업이라고 생각했던 사람들 눈에는 무모한 도전이었습니다. 실제로 머스크는 이 우주사업을 위해 전 재산을 거의 투자했고 4번째 발사에서 겨우 로켓 발사에 성공했습니다. 4번째 발사로 NASA의 지원을 받게 된 스페이스X는 겨우 파산을 면하게 됩니다. 우주비행기술을 성공시킨 머스크는 이번에는 화성탐사기술 개발에 도전하게 됩니다.

화성개발을 위해 화성탐사 운용시설로 투자한 것이 바로 전기차 회사 '테슬라모터스'입니다. 이 때 솔라시티도 함께 투자해 태양광으로 전기차를 운용할 계획을 세우죠. 이후 테슬라 공동 CEO로 올라선 머스크는 기존의 고정관념을 깨고 전기차의 장점을 극대화한 고성능 차량을 선보임으로써 천문학적인 돈을 손에 거머쥐게 됩니다. 그는 계속해서 도전을 멈추지 않고 위성 인터넷 서비스인 스타링크, 대형 민간우주선 스타십, 합금을 이용한 사이버트럭 등을 꾸준히 시장에 선보이게 됩니다.

그러나 머스크는 그 능력만큼이나 각종 가십과 스캔들, 거침없는 언행으로도 화제를 일으켰는데요. 지난 2021년에는 가상화폐인 '도지코인' 관련 발언을 잇달아 내놓아 시장판을 들썩거리게 만들었죠. 2022년에는 트위터를 인수해 'X'라는 새로운 이름으로 리브랜딩 했는데요. 이 과정에서 직원들이 대량해고 되면서 트위터가 본래 갖추고 있었던 부적절한 표현을 감지하고 걸러내는 기능이 약화되기도 했습니다. 최근 2024년 미국 대선에서는 트럼프를 공개적으로 지원사격하며 당선에 일조했는데요. 머스크는 트럼프 2기 행정부에 신설된 정부효율부의 특별고문이 되어 사실상 정부부처까지 이끌게 되었습니다.

🔍 정치·경제·사회·**국제**·문화·미디어·과학·IT·스포츠

머스크, 테슬라주가 반토막 "내 탓" 인정 … "장기적으론 잘될 것"

테슬라 최고경영자(CEO)이자 도널드 트럼프 미국 행정부의 정부효율부(DOGE)를 이끄는 **일론 머스크**가 테슬라 주가 하락에 대해 자신의 DOGE 활동 탓이라고 인정하면서도 장기적으로는 괜찮을 것이라고 언급했다. 테슬라 주가는 트럼프 대통령이 당선되고 한 달여 뒤인 2024년 12월 17일 479.86달러까지 올랐으나, 트럼프 2기 행정부가 출범하고 머스크가 DOGE 활동을 시작하면서 큰 폭으로 하락해 2025년 3월 28일 종가(263.55달러) 기준으로 최고점 대비 45% 넘게 하락한 상태다. 머스크와 DOGE의 연방기관 축소, 공무원 대량해고에 반대하는 기류가 점점 더 거세지면서 테슬라 주가에 타격을 준 것으로 풀이됐다. 하지만 머스크는 이런 상황에서도 정치활동을 이어가고 있다. 지난 미국대선에서 천문학적 금액을 기부하며 트럼프 대통령의 최측근이 된 머스크는 최근 위스콘신주 대법관 선거전에도 뛰어들어 보수성향 후보의 당선에 힘을 쏟았다.

출처 : 연합뉴스/일부인용

상식UP! Quiz

문제 일론 머스크는 테슬라모터스, 페이팔, 스페이스X 회사의 최고경영직을 맡고 있는 미국의 대표적인 젊은 기업인이다. ○ / ×

해설 일론 머스크는 과거 페이팔을 창업했으나, 다른 경영진과의 불화로 페이팔을 떠났다.

답

018 제롬 파월

올빼미파? 매파? 세계 경제대통령

미국 연방준비제도(Fed)의 의장은 '세계 경제대통령'이라고들 합니다. 미국의 달러 발행 권한, 지급 준비율 변경 권한, 기준금리 변경 권한 등 세계 경제에 지대한 영향을 미칠 요소들에 대한 변경 권한을 갖고 있는 중책이기 때문입니다.

2018년 2월 연임에 실패한 재닛 옐런 전 의장에 이어서 트럼프 전 대통령(1기)에 의해 새롭게 임명된 인물은 바로 제롬 파월입니다. 조지 H. W. 부시 대통령 때 재무부 차관을 역임했고, 2011년 오바마 대통령 때 연준 이사로 선출된 인물입니다. 그는 공화당원이면서 민주당 정부 때 연준 이사직에 오른 특이한 케이스인데요. 당시 미국의 국가부채 한도 증액에 반대하는 공화당을 중간에서 잘 설득해 행정부에 동조하게 만든 공로가 있었기 때문입니다. 파월과 친분이 있는 리처드 피셔 전 댈러스 연방은행 총재는 그에 대해 "매파도 비둘기파도 아닌 현명한 올빼미파"라며 "양쪽의 의견을 끝까지 듣고 최선의 결론을 찾으려 한다"고 평가했습니다.

잠깐! 올빼미, 매, 비둘기… 뭘 말하는 건지 모르시겠다고요? 경제에 대해서 얘기할 때 이 새들은 각각의 경제정책을 선호하는 사람들에 자주 빗대어져 표현되는 동물입니다. 매파는 경기가 과열 조짐을 보이면 통화를 거둬들이고 물가를 안정시키려는 긴축정책을 선호하는 사람들을 말합니다. 반대로 비둘기파는 경기 부양을 위해 더욱 돈을 풀자는 완화정책을 선호하는 사람들이죠. 둘 사이에 있는 올빼미파는 두 방법 사이에서 중간적인 성향을 보이는 중도파들을 가리킵니다. 올빼미파 파월은 2021년 11월 바이든 대통령의 재신임을 받게 되었는데요. 인플레이션 우려가 커진 미국 경제를 안정적으로 회복시킬 수 있는 인물로서 다시 선택을 받았습니다. 그런데 2022년에 들어도 미국의 물가가 좀처럼 가라앉지 않자, 파월은 11월까지 무려 네 번의 '자이언트 스텝(기준금리를 한 번에 0.75~1.00% 올리는 것)'을 감행하면서 매파 같은 행보를 보였습니다. 덕분에 우리나라를 비롯한 세계 각국도 강력한 긴축정책을 펼치게 되었죠.

정치·경제·사회·국제·문화·미디어·과학·IT·스포츠

파월 "인플레 일시적" … 올해 금리인하 '두 차례' 유지

제롬 파월 미국 중앙은행(Fed) 의장은 이달 연방공개시장위원회(FOMC)의 금리동결 결정 직후 기자들과 만나 관세로 인한 인플레이션 영향은 분명히 있지만 일시적인 현상에 그칠 것이라고 시사했다. 오히려 지금은 관세를 중심으로 한 경제정책들이 경제에 미칠 영향이 불확실한 만큼 상황을 지켜보며 향후 통화정책을 결정하겠다는 입장을 분명히 했다. 이날 기자간담회에선 파월 의장이 인플레이션을 일시적인 것에 무게를 두자 2022년 인플레이션 통제를 놓쳤던 실수를 반복할 위험은 없냐는 질문이 나왔다. 파월 의장은 이에 대해서 다시 한 번 "인플레이션이 자연스럽게 하락할 것이라면, 굳이 추가적인 긴축정책을 시행할 필요가 없다"고 강조했다. 하지만 Fed 내부에선 파월 의장의 발언과는 다른 분위기가 감지된다. 경제전망예측(SEP)에 따르면 FOMC 위원들은 올해 미국의 국내총생산(GDP) 성장률 전망치(중간값)를 2024년 12월의 2.1%에서 1.7%로 하향했다.

출처 : 한국경제/일부인용

상식UP! Quiz

문제 제롬 파월은 미국 오바마 전 대통령이 임명한 연방준비제도 의장이다. O / X

해설 제롬 파월은 미국 트럼프 전 대통령(1기)이 임명한 16대 연방준비제도 의장이다.

답 X

019 찰스 3세

70년 만에 왕관을 쓴 새로운 영국의 왕

찰스 3세 영국 국왕이 2023년 5월 6일 런던 웨스트민스터 사원에서 거행한 대관식에서 마침내 왕관을 쓰고 영국과 14개 영연방 왕국의 군주가 됐음을 전 세계에 공표했습니다. 영국에서 국왕의 대관식이 열린 것은 1953년 선왕인 엘리자베스 2세의 대관식 이후 70년 만입니다. 여왕의 서거 이후 찰스 3세가 왕위를 계승한 지 8개월 만이죠. 이날 대관식은 1,000년 가까이 이어져 온 전통의 틀을 대체로 따랐으나, 일부 의식에서는 시대의 변화를 반영했습니다. 불교, 유대교, 이슬람교 등 다른 종교지도자들이 대관식에 참석해 비종교적인 대관식 물품을 전달한 것도 사상 처음 있는 일이었죠.

대관식은 화려하게 치러졌으나 동시에 군주제 유지에 대한 시각은 미묘하게 달라지고 있습니다. 영국은 브렉시트, 코로나19 이후 성장동력이 떨어졌고 물가상승률이 10%가 넘었습니다. '생계비 위기'라는 표현이 공공연해졌고, 의료·교통·교육 등 공공부문에서 급여를 올려달라며 파업을 벌였죠. 대관식 참석자수를 70년 전의 25% 수준으로 축소하고 행렬도 단축했지만 1억파운드(1,700억원) 이상으로 알려진 비용을 세금으로 대는 데 반감이 나왔습니다.

대관식 날 거리에서 '내 왕이 아니다(Not My King)'라는 구호가 터져 나온 것도 이런 배경에서입니다. 군주제폐지 시민단체 '리퍼블릭'은 "군주가 아닌 국민대표가 국가원수가 돼야 한다"며 대관식시위 동참을 촉구해 관심을 받았죠. 왕실행사에 관심을 끄는 것을 넘어 행동에 나서는 사람들이 늘어난 것입니다. 군주제에 대한 영국인들의 지지가 갈수록 떨어지는 것은 찰스 3세에게 큰 고민거리죠. 어머니와 같은 카리스마나 인기도 없고, 왕실지지율마저 떨어지는 상황에서 달라진 세상에 걸맞은 왕실의 모습을 보여야 한다는 무거운 짐을 지고 있습니다. 국제적으로는 과거 제국주의 식민지배 시절의 과오를 반성해야 한다는 목소리가 높죠. 분열된 영국인들을 아우르고, 왕실가족 내 잡음도 다스려야 합니다. 근본적으로는 군주제가 현대

민주주의에 걸맞지 않다고 보는 21세기 영국민들에게 왕실이 시대착오적이지 않다는 것을 보여주는 것이 중요하다는 지적이 나옵니다.

🔍 **정치**·경제·사회·**국제**·문화·미디어·과학·IT·스포츠

영국 찰스 3세 즉위 1년, 군주제 지지율, 18~24세에선 절반 이하

찰스 3세 즉위 1년을 앞두고 시행된 여론조사에서 군주제 지지율이 60%에 이르는 것으로 나타났다. 그러나 20세 전후에선 절반에 그쳤다. 영국 온라인 설문업체 유고브는 성인 2,020명을 대상으로 이뤄진 이번 조사에서 58%는 군주제가 영국에 좋다고 답했다고 밝혔다. 군주제를 지속해야 한다는 답변도 62%로 나타났다. 그러나 군주제를 둘러싼 세대별 의견 차는 여전히 큰 것으로 나타났다. 18~24세의 경우 군주제가 영국에 좋다는 답변은 30%에 불과했다. 이는 전체 평균보다 절반가량 낮은 것으로, 65세 이상의 77%와 뚜렷한 차이를 보였다. 군주제 지속과 관련해서도 18~24세는 37%만 긍정적으로 답했는데 65세 이상에선 80%에 달해 큰 차이를 보였다. 왕실 관련 전문가 에드 오웬스는 젊은 층의 낮은 지지는 왕실로선 확실히 우려할만한 일이라면서 이 흐름을 되돌리긴 어려울 것이라고 말했다.

출처 : 경향신문/일부인용

상식UP! Quiz

문제 다음 중 입헌군주제 국가가 아닌 것은?
① 영국
② 덴마크
③ 태국
④ 네팔

해설 현존하는 입헌군주국에는 네덜란드, 덴마크, 노르웨이, 영국, 스페인, 일본, 태국, 캄보디아 등이 있다. 네팔은 1990년에 입헌군주정을 수립했으며 2008년 다시 절대왕정으로 회귀하려다 왕정을 폐지하고 민주공화국을 수립했다.

답 ④

020 한 강

2024년 노벨문학상 수상자

2024년 10월 스웨덴으로부터 놀라운 소식이 들려왔습니다. 우리나라의 한강 작가가 노벨문학상 수상자로 선정되었다는 소식이었죠. 한국문학의 새 역사를 쓴 눈부신 성과였습니다. 100년 넘게 이어온 노벨문학상 역사상 최초의 아시아 여성 수상자로도 주목을 받았습니다. 사실 한강 작가는 2016년 세계 3대 문학상 중 하나인 '부커상' 인터내셔널 부문을 수상하면서 세계에 이름을 알리기는 했었지만, 이번 노벨상 수상을 점친 사람은 많지 않았는데요. 그 이유 중 하나는 한강 작가의 나이가 전체 수상자들의 평균 나이보다 훨씬 젊다는 것이었죠. 노벨문학상은 작품 활동을 종합적으로 평가할 수 있는 60~70대 이상의 작가에게 돌아가곤 했는데, 한강 작가의 나이는 이제 50대 중반에 지나지 않습니다. 어찌 보면 한강 작가가 구축해온 작품세계가 그만큼 완성도 높다는 방증이라고 볼 수도 있겠네요.

1970년 전남 광주의 문인집안에서 태어난 한강 작가는 1994년 서울신문 신춘문예 소설부문에 〈붉은 닻〉이 당선되면서 소설가로 데뷔했습니다. 한강 작가는 죽음과 폭력 등 인간의 보편적 문제를 시적이고 서정적인 문체로 풀어내는 독창적인 작품세계를 구축했다는 평가를 받습니다. 먼저 잘 알려진 연작소설 〈채식주의자〉를 빼놓을 수 없는데요. 한강 작가는 이 작품에서 폭력성을 육식으로 치환해, 육식을 거부하게 된 여성이 가부장 체제 등 기존 질서와 억압에 저항해 스스로 식물이 되기를 택하는 이야기를 다루고 있습니다. 아울러 한강 작가는 현대사의 비극적 사건에도 관심을 두었죠. 광주민주화운동을 다룬 장편 〈소년이 온다〉와 제주 4·3사건의 비극을 세 여성의 시선으로 풀어낸 〈작별하지 않는다〉 등으로 우리 현대사의 깊은 어둠과 상처를 소설로 형상화했습니다.

이번 노벨 문학상 수상의 효과로 그녀의 작품이 서점에서 불티나게 팔리기도 했습니다. 서점의 베스트셀러 순위를 한강의 작품이 독차지했고, 작품을 구입하기 위해 서점 앞에 오픈런이 일어나는 진풍경이 벌어지기도 했죠. 신선한 충격이 아닐 수 없었는데요. 모쪼록 한강 작가가 일으킨 이러한 독서열풍이 더욱 이어지기를 바랍니다. 더불어 'BTS', '오징어게임' 등 세계에서 드높아진 K-문화의 위상도 더욱 빛났으면 좋겠습니다.

🔍 정치·경제·사회·국제·문화·미디어·과학·IT·스포츠

노벨상 한강의 힘 …
세계 독서광에게 'K-문화' 수용성 높인다

작가 **한강**이 아시아 여성 최초로 노벨문학상을 수상하면서, 한국 문화산업이 세계적으로 더욱 힘을 실을 것으로 전망된다. 작가 한강의 노벨문학상 수상은 한국 작가, 국문학의 글로벌 위상을 높이면서도 세계 속 한국문화, K-컬처의 다양성을 순식간에 열어줬다. 첫 번째로는 수준 높은 한국문학을 알리고, 두 번째로는 한국의 아픈 역사를 재해석한 콘텐츠의 공감까지 이끌어냈다. 이 같은 전망은 외신에서도 살필 수 있다. 영국의 로이터 통신은 '한강의 놀라운 노벨문학상 수상으로 K팝과 K드라마 오징어게임 등으로 상징되는 K컬처가 K문학으로 확대될 수 있을 것'이라고 보도했고, 프랑스의 AFP는 '오스카에 이어 TV 드라마와 K팝 스타들이 세계시장을 점령했고 이제는 노벨문학상마저 가져갔다'며 '한국이 세계 문화 속 메이저로 자리 잡고 있다'고 설명했다.

출처 : 이코노미스트/일부인용

상식UP! Quiz

문제 다음 중 한강 작가의 소설 작품이 아닌 것은?
① 〈채식주의자〉
② 〈소년이 온다〉
③ 〈흰〉
④ 〈서랍에 저녁을 넣어두었다〉

해설 〈서랍에 저녁을 넣어두었다〉는 2013년 출간된 한강 작가의 시집이다.

답 ④

신문으로 공부하는 종합편
말랑말랑 시사상식

CHAPTER 02

정치 · 법률

021 중대재해 기업처벌법

노동자의 억울한 죽음에 대한 책임

2018년 태안화력발전소에서 비정규직 노동자였던 청년 고 김용균 씨가 안타깝게 목숨을 잃었습니다. 고 김용균 씨의 사망은 원청관리자가 하청노동자에게 직접 업무지시를 내린 불법파견 때문에 발생한 것으로 밝혀져 '죽음의 외주화' 논란을 일으켰는데요. 이 사건의 원인이 안전관련법안의 한계에서 비롯되었다는 사회적 합의에 따라 산업안전규제 강화를 골자로 하는 산업안전보건법인 '김용균법'이 2020년에 개정되었고, 이후 산업재해를 발생시킨 기업에 징벌적 책임을 부과하는 중대재해 기업처벌법(중대재해법)이 2021년에 입법됐습니다. 그리고 야당과 경제계의 반발 속에 같은 해 1월 8일 국회에서 통과되었죠.

산업안전법이 산업현장의 안전규제를 대폭 강화했다면 중대재해법은 더 나아가 경영책임자와 기업에 징벌적 손해배상책임을 부과합니다. 중대한 인명피해를 주는 산업재해가 발생했을 경우 경영책임자 등 사업주에 대한 형사처벌을 강화하는 내용이 핵심인데요. 노동자가 사망하는 산업재해가 발생했을 때 안전조치 의무를 미흡하게 이행한 경영책임자에게 징역 1년 이상, 벌금 10억원 이하의 처벌을 받도록 했습니다. 법인이나 기관도 50억원 이하의 벌금형에 처하도록 했죠. 2022년부터 시행됐으며 50인 미만 사업장에는 공포된 지 3년 후부터 시행됐습니다.

중대재해법이 국회 문턱을 넘기까지는 많은 진통이 있었습니다. 경제계는 산업재해의 원인분석과 예방 대신 기업의 처벌에만 치중한다며 반발했고, 이에 여당이 처벌의 수위를 낮춰 법사위를 통과시키자 법안을 발의했던 정의당은 '살인방조법'이라며 비판했습니다. 법률을 집행하기 위한 시행령을 두고서도 노동계와 경제계는 입씨름을 벌였습니다. 경제계는 중대재해법과 시행령의 내용상 모호함 때문에 현장의 혼란이 가중되고 있다며 법률 이행과 예측가능성을 높이는 방향으로 개정과 보완을 거쳐야 한다고 했습니다. 준법의지가 있는 기업이라도 무엇을 어떻게 해야 할지 알 수 없는 규정이 수두룩하다고 주장했는데요. 반면 노동계는 시행령이 법

적용 범위를 좁혀놔 중대재해를 막기에는 역부족이라는 지적을 제기했습니다. 경영책임자의 안전보건 관리체계 구축 의무에 2인 1조 작업 편성은 포함되지 않았다고 비판했으며, 아울러 직업성 질병의 대다수를 차지하는 뇌심혈관계 질환 따위의 만성 질환이나 직업성 암 등이 적용 대상에서 제외돼 실효성이 없다고 주장하기도 했습니다.

🔍 **정치** · 경제 · **사회** · 국제 · 문화 · 미디어 · 과학 · IT · 스포츠

중대재해처벌법 적용 사업장 산재 사망자 65%는 하청업체 소속

중대재해처벌법이 적용되는 사업장에서 산업재해로 숨진 근로자의 65%는 하청업체 소속인 것으로 나타났다. 국회 환경노동위원회 소속 더불어민주당 진성준 의원이 고용노동부에서 받은 자료에 따르면 중대재해처벌법이 시행된 2022년 1월 27일부터 약 8개월 동안 발생한 중대산업재해는 443건으로, 이로 인해 446명이 숨지고 110명이 다쳤다. 443건 중 현재 법이 적용되는 사업장에서 일어난 사고는 156건(35.2%), 2024년부터 적용되는 사업장에서 일어난 사고는 287건(64.8%)이다. 진 의원은 "중대재해처벌법 시행에도 불구하고 원청업체의 '위험 외주화'가 여전히 심각하다는 점을 보여준다"며 "원청업체가 관리·감독을 강화해 하청업체 노동자가 안전하게 일할 수 있는 작업 환경을 조성해야 한다"고 말했다.

출처 : 연합뉴스/일부인용

상식UP! Quiz

문제 중대재해 기업처벌법의 또 다른 이름은 '김용균법'이다. ○ / ×

해설 '김용균법'은 산업현장의 안전규제를 대폭 강화한 법으로 산업안전보건법 개정안에 해당한다.

답

022 유류분

돈은 피보다 진하다?

피를 나눈 가족 간에 돈 문제가 얽히게 됐을 때, 그 과정과 끝이 좋지 못한 경우를 종종 보게 됩니다. 가족도 갈라놓는 돈의 비인간적인 면모가 드러나게 되는데요. 특히 여기서 이야기할 것은 '상속'에 관한 것입니다. 상속이란 어떤 사람이 사망했을 때 그가 생전에 갖고 있던 재산에 대한 권리와 의무를 가족에게 주는 것을 말하죠. 반면 산 사람이 가족에게 대가없이 주는 것은 '증여'라고 합니다.

우리 민법에서는 개인이 사망했을 경우 그의 재산을 일정비율로 나눠 가족에게 차등적으로 상속하도록 규정하고 있습니다. 먼저 부모와 조부모 등 직계비속에게는 상속분의 절반, 배우자에게도 절반, 자식 등 직계존속에게 3분의 1, 형제자매에게도 3분의 1을 상속하게 했죠. 상속받을 가족이 없을 때는 사실혼 배우자, 동거인, 요양간호를 해주던 사람이 받을 수도 있습니다. 이렇게 고인의 의지와는 상관없이 의무적으로 가족에게 일정비율을 상속하도록 정한 것을 '유류분(遺留分)'이라고 합니다.

그런데 이렇게 법적으로 상속 규정을 정해 놓다보니 현실에선 막장드라마에나 나올 법한 일들이 종종 일어납니다. 부모를 학대한 자식이나 자식을 제대로 돌보지 않은 부모에게도 일정 상속분을 줘야 하니까요. 이와 관련해 최근에는 2019년 사망한 가수 고(故) 구하라 씨를 어릴 적 버리고 가출했던 친모가 나타나 상속권을 주장하면서 논란이 됐습니다. 구씨의 오빠는 '부양의무를 다하지 않은 친모가 상속재산의 절반을 받아 가려 한다'며 민법 개정을 청원했죠. 부양의무를 이행하지 않았거나 학대 등의 범죄를 저지른 가족의 상속권을 박탈할 수 있도록 하는 이 민법 개정인을 '구하라법'으로 부르게 됐습니다.

구하라법은 국민 공감대에 힘입어 제20~21대 국회에서 발의됐지만 정쟁에 밀려 번번이 통과가 무산됐습니다. 그러다 2024년 4월 '학대 등 패륜행위를 한 가족에게도 의무적으로 일정 유산을 상속하도록 한 현행 민법이 헌법에 어긋난다'는 헌법재판소 판단이 나오면서 제정될 가능성이 높아졌죠. 구하라법은 제22대 국회에서 다시 발의되면서 3번째 도전 끝에 통과됐습니다.

🔍 정치・경제・사회・국제・문화・미디어・과학・IT・스포츠

유류분 이어 친족상도례까지 법조항 '대수술'

일정범위 친족을 대상으로 절도나 사기와 같은 재산범죄를 저질러도 처벌하지 않는 형법 조항이 헌법재판소의 헌법불합치 판결로 71년 만에 효력을 잃게 됐다. 해당조항은 방송인 박수홍씨 가족 간 재산분쟁이 불거지며 주목받은 '친족상도례(親族相盜例)' 규정이다. '법은 가정의 문턱을 넘지 않는다'는 취지에서 1953년 형법 제정 때부터 도입됐다. 하지만 최근에는 달라진 사회 분위기와 가족 개념의 변화로 규정을 손질해야 한다는 요구가 컸다. 헌재는 일정한 친족관계 요건만 되면 일률적으로 형을 면제하는 친족상도례 규정은 '입법재량을 명백히 일탈해 불합리하다'고 판단했다. 헌재의 이러한 판결은 도입 47년 만에 수술대에 오른 '유류분' 제도와 같이 시대흐름의 변화에 따른 조치라는 반응이 나온다. 앞서 헌재는 민법 유류분 조항을 손질해야 한다고 결정하며, "피상속인을 장기간 유기하거나 정신적・신체적으로 학대하는 등 패륜적 행위를 일삼은 상속인의 유류분을 인정하는 것은 일반국민의 법 감정과 상식에 반한다"며 "유류분 상실사유를 별도로 규정하지 않은 것은 불합리하다"고 설명했다.

출처 : 노컷뉴스/일부인용

상식UP! Quiz

문제 고인의 의지와는 상관없이 고인의 재산을 친족에게 일정부분 상속하도록 하는 제도를 '친족상도례'라고 한다. ○ / ×

해설 고인의 의지와는 상관없이 의무적으로 가족에게 일정비율을 상속하도록 정한 것을 '유류분'이라고 한다.

답 ×

023 특별검사제

수사는 공평하게, 비리는 명백하게

우리나라는 대통령 측근이나 고위공직자 등 국민적 관심이 집중된 대형 비리 사건에 있어 검찰 수사의 공정성과 신뢰성 논란이 생길 때마다 특별검사를 도입하여 운용했습니다. 그러나 특별검사제도를 도입하기 위한 근거 법률을 제정하는 과정에서 그 도입 여부 및 특별검사의 수사 대상, 추천권자 등을 둘러싼 여야 간의 갈등이 끊이지 않았지요. 이를 해결하고자 미리 특별검사제도의 발동 경로와 수사 대상, 임명 절차 등을 법률로 제정해 두고 대상 사건이 발생되면 곧바로 특별검사를 임명하여 최대한 공정하고 효율적으로 수사하기 위한 상설특별검사제도를 도입하게 됩니다. 『특별검사의 임명 등에 관한 법률』이 바로 그것입니다.

주요 내용
- 수사 대상 – 국회가 정치적 중립성과 공정성 등을 이유로 특별검사의 수사가 필요하다고 본회의에서 의결한 사건, 법무부장관이 이해충돌이나 공정성 등을 이유로 특별검사의 수사가 필요하다고 판단한 사건
- 임명 – 대통령이 특별검사 후보 추천위원회에 2명의 특별검사 후보자 추천을 의뢰하고 추천을 받은 날부터 3일 내에 추천된 후보자 중에서 1명을 특별검사로 임명
- 특별검사 후보 추천위원회 – 위원회는 국회에 두고 위원은 법무부 차관, 법원행정처 차장, 대한변호사협회장, 기타 학식과 덕망이 있고 각계 전문 분야에서 경험이 풍부한 사람으로서 국회에서 추천한 4명 중에서 국회의장이 임명하거나 위촉
- 수사 기간 – 준비 기간이 만료된 날의 다음 날부터 60일 이내에 담당 사건에 대한 수사를 완료하고 공소제기 여부를 결정, 대통령의 승인 시 한 차례만 30일 연장 가능

시기	특별검사제 목적
1999년	한국조폐공사 노동조합 파업유도 및 전 검찰총장 부인에 대한 옷 로비 의혹사건 진상규명
2001년	주식회사 지앤지 대표이사 이용호의 주가조작·횡령사건 및 이와관련된 정·관계로비 의혹사건 등의 진상규명
2003년	남북정상회담 관련 대북 비밀송금 의혹사건 등의 진상규명
2003년	노무현 대통령의 측근 최도술·이광재·양길승 관련 권력형비리 의혹사건 등의 진상규명

2005년	한국철도공사 사할린 유전개발사업 참여 관련 의혹사건 진상규명
2007년	삼성 비자금 의혹 수사
2010년	검사 등의 불법자금 및 향응수수사건 진상규명
2012년	재보궐선거일 선관위와 박원순 서울시장 후보 홈페이지에 대한 사이버테러 진상규명
2012년	이명박 정부의 내곡동 사저부지 매입의혹사건 진상규명
2016년	박근혜 정부의 최순실 등 민간인에 의한 국정농단 의혹 사건 규명
2018년	드루킹의 인터넷상 불법 댓글 조작 사건과 관련된 진상규명
2022년	성추행 피해 공군 부사관 사망 사건 수사

🔍 정치·경제·사회·국제·문화·미디어·과학·IT·스포츠

기댈 곳 없었던 故 이예람 …
특검 "다들 가해자 걱정만 했다"

고(故) 이예람 중사 사망 사건을 수사한 **특별검사**팀은 수사 과정에서 이 중사가 사망 전 2차 가해 등의 피해자가 됐던 정황을 발견했다고 밝혔다. 특히 성폭력 사건이 일어난 직후 가해자와 피해자 분리가 전혀 이뤄지지 않았고, 부대 내에선 오히려 가해자를 두둔하는 상황이 형성됐던 것으로 전해진다.

출처 : 뉴시스/일부인용

상식UP! Quiz

문제 특별검사제에 관한 설명으로 옳지 않은 것은?
① 특별검사는 법무부 장관이 임명한다.
② 국회가 본회의에서 의결한 사건은 특별검사의 수사 대상이 된다.
③ 특별검사 후보자의 추천을 위하여 특별검사 후보 추천위원회를 구성한다.
④ 최순실의 국정 농단 사건의 특별검사는 박영수 변호사이다.

해설 특별검사는 대통령이 임명한다.

024 출생통보제

유령아동을 국가의 울타리로 안전하게

2023년 6월 수원시의 한 아파트 냉장고에서 출생신고가 되지 않은 영아의 시신 2구가 발견되는 끔찍한 사건이 발생했습니다. 이 사건은 감사원이 보건복지부의 정기감사 도중 병원의 출산기록은 있으나 출생신고가 되지 않는 아이들이 있음을 파악하고 전수조사하는 과정에서 드러났죠. 친모는 경제적 문제 때문에 남편에게는 낙태했다고 거짓말을 하고, 아이를 낳은 후 몰래 살해해 시신을 냉장고에 숨겼다고 진술했습니다. 잔혹한 사건 내용과는 별개로 정말 심각한 문제는 2015~2022년 사이에만 이렇게 태어난 기록은 있으나 신고는 되지 않은 유령 출생아가 무려 2,000명이 넘는다는 것입니다.

'유령아동' 문제의 심각함이 드러나자 정부·여당은 대책 마련의 일환으로 출생통보제를 도입했습니다. 출생통보제는 부모가 고의로 출생신고를 누락해 유령아동이 생기지 않도록 의료기관이 출생정보를 건강보험심사평가원(심평원)을 통해 지방자치단체에 통보하고, 지자체가 출생신고를 하는 제도입니다. 2024년 6월 30일부터 시행되며, 의료기관은 모친의 이름과 주민등록번호, 아이의 성별과 출생연월일시 등을 진료기록부에 기재해야 합니다. 의료기관장은 출생일로부터 14일 안에 심평원에 출생정보를 통보하고, 심평원은 곧바로 모친의 주소지 시·읍·면장에 이를 전달해야 합니다.

한편 출생통보제와 함께 미혼모나 미성년 임산부 등 사회·경제적 위기에 놓인 산모가 신원을 숨기고 출산해도 정부가 출생신고를 할 수 있는 '보호출산제'를 도입해야 한다는 주장도 나왔는데요. 자신을 숨기려 하는 위기 산모들은 보통 의료기관에서 아이 낳기를 꺼리기 때문에, 출생통보제가 도입되면 의료기관 외부에서 출산하고 그냥 유기하는 경우가 늘 것이라는 우려가 나왔죠. 그래서 정부는 산모의 신원을 보호하는 동시에 출생아에게도 안전한 양육환경을 보장하겠다는 취지로 보호출산제를 함께 도입했습니다.

🔍 **정치**・경제・**사회**・국제・문화・미디어・과학・IT・스포츠

출생통보제 시행 100일, 6만 5,000여건 … 익명으로 낳은 산모 39명

병원에서 아이가 태어나면 관련정보가 지자체로 자동 통보되는 '**출생통보제**'가 시행 100일째를 맞았다. 그동안 6만 5,000여 건의 출생정보가 병원에서 지자체로 통보됐다. 부모의 출생 미신고로 '유령 아이'로 남을 뻔한 아기들의 생명이 보호된 것이다. 출생통보제는 태어난 아동의 '출생등록될 권리'를 보장하기 위해 도입됐다. 출생 미등록된 아이가 숨지거나 유기되는 사건이 잇따라 발생했기 때문이다. 이에 따라 병원은 태어난 아기들의 출생사실과 생모의 성명, 출생일시 등을 지자체에 의무적으로 통보하게 됐다. 한편 이어서 도입된 '보호출산제'는 아이를 키우기 어렵고 출산사실이 드러나는 걸 꺼리는 임산부가 '가명'으로 병원에서 출산할 수 있는 제도다. 보호출산을 신청한 후 출산하더라도 임산부는 아이를 정말 국가에 맡길지 숙고하는 일주일간의 시간을 갖는다.

출처 : 조선일보/일부인용

상식UP! Quiz

문제 출생통보제는 위기 산모가 양육을 포기할 수 있도록 하는 제도다. ○ / ×

해설 출생통보제는 의료기관이 출생정보를 건강보험심사평가원을 통해 지방자치단체에 통보하고 지자체가 출생신고를 하는 제도다.

답 ×

025 양형기준

솜방망이 처벌의 근원?

종종 신문 사회면에 보도된 범죄자의 재판결과를 읽고 분통이 터지는 경우가 있습니다. 죄질에 비해 처벌이 너무 약하다는 생각이 들 때가 많은데요. 기사 말미에는 대개 "재판부가 '이런 저런 점을 고려했다'고 양형사유를 설명했다"는 문장이 등장합니다. 여기서 '양형'이란 '재판부가 유죄판결을 받은 피고인에 대해 형벌의 정도를 결정하는 것'을 말하죠. 우리 형법에서는 엄연히 범죄의 형량을 정하고 있는데, 그와는 다른 법원 나름의 기준이 있는 걸까요?

판사는 형법에 각 범죄유형별로 규정된 형벌 중에서 징역이나 벌금형 같이 선고할 형의 종류를 선택합니다. 그리고 법률에 규정된 바에 따라 형을 가중·감경해 형량을 결정하는데요. 이때 참조하는 기준이 '양형기준'입니다. 양형기준은 죄질과 피의자의 책임정도, 범죄예방과 재범방지, 피의자의 사회복귀 등 다양한 면을 고려해 세워집니다. 법적 구속력은 없지만, 판사가 양형기준과 다른 형량을 내리려면 반드시 합당한 사유를 판결문에 적어야 합니다. 양형기준은 대법원 산하의 양형위원회에서 44개 범죄유형별로 그 특성을 반영해 제정하는데요. 가령 사기죄라면 피해금액별로 기본형량을 세우고 감경·가중되는 정도를 세세하게 정해두었죠. 마약범죄라면 마약의 종류에 따라서 기준이 다릅니다. 또 상해죄라면 상해로 입힌 피해정도, 수법, 잔혹성에 따라 감경·가중되는 기준을 따로 세웠습니다.

그러면 왜 형법에 정해진 형량 외에 양형기준을 따로 만든 것일까요? 양형기준이 없다면 같은 범죄행위라도 판사의 주관에 따라 형량이 들쑥날쑥할 수 있습니다. 범죄 뒷면에는 수많은 인과관계가 숨어 있고 판사가 판결을 내릴 때는 이런 측면을 고려치 않을 수 없죠. 가해자가 진심으로 뉘우치고 있거나 범죄동기 등을 인간적인 면에서 참작해야 할 경우도 있고요. 양형기준은 이러한 범행동기, 반성여부, 개전의 여지 등을 종합적으로 고려해 수립됩니다.

우리나라에서는 양형기준을 높여 형량을 강화해야 한다는 엄벌주의를 주장하는 여론이 높은데요. 전문가들은 대체로 엄벌주의에 대해 회의적인 입장입니다. 공적제재의 최대목적이 범죄예방인 만큼, 처벌을 강하게 한다고 해서 범죄율이 낮아진다는 근거가 부족하다는 것이죠. 애초부터 범죄를 저지를 때에 처벌 자체를 두려워하기보다는 '나는 경찰에 붙잡히지 않을 것이다'는 인식이 더 팽배하다는 겁니다. 그래서 외려 형량을 높이기보다 경찰력과 치안을 강화해 범죄자들 스스로 반드시 검거된다는 인식을 심어주는 것이 효과적이라는 의견도 있습니다. 그러나 현재 양형기준이 국민의 법 감정에 어긋나는 측면도 분명히 있는데요. 이 때문에 뒤에서 살펴볼 '사적재제'에 대중이 열광하는 현상이 나타나기도 합니다.

🔍 정치·경제·사회·국제·문화·미디어·과학·IT·스포츠

피싱 날뛰는데 … 처벌기준 13년째 그대로

대표적 민생 금융범죄로 꼽히는 보이스피싱이 갈수록 세분화되고 다양해지면서 피해금액도 커지고 있다. 하지만 처벌기준이 되는 **양형기준**은 13년째 그대로다. 범죄규모에 걸맞은 처벌기준을 새로 정립해야 한다는 지적이 나온다. 최근 고액의 손해를 본 보이스피싱 피해사례는 꾸준히 증가하고 있다. 그러나 피해규모가 커지고 있는 것에 반해, 이를 처벌에 반영할 명확한 기준이 없어 재판부가 재량껏 선고를 내리고 있는 실정이다. 현재 보이스피싱 범죄는 대부분 형법 347조에 해당하는 '사기죄'로 처벌받는데, 양형기준이 2011년 제정된 후 큰 변화 없이 유지되고 있다. 시대의 변화에 따라 범죄유형이 다양화되고 피해액도 상당해진 터라 기준을 다시 세워야 한다는 목소리가 높다.

출처 : 아시아투데이/일부인용

상식UP! Quiz

문제 대법원 양형위원회의 양형기준은 법적 강제성을 띤다.　　　　　　O / X

해설 양형기준은 법적 구속력이 없으나 판사가 양형기준과 다른 형량을 내리려면 반드시 합당한 사유가 있어야 한다.

026 불체포특권

국회의원의 불합리한 특권?!

국회의원에게는 여러 가지 특권이 있습니다. 기본적으로 먼저 입법을 할 권리가 있고, 탄핵소추를 할 권한과 검찰의 기소를 면제받는 기소면제특권이 있습니다. 또 보좌관과 비서관 등의 의전을 받을 수 있습니다. 국회에서 행한 발언이나 표결로 국회 밖에서 책임을 지지 않는 면책특권도 있죠. 그중 국회의원에게는 불체포특권이 있는데요. 체포는 우리가 흔히 알고 있듯이 경찰이나 검찰이 찾아와 수갑으로 결박해 수사기관에 연행하는 것을 뜻합니다. 국회의원은 혐의가 있어도 회기 중에 국회 동의 없이는 체포 또는 구금되지 않을 권리가 있죠. 물론 현장에서 범죄를 저질러 적발된 현행범인 때는 예외입니다.

국회의원이 이러한 특권을 갖게 된 것은 자유로운 의정활동과 국회의 기능을 보장하기 위함입니다. 수사기관에 체포되면 의정활동에 제약이 생깁니다. 입법으로 정치적 영향력을 발휘하든, 작게는 정치적 발언이나 활동으로 정부나 상대 당을 견제하는 데 지장이 있을 수밖에 없습니다. 정부와 여야·정당 간의 정치적 투쟁과 노림수로 정당한 의정활동이 가로막힐 수 있어 불체포특권을 둔 것입니다.

그러나 이를 남용해 수사가 진행 중인 국회의원의 체포를 막으려 소속정당에서 임시국회를 고의로 여는 소위 '방탄국회' 소집도 발생했는데요. 이를 막기 위해 2005년에는 체포동의안이 제출되면 본회의를 열고 보고한 다음, 24시간 후 72시간 내에 무조건 동의안 표결을 해야 하는 식으로 국회법이 개정됐습니다.

🔍 **정치**·경제·사회·국제·문화·미디어·과학·IT·스포츠

김동연 "대통령 거부권·국회의원 불체포특권 폐지해야"

김동연 경기지사는 "우리가 다시 만날 대한민국은 '기득권 공화국'이 아니라 '기회 공화국'이어야 한다"며 정치권, 법조계, 공직사회 등 다양한 조직의 기득권 타파 방안을 내놨다. 대통령 거부권·사면권, 국회의원 **불체포특권**·면책특권 등 헌법으로 보장된 내용도 폐지·수정을 주장했고, 5급 행정고시 폐지와 법조계 고위인사의 대형 로펌 취업을 금지시키는 내용 등이 담겼다. 김 지사는 자신의 유튜브에 "대통령실·기획재정부·검찰 등 '대한민국 3개 권력기관'의 기득권을 깨야 한다"고 적었다. 그러면서 "대통령에게 부여된 거부권, 사면권을 제한해야 한다"며 "적어도 대통령 자신과 관련된 사안에 대한 거부권, 내란과 법치 파괴범에 대한 사면권은 엄격히 금지해야 한다"고 강조했다. 국회의원 불체포특권·면책특권 폐지와 국회의원 소환제 도입도 촉구했다. 이는 2022년 대선 당시 김 지사가 더불어민주당 이재명 대표와 단일화 과정에서 약속했던 사안이다. 김 지사는 또 교섭단체 구성 기준을 10석으로 완화해야 한다고 목소리를 높였다.

출처 : 조선일보/일부인용

상식UP! Quiz

문제 국회의원의 불체포특권은 국회 회기 중에만 발동된다. ○ / ✕

해설 국회의원의 불체포특권은 국회 회기 중이고, 현행범이 아닐 경우에만 발동된다.

답 ○

027 법률안 재의요구권

대통령과 정부의 강력한 정쟁수단

우리는 미디어에서 여야 정치인들이 싸우는 모습을 흔히 봅니다. 이러한 정쟁 때문에 정치 자체를 혐오하는 사람들도 많은데요. 여야가 협력하지 못하고 갈려 싸우는 이유에는 여러 가지가 있지만, 대개 서로의 정치적 논리와 이득 때문이죠. 국회는 입법기관이기 때문에 보통 입법하거나 법을 개정하는 과정에서 갈등이 잦습니다. 서로 자당에 정치적으로 유리하거나 민감한 법안을 입법하고 심의할 때 자주 다투죠. 여야는 자당의 정치이념을 관철하거나 자당의 지지세를 유지하고 결집하기 위해, 또는 공약을 지키기 위해 입법을 합니다.

그런데 여당보다 야당 의석이 많은 '여소야대' 형국에서는 야당이 의석수에 힘입어 자신들의 법안을 밀어붙이는 경우가 있습니다. 여당 입장에선 이를 막아야 하지만 법안이 국회 본회의에 회부되면 사실상 막을 방법이 없죠. 표결로 의결된 법안은 이제 대통령의 재가를 기다리게 됩니다. 그런데 최종적으로 대통령이 이 법안을 막을 방법이 하나 있습니다. 바로 '법률안 재의요구권'이죠.

법률안 재의요구권은 대통령의 고유권한으로 법률안 거부권이라고도 불립니다. 대통령이 국회에서 의결한 법률안을 거부할 수 있는 권리입니다. 한마디로 "국회가 의결한 이 법률안에는 문제가 있으니 다시 논의하라"는 것이죠. 법률안에 대해 국회와 정부 간 대립이 있을 때 정부가 대응할 수 있는 강력한 수단입니다. 대통령은 15일 내에 법률안에 이의서를 붙여 국회로 돌려보내야 하는데요. 국회로 돌아온 법률안은 재의결해서 재적의원 과반수 출석과 3분의 2 이상이 찬성해야 확정됩니다. 더 엄격한 조건 때문에 국회로 돌아온 법안은 결국 폐기되기 십상입니다. 다만 대통령은 이 거부권을 법률안이 아닌 예산안에는 행사할 수 없죠.

재의요구권은 사실 좀처럼 발동되지 않습니다. 왜냐하면 정부·여당과 야당의 갈등이 심해질 수 있기 때문입니다. 정치적 논리 때문에 꼭 필요한 법안까지 무조건

거부해버린다면, 여야 간에 협치는 실종되고 맙니다. 더욱이 그 법안이 민생을 위한 것이라면 결국 국민이 정쟁의 희생양이 되고 마는 것이죠.

🔍 **정치 · 경제** · 사회 · 국제 · 문화 · 미디어 · 과학 · IT · 스포츠

韓대행, 상법 개정안 거부권 행사 …
"국가 경제에 부정적 영향"

한덕수 대통령 권한대행 국무총리가 회사 이사가 충실(忠實)해야 하는 대상을 '회사'에서 '회사 및 주주'로 확대하는 것을 골자로 하는 상법 개정안에 대해 국회에 **재의 요구**했다. 한 대행은 "정부는 일반주주 보호를 위한 기업 지배구조 개선 및 주주 환원 제고에 노력해 왔고, 법안의 기본취지에 깊이 공감한다"고 했다. 그러면서도 "이 법안이 대다수 기업의 경영환경과 경쟁력에 큰 영향을 미칠 수 있는 상황"이라며 "부작용을 최소화하는 대안을 찾을 필요가 있다"고 했다. 한 대행은 "이 법안의 취지는 이사가 일부 집단의 이익뿐 아니라 모든 주주의 이익을 공정하게 대우해야 한다는 의미로 이해되나, 현실에서 어떤 의사 결정이 전체 주주의 이익을 공평하게 대우하는 것인지 이 법안의 문언만으로는 명확하게 판단하기 어렵다"고 지적했다. 이어 "이런 불명확성으로 인해, 이 법안은 본연의 목적을 넘어, 기업의 경영 의사결정 전반에서 이사가 민 · 형사상 책임과 관련한 불확실성에 직면하게 된다"며 "적극적 경영활동을 저해해 국가경제 전체에 부정적 영향을 미치게 될 것"이라고 했다.

출처 : 조선일보/일부인용

상식UP! Quiz

문제 대통령이 국회 의결된 법률안을 거부할 때에는 7일 내에 이의서를 붙여 국회로 돌려보내야 한다. `O / X`

해설 15일 이내에 돌려보내야 한다.

답 X

028 탄핵

나라님도 잘못하면 쫓겨납니다

지난 2017년 3월 10일, 우리나라 헌정사상 초유의 사건이 일어났습니다. 국가원수인 대통령이 파면 당했죠. 당시 박근혜 대통령의 탄핵심판과 헌법재판소의 인용 결정은 국내외로 화제가 됐습니다. 대통령의 비리와 그를 둘러싼 주변인들의 국정농단 사태는 수많은 국민이 촛불을 들고 거리로 나서게 했고, 해외 언론들은 이토록 평화로운 국민의 시위가 국가의 지도자를 끌어내렸다며 놀라워했습니다. 그만큼 탄핵이라는 것은 한 국가에 있어 신문 1면에 대서특필될 만한 사건이고, 국정운영 중에도 흔히 일어나는 일은 아닙니다. 특히나 선출직인 대통령의 탄핵은 탄핵안을 발의하는 쪽에서도 국민적 공감이 없다면 정치적 부담이 매우 클 수밖에 없습니다.

탄핵은 신분이 보장된 고위직 공무원의 헌법·법률상의 잘못과 비리에 대해 국회의 소추에 의해 해임하거나 처벌하는 제도입니다. 우리나라의 탄핵은 국회에서 소추와 의결을 하며 의결 통과가 되면 대상자의 권한이 정지되고 이후 헌법재판소에서 탄핵의 최종 여부를 결정하죠. 국회에서의 필요정족수는 누가 탄핵되느냐에 따라 다르고, 헌법재판소에서 6인 이상의 인용 의견이 있어야 합니다. 대통령 탄핵에는 국회 재적의원의 과반수가 발의하고, 3분의 2 이상의 찬성해야 합니다. 그밖에 국무총리나 국무위원, 행정 각부의 장관, 헌법재판소 재판관 등은 재적의원 3분의 1 이상이 발의하고, 과반수의 찬성이 있어야 헌재의 심판대에 세울 수 있죠. 국회에서 탄핵소추가 가결된 공무원은 헌재에서 탄핵결정이 있을 때까지 권한이 정지됩니다.

지난 2024년 12월 3일에는 윤석열 대통령이 야당을 '반국가세력'으로 규정하며 갑작스런 '비상계엄'을 선포하는 사태가 발생했는데요. 무장한 계엄군이 국회에 집결해 국회의원의 출입 통제를 시도하는 등 큰 혼란이 빚어졌습니다. 국회에 서둘러 모인 의원들이 '비상계엄 해제 요구 결의안'을 상정해 가결시키면서 계엄은 6시간 만에 해제되었죠.

그러나 이후 국회에서는 윤 대통령에 대한 탄핵소추안이 발의돼 표결을 거쳤는데요. 탄핵사유는 위헌·위법성을 띤 비상계엄으로 국헌문란의 내란범죄행위를 저질렀다는 것입니다. 1차 표결은 부결을 당론으로 정한 여당이 표결에 대부분 불참하면서 부결됐는데요. 2차 표결에서는 여당에서도 이탈표가 나오면서 끝내 소추안이 가결됐습니다. 윤 대통령은 즉시 직무가 정지되어 탄핵심판대에 서게 되었고, 결국 헌재는 재판관 8인의 만장일치로 그의 파면을 선고했습니다.

🔍 정치·경제·사회·**국제**·문화·미디어·과학·IT·스포츠

탄핵, 영국서 태어나 미국서 꽃피다

탄핵제도는 영국 군주제에서 의회주의와 함께 점진적으로 발전했다. 왕은 아무런 오류도 저지르지 않는다. 아무런 책임도 지지 않는다는 원리가 지배했기에 왕의 측근이나 대신들을 처벌하거나 파면함으로써 왕권을 견제할 목적으로 형성됐다. 국민을 대표하는 하원이 왕의 측근이나 대신들의 비행을 고발하면, 상원이 재판하는 형태였다. 영국 상원은 2009년까지 최고법원으로 기능하면서 재판업무를 수행해왔다. 탄핵 사유는 '중대한 범죄와 비행'으로 규정했다. 이후 영국이 내각책임제로 발전하고 행정의 최고책임자(총리)와 내각을 해산할 수 있는 내각불신임 제도가 생기면서 탄핵제도를 운용할 이유가 없어졌다. 탄핵제도는 대통령제를 채택한 미국에서 꽃을 피웠다. 강력한 권한을 가진 대통령이 권력을 남용하지 않을까 하는 우려가 제기되면서 대통령 탄핵제도가 그 대책으로 1787년 연방헌법에 포함됐다. 영국처럼 하원이 소추하고, 상원이 재판하는 형태다. 하원에서는 과반의 동의를, 상원에서는 3분의 2 동의를 가결요건으로 정해 놓았다. 영국은 탄핵재판에서 사형, 징역형, 벌금형 등을 판결할 수 있었지만, 미국에서는 면직(파면)만 가능하다.

출처 : 한겨레/일부인용

상식UP! Quiz

문제 대통령의 탄핵소추는 국회 재적의원의 3분의 2 이상이 발의해야 한다. O / X

해설 대통령의 탄핵소추는 재적의원의 과반수가 발의하고, 3분의 2 이상이 찬성해야 한다.

답 X

029 이해충돌방지법

미공개정보에 의한 공직자의 사적이득 원천봉쇄

국회의원을 포함한 공직자들이 직무관련정보로 사익을 추구하지 못하도록 하는 이해충돌방지법이 지난 2021년 4월 29일 국회 본회의를 통과했습니다. 2013년 부정청탁금지법(김영란법)의 일부로 처음 발의된 이후 8년 만인데요. 19·20·21대 국회를 거치며 폐기와 재발의를 거듭하다 2021년 4월 대한민국을 흔든 한국토지주택공사(LH) 투기사태로 급물살을 탄 결과입니다.

'공직자 이해충돌방지법 제정안'은 공직자가 직무상 권한이나 취득한 정보를 활용해 사적이득을 취하는 행동을 방지하는 법안입니다. 미공개 정보로 재산상 이득을 취한 공직자는 7년 이하의 징역이나 7,000만원 이하의 벌금형에 처해집니다. 미공개 정보를 받아 이익을 얻은 제3자도 처벌대상이죠. 법 직접적용대상은 공무원과 공공기관직원 등 190만여 명입니다. 배우자와 직계존비속까지 포함할 경우 대상이 800만명까지 늘어날 수 있다는 분석도 나왔는데요. 공직자 가운데 차관급 이상 공무원, 국회의원, 지방의원, 정무직 공무원, 공공기관임원 등은 '고위공직자'로 분류돼 더 강한 규제를 받게 됩니다. 또 채용업무를 담당하는 공직자나 고위공직자의 가족이 해당 공공기관과 산하기관, 자회사 등에 채용될 수 없도록 했습니다. 공직자 및 배우자, 직계 존비속은 공공기관 및 그 산하기관과의 수의계약을 체결할 수 없도록 했고요. 이에 더해 토지와 부동산에 관련된 업무를 하는 공직자의 경우는 기준을 강화해 부동산 매수 14일 이내에 신고하도록 의무화했습니다.

'국회의원 이해충돌방지법'으로 불리는 국회법 개정안도 같이 의결됐습니다. 상임위 활동 같은 국회의원 업무의 특성에 맞춰 구체적인 회피·제재 절차를 명문화한 '패키지 법안'입니다. 21대 국회 후반기인 2022년 5월부터 국회의원들은 당선 30일 이내에 자신과 배우자, 직계존비속의 주식·부동산 보유 현황과 민간부문 재직단체와 업무활동내용 등을 등록하게 됐습니다. 이해충돌 발생우려가 있다고 판단되는 경우 해당 의원은 위원장에 상임위원회 회피를 신청해야 하죠. 이런 의무를 위반한 의원은 국회법에 따라 징계를 받게 됩니다.

> 🔍 **정치** · 경제 · 사회 · 국제 · 문화 · 미디어 · 과학 · IT · 스포츠
>
> ## "국회의원 이해충돌 공개 규칙 제정해야"…
> ## 참여연대 헌법소원
>
> 참여연대는 헌법재판소 앞에서 "국회의원 이해충돌 방지 제도를 도입하는 국회법 개정안이 2021년 4월 통과됐지만 1년 5개월이 지나도록 관련 규칙 제정 의무를 이행하지 않았다"며 "이는 입법부작위라 위헌"이라고 주장했다. '국회의원 **이해충돌방지법**'이라고 불리는 개정 국회법이 시행되면서 2022년 5월부터 국회의원들은 윤리심사자문위원회가 상임위원회 배정 등에 반영할 수 있도록 당선 30일 이내 자신과 배우자, 직계존비속의 주식·부동산 보유 현황과 민간 부문 재직 단체 등의 내용을 등록하게 됐다. 이 법에 따라 의원 본인의 주식·부동산 보유 현황과 민간 부문 재직 단체 등의 내용이 공개될 수 있지만, 국회가 관련 규칙이 없다는 이유로 정보 공개를 거부하고 있다"고 참여연대는 전했다. 이어 "제도가 실질적으로 굴러가기 위해서는 시민 감시가 제대로 이뤄져야 한다"며 "규칙을 제정하지 않아 정보를 공개할 수 없다는 국회의 행태는 국민의 알권리를 명백히 침해한다"고 강조했다.
>
> 출처 : 연합뉴스/일부인용

상식UP! Quiz

문제 이해충돌방지법은 공직자의 부당한 이득을 봉쇄하기 위한 법이다. `O / X`

해설 이해충돌방지법은 공직자가 직무상 권한이나 취득한 정보를 활용해 사적이득을 취하는 행동을 방지하는 법률이다.

답 O

030 구속영장

범인을 구속하려면 꼭 필요한 것!

죄를 지었으면 반드시 죗값을 치러야겠죠. 구속영장은 피고인이나 피의자를 구속하기 위해서 검사의 청구에 의해 법원이 발부하는 영장입니다. 수사기관에서 수사한 결과 피의자가 죄를 범하였다고 의심할 만한 충분한 이유가 있고, 일정한 주거가 없거나 증거를 인멸할 우려가 있을 때, 또는 도망치거나 그럴 염려가 있는 때에 피의자를 구속하기 위해서는 반드시 구속영장이 있어야만 합니다. 법원은 검사의 청구에 대하여 구속할 만한 이유가 타당하다고 판단하면 구속영장을 발부하고, 구속 이유가 타당하지 않다고 판단하면 영장 발부를 거부할 수 있습니다.

이때 신병이 확보된 피의자에 대한 구속영장은 '사후구속영장'이라고 부르고, 신병이 확보되지 않은 피의자에 대한 구속영장은 '사전구속영장'이라고 부릅니다. 먼저, 사전구속영장은 범죄 혐의가 확실하지만 아직 체포하지 못한 피의자에 대해 구속 여부를 판단하는 것입니다. 영장 발부 이후 피의자를 체포하는 데까지 걸리는 시간을 예상해 유효기간을 명시해 두기도 합니다. 반면, 사후구속영장은 피의자를 긴급 체포한 뒤 48시간 내에 청구하는 것입니다. 법원이 영장 발부 여부를 검토하는 동안 피의자를 구금한 뒤 영장이 발부되면 곧바로 구속을 집행합니다.

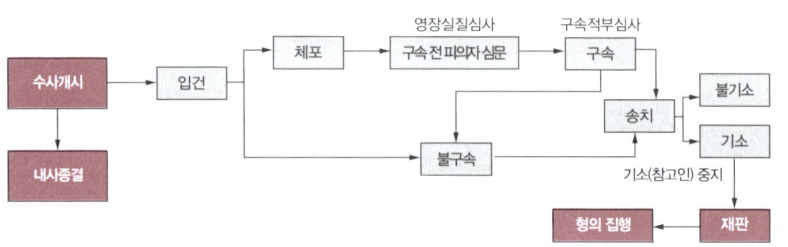

〈출처 : 검찰청〉

🔍 정치·경제·**사회**·국제·문화·미디어·과학·IT·스포츠

중앙지법 영장판사 전원 부장급으로 … 구속심사 강화하나

서울중앙지법에 따르면 최근 단행된 법관 정기인사 결과로 영장전담 판사 3명이 전원 바뀐다. 중앙지법은 전국 최대 검찰청이자 대형 부정부패 사건을 도맡아 수사하는 서울중앙지검 검사들이 청구한 **구속영장**을 주로 심사해 발부 또는 기각을 결정하는 만큼 중앙지법 영장전담 재판부가 어떻게 채워지는지는 법원과 검찰은 물론 법조계 전체의 관심사가 아닐 수 없다.

그동안 중앙지법 영장전담 재판부는 부장판사급 2명과 일반 판사 1명으로 구성되는 것이 보통이었다. 그런데 이번에 관례를 깨고 3명 모두 부장판사, 그것도 예전 같으면 고등법원 부장판사 승진을 목전에 뒀을 '고참' 지법 부장판사급으로 충원한 것이다. 이를 두고 중앙지법이 영장심사 강화에 나섰다는 평가가 나온다.

출처 : 세계일보/일부인용

상식UP! Quiz

문제 영장 없이 피의자를 긴급 체포할 경우 24시간 이내에 구속영장을 청구하여야 한다.

O / X

해설 영장 없이 피의자를 긴급 체포했고 구속을 지속해야 할 경우에는 48시간 내에 구속영장을 청구하여야 한다.

답 X

031 징벌적 손해배상

일벌백계! 불법행위는 꿈도 꾸지 마세요

2016년 사회를 떠들썩하게 했던 가습기 살균제 사건을 기억하시나요? 이유도 모른 채 산모와 영유아들이 고통스럽게 죽었고, 그 이유가 가습기 살균제 때문임이 밝혀졌죠. 다수의 무고한 생명이 희생되어 전 국민을 슬프고 분노하게 했습니다. 이 사건으로 시민단체들은 강력하게 징벌적 손해배상제도(Punitive Damages)의 도입을 주장했습니다.

징벌적 손해배상제도란 일반적으로 기업이 악의적·고의적 불법행위를 통해 이익을 얻었을 경우 그 불법행위로 인한 피해자의 실제 손해액보다 훨씬 큰 금액의 배상금을 가해 기업에게 부과하여 비도덕적이고 반사회적인 행위에 제재를 가하는 형벌적 성격의 손해배상제도입니다. 영국에서 도입하기 시작하여 현재 미국·캐나다와 같은 영미법계 국가에서 채택하고 있습니다. 이에는 두 가지 형태가 있습니다. 특정 법률에 국한하지 않고 고의·악의적 불법행위에 판사 재량으로 무거운 배상액을 정할 수 있는 법리적 의미의 징벌적 손해배상과 개별 법률에 규정하여 위반 행위에 대해 2~3배의 배상액을 정하는 성문화된 형태의 징벌적 손해배상입니다. 가습기 살균제 사건으로 인해 도입이 논의되는 것은 순수한 의미의 영미식 징벌적 손해배상인 거죠.

징벌적 손해배상의 사례로는 2022년부터 시행된 앞서 살펴본 중대재해 기업처벌법이 있습니다. 여기서 중대재해란 산업재해 중 사망 등 재해의 정도가 심한 것으로, 중대재해 기업처벌법은 중대재해를 일으킨 경영책임자와 기업에 최대 5배의 징벌적 손해배상책임을 부과합니다. 즉 징벌적 손해배상이란 다시 말해 보상적 손해배상을 넘어 높은 금액의 손해배상을 통해 다음에 비슷한 불법행위가 또 생겨나지 않도록 하는데 그 목적이 있다고 할 수 있습니다.

🔍 정치・경제・**사회**・국제・문화・미디어・과학・IT・스포츠

상습 임금체불하면 징벌적 손해배상 …
근로기준법 개정안 발의

상습적인 임금체불에 대한 **징벌적 손해배상** 등의 내용이 담긴 근로기준법 개정안이 발의됐다. 시민・노동단체들은 임금체불은 생존을 위협하는 중대범죄 행위라며 개정안의 조속한 통과를 촉구했다.

이수진 더불어민주당 의원(비례대표), 참여연대, 양대노총, 민주사회를 위한 변호사모임 등은 서울 종로구 참여연대에서 '임금체불 근절을 위한 근로기준법 개정안 발의 기자회견'을 열고 "한국 사회의 임금체불 문제는 매우 고질적이고 심각하다"며 "국회가 발의된 근로기준법 개정안을 즉각 논의하고 통과시킬 것을 요구한다"고 밝혔다.

근로기준법 개정안에는 △상습 임금체불에 대한 징벌적 손해배상 도입 △임금체불에 대한 반의사불벌죄 실질적인 폐지 △임금체불 사업주의 공공부문 입찰 제한 방안 도입 등 내용이 담겼다. 이 밖에도 △임금채권의 소멸시효 기존 3년에서 5년으로 연장 △재직자의 임금체불에 대해서도 지연이자제 적용 등이 포함됐다.

출처 : 파이낸셜뉴스/일부인용

상식UP! Quiz

문제 징벌적 손해배상제도는 가해자에게 피해자의 실제 피해에 상응하는 액수만을 보상하게 하는 제도이다.　　　　　　　　　　　　　　　　　　　　　ㅇ / ✕

해설 징벌적 손해배상은 가해자의 고의・악의적이고 반사회적인 행위에 대해 실제 손해액보다 훨씬 큰 액수의 배상액을 부과하는 것으로, 실제 피해에 상응하는 액수만을 보상하는 보상적 손해배상과 다르다. 가해자의 행위에 대한 처벌과 동시에 재발을 방지하기 위한 목적의 형벌적 성격의 제도이다.

032 국회

국회에 대해 알아둬야 할 내용, 많아도 너~무 많아!

국회는 다양한 역할을 수행하고 있습니다. 먼저 입법에 관해서는 헌법 개정안의 제안·의결, 법률의 제정·개정권을 가집니다. 법치국가에 있어 법률은 모든 국가작용의 근거가 되므로 법률의 제정·개정 및 폐지는 국회의 가장 중요하고 본질적인 권한이라 할 수 있는 것이죠. 또한 조약의 체결·비준동의권을 행사합니다. 조약은 국민의 권리·의무와 국가재정에 중대한 영향을 줄 뿐만 아니라 국내법과 동일한 효력을 가지기에 행정부 독단으로 추진할 수 없습니다. 재정에 관해서는 예산안의 심의와 결산심사를 하는데, 예산은 국민의 부담인 조세를 전제로 하고 있을 뿐만 아니라 국민경제 전체에 미치는 영향이 크기 때문에 예산결산 과정에 국민의 의사를 반영하는 것이죠. 일반국정에 관해서는 국정감사·조사권과 헌법기관 구성권, 탄핵소추권 그리고 긴급명령, 긴급재정경제처분·명령 승인권 등을 가집니다.

한편 국회는 일정한 기간을 정하여 소집되는데, 그 기간을 회기라고 합니다. 정기회는 법정 회기로 매년 9월 1일에 집회하고, 회기는 100일을 초과할 수 없습니다. 앞서 살펴본 국정감사와 함께 다음 연도의 예산안을 심의·확정하고, 법률안 및 기타 안건을 처리하며 국정에 관한 교섭단체 대표 연설 및 대정부질문 등을 실시합니다. 임시회는 대통령 또는 국회 재적의원 4분의 1 이상의 요구가 있을 때 소집하는데, 회기는 30일 이내로 합니다. 임시회에서는 주요 현안에 대해 정부 측 설명을 듣고 대책을 논의하거나 법률안 등을 처리합니다.

이러한 국회의 회의는 원칙적으로 공개합니다. 다만, 출석의원 과반수의 찬성이 있거나 국회의장이 국가의 안전보장을 위하여 필요하다고 인정할 때에는 공개하지 않을 수 있습니다. 국회에 제출된 법률안과 기타 의안은 회기 중에 의결되지 못한 이유로 폐기되지 않는데, 이를 회기계속의 원칙이라 합니다. 그리고 부결된 안건은 같은 회기 중에 같은 내용의 안건에 대하여 다시 발의하거나 제출하지 못한다는 일사부재의의 원칙이 있습니다.

국회의 수장은 국회의장 1인과 국회부의장 2인으로 구성됩니다. 국회의원끼리 투표를 하여 다수결로 선출합니다. 다른 의안과 다르게 국회의장은 원칙적으로 무기명 투표로 시행하게 되어 있지요. 국회의장은 법률상 무소속 의원이 맡게 되어 있습니다. 국회의장은 입법부의 수장으로 의사를 진행함에 있어 최소한의 공정성이 요구되는 자리이기에 기존 소속 정당이 있더라도 형식상 당을 떠나 있게 하는 것이지요. 국회의장의 임기는 2년이며 한국 국회에서는 국회의장을 맡았던 국회의원은 더 이상 국회의원 선거에 출마하지 않는 관례가 있다고 합니다.

국회의장에게는 직권상정이라는 권한이 보장되어 있습니다. 국회 내에서 복잡한 과정을 필요로 하는 입법안과 의안의 처리 과정을 간략화하여 바로 본회의에 상정시킬 수 있는 권한입니다. 하지만 아무 때나 쓸 수 있는 권한은 아닙니다. 천재지변, 전시·사변 또는 이에 준하는 국가비상사태 혹은 모든 교섭단체 대표 의원과 합의하는 경우에만 상정할 수 있도록 제한되어 있죠.

또 국회를 살펴보면서 빼놓을 수 없는 부분이 바로 상임위원회(상임위)입니다. 정치에 대해서 기반 지식이 없는 분들이라면 이 상임위에 대해서는 생소해 하시거나 많이 들어보셨더라도 제대로 파악하지는 못하신 분들이 많을 겁니다. 우선 상임위원회는 국회 업무의 전문성을 확보하기 위한 목적으로 설립된 조직이라 할 수 있습니다. 입법 논의, 예산안 구성, 인사청문회 등의 전문적인 업무를 수행하기 위해 분야 별로 상임위를 구성하여 해당 분야 업무를 수행할 수 있는 의원이 소속되는 것이죠. 의원들은 여러 상임위에 중복하여 소속될 수 있습니다.

국회 안건별 정족수 정리

정족수	안건
재적 2/3 이상	국회의원 제명, 대통령 탄핵소추, 헌법개정안 의결, 국회의원 자격심사 무자격 결정
재적 과반수의 출석, 출석 2/3 이상	법률안 재의결, 의안의 번안의결
재적 3/5 이상	무제한 토론의 종결 의결, 체계자구 심사 본회의 부의 요구, 신속처리안건 지정,
재적 과반수	계엄 해제 요구, 대통령 탄핵소추 발의, 일반 탄핵 소추, 국무총리·국무위원 해임 건의, 안건 신속처리 건의, 국회의장·부의장 선출, 헌법개정안 발의
재적 1/4 이상의 출석, 출석 과반수	전원위원회 의결
재적 과반수 출석, 출석 과반수	일반 의결
출석 과반수	국회회의 비공개 여부
재적 과반수 출석, 출석 다수	국회 임시의장 선출, 최고득표자 2인 발생 시 대통령 당선자 결정
재적 1/3 이상	무제한 토론 종결 발의, 무제한 토론 요구, 일반 탄핵 소추 발의, 국무총리·국무위원 해임 건의 발의
재적 1/4 이상	국회의원 석방 요구 발의, 국정조사 발의, 전원위원회, 임시회 소집 요구, 휴회 중 본회의 재개 요구
재적 1/5 이상	위원회 개회, 본회의 개회, 표결방식 변경 요구
50인 이상	예산안 수정
30인 이상	일반 의안 수정, 국회의원 자격심사 청구, 폐기된 법률안 본회의 부의
20인 이상	징계요구, 교섭단체 성립, 긴급현안 질문, 국무위원·정부위원 출석 요구
10인 이상	회의 비공개 발의, 일반 의안 발의

🔍 정치・경제・**사회**・국제・문화・미디어・과학・IT・스포츠

우원식 "정부, 최대한 빨리 추경 편성해 국회에 제출"

우원식 국회의장은 "정부에 촉구한다. 이미 발표한 만큼 최대한 빨리 추가경정예산안을 편성해서 국회에 제출해 주기를 바란다"고 했다. 우 의장은 "신속히 산불피해를 복구하고 피해를 입은 많은 이재민들의 절박함을 감안하면 어느 때보다도 조속하게 처리해야 된다. 빠른 추경편성을 위해 다시 한 번 강조한다"며 이같이 말했다. 우 의장은 "이번 산불진화를 위해 불철주야 혼신의 노력을 다한 소방대원과 지자체 공무원, 경찰관 여러분과 국군장병, 자원봉사자들에게 국회를 대표해 감사의 말씀을 드린다"며 "이번 산불피해와 관련해 국회도 우리의 일을 해야 한다. 이재민들이 이번 피해회복에 조금이라도 도움이 될 수 있도록 국회 차원의 성금을 모금할 것"이라고 설명했다. 아울러 우 의장은 "이번 산불양상에서 보듯 기후위기로 인해 과거의 대응으로는 큰 산불에 대응하기 매우 어렵고 즉각적이고 신속한 대처가 잘 되지 않는다"며 "심도 깊은 분석으로 향후 산불화재 대비책을 마련해야 한다. 기존 메뉴얼이 놓치는 점이 무엇인지 잘 살펴서 개선방안을 국회에서 만들어야 한다"고 짚었다.

출처 : 파이낸셜뉴스/일부인용

상식UP! Quiz

문제 국회에 관한 규정 중 옳은 것은?
① 한 번 부결된 의안은 같은 회기 중 다시 제출할 수 없다.
② 국회의원은 현행범이라 할지라도 회기 중 국회의 동의 없이 체포할 수 없다.
③ 임시국회는 대통령 또는 국회 재적의원 3분의 1 이상의 요구로 열린다.
④ 국회의장은 무기명투표로 선거하되 재적의원 3분의 2의 득표로 당선된다.

해설 '한 번 부결된 의안은 같은 회기 중에 다시 제출할 수 없다'는 내용은 일사부재의의 원칙이다.

답 ①

033 계엄령

두 번 세 번 신중해야 하는 대통령의 고유권한

2024년 12월 3일 밤 11시, 대통령실에서 예정에 없던 대국민 특별담화가 열린다는 소식이 나왔습니다. 브리핑룸에 선 윤석열 대통령은 이 자리에서 상상하지도 못한 발표를 내놨는데요. 그는 "북한 공산세력의 위협으로부터 자유대한민국을 수호하고, 우리 국민의 자유와 행복을 약탈하고 있는 파렴치한 종북 반국가 세력들을 일거에 척결하고 자유 헌정질서를 지키기 위해 비상계엄을 선포한다"고 말했습니다. 45년 만에 책에서만 보던 비상계엄이 선포된 것입니다.

계엄령은 전시나 사변 또는 이에 준하는 국가 비상사태가 발생하는 경우 국가의 안녕과 공공질서를 유지하기 위해 법률이 정하는 바에 따라 선포하는 국가긴급권으로 대통령의 고유권한입니다. 헌법 제77조 및 계엄법에 따라 대통령은 국무회의의 의결을 통해 비상계엄 또는 경비계엄을 선포할 수 있고, 국방부 장관과 행정안전부 장관이 이를 건의할 수 있습니다. 계엄령이 선포되면 해당지역 내 행정권·사법권이 군으로 이관되고, 헌법에 보장된 국민의 기본권을 제한할 수 있죠. 12·3 계엄 사태 당시에도 국회와 지방의회, 정당의 정치활동을 금지하고 국민의 정치적 결사, 집회, 시위 등 일체의 정치활동을 금지한다는 내용이 선포됐습니다. 당시 무장한 특수부대원들이 국회의사당에 집결해 의원들의 출입을 통제하고 국회에 침투를 시도했죠. 때 아닌 장갑차가 도로에 나타나 국회로 향하기도 했습니다.

우리나라에서는 1948년 대한민국 정부 수립 이후 17번의 계엄령이 선포됐습니다. 최초의 비상계엄은 1948년 10월 발생한 여순사건 당시 선포됐으며, 제주 4·3 사건, 6·25 전쟁 등에도 계엄령이 발동됐죠. 1960년대 이후에는 4·19 혁명(1960), 5·16 군사정변(1961), 6·3 항쟁(1964), 10월 유신(1972), 10·26 사태(1979) 등 정치적으로 혼란한 상황에서 수차례 선포됐습니다. 1987년 개정된 현행헌법에서 계엄 발동요건을 엄격히 제한하고 국회 재적의원 과반 찬성으로 계엄해제가 가능하도록 하면서 40년 넘게 계엄령 선포가 이루어지지 않았는데요. 그만큼 윤 대통령이 선포한 계엄령은 국민을 크나큰 충격에 몰아넣었습니다.

한편 대통령이 계엄을 선포할 때는 지체 없이 국회에 통고해야 하며, 국회가 재적의원 과반수 찬성으로 계엄 해제를 요구하면 대통령은 이를 해제해야 합니다. 다행히 국회에 서둘러 모인 여야 의원들이 선포 2시간 만에 계엄 해제 요구 결의안을 가결시키면서 효력은 정지되었습니다. 그러나 이 비상계엄으로 우리나라의 헌정질서는 큰 상처를 입게 되었고, 사회 내의 혼란과 정치적 갈등이 극심해지는 비극을 만들게 되었습니다. 또한 정치적 불안을 야기해 우리나라의 대외적 평가에도 타격을 입게 되면서 경제에까지 불똥이 튀는 결과를 초래했습니다.

정치·경제·사회·**국제**·문화·미디어·과학·IT·스포츠

대내외 불확실성에 韓성장률 잿빛 … '연 0%대' 전망까지 등장

올해 우리나라의 경제성장률이 0%대까지 떨어질 수 있다는 암울한 전망이 나왔다. 2024년 12월 비상**계엄령** 선포 이후 정치적 불확실성이 계속되고 있는 데다 트럼프 발 관세전쟁까지 과열되고 있어서다. 국제금융센터에 따르면 영국에 있는 경제분석기관인 캐피털이코노믹스(CE)는 올해 한국 경제성장률 전망치를 기존 1.0%에서 0.9%로 하향조정했다. CE는 "현재 한국경제의 주요 불확실성 요인은 헌법재판소의 윤석열 대통령 탄핵심판 선고"라면서 이어 "인용 시 차기 대선 이후 정치안정에도 경제는 어려울 것"이라면서 "금리 인하, 수출은 도움이 되겠지만 정부 지출 둔화, 부동산, 소비 등으로 당초보다 낮은 성장세를 전망한다"고 설명했다.

출처 : 이투데이/일부인용

상식UP! Quiz

문제 1948년 대한민국 정부 수립 후 10월 여순사건 당시 계엄령이 최초로 선포됐다.

O / X

해설 1948년 10월 19일 여수·순천사건으로 10월 21일 대한민국 헌정사상 최초의 계엄령이 내려졌다.

답 O

034 국정감사·국정조사

국정을 감시하는 매의 눈

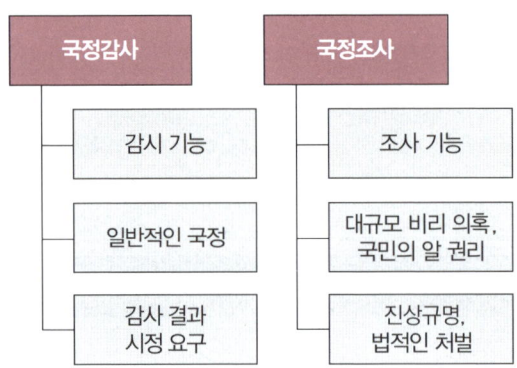

국정감사와 국정조사, 말은 비슷해 보이는데 무엇이 다른 걸까요? 국정감사는 국회가 국가 행정 전반에 관해 상임위원회별로 감사(監査)하는 것으로, 매년 정기국회 기간 중 30일 이내로 시행합니다. 다만 본회의 의결에 의해 그 시기를 연장할 수 있습니다. 대상기관은 국가기관, 특별시, 광역시·도, 정부투자기관, 한국은행, 농·수·축협중앙회와 감사가 필요하다고 본회의에서 인정된 감사원의 감사대상 기관입니다.

국정조사는 국회 차원에서 중요한 현안에 대해 진상 규명과 조사를 할 수 있는 권한을 말합니다. 국회 재적의원 4분의 1 이상의 요구가 있을 때 국회가 주체가 되어 행해지며 국정조사 과정과 결과는 공개를 원칙으로 합니다. 지금까지 5·18 광주민주화운동과 5공비리, 삼풍백화점 붕괴사고, 상무대 비리 사건, 세월호 침몰사고, 박근혜정부 국정농단 사건, 용산 이태원 참사 등에 국정조사권이 발동됐습니다.

🔍 **정치** · 경제 · **사회** · 국제 · 문화 · 미디어 · 과학 · IT · 스포츠

부정행위로 의사 됐나 …
국시 실기문제 빼돌린 448명 적발

서울 광진경찰서는 2023년 의사 국가시험(국시)을 치른 부산·울산·경남 지역 5개 의대 응시생 448명을 위계에 의한 공무집행 방해 혐의로 검찰에 송치했다고 밝혔다. 실기시험 전체 응시자 3,212명 중 13.9%에 달하는 규모다. 경찰에 따르면 이들은 먼저 시험을 치르고 복원한 문제를 텔레그램 비밀대화방을 통해 다른 응시생들에게 유출한 혐의를 받는다. 5개 대학 의대생 대표들은 시험을 한 달 앞둔 2023년 8월 부산에서 만나 구체적인 범행 방법을 모의한 것으로 조사됐다. 현재 국시 실기가 응시자를 나눠 약 두 달간 치러지는 점을 악용한 것으로 보인다. 의사 국시 실기는 이른바 문제은행식으로 알려져 있다. 응시생들의 복원사례가 쌓일수록 추후 같은 문제가 나올 확률이 높아진다는 의미다. 이 때문에 국가시험원도 사전에 수험생들에게 "소셜미디어 등을 통한 실기문제의 복원과 공유를 절대 금지하며, 위반 시 민형사 처벌을 받을 수 있다"고 공지하고 있다. 그러나 의사 국시 실기를 먼저 본 '선발대' 학생들이 후기 형식으로 문제를 유포한 사건은 수차례 발생했다. 이에 2020년 국회 보건복지위원회 **국정감사**에서 제도 개선 목소리가 나왔다. 이후 국가시험원은 응시자들이 자신의 시험일을 고르지 못하도록 일정을 무작위로 배정했지만 또다시 대규모 부정행위가 발생했다.

출처 : 서울신문/일부인용

상식UP! Quiz

문제 다음 중 국정감사에 대한 설명으로 옳지 않은 것은?
① 소관 상임위원회별로 매년 정기국회 기간 중에 시행한다.
② 본회의 의결에 의해 그 시기를 연장할 수 있다.
③ 대상 기관에는 국가기관, 특별시·도, 정부투자기관 등이 있다.
④ 국정의 특정 사안을 대상으로 한다.

해설 국정감사는 국정의 전반을, 국정조사는 국정의 특정 사안을 대상으로 한다.

 ④

035 특별사면

죗값을 다 안 치렀는데 왜 풀어주죠?

3·1절이나 광복절, 성탄절 즈음이 되면 신문에 종종 등장하는 기사가 있습니다. 정부에서 광복절 특사, 성탄절 특사 등 범죄자에 대한 특별사면을 검토한다는 기사죠. 특별사면은 대통령의 고유권한으로 특정 범죄인에 대해 남은 형의 집행을 면제하거나 유죄선고의 효력을 상실시키는 것을 말합니다. 보통 줄여서 '특사'라고도 하는데요. 특별사면은 정부 국무회의의 의결을 거쳐 대통령이 명령해 이루어집니다.

특별사면의 방법에는 가석방 혹은 복역 중인 피고인에게 남은 형기를 면제하는 '잔형집행면제'와 집행유예를 선고받아 유예기간이 지나지 않은 피고인에게 내려지는 '형선고 실효'가 있습니다. 사면에는 일반사면도 있는데 특별사면과 달리 대통령이 사면대상이 되는 범죄의 유형을 지정해 일괄적으로 시행하게 됩니다.

사실 이 특별사면은 이래저래 말이 많습니다. 대통령이 직접 사면 대상을 지정하기 때문에 대개 정치적 목적으로 행해지죠. 국회의 동의도 거치지 않기 때문에 이 특별사면으로 인한 또 다른 정치적 갈등도 종종 벌어집니다. 우리는 수감 중인 정치인들이 특별사면으로 풀려나거나 피선거권이 복권되는 경우를 흔히 볼 수 있습니다. 대통령이 전략적으로 총선 등 선거를 준비하기 위해 여권 인사를 의도적으로 사면하곤 하죠. 또 야권 인사를 사면해 이른바 '국민통합'을 노리는 때도 있습니다. 자신을 지지하지 않는 사람들의 마음을 달랜다는 명목이죠. 또는 경제를 살린다는 명목으로 경제계 총수를 사면해주기도 합니다. 이 같은 조치는 '정경유착'의 시선에서 자유롭지 못하죠.

특별사면의 성격 때문에 이런저런 정치적 논란이 끊이지 않으면서, 이를 제한하거나 차라리 없애버리자는 목소리도 나오고 있습니다. 누구나 '법 앞에 평등하다'는 법치국가로서의 정신에 위배된다는 것이죠. 특정목적으로 이뤄지는 사면권은 결코 남용되지 않아야 하겠습니다.

정치 · 경제 · 사회 · 국제 · 문화 · 미디어 · 과학 · IT · 스포츠

"사면법 개정, 특별사면권 제한·견제가 필요"

민주사회를 위한 변호사모임 권영국 변호사는 대통령의 사면권 제한 필요성을 강조했다. 대한민국 헌법 제79조에서 사면, 감형, 복권은 대통령의 헌법상 권한으로 규정돼있다. 대통령의 사면권은 '일반사면'과 '**특별사면**'이 있으며, 죄의 종류를 정하여 국무회의를 거쳐 국회의 동의를 받아야 하는 일반사면과 달리 특별사면은 법무부 장관이 위원장인 사면심사위원회의 특별사면 적정성 심사를 거쳐 법무부 장관이 이를 대통령에게 상신하고 국무회의를 거쳐 대통령이 재가한다. 대통령의 특별사면권은 그 행사에 대해 아무런 제한이 없어 권한이 남용될 수 있다는 지적과 비판이 꾸준히 제기되고 있다. 대통령의 특별사면권은 불완전한 입법, 공정하지 못한 재판, 자의적인 법집행으로 인한 문제를 해결하기 위해 명맥을 이어왔지만 한편으로 형사법 체계를 무력화하고, 정치적 남용 또는 자의적인 권한 행사 가능성이 늘 위험인자로 작용한다는 지적이다. 권 변호사는 사면법 개정을 통해 특별사면권 행사의 제한 및 견제장치를 마련할 필요가 있다고 강조했다.

출처 : 중기이코노미/일부인용

상식UP! Quiz

문제 특별사면은 대통령 직권으로 특정 범죄유형을 지정해 실시한다. ○ / X

해설 특별사면은 대통령 직권으로 특정 범죄자를, 일반사면은 특정 범죄유형을 지정해 일괄적으로 실시한다.

답 X

036 대통령 중임제

4년이냐, 8년이냐

대통령 임기 제도에는 단임제, 연임제, 중임제가 있습니다. 단임제는 한 사람이 한 번만 집권하는 것이고, 연임제는 연속으로 대통령직을 수행할 수 있는 제도죠. 중임제는 연속이든 아니든 두 번 이상 집권하는 제도입니다. 중임제는 연임제를 포함하는 개념이죠.

우리나라는 1987년 6월 항쟁 이후 9차 개헌을 통해 대통령을 직선제로 뽑게 됐고, 그 임기를 5년 임기의 단임제로 결정했습니다. 이는 오랜 군사독재정권으로 꺾인 민주주의를 바로 세우기 위한 국민투쟁의 결실이었죠. 당시에 대통령 임기를 5년 단임제로 정한 것은 그동안의 독재 콤플렉스의 영향이 컸습니다. 단임제 하에서는 대통령의 장기집권을 막을 수 있고, 연임에 대한 부담이 없기 때문에 대통령이 자신만의 정책을 힘 있게 추진할 수 있습니다.

다만 단임제에서는 대통령의 권한이 막강해지는 제왕적 정치가 행해질 가능성이 있습니다. 또 5년이 지나면 정권이 바뀌다보니 장기적 안목을 갖고 정책을 펼치기 쉽지 않죠. 정책기조가 정권마다 뒤집혀 일관성과 지속성이 흐려질 공산이 큽니다. 이러다보니 정치권에서는 대통령직을 4년 중임제로 바꾸자는 이야기가 계속해서 나오고 있습니다. 최근 제22대 국회에 들어서는 우원식 국회의장이 윤석열 대통령에게 중임제로의 개헌논의를 공식적으로 제안하기도 했죠. 4년 중임제에서는 4년마다 대통령의 재신임 여부가 가려지게 됩니다. 아울러 4년 주기의 국회의원·지방선거가 동시에 치러질 수 있어 정부의 중간평가가 제대로 이뤄집니다. 정책기조도 더 오래 유지돼 국정의 혼란을 방지할 수 있습니다.

물론 연임에 실패하면 정책기조가 4년마다 뒤바뀌는 불상사가 있어날 수 있습니다. 대통령도 연임을 신경쓰다보니 자기 정책을 소신껏 강력하게 추진하기 어렵겠죠. 무엇보다 중임제에는 장기집권 우려라는 큰 어둠이 존재합니다. 대표적으로 푸틴 러시아 대통령은 러시아 헌법의 중임제 관련 조항을 여러 번 고쳐 종신집권을 누리게 됐고, 에르도안 튀르키예 대통령도 중임제로 장기집권의 길을 열었습니다. 이렇듯 중임제에서는 대통령이 장기집권을 노리고 여론을 의식한 포퓰리즘 정책을 남발한다든지, 연임에 유리하도록 개헌을 시도하기도 합니다.

정치 · 경제 · 사회 · 국제 · 문화 · 미디어 · 과학 · IT · 스포츠

"다음 대통령 임기는 3년만 하자" 김동연의 '개헌론'

김동연 경기도지사가 "다음 대통령의 임기를 3년으로 2년 단축하자"고 정치권에 제안했다. 대통령 4년 **중임제**를 골자로 한 개헌을 이루고, 2028년 총선과 대선을 함께 치러 제7공화국을 출범하자는 취지다. 김 지사는 자신의 SNS를 통해 "7공화국을 여는 개헌, 더는 미룰 수 없는 시대적 과제"라며 이같이 밝혔다. 김 지사는 "87년 체제로 대한민국은 민주주의와 경제 대도약을 이뤘지만 지금과 같은 정치로는 미래로 나아갈 수 없다"며 "특히 내란은 대통령 한 사람에 기댄 권력구조가 임계점을 넘어섰다는 것을 보여줬다"고 진단했다. 그는 이어 "탄핵결정 이전에 개헌에 '선 합의'해야 할 필요가 있다. 대선 이후로 미룬다면 개헌은 불가능해질 것"이라며 "탄핵 전에 주요 정치주체들이 개헌에 '선 합의'한 뒤 대선 이후 본격적으로 추진해야 개헌이 가능하다"고 내다봤다.

출처 : 이데일리/일부인용

상식UP! Quiz

문제 우리나라 대통령의 5년 단임제가 정착된 것은 1987년 9차 개헌을 통해서다.

O / X

해설 대통령 5년 단임제는 1987년 6월 항쟁 후 실시된 9차 개헌을 통해 시행됐다.

답 O

037 중·대선거구제

더 올바른 선거제도는 무엇?

우리 국회의원 선거에서는 지역구 의원과 전국구인 비례대표 의원을 뽑습니다. 특히 지역구에서는 가장 많은 표를 받은 한 명의 의원을 선출하는데요. 이를 소(小)선거구제라고 합니다. 지역구를 대표하는 한 명의 의원을 선출하니 그만큼 대표성이 높고 의원도 책임감 있게 일을 해야 합니다. 후보수가 적어서 공약을 비교적 정확하게 파악할 수 있고, 이전 공약의 성공여부에 대해서도 알기 쉽습니다. 물론 단점도 있습니다. 후보가 적기 때문에 자칫 선거가 과열될 수 있고, 거대 양당을 제외한 군소정당은 외면받을 가능성이 높죠. 그중에서도 소선거구제의 치명적인 단점은 사표(死票)가 대거 발생한다는 것입니다. 가령 지역구 총선에서 A후보가 11만표, B후보가 10만표를 얻어 A후보가 당선되었다면, B후보를 찍은 10만표는 사실상 무의미한 것이 됩니다. A후보가 얻은 11만표에 버금가는 숫자임에도 말이죠.

그래서 정치권에서는 지역구당 2~5명의 의원을 뽑는 중·대(中·大)선거구제를 도입하자는 주장이 꾸준히 나왔습니다. 일단 중·대선거구제에서는 지역구의 범위가 넓어집니다. 예를 들어 한 개 도에 10개의 지역구가 있다면 이를 북부와 남부라는 2개의 커다란 지역구로 통합하는 것이죠. 지역구마다 2명에서 많게는 5명의 의원이 선출되기 때문에 유권자 입장에서는 선택의 폭이 넓어집니다. 당선자 선출에 기여하지 못하는 사표도 줄어들죠. 내가 찍은 후보가 선출될 가능성이 높아지면서 유권자의 정치적 효능감도 커지게 됩니다.

물론 반대하는 주장도 있습니다. 일단 유권자의 민의(民意)가 충분히 반영되지 않습니다. 10만, 7만, 5만표를 받은 의원 3명을 득표순으로 뽑았다고 했을 때, 최다득표 의원이든 최저득표 의원이든 같은 권한과 책임을 받게 됩니다. 국민의 지지도에 분명한 차이가 있는데도 말이죠. 또 의원을 많이 뽑다보니 거대양당은 물론 군소정당의 후보들이 선거판에 난립할 수 있습니다. 지역구가 넓어져서 선거를 진행하는 데 비용도 더 들게 되고요.

한편으론 지방인구가 소멸되는 상황에서 지역구를 통합해 선거를 치러야 한다는 현실적인 목소리도 있습니다. 반면 '국회의원이 지금도 300명이나 되는데, 더 뽑는 게 맞나'라는 의견도 있죠. 그러나 선거구제 개편은 그동안 논의만 뜨거웠을 뿐 이뤄지지는 않았는데요. 특히 정치권에서는 정당마다, 또 의원들마다 정치적으로 유리한 선거구를 선호하기 때문에 개편이 쉽지 않습니다. 2~4명을 뽑는 중선거구제냐, 5명 이상을 뽑는 대선거구제냐에 따라 정치적 득실도 달라지죠. 물론 조금이라도 더 효율적이고 시대흐름에 맞는 제도를 정하기 위해 고민이 필요한 것은 맞지만, 이처럼 제도가 정치적 이해관계의 입김을 피할 수 없다는 것은 씁쓸합니다.

🔍 정치·경제·사회·국제·문화·미디어·과학·IT·스포츠

"중·대선거구제 도입해야 대화·타협 가능"

22대 국회는 범야권 192석의 여소야대 정국이 만들어지면서 여야의 소통이 사라지고 대신 정부–야당의 힘 대결만 반복됐다. 야당을 막을 수 없는 여당은 대통령 재의요구권 행사에만 의존했고, 반대로 과반의석을 가진 야당은 탄핵카드를 남발하면서 최악의 상황으로 치달았다는 자성이 나온다. 이에 현행 선거제도, 특히 소선거구제 개편에 다수의 정치원로들이 필요성을 공감하고 있다. 승자독식 구조인데다 사표가 지나치게 많아 국민들이 오히려 선거결과에 승복할 수 없도록 한다는 우려에서다. 김진표 전 국회의장은 최근 국가원로 토론회에서 "22대 총선에서 여야의 전체 득표율 차이는 5.4%포인트에 불과했으나 양당의 의석수는 71석 차이가 났다"며 "그렇기에 2당 후보를 찍은 유권자들은 선거부정이 있다고 생각할 것"이라며 중·대선거구제로의 전환 필요성을 강조했다. 그러면서 "이렇게 되면 정치권에서 공존·대화·타협이 가능할 수밖에 없고 선거문화도 달라질 것"이라고 전망했다.

출처 : 이데일리/일부인용

상식UP! Quiz

문제 중·대선거구제에서는 당선자 선출에 기여하지 못하는 사표가 늘어나게 된다.

ㅇ / ×

해설 소선거구제에 비해 더 많은 당선자를 선출하므로 사표가 줄어든다.

답 ×

038 헌법

제7공화국, 올 수 있을까?

헌법은 국가의 기틀을 다지는 법으로 우리나라에서는 모든 법의 위에 존재하는 최고(最高)의 규범으로 인식됩니다. 우리나라에 헌법은 1948년 7월 17일 '제헌(制憲)'을 하면서 생겼습니다. 일제에서 해방된 우리나라는 1948년 5월 10일 UN 관리 하에 총선거를 실시하여 제헌국회 의원을 선출했고 이들이 두 달의 과정을 거쳐 나라의 기틀이 되는 헌법을 만들어낸 것이죠.

헌법(현행)에는 우리나라의 기틀이 담겨 있습니다. 우선 대한민국이 어떤 국가인지를 다루는 정체성(1장)과 국민의 권리·의무(2장)를 담고 있습니다. 그 다음으로 국가의 권력 기관인 국회(3장), 정부(4장), 법원(5장)의 설립 근거와 역할을 알려줍니다. 그리고 이를 보조하는 기관인 헌법재판소(6장)와 선거관리기관(7장)의 설립 근거와 역할도 알려줍니다. 이어서 대한민국의 지방자치(8장)와 경제(9장)에 대한 가치관을 규정하고 마지막으로 헌법의 개정(10장)에 대해 설명합니다.

헌법 개정 절차는 우선 충분한 사회적 논의를 거친 후 '개헌 제안'으로 공식적인 첫 걸음을 시작합니다. 현행 헌법상 개헌 제안은 국회 재적 의원 과반수 또는 대통령 발의로 가능합니다. 그 다음 단계인 국회 의결에서는 재적 의원 2/3 이상의 찬성이 필요합니다. 국회 의결일로부터 30일 이내에 국민투표를 실시합니다. 유권자는 국회의원 투표권자와 동일하며, 유권자 과반수의 투표, 투표자 과반수의 찬성으로 개헌안이 최종 통과됩니다. 개헌은 입법 유예기간을 두지 않으며 투표 결과가 나오면 대통령은 즉시 이를 공표하고 개정된 헌법은 발효됩니다.

현재 우리나라는 제6공화국 상태로, 이는 국가 체제와 정부수립 방식이 제헌 후 5번 변화했다는 것을 뜻합니다. 헌정사상 개헌은 여러 차례 있었지만 공화국 명칭의 카운트는 정부수립 방식이 변화할 때에만 이루어졌는데요. 새로운 개헌 논의는 무엇보다 정부 형태의 변화에 초점이 맞춰진 만큼 제7공화국으로 바뀔 확률이 큽니다.

🔍 **정치**・경제・사회・국제・문화・미디어・과학・IT・스포츠

마은혁 "우려 잘 안다 … 헌법 기본원리 따라 해석"

마은혁 신임 헌법재판관이 정식으로 취임했다. 마 재판관은 취임사에서 "1987년 시민항쟁을 통해 나타난 국민의 민주주의에 대한 열망을 반영해 현행헌법이 탄생했고, 독립 헌법기관인 헌법재판소가 1988년 출범했다"며 "헌법재판소의 결정에서 제시된 헌법적 원리와 가치가 모든 국가활동의 기준으로 작동하게 됐다"고 했다. 마 재판관은 변화하는 사회 양상에 따른 헌법적 문제들을 적극적으로 해소해나가겠다고 밝혔다. 마 재판관은 "헌법재판소가 그간 쌓아온 성과가 더욱 공고하게 되도록 성의를 다하겠다"며 "나아가 저출산과 고령화, 기후위기, 젠더문제 등 새로운 과제와 관련해서도 헌법에 따른 문제해결기준이 도출되도록 부단히 노력하겠다"고 말했다. 여권을 중심으로 제기된 마 재판관의 '좌편향' 논란에 대해서도 우려를 불식시키겠다는 의지다. 마 재판관은 "제 임명과 관련해 우리 사회에 우려하시는 시선이 있다는 것을 잘 안다"면서 "그분들이 걱정하지 않으시도록 오로지 우리 헌법이 규정하는 국민주권주의, 자유민주주의, 법치주의, 사회국가원리 등 헌법 기본원리만을 기준으로 삼아 헌법을 해석하겠다"고 했다.

출처 : 한국경제/일부인용

상식UP! Quiz

문제 다음 중 개헌 과정에서 필요없는 절차는 무엇인가?
① 발의
② 국회 의결
③ 국민투표
④ 헌법재판소 판결

해설 개헌은 국회 혹은 대통령의 발의와 국회 의결 절차를 거쳐 국민투표로 결정된다. 헌법재판소의 판결은 개헌 과정에서 필요하지 않다.

답 ④

039 선거

정치에 관심을 갖지 않으면
정치도 우리에게 관심을 갖지 않아요

선거 제도에 대해서 잘 모르시는 분이라면, 막상 투표를 하더라도 어느 때에 어떤 투표가 있는지에 대해선 감이 안 잡히시는 분들이 많을 겁니다. 대한민국에는 크게 세 개의 선거가 있습니다. 대통령을 선출하는 대선, 국회의원 300명을 선출하는 총선, 그리고 지방자치단체장과 지방교육감, 지방의회 의원을 뽑는 지선(지방선거)입니다.

각각의 임기가 정해져 있고 정확한 날짜에 퇴임과 취임을 반복하기 때문에 대선, 총선, 지선의 시기는 대략 정해져 있습니다. 국회의원의 임기는 5월 30일부터 시작해 4년간 재임하기 때문에 총선은 4년마다 4월경에 실시합니다. 지선은 선출 공직자들이 7월 1일부터 임기를 시작하여 4년간 재임하기 때문에 4년마다 6월경에 실시합니다. 대선의 경우 2016년 탄핵 사태를 겪으면서 그동안 유지해오던 임기 기간이 바뀌었기 때문에 5년마다 3월경에 치러져 당선자는 5월 10일부터 5년간 재임하게 됐는데요. 그리하여 윤석열 대통령이 당선된 20대 대선은 3월에 치러졌지만, 2025년 윤 대통령이 다시금 탄핵으로 물러나면서 21대 대선은 6월 3일에 치러지게 됐습니다.

지방선거의 경우 정부 수립 이후에 1960년까지 세 차례 실시되었지만, 1961년 군정이 실시되면서 지방자치제도 폐지와 함께 실시되지 않습니다. 이후 지방자치제가 다시 생기면서 1991년 '제1회 전국동시지방선거'로 다시 실시됩니다. 현행 헌법 제8장은 지방자치제도를 실시하며 내용은 법률로 규정한다고 정하고 있습니다. 헌법적으로 규정된 것은 지방의회와 지방자치단체장을 둔다는 것뿐이기 때문에 의회와 지방자치단체장, 기타 선출 공직의 내용과 수는 입법 사안에 따라 얼마든지 바뀔 수 있습니다.

이외에 결원 발생 시 하는 재·보궐선거가 있습니다. 정기적으로는 매년 4월 첫 번째 주 수요일에 실시하며, 그 전에 삼대 선거가 있을 경우 함께 실시합니다.

> 🔍 **정치** · 경제 · 사회 · 국제 · 문화 · 미디어 · 과학 · IT · 스포츠
>
> ### 76년간 115번 바뀐 공직선거법
>
> 박정희 전 대통령이 1972년 12월 29일 비상국무회의에서 의결한 국회의원**선거**법(현 공직선거법) 개정안은 발의된 지 하루 만에 의결, 공포됐다. 10월 유신으로 국회가 해산된 상태에서 벌어진 일이었다. 이는 국회가 아닌 기구에서 선거법을 개정한 헌정사 유일한 사례다. 공직선거법은 1948년 미군정법령으로 제정된 이래 76년 동안 총 115번 바뀌었다. 개정마다 '민의를 제대로 반영하기 위함'을 내세우면서도 정작 국민적 동의를 얻는 과정은 부족했다는 비판이 나온다. 현 선거제는 비례대표제 도입(1963년), 중선거구제 도입(1973년), 소선거구제 환원(1988년), 준연동형 비례대표제 도입(2020년) 등 4차례 중대한 개정을 거친 결과다. 1948년 치러진 첫 총선, 제헌 국회의원 선거는 비례대표 없이 지역구 선거만 소선거구제로 실시됐다. 소선거구제는 현행 총선 방식으로, 인구 20만명 단위의 지역구에서 투표를 통해 1위 득표자를 선출하는 제도다.
>
> 출처 : 경향신문/일부인용

상식UP! Quiz

문제 대한민국 헌법 제8조는 지방의회와 지방자치단체장, 지방교육감을 선출하도록 규정하고 있다.   ○ / ×

해설 헌법 제8조에는 지방선거를 실시하며 지방의회와 지방자치단체장을 둔다는 내용만 기술하고 있다. 그 외 지방 선거에 대한 사안은 법률로 규정되어 있다.

답 ×

040 국회의원

자신이 아닌, 국민을 위해 일합시다

18세 이상의 국민은 국회의원 선거에 출마할 수 있습니다. 국회의원 임기는 4년이며 중임이 가능합니다. 국회의원은 기본적으로 다른 직무의 겸직이 불가능합니다. 다만 국회법은 국무총리와 국무위원, 공익 목적의 명예직, 정당의 직, 공공기관·공공조합의 임직원만 겸직이 가능하도록 허락하고 있죠. 그리고 앞서 봤듯이 국회의원의 특권으로는 면책특권과 불체포특권이 있는데, 우선 면책특권은 국회의원이 국회에서 직무상 행한 발언과 표결에 대해 국회 외에서 책임을 지지 않는 것을 말합니다. 국회 내에서 책임을 추궁할 수는 있으나, 국회 관행상 국회 윤리특별위원회에 제소되어 징계를 받은 의원은 아직까지 없었습니다. 불체포특권은 국회의원은 현행범인 경우를 제외하고는 회기 중에 국회의 동의 없이 체포 또는 구금되지 아니하며, 회기 전에 체포·구금된 때에는 현행범이 아닌 한, 국회의 요구가 있으면 회기 중 석방되는 특권을 말합니다.

국회의원의 헌법상 의무로는 재물에 욕심을 내거나 부정을 해서는 안 된다는 청렴의 의무, 개인의 이익보다 나라의 이익을 먼저 생각하는 국익 우선의 의무, 국회의원의 신분을 함부로 남용하면 안 된다는 지위 남용 금지의 의무, 법에서 금지하는 직업을 가져서는 안 되는 겸직 금지의 의무 등이 있습니다.

국회의원 수행직무
- 헌법과 법률에 규정된 개정 절차에 따라 법률의 특정 조항을 수정·삭제하거나 새로운 조항을 추가한다.
- 국가나 국민에게 중대한 영향을 미치는 조약 또는 입법 사항에 관한 동의권을 행사한다.
- 정부의 예산안을 심의 확정하고, 국가의 수입 지출에 대한 결산을 심사한다.
- 국정감사 및 조사를 통해 국정 운영의 잘못된 부분을 적발·시정한다.

정치·경제·사회·국제·문화·미디어·과학·IT·스포츠

민주적 선거제도? … 비민주적 당헌당규

국회의원은 국민의 정치머슴이다. 이 머슴은 헌법기관이라는 상당한 지위를 누린다. 국민에게 무한 봉사를 한다면 많은 일들을 할 수 있다. 그러나 현실은 그렇지 못하다. 국회의원들은 일단 선거만 끝나면 유권자들과의 거리가 멀어지는 일이 반복되었는데 이번에는 개악된 선거법으로 유권자의 선택을 강요하는 형국이 되었다. 개 꼬리가 몸통을 흔드는 격이다. 선거법이 개악되고 유권자를 바지저고리로 전락시키는 또 다른 원흉은 기득권 유지에 초점이 맞춰진 비민주적 정당제도이다.

국내 정당 대부분은 제왕적 당대표를 두는 당헌당규를 채택하고 있어 국회의원들은 유권자보다 당대표를 더 의식하는 경우가 너무 많고 군대의 사단장과 사병과의 관계처럼 일사불란하게 보일 때도 있다. 국회가 진정한 국민의 머슴이 되도록 하기 위해서는 비민주적 정당 제도를 원천적으로 쇄신해야 한다. 동시에 풀뿌리 민주주의인 지방자치와 중복되면서 국회의 중앙정치 집중을 가로막는 현행 지역구 선거제를 폐지하고 국회의원 선거에서 유권자의 선택이 100% 반영되는 선출 방식을 강구해야 한다.

출처 : 통일뉴스/일부인용

상식UP! Quiz

문제 다음 중 국회의원에 대한 설명으로 옳지 않은 것은?

① 임기는 4년이고, 단임이다.
② 선거에 후보로 나가기 위해서는 만 18세 이상이어야 한다.
③ 국회의원은 회기 중에 국회의 동의 없이 체포되지 않는다(현행범인 경우를 제외).
④ 국회의원은 기본적으로 다른 직을 겸할 수 없다.

해설 국회의원의 임기는 4년이고, 중임이 허용된다.

신문으로 공부하는 말랑말랑 시사상식
종합편

CHAPTER 03

국제 · 외교

041 핵무장론

강한 힘엔 강한 대가가

최근 우리나라의 핵무장론이 다시 고개를 들었습니다. 자체 핵무장에 대한 긍정여론도 생각보다 높게 나타나고 있는데요. 북한의 미사일 도발이 한창 이어지던 2023년 6월, 통일연구원이 발표한 조사결과에 따르면 핵보유 찬성여론은 60.2%로 나타났죠. 2024년 11월 미국 대선에서 주한미군을 철수시키겠다는 도널드 트럼프 전 대통령의 당선 가능성이 거론되고, 같은 시기 북한과 러시아가 군사동맹을 강화하면서 긍정여론은 더 뜨거워졌습니다.

핵무장을 찬성하는 측에서는 사실상 한반도의 비핵화는 불가능하며 북핵 위협에 맞대응할 잠재력을 우리 스스로 갖춰야 한다고 주장합니다. 아울러 북한을 비롯해 주변국이 핵무기를 보유하고 있으니 우리도 균형을 맞춰야 한다고 하죠. 북핵 위협이 현실화됐을 때 동맹국인 미국이 우리를 보호해 주는 '핵우산' 전략 또한 신뢰하기 어렵다는 여론도 있습니다. 핵우산은 동맹국이 핵무기 공격을 당했을 경우 이에 대응해 핵전력을 제공한다는 전략인데요. 적국이 핵무기를 쓰지 못하도록 압박하는 동시에 동맹국이 핵무기 보유의 유혹에서 벗어나게 하려는 목적도 있죠. 한편 찬성 측 일각에서는 자체 핵무장이 녹록치 않을 경우, 한반도와 그 주변국에 전술핵을 재배치하거나, 더 나아가 핵무기를 공유하는 선택지도 고려해야 한다고 주장합니다.

반면 핵무장을 반대하는 입장도 만만치 않은데요. 반대 측은 자체 핵무장이 얻는 것보다 잃는 것이 더 많다고 주장합니다. 먼저 우리나라는 '핵확산금지조약(NPT ; Non Proliferation Treaty)'에 핵무기 비보유국으로서 가입해있죠. 이를 무시하고 우리가 핵무기를 개발한다면 국제적인 신뢰를 잃게 되고, 국제사회의 경제적 제재를 받을 위험이 있습니다. 또 우리가 핵무기를 보유하면 일본, 대만 등 다른 비보유국도 연쇄적으로 핵무장을 선언할 우려가 있죠. 때문에 주변정세는 크게 경색될 것입니다. 무엇보다 미국정부는 우리의 핵무장을 지속적으로 반대해왔는데요. 60~70

년대 냉전시대에는 물론 최근 바이든정부까지 미국은 우리나라에 '핵무장이냐, 한미동맹이냐' 하는 두 가지 옵션을 꾸준히 제시해왔습니다. 무조건 자체 안보만을 고집하기보다는 핵무장으로 치러야 할 여파와 대가는 무엇인지 생각해볼 필요가 있습니다.

외통위, 대북정책 공방 … 여 일부 '핵무장론' 주장

여야는 국회 외교통일위원회 전체회의에서 대북전단 살포와 대북확성기 방송재개 등 정부의 대북정책을 놓고 공방을 벌였다. 국민의힘 의원들은 안보위기에 대비해 한미동맹을 강화해야 한다고 입을 모았다. 일각에선 자체 **핵무장론**을 주장하는 목소리도 나왔다. 김기현 국민의힘 의원은 "굳건한 한미동맹을 바탕으로 북한의 안보위협에 대응하는 건 매우 적절한 정책이고 더 강화해야 한다"고 촉구했다. 아울러 "문제는 북한이 이미 핵을 가지고 있다는 사실"이라며 "우리 자체적으로 핵무장을 해야 대한민국의 안전을 보장할 수 있다"고 주장했다. 이에 조태열 외교부 장관은 "자체 핵무장 문제는 핵확산금지조약 체제와의 충돌 문제, 제작비용 문제 등을 종합적으로 검토해야 할 사안"이라며 "상호신뢰를 쌓는 작업이 먼저 추진돼야 한다"고 답했다. 이어 "현 상황에서는 핵 억제력을 강화하는 것이 가장 현실적이고 바람직한 정책 옵션"이라고 밝혔다.

출처 : 뉴시스/일부인용

상식UP! Quiz

문제 핵보유국이 비핵보유국에 핵무기를 양여하거나 비핵보유국이 핵무기를 보유하는 것을 금지하는 국제조약은?

해설 핵확산금지조약(NPT)은 1968년 미국, 소련, 영국 등 총 56개국이 핵무기 보유국의 증가 방지를 목적으로 체결하였고 1970년에 발효된 다국 간 조약이다. 핵보유국에 대해 핵무기 등의 제3자로의 이양을 금지하고 핵군축을 요구한다.

답 핵확산금지조약

042 한미 방위비분담금

안보 무임승차는 없다?!

주한미군의 주둔비용에서 우리나라가 부담할 몫을 새롭게 결정하는 제12차 한미 방위비분담금 협상이 진행됐습니다. 방위비분담은 한미상호방위조약(SOFA)을 근거로 하는데요. 본래는 우리가 미군이 주둔할 부동산을 제공하고 방위비 일체는 미국에서 부담했지만, 1980년대 형편이 어려워진 미국이 우리에게도 방위비 분담을 요구하면서 1991년 특별협정을 맺게 됐죠. 거듭된 협상에 우리가 부담하는 방위비는 대체로 꾸준히 상승해왔습니다.

특히 지난 2019년 시작된 제11차 협상 당시 도널드 트럼프 미국 대통령은 주한미군 철수 카드까지 꺼내며 분담금 5배 증액을 주장했는데요. 이미 같은 해 체결된 10차 협정에서 분담금이 1조원을 넘어섰는데도 트럼프 대통령은 협상기간을 1년 단위로 줄여야 한다며 새 협상을 독촉했습니다. 그는 우리가 매년 50억달러, 무려 우리 돈 7조원에 이르는 방위비를 내야한다고 주장하기도 했죠.

트럼프의 막무가내식 태도 때문에 협상타결은 미뤄지다가 2021년 바이든정부가 들어서서야 성사됐습니다. 다만 이 때에도 협상 첫 해인 2021년도 분담금을 13.9%나 인상했고, 이후 2025년까지 매해 우리나라의 방위비 증액과 연동해 늘리기로 했습니다. 2025년 우리의 분담금은 1조 4,896억원으로 추산됩니다. 이미 적지 않은 금액을 부담하고 있는 것이죠.

2026년부터 적용될 12차 협상은 협정기간 종료가 1년 8개월여 남은 이른 시점에 시작됐는데요. 2024년 미 대선에서 트럼프가 재집권할 가능성이 커지면서 방위비 증액문제가 다시 불거질 수 있다는 우려에 조기협상에 들어간 것으로 해석됐습니다. 실제로 트럼프는 대선기간에도 '무임승차는 없다'며 동맹국에 대한 방위비 증액을 공개적으로 언급했는데요. 특히 우리나라에 대해서는 "한국은 부유한 국가이며, 방위비 분담에 더 큰 기여를 하기를 바란다"고 이야기했습니다. 자국우선주의를 내세우는 트럼프를 맞아 우리나라도 대응책을 면밀하게 세워야 할 시점입니다.

🔍 정치·경제·사회·**국제**·문화·미디어·과학·IT·스포츠

美 "나토, '방위비 GDP 2%' 이행해야" … 韓 압박 우려 커져

미국의 외교안보사령탑인 왈츠 보좌관이 직접 6월 나토정상회의까지로 시한과 목표를 못박아 유럽동맹에 방위비 증액을 공개 압박하면서 우리나라에 대한 **방위비분담금** 인상 압박도 임박한 것 아니냐는 우려가 나온다. 한미는 작년 10월 미국 대선 직전에 2026년부터 5년간 적용할 제12차 방위비분담특별협정(SMA)을 전격 타결했다. 2026년 분담금은 2025년 대비 8.3% 오른 1조 5,192억원으로 정해졌다. 그러나 한국을 여러 차례 '부자 나라'로 불러온 트럼프 대통령이 SMA 재협상을 요구할 수 있다는 관측은 취임 전부터 꾸준히 제기돼 왔다. 트럼프 대통령은 1기 행정부 시절에도 5배 인상을 압박해 협상이 장기 표류했다. 이번에도 상당한 수준의 인상을 압박할 수 있다는 예상이 나오는 가운데 가뜩이나 탄핵정국으로 트럼프 대통령의 관세 압박 대응에 한계가 있을 수밖에 없는 우리나라에 부담이 추가될 것으로 전망된다.

출처 : 연합뉴스/일부인용

상식UP! Quiz

문제 우리나라는 미국과 1991년 주한미군 주둔비용에 관한 대한민국-미합중국간 특별조치협정을 맺었다. ○ / ×

해설 우리나라는 미국 측의 방위비 분담 요구로 한미 방위비분담특별협정(SMA ; Special Measures Agreement)을 1991년 체결했다.

 답 ○

043 팔레스타인 분쟁

끝나지 않을 철천지원수의 관계

2023년 10월 7일, 이스라엘에서 열린 음악축제에서 재앙이 벌어졌습니다. 음악을 즐기는 사람들 위로 패러글라이딩을 탄 군인들이 내려앉더니 총을 난사하기 시작했죠. 많은 이들이 목숨을 잃고 포로로 납치되는 끔찍한 장면이 인터넷에 여과 없이 노출됐습니다. 팔레스타인 가자지구를 통치하는 무장정파 '하마스(HAMAS)'가 이스라엘에 침투해 사람들을 학살하고, 그들이 손수 만든 '카삼로켓'을 날려 폭격을 가했습니다. 이에 분개한 이스라엘도 대대적 보복공격을 감행하면서 2023년 이스라엘-하마스 전쟁이 시작됐죠.

증오로 점철된 팔레스타인 분쟁은 역사가 깊습니다. 팔레스타인은 이스라엘과 요르단의 여러 지역을 포함하는데요. 서쪽의 지중해에서 동쪽의 요르단강까지, 북쪽의 이스라엘과 레바논 국경지대에서 남쪽의 가자지구에 이르는 지역을 가리키죠. 그런데 제1차 세계대전 전후로 고향에서 유대왕국을 재건하자는 '시오니즘 운동'과 이를 지지하는 영국의 '벨푸어 선언'으로 유대인들이 팔레스타인에 모여들면서, 예전부터 거주하던 아랍인과의 갈등·분쟁이 격화됐습니다.

그러던 중 1947년에 UN이 팔레스타인을 이스라엘과 아랍의 양국으로 분할하는 안을 결의했고, 이듬해 이스라엘 공화국이 건국되면서 아랍연합군과 이스라엘의 중동전쟁이 4차례, 이스라엘과 팔레스타인 간의 전쟁이 2차례 일어나게 됩니다. 국제사회의 중재로 여러 평화협정이 있었으나 팔레스타인의 자살폭탄 공격과 이스라엘의 반격·침공 등의 분쟁은 지속되고 있죠.

2023년 전쟁 초기에는 하마스에 대한 국제여론이 좋지 않았습니다. 그러나 이스라엘군이 하마스 종말을 공식화하고 가자지구 내 숨겨진 공격시설을 파괴하겠다며 민간시설에까지 공습을 벌이면서 민간인이 큰 피해를 입었는데요. 가자지구의 팔레스타인 사람들은 국경 사방으로 이스라엘의 억압과 재제를 받고 있어 주변국으로 이

주하기도, 도움을 받기도 어렵습니다. 식량·의료품 부족은 물론이고, 전기와 식수도 이용할 수 없어 가자지구는 생지옥이 되어버렸죠. 민간인 피해가 극심해지자, 이스라엘 정부에 국제적 비판이 쇄도했습니다.

이스라엘은 또 다른 앙숙인 이란과도 공격과 보복을 주고받았습니다. 이란은 레바논의 친이란 민병대인 '헤즈볼라'를 지원하며 이스라엘과 대리전을 치러왔는데, 이에 이스라엘이 시리아의 이란 영사관을 타격해 이란 혁명수비대 지휘관 등이 사망하자 이란은 이스라엘 본토를 직접 공격했습니다. 헤즈볼라도 이스라엘의 공격으로 지휘관을 잃었다고 주장하며 보복을 예고했는데요. 이러한 확전 양상 때문에 중동정세가 더욱 악화되리라는 불안감이 커졌습니다. 이스라엘의 우방국인 미국이 직접 휴전안을 내놓고 국제사회도 휴전을 끊임없이 촉구했음에도, 네타냐후 이스라엘 총리는 강경 입장을 고수했습니다.

그러다 2024년 11월 도널드 트럼프의 미국 대선 승리를 기점으로 전쟁의 기류는 조금씩 바뀌기 시작했습니다. 하마스와 이스라엘 측은 2025년 1월 19일부로 6주간의 단계적 휴전에 들어갔는데요. 1단계는 먼저 서로 억류하고 있는 민간인 등의 포로를 교환하고, 2~3단계를 거쳐 남성군인 포로 석방과 영구적 휴전을 논의하기로 했죠. 그러나 매 단계 때마다 양측이 새로운 합의를 거쳐야 하는데, 서로 악감정이 가득한 가운데 합의가 잘 이뤄질 수 있을지 의문이 제기됐습니다. 이 와중에 트럼프 대통령은 네타냐후 총리와 정상회담을 한 후, 가자지구를 미국이 장악하고 가자지구 주민을 다른 지역에 재정착시켜야한다는 구상을 내놓아 논란을 일으키기도 했습니다.

정치 • 경제 • 사회 • **국제** • 문화 • 미디어 • 과학 • IT • 스포츠

트럼프 가자 구상에 각국 비판 쇄도 … "말도 안 되는 소리"

도널드 트럼프 미국 대통령은 백악관에서 베냐민 네타냐후 이스라엘 총리와 정상회담한 뒤 기자회견에서 **가자지구**의 팔레스타인 주민을 가자지구가 아닌 다른 지역에 재정착시켜야 한다면서 "미국이 가자지구를 장악할 것(take over)"이라고 밝혔다. 미국이 가자지구를 장악하고 팔레스타인 주민을 이주시키겠다는 트럼프 대통령의 구상에 서방 동맹국을 비롯해 각국에서 비판이 쏟아졌다. 프랑스 외무부는 대변인 명의 성명에서 "가자지구 내 팔레스타인 주민에 대한 강제이주에 반대한다"며 "이는 국제법에 대한 심각한 위반이자 팔레스타인인들의 정당한 권리를 침해하는 것"이라고 지적했다. 아울러 트럼프 대통령의 구상은 "두 국가 해법(이스라엘과 팔레스타인 공존)을 저해하고, 이집트와 요르단을 비롯한 역내 안정을 위협하는 요인이 될 것"이라고 우려했다. 가자 휴전 중재국 중 하나인 이집트도 팔레스타인 주민이 재건 의무를 맡아 현지를 떠나서는 안 된다고 주장하며 신속한 재건을 촉구했다.

출처 : 연합뉴스/일부인용

상식UP! Quiz

문제 현재 가자지구를 실질적으로 통치하는 단체는 '팔레스타인 해방 기구(PLO)'다.

ㅇ / ×

해설 '하마스'라는 정당이자 무장단체가 현재 가자지구를 실질 지배하고 있다.

답

044 미중 무역전쟁

고래 싸움에 새우 등이 터집니다

'투키디데스의 함정'이란 말을 들어보셨나요? 투키디데스는 〈펠레폰네소스 전쟁사〉를 저술한 고대 그리스인의 이름입니다. 〈펠레폰네소스 전쟁사〉는 페르시아 전쟁 뒤 이어진 기존 강국 스파르타와 신흥 강국 아테네의 충돌 과정을 다루고 있는데요. 기존 패권국과 신흥 강국의 갈등이 전쟁으로 번지는 과정이 잘 묘사되어 있습니다. 필연적으로 강대국들은 충돌하게 된다는 말을 하고자 할 때 이에 빗대어 '투키디데스의 함정'이라는 말을 씁니다. 현대 미국과 중국의 상황을 가리키는 것 같지 않나요?

경제면에서 미국과 중국의 갈등은 점점 커져갔습니다. 미국은 2017년 8월 중국산 알루미늄에 81%의 관세를 붙이고 2018년 3월에는 500억달러 규모의 중국산 제품에 25%의 관세를 부과하는 행정명령에 서명했습니다. 중국은 크게 반발하며 미국산 제품 30억달러 규모에 보복관세 부과 계획을 발표했죠. 이와 동시에 주요국 주가가 급등락을 보이고 원자재 가격은 급락하는 등 세계 경제가 요동치기 시작했습니다. 양국은 무역협상을 벌였으나 합의점을 좁히지 못한 채 관세 폭은 더욱 늘어만 갔죠. 특히나 중국은 현재 위기에 빠졌다는 분석이 계속해서 제기되었습니다. 중국이 표면적으로는 결사항전했지만, 실제 전면전에 나서기엔 미국에 비해 체력적인 부담이 큰 것이 사실이기 때문이지요.

2020년 1월, 미중은 가까스로 무역합의를 이뤘습니다. 중국이 미국산 농산물을 대거 구매하는 대가로 미국이 추가 관세 부과를 중단하는 내용이었지요. 그러나 이어서 들어선 바이든행정부에서도 중국을 관세로 압박하는 기조는 이어졌는데요. 그리고 2025년 트럼프 2기 행정부가 들어서자 미중 간의 긴장은 다시 고조됐습니다. 트럼프는 당선 이전부터 중국산 수입품에 최대 60%의 관세를 부과하겠다고 공약을 내세웠죠. 역시나 트럼프 취임 후, 미국정부는 2025년 3월부터 4월까지 단계적으로 관세를 높여 총 145%의 관세를 중국에 부과했습니다. 그러자 지지 않고 중국측도 미국에 기존 관세를 25%에서 125%로 높이고, 자동차와 로봇 등 첨단제품을 제조하는 데 필요한 희토류 수출을 중단하겠다고 선언했죠. 이러한 고강도의 관세 조치 때문에 양국 간의 무역교류는 사실상 멈춰서기도 했습니다.

이러한 두 강대국의 무역갈등 속에서 전 세계 국가들과 또 우리나라가 받을 영향도 적지 않은데요. 특히 양국 간의 수출입이 감소하면서 중국에 중간재를 수출하는 우리나라 또한 간접적으로 영향을 받습니다. 중국에서 우리나라 중간재로 상품을 만들어 미국에 팔아야 우리에게도 이익이 될 텐데, 미중 간의 경로가 막혀버리면 대중 수출이 감소하는 등 우리의 이익도 그만큼 줄게 되는 것이죠. 미중 무역전쟁의 위협 속에서 우리나라도 공급망 다변화 같은 활로를 모색해야 합니다. 고래 싸움에 새우 등이 터지지 않도록 말이죠.

정치 · 경제 · 사회 · 국제 · 문화 · 미디어 · 과학 · IT · 스포츠

"트럼프發 무역전쟁 2.0 충격 2018년때보다 더 클듯"

도널드 트럼프 2기 미국 행정부가 상호관세 발표를 예고한 가운데 트럼프 대통령의 '**미중 무역전쟁** 2.0'이 1기 때보다 미중에 주는 충격이 더 클 것이라는 예상이 제기됐다. 대만 중앙통신은 중국의 공급업체와 미국 고객의 입장에서 이번 관세는 트럼프의 무역전쟁 2.0으로 이들 기업은 2018년 당시보다 더 심각한 현실에 직면해 있다고 로이터 통신을 인용해 전했다. 이는 중국의 제조업체들은 이미 더 이상 가격을 낮출 공간이 없고, 대부분 지방정부 역시 새로운 보조금을 제공할 여력이 없기 때문이다. 실제로 2018년 무역전쟁 이후 중국 공급업체의 노동자 임금은 2~5% 상승한데다 일부 분야에서 원자재 비용이 상승하고 해외 경쟁까지 심화되면서 최근 부과된 관세는 많은 저가 제조업체의 '마지막 결정타'가 될 수 있다. 한편 전문가들은 트럼프발 무역전쟁 2.0으로 인한 피해규모를 추정하기에는 아직 이르다고 지적했다.

출처 : 서울신문/일부인용

상식UP! Quiz

문제 ( )이란 새로운 강대국이 떠오르면 기존의 강대국이 이를 두려워하여 견제하여 부딪칠 수밖에 없는 상황을 의미하는 정치용어다.

해설 '투키디데스의 함정'이란 새로운 강대국이 떠오르면 기존의 강대국이 이를 두려워하여 견제하여 부딪칠 수밖에 없는 상황을 의미하며 아테네와 스파르타의 전쟁에서 유래한 말이다.

답 투키디데스의 함정

045 양안관계

중국은 사실 분단국가!

양안관계(兩岸關係)란 대만(중화민국)과 중국(중화인민공화국)의 관계를 말합니다. 여기서 '양안'이라는 명칭은 자연적인 군사분계선 역할을 하고 있는 대만해협을 두고 서안(대륙)과 동안(대만)으로 마주 보는 관계라고 해서 붙었습니다. 이들의 관계는 '두 국가의 외교'가 아닌 '특수한 상태의 관계'에 놓여 있습니다.

양안관계 갈등은 1949년으로 거슬러 올라가죠. 당시 중국 본토에서 공산당과의 국공내전에서 패한 장제스의 국민당 세력은 대만 섬으로 몸을 피해 망명정부인 중화민국을 수립합니다. 양국의 헌법상 대만과 중국은 '분단'된 국가인데요. 양안관계의 핵심은 바로 '하나의 중국' 원칙입니다. 대만과 중국은 모두 하나의 중국을 표방해왔으며, 스스로를 유일한 합법정부로 보고 자국영토를 불법적으로 점거한 단체로 서로를 규정하고 있죠. 양안관계는 초기부터 냉전시기까지는 군사적 대치를 벌이다가 이후에는 안정세를 띠기도 했습니다. 그러나 실질적인 국력차이 때문에 국제사회에서 중화인민공화국만이 정통 중국정부로 인정되었고 중화민국은 미승인국 취급을 받았는데요. 중국 본토와는 다른 별도의 정치체제를 갖추고 있음에도 중화민국정부를 공식적으로 인정하는 나라는 많지 않았습니다. 때문에 중화민국에서는 '두 개의 정부'를 인정하고 분리독립하자는 움직임도 나왔지만, 중국의 입장은 변화가 없었죠.

양안관계는 미국과 중국 관계에도 영향을 미칩니다. 미국은 공식적으로 중국 측의 하나의 중국 원칙을 수용하며 중국과 수교관계를 맺어왔는데, 2019년 트럼프정부 당시 전략보고서에 대만을 국가로 분류하며 새 국면을 맞았습니다. 만약 이로써 미국이 중국과 단교하고 대만과 국교를 맺게 되면 대만에 군대를 주둔시킬 수 있는데, 이는 중국에게 크나큰 위협이죠. 이후로 양안관계는 물론 미중관계에도 긴장감이 고조되기 시작했습니다. 중국은 시위하듯 대만해협에서 군사훈련을 벌이고, 대만해협 중간선을 수시로 넘나들기 시작했는데요.

갈등은 2021년 미국 정계서열 3위인 낸시 펠로시 하원의장이 대만을 방문하면서 폭발했죠. 이 방문은 '대만의 민주주의를 수호하기 위한 미국의 공식적 연대표명'이라는 평가와 함께, '태평양 지역의 안보강화를 위한 우방 확보'라는 분석이 나왔습니다. 중국은 '대만 무력통일'까지 운운하며 강하게 반발했고, 2022년에는 러시아가 우크라이나 침공을 감행하자 '대만해협에서도 전쟁이 현실화되는 게 아니냐'는 우려가 나왔습니다. 이렇듯 양안관계가 크게 경색되는 사이, 앞서 봤듯 2024년 1월 대만에서는 분리독립론자이자 친미성향인 라이칭더 총통이 새롭게 당선됐습니다. 중국의 압박에도 대만여론이 미국을 선택한 만큼, 선거결과가 글로벌 안보·경제에 가져올 후폭풍에 귀추가 주목됩니다.

🔍 정치·경제·사회·**국제**·문화·미디어·과학·IT·스포츠

중국, '주권확보' 언급 라이칭더 총통에 "대만, 국가 될 수 없어"

중국 신화통신에 따르면 천빈화 국무원 대만판공실 대변인은 라이칭더 총통이 민주진보당 전당대회에서 한 발언에 대해 "비록 양안이 아직 통일되지 않았으나 중국의 주권과 영토보전은 분할된 적이 없다"며 "대만 독립행위를 단호하게 반대한다"고 밝혔다. 앞서 라이칭더 총통은 전당대회에 참석해 "주권을 확보하는 것이 지금이 책무"라며 "힘을 모아 국가의 정체성을 확립해야 한다"고 했다. 천 대변인은 "대만은 한 번도 국가가 아니었고, 국가가 될 수도 없다"면서 "민진당이 과거사와 사실, 민의를 무시하고 '대만 독립'의 분열된 입장을 고수하고 탈중국화와 점진적 대만독립을 추진함으로써 대만국민을 속이고 본토에 대한 혐오를 선동한다"고 지적했다. 이어서 "이는 **양안관계**를 긴장시키고 대만해협의 평화를 위협하며 양안동포들의 이익을 해친다"고 말했다.

출처 : 뉴스1/일부인용

상식UP! Quiz

문제 2024년 1월 중화민국의 새 총통에 당선된 인물은 차이잉원이다. ○ / ×

해설 2024년 1월 대만에서는 라이칭더 신임 총통이 집권하게 됐다.

답 ×

046 자위대

자위대는 일본의 진짜 군대가 될까?

1945년 8월 15일 일본제국이 태평양전쟁에서 패망하자, 미국을 필두로 한 연합국은 무조건 항복한 일본을 점령했고, 일본 땅에 상륙한 미군과 연합군은 주권을 상실한 일본의 헌법을 뜯어고쳤습니다. 먼저 천황의 초월적 권력을 없애버리고 국정에 참여하지 못하게 했습니다. 이와 더불어 일본은 다시는 전쟁을 일으킬 수 없게 됐는데요. 이로써 선제공격을 할 군대를 가지지도 못하게 됐습니다. 이것이 평화헌법이라고 불리는 '일본국 헌법 제9조'의 내용입니다.

군대를 가질 수 없게 된 일본은 우리가 흔히 알고 있는 자위대(自衛隊)라는 군사조직을 꾸렸습니다. 자위대는 한반도의 6·25 전쟁 당시, 일본에 주둔하던 미군이 우리 국군을 지원하기 위해 떠나자 치안유지를 명목으로 창설한 경찰경비대에서 기원합니다. 물론 자위대라는 이름 그대로 최소한의 방어만 가능할 뿐 헌법상 상대국 혹은 지역에 선제타격을 가할 수 없습니다. 방어가 가능한 조건 또한 일본국으로 한정되어 있죠. 그러나 자위대의 전신인 경찰경비대는 창설 당시부터 꼼수라는 논란이 있었는데요. 헌법 제9조가 명시한 '전력'이란 실질적으로 전투를 수행할 수 있는 능력을 의미하는데, 단순한 치안유지를 넘어 국가 간 교전을 벌일 수 있는 수준에 이르렀기 때문이죠. 경비대는 보안대 등으로 이름을 바꾸면서 임무 범위를 점차 넓히기 시작했고, 이들 조직이 헌법에 위배된다는 비판에 대해서는 조직의 힘이 약하다는 식으로 어물쩍 넘어가려 했습니다. 그리고 1954년 7월 자위대법이 제정되면서 자위대가 공식적으로 출범했죠. 헌법상 '전력'을 가질 수 없었지만, 명백히 전력을 가진 군사조직을 스스로 만들어낸 것입니다.

일본은 이때부터 야금야금 제멋대로 헌법 해석을 이어가며 개헌카드를 꺼내들었습니다. 동시에 자위대의 전력도 차츰 보강했죠. 그러나 일본정부에서도 개헌은 쉽사리 성사되지 못했는데요. 그래서 일본은 자위권을 확대하는데 애를 썼는데, 처음에는 현실적인 타격을 자국의 영토·영공·영해에서 방어하는 수준에 머물렀다면,

그 영역을 벗어난 방어도 허용하게 됐습니다. 더 나아가 일본 침공의 징조가 보인다면 그 근원지까지 타격할 수 있다는 해석으로도 이어졌죠. 또 1990년대부터는 차츰 자위대 전력을 해외로도 보내기 시작했습니다. 이러한 '집단적 자위권'을 법 해석만으로 갖게 된 사이, 자위대의 '전력'은 무시 못 할 규모로 커졌습니다. 사실상 일본의 군대로서 취급되는 조직으로 성장했죠. 그러면서 자위대의 존재가 위헌이라는 인식도 점차 희석됐습니다.

일본은 아베 신조 전 총리로 대표되는 극우 세력이 정권을 잡게 되면서 개헌논의가 더욱 활발해졌는데요. 이들은 개헌의 당위성을 역설하면서, 시대가 변화함에 따라 이제 자위대를 헌법 제9조에 명기하는 개헌을 실시해야 한다고 주장했습니다. 그간 평화헌법을 수호해야 하며, 자위대가 위헌이라는 주장을 꾸준히 펴온 반대 세력들의 입을 잠재우기 위해 아예 자위대의 존재를 헌법에 명백히 각인시키려 하는 것이죠. 개헌에 성공할 경우 일본은 공식적이며 정식적인 군대를 다시 가지게 됩니다.

정치・경제・사회・**국제**・문화・미디어・과학・IT・스포츠

日방위상, 주일미군 확장 중단 검토에 "동맹강화 지속 필요"

나카타니 겐 일본 방위상은 "안보환경이 갈수록 엄격해지는 상황에서 미・일동맹의 억지력과 대응력을 강화하기 위한 노력을 지속하는 것이 필요하다"고 밝혔다. 현지 공영 NHK에 따르면 나카타니 방위상은 트럼프 미국 행정부가 주일미군 확장 계획 중단 검토를 시사한 데 대해 "예단을 가지고 답변하지 않겠다"며 이같이 말했다. 앞서 미국과 일본은 조 바이든 행정부 때인 2024년 7월 미군과 일본 **자위대** 간 지휘・통제체계 연계를 강화하기로 합의했다. 이에 따라 주일미군사령부를 개편해 '통합군사령부'를 신설할 예정이었으며, 일본 자위대도 통합군사령부 신설에 맞춰 육・해・공 자위대 지휘를 일원화하는 '통합작전사령부'를 발족하기로 했다. 그러나 트럼프 행정부가 주일미군 확장 계획을 재검토할 가능성이 제기됐다. 나카타니 방위상은 "현재 미・일 간에 지휘통제 체계 향상을 위한 논의를 진행 중"이라며 "앞으로도 미국 측과 긴밀히 소통해 나가겠다"고 강조했다.

출처 : 뉴시스/일부인용

상식UP! Quiz

문제 일본의 평화헌법이라고 불리는 헌법 조항은 제9조다.   O / X

해설 일본 헌법 제9조는 평화헌법이라고 불리며, 일본이 전쟁과 무력에 의한 위협 또는 무력행사를 영구히 포기하고, 전력을 가지지 않는다고 규정했다.

답

047 G20

글로벌 경제를 움직이는 리더들의 모임

2010년 11월 우리나라를 떠들썩하게 했던 G20 정상회의를 기억하시나요? 전 세계 주요 국가의 정상들이 모이는 G20 정상회의가 서울에서 열려 큰 의미를 남겼지요. G20에 대해 좀 더 자세히 알아보겠습니다. G20은 선진 7개국 정상회담(G7)과 유럽연합(EU) 의장국, 신흥시장 12개국 등 총 20개국을 회원으로 하는 국제기구입니다. 미국, 일본, 영국, 프랑스, 독일, 이탈리아, 캐나다, 유럽연합(EU) 의장국, 러시아, 브라질, 인도, 중국, 남아프리카공화국, 멕시코, 사우디아라비아, 대한민국, 호주, 튀르키예, 아르헨티나, 인도네시아, 아프리카연합(AU) 등 총 21개국이 회원국으로 가입해 있습니다. 주요 국제 금융현안을 비롯해서 세계경제가 안정적으로 성장하고, 국제 금융위기의 재발을 막기 위한 방안들을 논의합니다.

G20의 시작을 거슬러 올라가 보면 1999년 개최된 G7 재무장관회의에서 국제금융시장 안정을 위해 신흥시장국이 참여하는 G20 창설에 합의하여, 그해 12월 독일 베를린에서 제1차 G20 재무장관·중앙은행총재 회의가 개최되었고 2008년 미국발 금융위기가 전 세계로 번지면서 그해 11월 G20 국가 간 정상급 회의를 최초로 개최했습니다.

2010년 우리나라에서 개최된 이후 2011년 프랑스, 2012년 멕시코, 2013년 러시아, 2014년 호주, 2015년 터키, 2016년 중국, 2017년 독일, 2018년 아르헨티나, 2019년 일본 순서로 회의를 개최했으며 2020년에는 사우디아라비아, 2021년에는 이탈리아, 2022년 인도네시아, 2023년 인도에 이어 2024년에는 브라질에서 개최됐습니다. 현재 G20 구성원들의 인구를 합치면 전 세계 인구의 3분의 2에 달하기에 따라서 G20에서 결정되는 주요 현안들은 국제적으로 매우 큰 영향력을 끼치고 있습니다.

🔍 정치·경제·사회·국제·문화·미디어·과학·IT·스포츠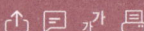

합의문 번번이 무산 G20, 이번엔 '해결사' 이름 달까

올해 열리는 G20 회의에 국제 경제계의 관심이 쏠리고 있다. 고물가·통화긴축 등으로 세계 경제의 침체 우려가 커지며 주요국들의 공동 대응 필요성도 커졌기 때문이다. 그러나 미국과 러시아·중국의 대립 등 지정학적 갈등이 갈수록 심해지며 협력보다 '각자도생'을 택하리라는 우려가 적지 않다. 이번 회동이 주목받는 건 세계 경제의 위기감이 고조되고 있어서다. 러시아의 우크라이나 침공이 촉발한 에너지·식량난으로 뛰는 물가를 잡으려 미국 등 각국이 큰 폭의 정책금리 인상에 나서며 금융시장 변동성이 커지고 글로벌 경기 침체 우려도 제기되고 있다. 재무장관회의의 첫 논의 주제도 여기에 초점을 맞추고 있다. 공급망 혼란과 통화긴축으로 경기둔화 우려가 큰 만큼 회원국들이 공동 대응 방안을 찾아보자는 거다.

출처 : 연합뉴스/일부인용

상식UP! Quiz

문제 G20 정상회의는 1년에 한 번씩 열린다.   O / X

해설 G20 정상회의는 2011년 이후 연 1회 개최되고 있다.

답 O

048 쿼 드

미국, 일본, 인도, 호주의 안보 모임

예나 지금이나 세계의 국가들은 서로 힘을 합쳐 안전망을 치고 국력도 키우려 합니다. 사실 서로 힘을 합친다고는 하지만 결국 편 가르기를 하는 양상을 보이게 되죠. 지금 세계의 헤게모니는 미국과 중국이 양분하고 있고, 그런 만큼 양국은 자기편인 나라를 모으기 위해 경쟁하고 있습니다. 자기편으로 만들기 위해서는 일단 친해져야 하고 자주 만나면서 긴밀히 소통하기 위해 모임도 만들어야 합니다. 쿼드(Quad)도 바로 그런 모임 중 하나입니다. 이 모임의 장은 미국이죠.

쿼드는 미국과 일본, 인도, 호주로 구성된 안보협의체입니다. 이 모임을 처음 제안한 나라는 다름 아닌 일본인데요. 2007년 아베 신조 당시 일본총리는 중국의 국력이 급성장하고 세계 패권까지 넘보게 되자, 동맹국인 미국을 필두로 인도와 호주에게 경제·군사적 연대가 필요하다고 손을 내밉니다. 처음에 쿼드는 비공식적인 안보 모임에 불과했고, 각 국가의 정권이 교체되면서 얼마간 중단되기도 했습니다. 그러나 미국과 중국의 갈등이 점차 격화되면서 2017년에 네 국가는 다시 모임을 갖기로 했죠. 그리고 지난 2020년 드디어 트럼프 당시 미국 대통령이 공식 국제기구인 쿼드의 출범을 발표합니다.

쿼드는 드러내놓고 '중국 반대'를 외치지는 않지만, 누가 봐도 반(反) 중국 성격이 짙었습니다. 애초에 중국을 견제하기 위한 모임이었으니까요. 중국은 처음에는 쿼드의 결집력과 영향력을 우습게보고 금방 와해될 거라 생각했지만, 시간이 갈수록 위기감을 느끼고 이에 반발하기 시작했습니다. 그러는 한편 쿼드는 우리나라와 뉴질랜드, 베트남을 포함시켜서 모임을 확대하는 쿼드 플러스를 구상하기도 했는데요. 쿼드가 출범할 당시 트럼프는 쿼드를 '인도-태평양판 나토(NATO)'라고 언급하면서, 태평양 동맹을 강화하겠다는 의지를 보이기도 했었죠. 하지만 쿼드 가입국을 비롯해 아직 각국의 입장은 조심스러운데요. 특히나 우리나라의 경우 미국과 동맹국이긴 하지만, 중국의 눈치를 볼 수밖에 없는 입장인지라 가입 논의를 쉽게 진전시키지 못하고 있죠. 실제로 중국이 우리나라의 쿼드 가입 여부를 몇 차례 문의 했었다는 홍콩 매체의 보도도 있었습니다.

🔍 정치 · 경제 · 사회 · **국제** · 문화 · 미디어 · 과학 · IT · 스포츠

중국견제협의체 쿼드 외교장관회의 …
"국제질서 위협 속 협력해야"

미국, 호주, 인도, 일본 4개국의 인도 · 태평양 지역 협의체로 중국 견제 성격이 강한 **쿼드** 외교장관회의가 뉴욕에서 열렸다. 토니 블링컨 미국 국무장관, 페니 웡 호주 외교장관, 수브라마냠 자이샨카르 인도 외교장관, 하야시 요시마사 일본 외무상은 이날 뉴욕에서 만나 쿼드 차원에서 역내 인도적 위기와 재난에 공동으로 대응하는 지침을 담은 문서에 서명했다. 블링컨 장관은 "우리가 직면한 중대한 도전과 기회를 고려하면 그 어느 때보다 협력하는 게 중요하다. 여기 누구도 이런 도전에 대응하고 기회를 살리는 데 필요한 일을 혼자 할 수 없으며 그게 쿼드의 원동력"이라고 말했다. 쿼드는 인태 지역에서 중국의 영향력을 견제하기 위한 협의체로 평가받고 있으며 최근 우크라이나 사태 등 지정학적 현안은 물론이며 코로나19, 기후위기 등 공통 관심사에 대해서도 함께 목소리를 내고 있다.

출처 : 연합뉴스/일부인용

상식UP! Quiz

문제 쿼드는 미국 · 영국 · 캐나다 · 호주 · 뉴질랜드 등 영어권 5국가의 안보 협의체다.

O / X

해설 쿼드는 미국, 일본, 인도, 호주로 구성된 반(反) 중국 성격의 안보 협의체다. 미국 · 영국 · 캐나다 · 호주 · 뉴질랜드 등 영어권 5국가의 기밀정보 동맹체는 파이브 아이즈다.

 ×

049 강제동원해법

누구를 위한 해법일까?

2023년 3월 6일 서울 외교부 청사에서는 '강제동원 대법원판결 관련 정부입장 발표' 회견이 있었습니다. 박진 외교부 장관은 "국내적 의견수렴 및 대일 협의결과 등을 바탕으로 했다"면서 "일제 강제동원 피해자들에게 국내재단이 대신 판결금을 지급한다"고 발표했습니다. 행정안전부 산하의 '일제강제동원피해자지원재단'이 2018년 3건의 대법원 확정판결 원고들에게 판결금 및 지연이자를 지급하고, 계류 중인 관련소송이 원고승소로 확정될 경우에도 역시 판결금 등을 지급한다는 것입니다. 여기에 드는 금액은 포스코를 비롯해 16개가량의 국내 청구권자금 수혜기업의 자발적 기부를 통해 우선적으로 추진될 것으로 알려졌죠. 1965년 '한일청구권협정'에 따라 일본이 지원한 자금의 혜택을 본 국내기업들이 기부금을 모아서 우선 강제동원 피해자들에 대한 배상금을 변제하라는 것입니다.

정부가 발표한 강제동원해법은 일본이 한일청구권협정으로 강제동원 배상책임이 끝났다고 완강하게 버티는 상황에서 내린 고육지책으로 보였는데요. 박 장관도 회견에서 "일본 측이 일본정부의 포괄적인 사죄, 그리고 일본 피고기업의 자발적인 기여로 호응해오기를 기대한다"고 말해 피고기업의 동참을 희망한다는 뜻을 분명히 했습니다. 비록 피고기업의 배상 참여는 끌어내지 못했지만, 우리나라가 먼저 해법마련을 위한 기회를 열겠다는 것이었습니다. 그러면서 "이 해법이 대한민국의 높아진 국력에 걸맞은 우리의 주도적인, 그리고 대승적인 결단"이라고 추켜세웠습니다.

그러나 피해자 측은 강하게 반발했습니다. 애초 시작점이 된 대법원판결의 취지를 전혀 살리지 못했다는 지적도 나왔죠. 식민지배의 불법성과 전범기업의 반인도적인 불법행위에 대한 배상책임을 인정한 2018년 대법원판결을 사실상 무력화하는 것이라는 비판이 이어졌습니다. 생존해 있는 징용피해자 3명 모두 정부해법에 반대했는데요. 피해자 중 한 명인 양금덕 할머니는 "우리나라 기업들 동냥해서 주는 것처럼 하는 배상금은 안 받겠다"고 목소리를 높였습니다. 또 "잘못한 사람이 있는데 다른 사람이 사죄를 하고 배상을 한다는 게 말이 되느냐"며 "정부 마음대로 결정한 것은 받아들 수 없다"고 지적했습니다. 피해자들의 대리인단도 피고기업의 국내자산에 대한 강제집행절차를 계속하겠다고 밝혔습니다.

2023년 7월에는 정부가 제3자 변제 해법을 거부한 피해자들의 배상금을 공탁하려 했는데요. 그런데 광주, 수원, 전주 등 지방법원 곳곳에서 '피해자가 공탁을 원하지 않는다'는 등의 이유로 공탁을 수락하지 않는 결정을 했습니다. 정부가 이 결정에 이의를 제기했음에도 "불수리 결정에 이의를 제기할 이유가 없다"며 기각한 법원도 있었죠. 법원에서 공탁에 제동을 걸면서, 제3자 변제는 결국 정식재판을 거치게 됐습니다.

🔍 정치・경제・사회・**국제**・문화・미디어・과학・IT・스포츠

중앙대 교수 113명 "日 면죄부 주는 강제동원해법 철회해야"

중앙대 교수 113명은 성명을 내어 윤석열정부의 일제 **강제동원해법**에 대해 "일본의 역사 부정과 배상 회피에 면죄부를 주는 대일굴욕외교"라며 즉각적인 철회를 촉구했다. 이들은 "정부 해법은 일본의 군국주의 침략 자체를 망각의 늪에 던지려는 조치"라며 피해자들이 오랫동안 용기 있게 투쟁해 쟁취한 권리를 짓밟는 반인권적 행위이자 대법원 확정판결을 무시했다는 점에서 삼권분립원칙을 위반한 반헌법적 폭거"라고 비판했다. 정부가 발표한 일제 강제동원해법은 피해자와 유족이 손해배상소송에서 최종승소했거나, 승소할 경우 손해배상금과 지연이자를 일본가해기업이 아닌 국내기업이 모은 돈으로 '제3자 변제'한다는 것을 뼈대로 한다. 하지만 일본의 사죄와 배상이 담보되지 않은 졸속해법이라는 비판여론이 비등하다.

출처 : 연합뉴스/일부인용

상식UP! Quiz

문제 한일기본조약이 체결됨에 따라 1965년 우리나라와 일본이 체결한 협정의 명칭은?

해설 한일청구권협정은 우리나라와 일본 사이에 1965년 체결된 협정이다. 이 협정에서 일본은 한국에 대해 조선에 투자한 자본과 일본인의 개별 재산 모두를 포기하고 3억달러의 무상자금과 2억달러의 차관을 지원하며, 한국은 대일청구권을 포기하는 것에 합의했다.

답 한일청구권협정

050 후쿠시마 오염수 방류

바다는 앞으로 정말 안전할까?

2023년 8월 24일 일본정부가 국내외의 우려와 반대에도 후쿠시마 제1원자력발전소의 오염수 방류를 결국 개시했습니다. 2021년 4월 스가 요시히데 당시 일본 총리가 해양방류를 결정한 지 2년 4개월 만이며, 2011년 3월 11일 동일본대지진으로 후쿠시마 제1원전 사고가 발생한 지 12년 만입니다. 일본정부과 도쿄전력은 누적된 오염수를 ALPS라는 장치로 정화시켜 바닷물에 희석해 방류하겠다고 선언했죠.

오염수를 정화한다는 ALPS는 'Advanced Liquid Processing System'의 약자로 오염수의 방사성물질을 제거하기 위해 운용하는 장치입니다. '다핵종제거설비'라고도 하죠. 대지진으로 후쿠시마 제1원전이 폭발하자 원자로의 핵연료가 녹아내리면서 이를 식히기 위해 일본정부는 냉각수를 투입했습니다. 점차 시간이 흐를수록 지하수, 빗물 등이 유입되면서 방사성물질이 섞인 냉각수, 즉 오염수는 감당하기 어려울 만큼 늘어났죠. 이에 일본정부는 ALPS로 세슘, 스트론튬 등을 배출기준 이하로 제거해 해양 방류하기로 했는데, ALPS 처리과정을 거쳐도 삼중수소나 탄소14 등의 핵종은 제거할 수 없어 안전성에 대한 우려를 낳았습니다.

일본정부는 방류 전에 국제원자력기구(IAEA)에 오염수 처리과정에 대한 안전성 검증을 요청했는데요. IAEA는 '일본의 오염수 방류 행위가 국제적으로 협의된 원자력 안전기준에 부합하며, 환경과 주변 인구에 대한 영향이 미미할 것'이라는 내용의 최종보고서를 내놨습니다. 그리고는 향후 방류절차와 방류된 오염수의 성분 검사, 관리감독을 철저히 할 것이라 공언했죠. 또한 오염수를 정화하고 바닷물에 희석해 방류하는 이 같은 방식을 전 세계가 공통되게 사용한다고 했습니다. 아울러 방류되는 오염수는 마실 수 있을 정도로 안전하다고 덧붙였는데요.

이에 우리 정부와 여당은 "국제적으로 공인된 기구인 IAEA의 과학적 검증을 믿을 수밖에 없고, 국제사회의 일원으로서 방류를 인정해야 한다"고 하면서도 "그렇다고 방류를 찬성하거나 지지하는 것은 아니다"는 모호한 태도를 보였는데요. 또 일본과 IAEA의 입장을 대변하듯 방류의 안전성 우려에 대한 일일브리핑을 진행하는 등 해명과 대국민 설득에 적극적으로 나서 논란이 됐습니다.

야권과 환경단체 등은 애초에 원자력발전에 우호적인 IAEA는 중립적 검증이 불가능하며, 그 검증내용도 부실하고 믿기 어렵다는 입장입니다. 성분을 분석할 오염수 시료도 IAEA가 직접 채취한 것이 아닌 일본정부가 일방적으로 제공했다고 비판했죠. 원전사고로 인한 오염수 배출도 전례가 없는 일인 만큼 향후 안전성에 대해서 담보할 수 없다고 했습니다. 또 일본정부에 대해서는 "왜 오염수를 자신들 국토 안에서 처리하지 않고, 해양에 방류해 전 세계에 퍼뜨리는 것이냐"고 반발했는데요. 정부·여당은 이에 과학적 결론을 인정하지 않고 가짜뉴스를 퍼뜨려, 국민에게 불안감을 조장하고 있다고 맞섰습니다. 어민 등 국내 수산업종사자들은 우리 수산물은 안전하다며 호소하고 나섰죠.

오염수 방류는 앞으로 약 30년간 이어질 것이라 하는데 확실하진 않습니다. 이미 134만여 톤의 오염수가 1,000개에 달하는 탱크에 들어 있고, 현재도 지하수와 빗물 때문에 오염수가 늘어나는 실정이기 때문입니다. 오염수는 해류를 따라 지구 구석구석에 퍼지게 될 텐데요. 방류 이후 1년, 우려와는 달리 우리 해역과 수산물 등에 대한 방사능 검사에서 안전기준을 벗어난 사례는 나오지 않은 것으로 알려졌습니다. 다행스런 결과이긴 하지만 방류가 언제 끝날지 알 수 없는 만큼 방심은 금물이라는 의견이 나왔죠. 아울러 오염수와 관련한 지나친 괴담·허위 유포 또한 경계해야 한다는 주장도 있었습니다.

🔍 정치·경제·사회·**국제**·문화·미디어·과학·IT·스포츠

후쿠시마 오염수 건강영향조사 하겠다더니 … 슬그머니 사라진 정부계획

질병관리청의 '**후쿠시마 오염수** 건강영향 기초자료 확보계획' 문건에 따르면, 2023년 10월 질병청은 오염수 관련 국민 건강 위해평가를 위한 기초자료를 확보하고 조사방법을 구체화하겠다는 계획을 세웠다. 앞서 질병청의 정책연구용역 결과물인 '방사성 물질이 포함된 오염수가 인체에 미치는 영향' 보고서에서 전문가들이 전 국민 장기간 추적조사를 제안한 데 따른 것이다. 보고서는 전 국민을 대상으로 최소 20년간 건강영향 추적조사가 필요하다는 결론을 내렸다. 질병청은 기초자료 확보계획 문건에서 "인체영향에 대한 기초자료를 확보해 모니터링 체계를 완비할 필요"를 언급하며 "기초자료 확보 후 해양·수산물 모니터링에서 방사능수치가 임계점에 도달하면 건강영향평가 실시를 검토한다"는 구체적인 절차도 만들었다. 그러나 추적조사는 오염수 방류 전후인 지난해와 올해 질병청의 관련 논의에서 거의 거론되지 않은 것으로 보인다. 기초자료 확보는커녕 올 초 질병청 조직개편 이후 조사준비업무는 실종된 상태다. 질병청 관계자는 "추적조사는 방류 초기에 검토했을 뿐 시행이 최종 결정됐다고 보기 어렵다"며 "그동안의 모니터링 결과가 국제안전기준을 충족하는 만큼 정부는 추가연구가 필요한 상황은 아니라고 판단하고 있다"고 말했다.

출처 : 한국일보/일부인용

상식UP! Quiz

문제 국제원자력기구는 원자력의 평화적인 이용을 장려하기 위해 설립한 기구다.

O / X

해설 국제원자력기구는 군사적인 목적으로 원자력을 사용하는 것을 막고 평화적인 이용을 장려하기 위해 설립한 기구로, 오스트리아 빈에 본부를 두고 있다.

051 브릭스

G7에 대항하는 신흥경제국 모임?!

브릭스(BRICS)는 브라질·러시아·인도·중국·남아프리카공화국의 신흥경제 5국을 하나의 경제권으로 묶은 신흥시장입니다. 브라질(Brazil), 러시아(Russia), 인도(India), 중국(China), 남아공(South Africa) 5국의 영문 머리글자를 딴 것이죠. 본래 창립국은 브라질, 러시아, 인도, 중국이고 2011년에 남아공이 공식회원국으로 가입하면서 기존 'BRICs'에서 'BRICS'로 의미가 확대되었죠. 사실 브릭스라는 명칭은 2001년 미국 골드만삭스자산운용 회장이던 '짐 오닐'이 위 네 창립국을 빠르게 성장하는 신흥경제국으로 꼽아 브릭스라고 부르면서 정립됐죠. 이러한 분위기를 타서 브릭스 4개국은 교류를 갖기 시작했고, 브릭스 정상회의가 2009년부터 시작이 돼 매년 열리고 있습니다. 이들은 회의를 통해 경제협력을 강화하고 상호 지속가능한 성장을 돕는 계획을 구상합니다.

지난 2023년 8월에는 남아공에서 15차 브릭스 정상회의가 열렸는데요. 이 회의에서 사우디아라비아와 이란, 아랍에미리트(UAE), 아르헨티나, 이집트, 에티오피아를 새 회원국으로 품게 됐죠. 브릭스의 주도권을 쥔 국가는 아무래도 중국과 러시아라고 할 수 있는데요. 이 두 국가는 브릭스의 회원국을 늘려 외연을 확장시키기 위해 적극적으로 목소리를 내고 있습니다. 그것은 이들이 현재 미국을 비롯한 G7과 서방 유럽국가와 대치하고 있는 국제정세 때문이죠. 러시아는 우크라이나 침공 이후로 서방의 경제·안보제재를 받고 있는 중이고, 중국은 최근 한국·미국·일본이 국제공조를 강화하고 있어 다른 나라들과 연대해야 하는 입장이죠.

그러나 한편 인도와 브라질은 브릭스를 G7과 미국에 대항하는 연대로 삼는다는 두 나라의 생각에 미온적인 태도를 보였습니다. 특히 룰라 브라질 대통령은 브릭스가 G7의 대항마가 아니라고 공개적으로 의견을 밝히기도 했는데요. 2023년 회의에서 5개국 정상은 예정된 기자회견까지 취소하고 새 회원국 가입에 대한 장시간의 토론 끝에 6개 국가를 새로 맞이하기로 결정했습니다. 이로써 브릭스의 정식회원국은 11개국으로 늘어났습니다. 뿐만 아니라 추가로 22개국이 공식적으로 가입을 요청했다고도 알려졌죠. 브릭스는 기존 5개 회원국만으로도 이미 전 세계인구의 42%, 영토의 26%, 국내총생산(GDP)의 23%, 교역량의 18%를 차지한다고 하는데요. 이들이 회원국을 점차 늘려 정말 G7의 대항마가 될 수 있을지는 지켜봐야 하겠습니다.

🔍 **정치·경제**·사회·**국제**·문화·미디어·과학·IT·스포츠

"너 친구 많아?" 중·러 브릭스 확장의 함의

캠프 데이비드에서 한·미·일 정상회의가 열린 후 중국은 신흥 경제 5개국 협의체 **브릭스**(BRICS)를 11개국으로 확장했다. 월스트리트저널은 "(중국과 러시아가) 서구권과 지정학적·경제적으로 치열하게 경쟁하는 상황에서 경제블록을 강화하려던 시진핑 중국 국가주석과 블라디미르 푸틴 러시아 대통령이 승리했다"고 평가했다. 신냉전 구도에서는 프렌드쇼어링(Friend-shoring)이 핵심이고, 결국 친구를 많이 두는 쪽이 유리하기 때문이다. 브릭스의 확장은 그간 자국 상황에 발목이 잡혀있던 푸틴 대통령이 본격적으로 신냉전이란 무대에 등장하는 계기가 됐다. 미국 등 서구권에서 중국의 대안으로 거론되는 인도를 다독이는 것도 푸틴의 몫이었다. 러시아 대통령실은 푸틴 대통령이 나렌드라 모디 인도 총리와 앞서 화상회의를 갖고 브릭스 확장의 중요성을 강조했다고 밝혔다.

출처 : 더스쿠프/일부인용

상식UP! Quiz

문제 브릭스(BRICS)는 2023년 회원국을 늘리면서 각 회원국의 영문 앞 글자를 딴 명칭을 변경할 것으로 알려졌다.   ○ / ✕

해설 브릭스는 회원국이 늘더라도 기존 5개 회원국 이름의 첫 알파벳을 딴 명칭은 유지할 가능성이 큰 것으로 전해졌다.

052 오버투어리즘

관광객 때문에 못 살겠다!

엔데믹 시대를 맞아 해외여행객이 급증하고 있습니다. 세계관광기구(UNWTO)에 따르면 2022년 9억 6,300만명이던 전 세계 해외여행객 수가 2023년에는 12억 8,600만명으로 약 34%나 증가했다고 하는데요. 이에 따라 각국의 유명 관광지가 외지사람들로 붐비고 있습니다. 하지만 여러 부작용이 나타나면서 일부 도시들이 관광객들을 대상으로 입장료를 받기 시작했습니다.

관광지가 수용할 수 있는 범위를 초과한 관광객의 방문으로 지역주민의 삶과 환경에 나타나는 부작용을 '오버투어리즘(Overtourism)'이라고 합니다. 실제로 세계 유명 관광지들은 환경오염과 물가상승, 소음 문제뿐만 아니라 산업화에 따라 임대료가 올라 원주민이 터전 밖으로 내몰리는 젠트리피케이션 현상까지 나타나고 있다고 합니다. 이런 문제가 점점 심각해지면서 대책 마련이 시급해진 것이죠.

이탈리아 베네치아는 관광 성수기인 2024년 4월 25일부터 7월까지 당일치기 관광객에게 입장료 5유로(약 7,400원)를 받았고, 6월부터는 단체관광객의 규모를 25명으로 제한하고 관광가이드의 확성기 사용을 금지했습니다. 이밖에 영국의 맨체스터나 스페인 발렌시아, 포르투갈 어촌마을 올량 등에서도 관광세를 속속 도입하고 있죠. 또 인도네시아의 최대 관광지로 꼽히는 발리는 2024년 2월부터 외국인 관광객을 상대로 발리에 도착할 경우 15만루피아(약 1만 3,000원)의 관광기여금을 걷는다고 합니다.

이처럼 세계 각국의 유명 관광지에서 관광세를 도입하는 표면적인 이유는 지나치게 몰리고 있는 관광객의 유입을 막고, 물가관리와 더불어 환경을 보호하거나 문화유산을 관리하기 위해서입니다. 하지만 결국은 정책 실행에 필요한 재원을 마련하기 위해서입니다. 일각에서는 이러한 관광세가 실질적인 문제해결에 도움이 되지 않는 데다 '이동의 자유'를 침해한다는 지적도 나오고 있는데요. 제주도는 관광객을 대상으로 제주 환경보전을 위한 비용이라는 명목하에 '입도세(환경보전분담금)' 부과를 추진하다가 지나치다는 반발이 제기되면서 결국 '당분간'이라는 조건하에 유보하기로 결정한 바 있습니다. 지역주민과 관광객 모두 '윈윈'할 수 있는 해결법이 마련될 필요가 있어 보입니다.

🔍 정치·경제·**사회**·국제·문화·미디어·과학·IT·스포츠

'오버투어리즘'에 몸살 앓는 북촌한옥마을

북촌한옥마을은 숙박과 한복 입기 등 서울시내에서 한국의 전통문화를 느끼고 체험할 수 있는 대표적인 관광지로 자리 잡았다. 문제는 밤낮을 가리지 않고 늘어난 관광객으로 인해 주민들의 거주지와 일상공간까지 피해를 보고 있다는 점이다. 쓰레기와 소음 문제부터, 일반 가정집 문고리를 열고 들어가려는 경우도 있다. 연이은 민원과 함께 주민들의 불만이 커지자 종로구는 북촌한옥마을 일대를 관광진흥법상 '특별관리지역'으로 지정해 밤 시간대 관광객들의 통행을 제한하기로 했다. 북촌을 둘러싼 이러한 갈등은 이른바 **오버투어리즘**'이다. 오버투어리즘은 수용 가능한 범위를 넘어서는 수준으로 관광객이 몰리면서 주민들의 삶을 침범하거나 피해를 일으키는 현상을 말한다. 그러나 학계에서조차 오버투어리즘과 관련한 개념이 아직 정립되지 않았고 법령 또한 갖춰져 있지 않다 보니, 여전히 지자체 차원에서 조례를 만들어 관리하거나 주민과 상인이 자체적으로 상생방안을 찾아가야 하는 상황이다.

출처 : 주간조선/일부인용

상식UP! Quiz

문제 유명 관광지에 관광객이 몰려들어 현지주민의 생활에 피해를 끼치는 현상을 다크투어리즘이라고 한다.   O / X

해설 관광지가 수용할 수 있는 범위를 초과한 관광객의 방문으로 지역주민의 삶과 환경에 나타나는 부작용을 오버투어리즘이라고 한다.

답 X

053 영유권 분쟁

네 땅 내 땅 따지다 전쟁 나겠네

조어도(센카쿠・댜오위다오) 분쟁은 조어도를 둘러싸고 일본과 중국・대만이 벌이는 영유권 분쟁을 말합니다. 조어도는 일본 오키나와에서 약 300km, 대만에서 약 200km 떨어진 동중국해상 8개 무인도인데, 현재 일본이 실효 지배하고 있으나 중국과 대만도 영유권을 주장하고 있습니다. 중국은 조어도는 역사적으로 중국 영토였으며 청일전쟁에서 일본이 대만을 점령하면서 처음으로 일본의 관할 아래 있었다가, 1945년 일본이 태평양전쟁에서 패하면서 대만이 중국의 일부가 됐으므로 중국의 영토라고 주장합니다. 반면, 일본은 조어도가 1895년 오키나와현에 정식 편입되었고, 1972년 오키나와현이 미국으로부터 반환될 때 이 섬들도 같이 반환되었으므로 일본 영토라고 보는 것이 타당하다고 맞서고 있습니다.

이어도 분쟁은 이어도를 둘러싸고 한국과 중국이 벌이는 영유권 분쟁입니다. 이어도는 제주의 마라도에서 서남쪽으로 149km, 중국 동부 장쑤성 앞바다 가장 동쪽의 퉁다오로부터 247km 떨어져 있는 수중 암초로서 한국과 중국이 주장하는 배타적 경제수역(EEZ)이 중첩되는 곳입니다. 양국은 1996년부터 해상경계 획정 협상을 벌이고 있지만 경계선을 정하지 못해 아직까지 이어도를 둘러싼 한・중 갈등은 계속되고 있습니다. 한국 정부는 이어도가 우리 영토에 근접해 있기 때문에 실리적인 점유를 통해 관할권을 행사한다는 전략인 반면 중국은 해안선의 길이나 배후 인구 등을 고려할 때 이어도의 관할권은 중국에 있다고 주장하고 있습니다.

남사군도는 동아시아의 대표적인 다자간 영토 분쟁 지역으로 동으로 필리핀, 남으로 말레이시아와 브루나이, 서쪽으로 베트남, 북쪽으로 중국과 대만을 마주하고 있어 6개국이 서로 영유권을 주장하고 있습니다. 중국은 남사군도의 섬들이 모두 자기 것이라고 주장했으나 2016년 헤이그 국제상설중재재판소는 중국의 주장을 기각하였고 영토분쟁은 지속되고 있습니다.

정치·경제·사회·**국제**·문화·미디어·과학·IT·스포츠

"외국 배 허락 맡고 들어와라"
중국, 영유권 분쟁 해역 '알박기'

중국이 자국의 '영해'라고 주장하는 해역에 진입하는 외국 선박에 대해 사전 신고제를 시행하자, 미국이 '항행의 자유' 침해라고 정면 대응할 뜻을 밝혔다. 이번 사우스차이나모닝포스트의 보도를 종합하면, 존 서플 미 국방부 대변인은 전날 중국의 제도 시행에 대해 "어떤 연해국의 국내법과 규칙도 국제법이 보장한 선박과 항공기의 자유로운 항행권을 침범해선 안 된다"고 말했다. 중국은 동·남중국해 일대에서 일본·베트남·말레이시아·필리핀 등과 **영유권 분쟁**을 겪고 있다.

서플 대변인은 "일방적이고 불법적으로 영유권 주장을 강제하는 것은 항행의 자유에 대한 심각한 위협이자, 자유롭고 제약 없는 교역을 가로막아 연해국의 이익을 침해하는 처사"라며 "규칙에 기반한 국제질서와 자유롭고 개방된 인도-태평양을 지키겠다는 미국의 확고한 의지에는 변함이 없다"고 강조했다. 중국이 영유권을 주장하는 동·남중국해 공해상에서 진행해온 '항행의 자유' 작전을 지속하겠다는 뜻이다.

출처 : 뉴스1/일부인용

상식UP! Quiz

문제 다음 중 일본·중국·대만 간의 영유권 분쟁이 일어나고 있는 곳은?

① 조어도 ② 이어도
③ 남사군도 ④ 북방열도

해설 조어도는 일본·중국·대만이 벌이는 영유권 분쟁 지역이다.

답 ①

054 북대서양조약기구

러시아에 맞서는 서방의 군사동맹

북대서양조약기구(North Atlantic Treaty Organization, NATO), 일명 나토는 미국과 서방 유럽을 아우르는 군사동맹체입니다. 나토는 냉전의 산물이라고 할 수 있는데요. 제2차 세계대전이 종전되고 1949년에 미국을 중심으로 영국, 프랑스, 이탈리아 등 서방 유럽 주요 국가들이 맺은 집단안전보장조약을 기초로 하고 있습니다. 미국이 소련의 위협에 맞서 유럽 국가들과의 군사적 관계를 공고히 함으로써 소련과의 패권다툼에서 승리하고자 한 것이죠.

2025년 4월을 기준으로 나토의 정식 회원국은 32개국입니다. 나토의 태생 자체가 미국과 소련의 냉전을 바탕으로 한 만큼, 나토와 러시아의 갈등은 현재까지도 이어지고 있는데요. 더욱이 나토가 러시아와 가까운 국가들로 회원국을 늘리는 '동진'을 하면서, 러시아의 고립과 이에 따른 위기감이 고조됐습니다. 러시아의 우크라이나 침공도 나토의 영역 확장에 따른 위기감 때문이라 할 수 있죠. 왜냐하면 지정학적으로 우크라이나가 서방과 러시아로 통하는 길목 요충지에 위치하고 있기 때문입니다. 그런데 아이러니하게도 러시아의 우크라이나 침공은 러시아의 고립과 유럽 주변국의 나토 가입에 더 불을 당기는 꼴이 되어버렸습니다.

사실 미국과 소련의 냉전 양상이 희미해지고 또 소련이 해체하게 되면서 러시아의 나토 가입에 대한 논의가 없었던 것은 아닙니다. 실제로 러시아에서는 고르바초프 이후 보리스 옐친 대통령의 친서방 기조로 가입 가능성을 타진하는 경우도 있었죠. 그러나 블라디미르 푸틴 대통령 집권 후에 옛 소련의 영토를 회복하고 당시의 헤게모니를 부활시키려는 움직임이 일어나면서 나토의 존재는 러시아를 끊임없이 자극하게 되었습니다. 또한 '테러와의 전쟁'이 끝나가고 미국의 시선이 중동에서 동유럽으로 다시 향하게 되면서 이러한 경향은 더욱 심화되었습니다. 바로 미국과 러시아의 '신냉전'이 시작하게 된 것이죠.

정치·경제·사회·**국제**·문화·미디어·과학·IT·스포츠

"나토, 유럽·캐나다에 무기 비축량 30% 확대 요청 예정"

북대서양조약기구(NATO·나토)가 유럽과 캐나다에 향후 수년 내에 무기와 군사장비 물량을 약 30% 늘리도록 요청할 계획이라고 블룸버그통신이 보도했다. 나토 고위 관계자에 따르면 회원국들은 러시아의 2022년 2월 우크라이나 침공 이전에 설정된 군사역량 목표를 업데이트하는 것을 현재 논의 중이다. 파이낸셜타임스(FT)도 유럽 군사강국들이 현재 나토의 안보 대부분을 책임지고 있는 미국으로부터 군사·재정 역할을 5~10년에 걸쳐 넘겨받기 위한 계획을 비공식적으로 논의하고 있다고 전했다. 나토 국방장관들이 이를 바탕으로 6월 초에 벨기에 브뤼셀에 모여 합의안을 채택할 계획이다. 나토 고위 관계자는 확대 목표를 달성하면 나토 내에서 훨씬 더 강력해지고 미국에 덜 의존할 수 있을 것으로 내다봤다. 이번 구상은 도널드 트럼프 미국 행정부가 나토를 통해 유럽에 제공했던 '안보 우산'이 약화될 수 있다는 우려가 배경이 됐다. 트럼프 대통령은 나토 회원국들이 방위비를 충분히 지출하지 않음으로써 미국을 이용하고 있다고 여러 차례 비난했으며, GDP의 5% 수준으로 방위비를 늘리라고 요구했다. 그러면서 트럼프는 미국의 나토 탈퇴 등 유럽 안보 지킴이 역할에서 물러설 가능성까지 시사하기도 했다.

출처 : 이투데이/일부인용

상식UP! Quiz

문제 북대서양조약기구는 제1차 세계대전 직후 창설됐다. ○ / ✕

해설 북대서양조약기구는 제2차 세계대전 이후 1948년 미국과 유럽 국가가 맺은 집단안전보장조약을 바탕으로 한다.

답 ✕

055 유럽 극우화

유럽, 이제는 우향우?!

최근 들어 유럽에 극우의 물결이 일렁이고 있습니다. 프랑스에서는 극우정당 '국민연합(RM)'이 득세하고 있고, 독일에서는 '독일을 위한 대안(AfD)' 등의 극우정당을 지지하는 청년층이 급증했다고 합니다. 이탈리아에서는 극우정당 '이탈리아의 형제들(Fratelli d'Italia)'을 이끈 '조르자 멜로니'가 2022년 새 총리로 당선됐죠. 아울러 2024년 6월에 치러진 유럽연합(EU)의 유럽의회 선거에서도 극우정당들의 약진이 두드러졌습니다. 좌파성향의 '녹색당-유럽자유동맹(Greens/EFA)'이 쪼그라든 반면, '유럽보수와 개혁(ECR)'과 '정체성과 민주주의(ID)' 같은 극우성향 정당들이 현 집권당보다 더 많은 표를 얻었죠.

이러한 유럽 내 극우돌풍은 코로나19 팬데믹 이후에도 끝나지 않는 불황, 빈부격차, 사회복지 축소 등 다양한 문제를 집권당이 제대로 해결하지 못하는 것에 대한 불만 때문이라고 분석됩니다. 유럽에 유입되는 이민자에게로 향하는 반감도 극우의 약진을 촉진하는 계기가 됐죠. 유럽의 극우정당들은 대체로 자국 우선주의를 내세우고 스스로를 애국우익, 민족우파 등으로 포장합니다. 또 난민, 이민자들에 대한 배타적 입장을 견지하며 대중을 자극하는데요. 일자리 부족이나 주택 임대료 상승 같은 문제들을 이민자 유입과 연관 지으며 젊은 유권자들의 지지를 끌어 모읍니다. 그런가하면 대외적으로는 북대서양조약기구(나토·NATO)의 우크라이나 지원에 반대하고, 국가의 자주성을 흔드는 유럽연합의 손에서도 벗어나야 한다고 주장합니다.

한편으로 극우정당들은 '지지할만한 정상적인 정치집단'이라는 이미지를 구축하기 위해, 이전과는 다른 '부드러운' 정당을 표방하는 모습도 보입니다. 극단적이고 과격한 정당이라는 인식을 걷어내고 중도층의 마음을 잡기 위해서죠. 그러나 이들의 원초적인 이념과 주요 지지세력은 엄연히 극단적인 성향을 띠고 있습니다. 이 같은 극우물결은 2024년 7월 치러진 프랑스와 영국의 총선결과에 따라 일단 제동이 걸

렸는데요. 영국에서는 집권당인 보수당에 대한 심판론으로 14년 만의 정권교체가 이뤄졌고, 프랑스 총선 결선에서도 좌파연합이 예상 밖의 1위를 차지했죠. 이로써 유럽의 정치지형은 다시 출렁이게 됐지만, 러시아-우크라이나 전쟁 장기화와 경제 불황, 이민자 문제 등 쟁점사안이 여전히 남아 있어 극우약진의 불씨는 언제든 다시 당겨질 수 있습니다.

🔍 정치 · 경제 · 사회 · **국제** · 문화 · 미디어 · 과학 · IT · 스포츠

메출라 유럽의회 의장 재선 … 극우 득세 속 '통합' 방점

로베르타 메출라 유럽의회 의장이 압도적인 지지로 재선에 성공했다. 여성 의장 최초의 연임기록도 세우게 됐다. 메출라 의장의 재선은 어느 정도 예견됐다는 평가다. 메출라 의장이 소속된 유럽국민당(EPP)은 유럽의회 내 1위 교섭단체이며, EPP를 비롯한 주요 정치 그룹들은 지난달 유럽의회 선거 이후 메출라 의장의 연임을 지지하기로 잠정합의한 것으로 알려졌다. 인구 50만명의 소국 몰타 출신인 메출라 의장은 실용주의 노선으로 의회 내 다양한 목소리를 통합하는 데 기여했다는 평가를 받는다. 특히 지난 유럽의회 선거로 **극우** 세력이 대거 득세하면서 메출라 의장을 위시한 중도세력이 '통합의 보루' 역할을 수행해야 한다는 목소리가 커졌다.

출처 : 아시아경제/일부인용

상식UP! Quiz

문제 2022년 프랑스 대선에서 국민연합(RM) 후보로 나선 인물은 '안 이달고'다.

o / x

해설 2022년 치러진 프랑스 대선의 국민연합 후보는 '마린 르펜'이다.

056 광물협정

누구를 위한 평화협정인가

2025년 도널드 트럼프 2기 행정부가 출범하면서, 국제정세도 크게 출렁이고 있습니다. 기나긴 전쟁을 치르고 있는 우크라이나와 러시아도 마찬가지인데요. 바이든 행정부가 물러나면서 우크라이나 지원에 부정적이었던 트럼프는 양국에 휴전을 촉구하고 나섰습니다. 그는 취임 전부터 미국이 우크라이나에 군사·경제적 지원을 중단해야 한다며, 자신이 당선된다면 지원을 끊고 전쟁을 조기 종전시킬 것이라고 공약하기도 했죠.

물론 양국, 특히 전쟁피로와 인명·경제적 피해가 막심한 우크라이나 입장에서는 종전이 절실한 상황이지만 문제는 조건이었습니다. 무엇보다 우크라이나는 러시아의 위협에서 안전을 보장받는 것이 중요한데요. 볼로디미르 젤렌스키 우크라이나 대통령은 자신의 대통령직과 북대서양조약기구(나토·NATO) 가입을 맞바꿀 수도 있다며, 나토의 안보 우산 아래에 들어가기를 간절히 희망했죠. 그러나 트럼프는 우크라이나의 나토 가입을 거부해왔습니다. 상대국인 러시아가 이를 강력히 반대해왔는데요. 중재에 나선 트럼프가 신속한 협상 타결을 위해 러시아의 뜻을 수용하고, 또 러시아가 점령한 우크라이나 영토의 지배권도 러시아에 넘겨주려 한다는 보도가 나왔죠.

이런 와중에 미국-우크라이나 간의 협정이 하나 등장했습니다. '재건 투자 기금 설립을 위한 조항과 조건을 규정하는 양자 협정', 이른바 '광물협정'이 그것입니다. 이 협정의 골자는 미국이 전쟁에 지원한 대가로 우크라이나에 매장된 희토류 등 전략 광물 개발권을 확보한다는 것입니다. 우크라이나 정부가 직간접적으로 소유하여, 향후 개발될 모든 광물자원과 관련 인프라의 권리 절반을 미국에게 넘긴다는 내용으로 사실상 미국에게 완벽히 유리한 협정이죠.

협상을 처음 제시한 우크라이나 입장에서는 안전보장이 확실히 된다면야 협정내용을 감내할 여지가 있겠다만은, 안전보장 내용이 불명확하고 러시아를 향한 불신 또한 여전하다는 게 문제였습니다. 그래서 양국은 2월 28일 워싱턴 DC에서 정상회담을 하고 이 협정에 서명하려 했으나 '미국의 확실한 안전보장'에 대한 격론 끝에 파행으로 치달으면서 불발됐죠. 회담에서 트럼프는 젤렌스키에게 우크라이나의 미래를 위해 당장 '휴전'해야 한다고 주장했고, 젤렌스키는 러시아가 이전처럼 쉽게 휴전협정을 깨뜨릴 것이라며 푸틴 대통령을 믿을 수 없다고 반박했습니다.

회담이 파행으로 끝나긴 했지만, 군사지원이 끊긴 우크라이나가 수세에서 벗어나기 위해 이를 받아들일 수밖에 없을 것이라는 전망이 나왔습니다. 그러자 거짓말처럼 젤렌스키는 미국의 지원중단 발표 다음 날에 "언제든 광물협정에 서명할 준비가 되어 있다"면서 '예비적 휴전' 의향을 밝히고 고개를 숙였죠. 그리고 미국이 제안한 '30일 휴전안'에 합의하면서 중단됐던 군사지원이 재개됐습니다. 러시아가 여전히 우크라이나의 완전 항복을 휴전 조건으로 내걸고 있어 전쟁의 향방은 아직 불투명하지만, 이 '광물협정'은 트럼프행정부가 러시아-우크라이나 전쟁을 어떻게 바라보고 미국의 이익에 어떻게 이용하려 하는지 보여줍니다.

트럼프 · 젤렌스키, 충돌 끝에 정상회담 파국 … 광물협정 '노딜'

도널드 트럼프 미국 대통령이 우크라이나를 침공한 블라디미르 푸틴 러시아 대통령과 전쟁 종전을 위한 협상을 밀어붙이는 가운데 트럼프와 볼로디미르 젤렌스키 우크라이나 대통령이 백악관에서 열린 정상회담에서 공개적으로 설전을 벌이면서 충돌했다. 트럼프가 요구한 광물협정에 서명하기 위해 방미한 젤렌스키는 평화협정 체결 시 러시아의 재침공을 막기 위한 안전보장 조치가 중요하다고 강조했으나 트럼프는 사실상 미국이 요구하는 대로 협정을 체결하지 않을 경우 협상에서 빠지겠다고 위협했다. 트럼프는 공개 충돌 이후 회담일정을 조기 종료시켰으며 우크라이나가 트럼프정부의 지원을 이끌어내기 위한 카드로 삼으려 했던 광물협정 서명도 불발됐다. 푸틴에 대해 개인적 신뢰를 표시해온 트럼프가 젤렌스키와 취임 후 첫 회동에서 공개적으로 적대적 대립 모습을 보이면서 트럼프가 주도하는 우크라이나 종전 협상에 미칠 영향이 주목된다. 우크라이나는 물론, 북대서양조약기구(NATO · 나토) 주요국은 트럼프가 우크라이나와 유럽을 사실상 제외하고 푸틴과 협상을 일방적으로 추진할 가능성에 대해 우려를 표명해왔다.

출처 : 연합뉴스/일부인용

상식UP! Quiz

문제 우크라이나와 미국 간의 광물협정은 2025년 2월 28일 워싱턴D.C에서 열린 정상회담에서 체결됐다.

해설 미국 백악관 대통령 집무실에서 열린 미국-우크라이나 정상회담은 설전 끝에 파행으로 끝났고, 광물협정 체결도 불발됐다.

 답 ✕

인문으로 공부하는 종합편
말랑말랑 시사상식

CHAPTER 04

경제·경영

057 재정수지

나라살림을 판단하는 지표

정부의 수입(세입)과 지출(세출) 등의 살림살이를 재정이라고 하는데, 재정수지는 한 해 동안 세입과 세출의 차이를 말합니다. 세입이 세출보다 많으면 재정흑자, 그 반대면 재정적자라고 하는데요. 세입과 세출이 같다면 재정균형이라고 합니다. 이 재정수지는 통합재정수지와 관리재정수지로 나뉘기도 합니다. 통합재정수지는 앞서 이야기한 재정수지와 같은 의미이고요. 관리재정수지는 통합재정수지에서 국민연금, 고용보험 등 4대 사회보장성 기금을 뺀 것인데 통상 우리나라에서만 사용합니다.

재정수지는 국내총생산(GDP)처럼 나라살림이 어떠한지 알아보는 지표인데요. 언뜻 생각하기에 재정이 흑자면 좋고 적자면 나쁘다고 느껴지지만 마냥 그렇지는 않습니다. 재정수지를 결정짓는 요인은 복잡다단합니다. 정부는 나라경제를 안정화하고 계획된 방향으로 이끌기 위해 크게 흑자재정과 적자재정의 두 가지 재정정책을 폅니다. 경기가 호황일 때는 흑자, 불황일 때는 적자재정을 수립하죠. 정부는 세입과 세출을 미리 예상해 예산안을 세웁니다. 경기가 호황일 때 정부는 세입을 늘리고 세출을 줄여, 유동성을 낮추고 과열된 경기를 식힙니다. 재정흑자를 노리는 것인데 세입이 늘어나는 만큼 국민의 세 부담도 늘어나게 되죠. 반면 적자재정은 세입은 줄이고 세출을 늘려 민간시장에 유동성을 부여해, 고용을 창출하고 나라경제에 활력을 불어넣습니다. 그러나 재정적자는 자연히 나라 빚을 늘릴 수밖에 없습니다. 국가운영을 위해 국채를 발행하고 민간에 돈을 빌리게 되면서 재정건전성이 악화되죠.

우리나라의 2023년 7월 말 재정수지는 37조 9,000억원 적자를 기록했습니다. 코로나19 타개를 위해 그간 추가로 예산을 편성하기도 했지만, 아울러 나라 빚도 많이 늘렸기 때문이죠. 그만큼 나라가 쓴 돈이 많았다는 의미인데요. 쓸 곳은 많은데 쓸 돈이 없자 정부는 2023년 한국은행으로부터 10월까지 무려 113조원이나 되는 대정부 일시대출을 받은 것으로도 알려졌습니다. 종합부동산세와 법인세 개편으로 세입이 줄어든 상황에서 당시 윤석열정부와 여당은 국채를 발행하고 세금을 최대한 효율적으로 사용해 세수펑크에 대처한다고 했는데요. 야권에서는 추가경정예산이 불가피하다고 주장했지만 정부·여당은 일단 지켜본다는 입장을 고수했습니다.

🔍 정치·경제·사회·국제·문화·미디어·과학·IT·스포츠

재정수지 15조 개선에도 세수펑크에 헉헉대는 나라살림

나라살림을 보여주는 관리**재정수지**가 한 달 만에 15조원 개선돼 67조 9,000억원을 기록했다. 올해 연 58조원 적자를 이미 훌쩍 넘긴 정부로서는 한숨 돌린 듯 하지만 커지는 세수펑크에 적자규모는 100조원을 넘을 수 있다는 우려가 계속되고 있다. 반도체와 중국수출 부진으로 전체수출이 11개월 넘게 감소하고 있고 부동산 및 자산시장 역시 침체기를 이어가고 있어 소득세, 법인세 등 국세수입이 정부 목표대로 걷힐 지 의심스러운 상황이다. 이에 정부는 곧 세수재추계를 발표할 예정이지만, 부족한 세수를 채우기 위한 후속대책을 내놓을지는 미지수다. 부족한 재정은 빚으로 메우고 있다. 2023년 7월 말 기준 중앙정부 채무는 1,097조 8,000억원을 기록했다. 한 달 전보다 14조 5,000억원 늘었고, 이전 해 결산채무 때보다 빚이 64조 4,000억원 불어났다. 지방정부 채무까지 더하면 국가채무는 1,132조원이다.

출처 : 서울경제/일부인용

상식UP! Quiz

문제 일반적으로 정부는 경기가 호황일 때 적자재정, 불황일 때는 흑자재정 정책을 수립한다.　　　　　　　　　　　　　　　　　　　　　　　　　　　ㅇ / ×

해설 정부는 경기가 호황일 때는 흑자재정, 불황일 때는 적자재정을 수립해 국가예산을 책정한다.

 답 ×

058 고용률

일자리 좀 늘려주세요!

국민 경제 초미의 관심사가 바로 고용률입니다. 취업인구비율이라고도 불리지요. 전체 15세 이상 64세 미만 생산가능인구 가운데 취업자가 차지하는 비율로 실질적인 고용창출능력을 나타냅니다. 예를 들어, 고용률이 80%라고 하면 일할 수 있는 사람 100명 중 80명이 취업자라는 거죠. 이러한 고용률은 '실업률' 통계에서 제외되는 비경제활동인구를 포함하여 계산하니까, 구직을 포기하였거나 노동 시장에 빈번히 들어오고 나가는 반복 실업자 등에 따른 노동 의욕 저하의 문제를 확인할 수 있습니다.

실업률은 실업자 수 ÷ 경제활동인구로 정의됩니다. 통계 작성 시 구직활동을 지속하다 취업될 가망성이 없다고 판단하여 스스로 취업을 포기한 '실망실업자'는 비경제활동인구로 편입되기 때문에 실업률 수치는 실제보다 실업률을 과소 추정하는 문제가 발생합니다. 이러한 한계 때문에 OECD는 실업률보다는 고용률을 적극 활용하기를 권장하고 있습니다.

> 고용률(%) = {취업자 ÷ (경제활동인구 + 비경제활동인구)} × 100

한편, 청년실업은 어느 나라나 늘 고민거리죠. 우리나라도 예외는 아니에요. 2025년 3월 기준 청년실업률은 7.5%, 일반 실업률보다 두 배 정도 높은 수치이죠. 체감 청년실업률이 무려 20%를 넘나든다고 하네요. 체감실업률은 구직 단념자와 불완전 취업자들까지 반영한 실업률입니다. 불완전 취업을 한 청년들이 늘면서 고용의 질에 영향을 받는 '확장실업률'이 주목받고 있죠. 확장실업률은 공식 실업률에 시간 관련 추가적인 근무 가능자나 잠재구직자까지 포함시키는 수치입니다. 실제 근무 시간대별 통계를 보면 2024년 2월 기준 주당 1~17시간 일하는 초단기 근로자는 274만명을 기록했습니다. 체감실업률은 이렇게 청년층에서 단기 아르바이트가 늘어난 현실도 반영하는 지표입니다.

앞서 문재인정부는 2022년까지 81만개의 공공 일자리를 만들겠다고 공언했지만, 이에 대해 IMF는 한국을 방문해 정부, 한국은행 등과 경제 동향과 전망, 위험 요인, 정책 권고 등에 관해 연례협의를 한 결과를 담은 '연례협의 결과보고서'에서 "공공부문에서 81만개의 일자리를 창출하겠다는 정부의 계획과 관련, 일자리 창출을 위해 공공부문 고용을 확대하는데 신중해야 한다"고 권고했습니다. 공공부문 일자리 창출은 민간부문에서 공급될 수 없는 서비스를 개발하는 것과 연계돼야 하지만 당시 한국의 정책이 그렇지 못하다는 지적을 한 것이었죠.

일자리를 많이 만들어 고용률을 높이는 것 자체는 그리 어려운 일이 아닐 수도 있습니다. 하지만 진정으로 고용률을 높이기 위해서는 가정과 병행할 수 있는 환경이 갖춰진 일자리, 더불어 자신의 능력을 활용할 수 있는 양질의 일자리가 마련되어야 할 것입니다.

연령계층별 고용률 현황(단위 : %)

구분	15~29세	30~39세	40~49세	50~59세	60세 이상
고용률	44.5	80.4	79.4	77.1	46.4
증감률	-1.4	+1.0	+0.9	+0.2	+0.9

〈자료 : 통계청, '2025년 3월 고용동향'〉

🔍 정치・**경제**・사회・국제・문화・미디어・과학・IT・스포츠

여성 고용률 60% 도달…
저임금 근로자 비율은 남성 2배

여성가족부는 제28회 양성평등주간을 기념해 여성과 남성의 모습을 부문별 통계로 살펴보는 '통계로 보는 남녀의 삶'을 발표했다. 발표에 따르면 지난해 여성 **고용률**이 처음으로 60%대에 진입했다. 15~64세 여성 고용률은 60.0%로, 2010년(52.7%)보다 7.3%포인트 상승해 처음으로 60%대에 진입했다. 그러나 여성 임금 근로자 중 저임금(중위 임금의 3분의 2 미만) 근로자는 22.8%로 남성 저임금 근로자 비율(11.8%)의 2배가량이다. 저임금 근로자 비율은 2010년 남성 16.2%, 여성 39.8%였는데, 10여 년 새 각각 4.4%포인트, 17.0%포인트 줄었다. 성별임금격차는 2010년 대비 개선됐지만, 여성 임금근로자의 시간당 임금은 1만 8,113원으로 여전히 남성(2만 5,886원)의 70.0% 수준에 머물렀다. 여성 임금근로자의 월평균 임금은 268만 3,000원으로, 남성(413만 7,000원)의 65.0% 수준이다.

출처 : 연합뉴스/일부인용

상식UP! Quiz

문제 고용률은 생산활동가능인구 가운데 취업자가 차지하는 비율을 말한다. `O / X`

해설 고용률은 전체 15세 이상 64세 미만 생산활동가능인구 가운데 취업자가 차지하는 비율을 말하며 실질적인 고용창출능력을 나타낸다.

답 O

059 양적완화

막힌 돈 줄 뚫어주는 중앙은행의 돈 풀기

경제신문에 자주 등장하는 '양적완화'는 금리 인하를 통한 경기부양 효과가 한계에 달했을 때 중앙은행이 국채매입 등을 통해 시중에 통화를 공급하는 정책을 뜻합니다. 경기부양 통화정책을 시행하려 하지만 정책금리가 0%에 근접하거나 혹은 다른 이유로 시장 경제의 흐름을 정책금리로 제어할 수 없는 이른바 유동성 저하 상황일 경우에 사용합니다. 유동성을 충분히 공급함으로써 시장의 거래량을 확대하기 위해 중앙은행은 채권이나 다른 자산을 사들임으로써 이율을 더 낮추지 않고도 돈의 흐름을 늘리게 됩니다.

이러한 양적완화는 시장의 구조적 위험을 감소시키고 경기후퇴를 막음으로써 시장의 자신감을 향상시킨다는 장점이 있지만, 양적완화의 필요량 예측이 과잉될 경우에는 지나친 인플레이션과 자국 통화 가치의 약세를 초래할 수 있습니다. 또한 저금리가 계속될 경우에는 다른 나라에서 자산 거품을 초래할 수도 있다는 위험성이 있습니다.

주요국의 양적완화 정책 사례는 다음과 같습니다. 지난 2008년 9월 미국의 리먼브라더스 사태 이후 글로벌 금융 불안이 실물부분으로 빠르게 확산되면서 경기침체가 심화되자 주요국의 중앙은행은 정책금리를 대폭 인하하였으나 효과를 보지 못했습니다. 이러한 상황을 타개하기 위해 영국 중앙은행은 비전통적 통화정책 수단인 양적완화 정책을 실시하게 되었지요. 미국 연방준비이사회는 리먼브라더스 사태 이후 정책금리 수준 달성에 필요한 규모 이상으로 유동성을 공급함으로써 사실상 양적완화 정책을 시작했습니다. 2020년에는 코로나19 사태로 모든 나라가 경제에 타격을 입자, 유력 통화를 지닌 선진국에서 양적완화 정책을 속속 도입했습니다.

🔍 정치·**경제**·사회·**국제**·문화·미디어·과학·IT·스포츠

긴축한다더니 '100조 양적완화' 혼란 자초 …
"英, 이미 침체 진입"

영국중앙은행(BOE)이 무제한 국채 매입 카드를 꺼내며 영국을 비롯한 글로벌 금융시장의 급한 불은 껐지만 앞뒤가 맞지 않는 미봉책이라는 회의론이 커지고 있다. 물가를 잡기 위해 급격한 금리 인상을 시사한 지 하루 만에 이번에는 돈을 찍어 국채를 매입해 시중에 돈을 풀겠다고 했기 때문이다. 결국 영국정부가 감세 정책을 유턴해야 한다는 요구가 쏟아지는 가운데 스탠더드앤드푸어스(S&P)는 영국이 이미 경기 침체에 진입했다는 비관적인 분석을 내놓았다. 파이낸셜타임스(FT) 등에 따르면 시장에서는 BOE의 국채 매입에 대한 비판이 쏟아지고 있다. BOE는 30년물 국채금리가 5%에 육박하며 20년 만에 최고치를 찍자 국채 장기물을 무제한으로 사들이겠다고 전격 발표하면서 이 같은 **양적완화** 규모가 하루 최대 50억파운드씩 총 650억파운드(약 101조원) 규모에 달한다고 설명했다. BOE는 또 보유 국채를 시장에 팔아 유동성을 흡수하는 양적긴축 시작 시기를 연기한다고 밝혔다.

출처 : 서울경제/일부인용

상식UP! Quiz

문제 양적완화는 경기를 부양하기 위해 금리 인하 직전에 최후의 수단으로 시행하는 정책이다.

해설 양적완화는 금리 인하를 통한 경기부양 효과가 한계가 도달했을 때 실시하는 정책이다.

답 ×

060 최저임금

최저임금 1만원의 시대가 왔다

우리나라는 시장의 수요와 공급에 따라 가격이 결정되는 시장경제 체제입니다. 하지만 시장에 정부가 개입하기도 하죠. 그 중의 하나가 바로 가격통제 정책입니다. 가격통제는 크게 최고가격제와 최저가격제 두 가지로 나뉩니다. 최고가격제는 시장에서 자율적으로 형성되는 가격이 지나치게 높다고 판단되면 설정하는 것으로, 정부가 가격의 상한선을 정해 그 수준 이상으로 거래되는 것을 법으로 금지하는 제도입니다. 비상시 또는 전시에 생활 필수품에 대해 가격을 통제하는 방식이 대표적이죠. 이와 반대로 최저가격제는 정부가 하한선을 설정해 그 이하로 가격이 내려가지 못하도록 통제하는 제도입니다. 노동시장에서의 최저임금제도도 바로 그중 하나입니다.

최저임금제는 임금의 최저 수준을 보장해 근로자의 생활안정과 노동력의 질적 향상을 꾀하는 것이 목적입니다. 우리나라는 1986년 12월 31일 '최저임금법'을 제정해 공포했고, 1988년 1월 1일부터 최저임금제가 본격 시행에 들어갔습니다.

근로자위원과 사용자위원, 공익위원 9명씩 총 27명으로 구성된 최저임금위원회는 매년 경제상황과 물가상승률, 생산성 향상 등을 고려해 다음 연도 최저임금을 심의·의결합니다. 최저임금 심의 법정 시한은 6월 29일이며, 고용노동부 장관이 최저임금을 확정 고시해야 하는 날짜는 8월 5일입니다. 우리나라의 최저임금은 2025년에 비로소 시간당 1만원의 시대를 맞이했는데요. 최저임금위원회는 2025년도 최저임금을 시급 기준으로 전년도보다 1.7% 오른 10,030원으로 의결했습니다. 최저임금을 월급으로 환산하면 209만 6,270원(월 노동시간 209시간 기준)입니다.

정치 · 경제 · 사회 · 국제 · 문화 · 미디어 · 과학 · IT · 스포츠

최저임금제도 개선 본격 착수 ··· 주요국 결정방식 연구

고용노동부가 주요국의 **최저임금** 결정방식을 살펴보기 위한 '최저임금 결정체계에 대한 국제 비교분석' 연구용역을 실시하기로 하고 입찰 공고를 냈다. 공고에서 노동부는 "국가별 사회경제적 배경 차이로 최저임금제도의 도입경로와 결정기준·방법상의 고유한 특성이 있으나, 관련 상세자료가 부족하다"며 "주요국 최저임금 결정 사례를 조사하고 비교·분석해 우리나라 제도 운영에 참고할 자료를 구축할 필요가 있다"고 밝혔다. 현재 최저임금은 근로자·사용자·공익위원 각 9명으로 이뤄진 최저임금위원회가 결정하는데, 해마다 최저임금 심의를 전후로 결정방식에 대한 문제가 제기돼 왔다. 명확한 객관적 근거 없이 노사가 '흥정하듯' 최저임금을 결정하며, 이 과정에서 소모적인 갈등이 반복된다는 점, 대부분 '합의'가 아닌 '표결'로 결정된다는 점 등이 문제로 지적되고 있다.

출처 : 연합뉴스/일부인용

상식UP! Quiz

문제 2025년의 시급 기준 최저임금은 얼마인가?
① 10,000원　　② 10,010원
③ 10,020원　　④ 10,030원

해설 2025년도 최저임금은 시급 기준으로 2024년도보다 1.7% 오른 10,030원이다.

답 ④

061 엑스포

세계 산업의 축제

올림픽, 월드컵과 함께 세계 3대 이벤트로 꼽히는 것이 무엇인지 알고 있나요? 다름 아닌 엑스포(세계박람회)입니다. TV 중계도 되지 않고 재미도 없을 것 같은 엑스포가 그렇게 대단한가 싶겠지만, 엑스포를 유치한다는 것은 굉장한 의미가 있습니다. 세계를 주름잡는 모든 첨단 산업기술과 문화를 만날 수 있는 자리이기 때문이죠. 세계와 인류가 어떻게 발전하고 있는지 생생히 지켜볼 수 있는 현장입니다. 세계산업문화축제라고 할 수 있는데요. 이 엑스포 개최가 불러일으키는 경제효과는 월드컵의 4배가량이라고 하죠.

최초의 근대적 엑스포는 1851년 영국 런던에서 열린 만국박람회라 할 수 있습니다. 이후로 세계 각국은 자신의 기술과 산업, 문화를 뽐내기 위해서 엑스포를 개최하고 참여했는데요. 이곳에서 전구와 축음기, 자동차 등 인류의 현재 삶을 만든 수많은 발명품들이 등장하기도 했습니다. 1928년에는 이 엑스포를 체계적으로 관리하고 유치 업무를 맡을 국제박람회기구(BIE, Bureau International des Expositions)가 설립되었습니다. 본부는 프랑스 파리에 있으며 1년에 2회 총회를 열고 엑스포 개최지를 선정하는 등 현재까지 중추적인 역할을 맡고 있습니다.

엑스포는 해당 국가의 정부에서 주최하는데요. BIE에서 공인하는 엑스포에는 등록박람회(세계박람회)와 인정박람회가 있습니다. 둘은 그 규모면에서 큰 차이가 있죠. 작은 규모의 인정박람회는 특정주제를 갖고 등록박람회 사이사이에 3개월간 개최됩니다. 최대 전시면적은 제한되어 있고, 개최하는 나라가 국가관을 만들어 참가국에 대여하는 방식입니다. 우리나라가 1993년 개최한 대전엑스포와 2012년 열었던 여수엑스포는 모두 인정박람회입니다. 대전은 '새로운 도약으로의 길', 여수는 '살아있는 바다 숨쉬는 연안'이 주제였죠. 반면 등록박람회의 주제와 전시면적에는 제한이 없고요. 개최간격은 5년이고 기간도 6개월이나 됩니다. 개최국은 전시할 부지만 마련해주고 참가국이 스스로 국가관을 만들어야 하죠.

2016년 우리나라는 등록박람회인 2030부산엑스포 유치 도전을 선언했습니다. 국제사회에 홍보활동을 펼치는 동시에 경쟁국과의 외교전을 치렀죠. 그러나 2023년 11월 열린 BIE 총회 최종투표에서 사우디아라비아 리야드에 참패하고 말았습니다. 기대가 컸던 만큼 아쉬움도 많았죠. 대체로 부산 유치의 당위성과 부산의 비전을 제대로 소개하지 못했다며 홍보전략에 문제가 있었다는 지적이 잇달았고, 또 판세를 제대로 읽지 못했다는 비판도 나왔습니다.

🔍 정치·경제·사회·**국제**·문화·미디어·과학·IT·스포츠

"가덕도 신공항, 부산엑스포 유치 실패로 명분 상실"

국토교통부가 부산 가덕도신공항을 착공하기로 한 가운데, 환경·시민단체들이 "부산 **엑스포** 유치 실패로 명분을 상실했다"라며 반대하고 나섰다. 가덕도신공항반대시민행동이 2024년 3월, 1,028인의 국민소송인단을 원고로 하여 국토교통부를 상대로 낸 '가덕도신공항 건설 기본계획 취소소송' 3차 공판이 서울행정법원에서 열렸다. 시민행동은 앞서 2차 공판 때 가덕도신공항 건설을 위한 특별법이 헌법을 위배했다며 법원에 '위헌법률심판 제청'을 신청했다. 공판에 앞서 시민행동은 서울행정법원 앞에서 가진 기자회견을 통해 "특별법이 대한민국 국책사업의 근간을 뒤흔들고 국민혈세를 낭비하며 법치주의를 심각하게 훼손하고 있다"라고 주장했다. 이들은 "특별법은 국가 균형발전과 부산 엑스포 유치를 명분으로 졸속 제정되었으나, 엑스포 유치 실패로 그 명분을 상실했다"라며 "또 예비타당성 면제 등 절차를 무시하고 정치적 목적으로 강행되어 사업비 폭증, 불투명한 수의계약, 환경 파괴 우려 등 심각한 문제를 야기하고 있다"라고 지적했다.

출처 : 오마이뉴스/일부인용

상식UP! Quiz

문제 다음 중 국제박람회기구의 본부가 위치한 도시는?
① 암스테르담　　② 함부르크
③ 맨체스터　　　④ 파리

해설 국제박람회기구는 세계박람회 개최를 원활하게 수행하기 위한 기구로 본부는 프랑스 파리에 있다.

답 ④

062 환율

외국 돈의 가격 '환율', 이렇게 중요할 줄이야!

환율이란 쉽게 말해서 외국 돈의 가격으로, 외화 1단위를 얻기 위해 지불해야 하는 자국통화의 양을 의미합니다. 우리나라의 돈과 외국 돈을 교환할 때 외국 돈과 비교한 우리나라 돈의 값어치를 나타내지요. 이러한 환율은 물가상승률이나 금리 차이 등 여러 요인에 의해 영향을 받아 결정됩니다. 우리나라는 1997년부터 자유변동환율제도를 채택하여 정부의 개입 없이 순수한 시장원리에 따라 환율이 결정되도록 하고 있습니다.

환율하락과 환율상승의 관계를 살펴보면 다음과 같습니다. 먼저, 환율하락은 한국 원화의 통화가치가 상대적으로 상승하는 것입니다. 따라서 수입이 증대되고, 수출이 감소하며 외채 부담이 감소하는 효과가 있습니다. 또한 국제적인 영향력이 강화되는 결과를 초래합니다.

반면, 환율상승이란 자국의 화폐 가치에 대한 평가가 상대적으로 하락하는 것을 의미합니다. 이로 인해 통화의 대외구매력이 약해집니다. 반면 수출상품의 외화표시 가격도 내려가게 되는데요. 따라서 수출이 증가하고, 수입이 감소하며 외채 부담이 증가하게 됩니다. 이외에 인플레이션 현상이 일어나면서 물가가 상승하는 부작용을 초래할 수 있습니다. 이와 같은 환율은 국제수지나 물가, 금리 차이 등 다양한 요인에 의해 수시로 바뀔 수 있습니다. 그리고 각 국가의 정치적·사회적인 요인에 의해서도 변동될 수 있습니다.

정치・**경제**・사회・**국제**・문화・미디어・과학・IT・스포츠

환율방어 하느라 … 외환보유액 한 달 새 197억弗 줄었다

원・달러 **환율**이 장중 1,400원 아래로 하락했다. 킹달러에 1,440원대까지 치솟았던 환율은 금융당국의 직접 개입 등으로 달러가 약세로 돌아선 것이다. 반면 달러 강세가 지속된 영향으로 이번 달 외환보유액은 197억달러 줄어들며 글로벌 금융위기 이후 최대폭으로 감소했다. 서울 외환시장에서 원・달러 환율은 장중 1,400원이 무너지며 1,397원대까지 내려갔다. 원・달러 환율이 장중 1,400원 밑으로 하락한 것은 이달 22일 이후 처음이다. 이날 원・달러 환율은 전 거래일(1,410.1원)보다 7.7원 내린 1,402.4원에 마감했다. 그동안 원・달러 환율은 달러 강세로 상승세를 지속했다. 28일 장중 1,440원을 넘어서 금융위기 당시인 지난 2009년 3월 16일(고가 기준 1,488.0원) 이후 가장 높이 치솟았다. 이처럼 달러 강세가 지속되자 외환보유액도 크게 감소했다. 한국은행이 발표한 이달 말 외환보유액에 따르면 우리나라의 외환보유액은 4,167억 7,000만달러로 전달(4,364억 3,000만달러)보다 196억 6,000만달러(-4.5%) 감소했다. 전달에 이어 두 달 째 감소세가 이어진 것이다. 글로벌 금융위기가 발생한 지난 2008년 10월 274억달러 줄어든 데 이어 역대 두 번째로 크게 감소했다.

출처 : 파이낸셜뉴스/일부인용

상식UP! Quiz

문제 환율이 오르게 되면 수출은 증가하고 수입은 감소한다. ㅇ / ×

해설 환율상승은 수출에는 유리하고 수입에는 불리한 결과를 초래한다.

답 ㅇ

063 사이드카 · 서킷브레이커

잠시 주식거래를 멈추게 하는 주문

사이드카와 서킷브레이커는 종종 혼동을 일으키는 개념입니다. 우선 사이드카(Side Car)는 선물시장이 급변할 경우 일정 기간 동안 매매금지를 통해 현물시장을 안정적으로 운용하기 위한 관리제도입니다. 즉, 프로그램 매매호가 관리제도의 일종으로 선물가격이 전일 종가 대비 5% 이상 변동된 상황이 1분간 지속하는 경우 선물에 대한 프로그램 매매를 5분간 중단합니다. 5분이 지나면 자동으로 해제되며 하루에 딱 한 번만 발동될 수 있습니다. 원래 사이드카는 보조좌석이 있는 오토바이를 일컫는 말로 선물시장의 과열 방지를 위한 보조적인 역할을 하고 있습니다. 1987년 이후 각 국가의 증시에 도입됐으며 우리나라에서는 1998년부터 시행되고 있습니다.

한편, 서킷브레이커(Circuit Breaker)는 주식시장에서 주가가 급등 또는 급락하는 경우 주식매매를 일시정지하는 제도입니다. 1997년 미국에서 사상 최악의 주가 대폭락 사태인 '블랙먼데이'가 발생하자 주식시장이 붕괴되는 것을 막기 위해 도입됐습니다. 이후 2020년 3월에는 코로나19 확산으로 뉴욕증시가 폭락하자 33년 만에 두 번째 서킷브레이커가 발동됐습니다. 코스피나 코스닥지수가 전날 대비 8%(1단계) · 15%(2단계) · 20%(3단계) 이상 등락한 상태가 1분간 지속하는 경우 시장 모든 종목의 매매거래를 중단하고, 20분간의 매매정지가 풀리면 10분간 동시호가로 접수해서 매매를 재개합니다. 우리나라에는 1998년 12월에 처음 도입되어 코스닥시장에는 2001년 10월에 도입됐고, 3단계에 걸쳐 발동할 수 있습니다. 주식시장이 개장한 지 5분 후부터 장이 끝나기 40분 전인 오후 2시 50분까지 발동할 수 있습니다.

사이드카와 서킷브레이커의 비교

구분	사이드카	서킷브레이커
대상	주식선물시장	종합주가지수
발동 요건	선물가격이 전일 종가대비 5% 이상(코스닥의 경우 6% 이상) 상승 또는 하락하여 1분 이상 지속되는 경우	종합주가지수가 전일 종가 대비 8 · 15 · 20% 이상 등락한 상태가 1분 이상 지속되는 경우

효력	주식현물프로그램 매매 5분간 정지	모든 주식거래(현물, 선물, 옵션) 20분간 중단
해제	5분 후 자동해제	매매중단 20분 경과 후 10분간 호가접수를 받아 단일가 매매체결 후에 접속, 매매 재개(지수가 상승하는 경우에는 발동되지 않으며 매매 중단 중 접수된 호가는 취소 가능)

🔍 정치·**경제**·사회·국제·문화·미디어·과학·IT·스포츠

넥스트레이드, 전산장애 … 서킷브레이커 작동 오류

대체거래소(ATS) 넥스트레이드가 개장 이후로 아직 대량·바스켓 매매 시장 서비스를 제공하지 못하고 있는 것으로 나타났다. **서킷브레이커**가 제대로 작동하지 않아 이를 조치 중인 상황이다. 업계에 따르면 넥스트레이드는 당초 오전 8시부터 운영예정이던 대량·바스켓 매매시장을 아직 열지 못하고 있다. 국내 첫 대체거래소인 넥스트레이드는 지난 2025년 3월 4일 개장했다. 이를 통해 하루 12시간 주식거래와 새 호가 도입 등 투자자 거래 편의를 개선할 수 있다. 당초 넥스트레이드는 ▲프리마켓 ▲메인마켓 ▲애프터마켓(오후 3시 40분~8시) ▲종가매매시장(오후 3시 30분~4시) ▲대량·바스켓 매매시장(오전 8시~오후 6시) 등 다양한 시장을 운영하기로 했다. 하지만 대량·바스켓 매매 시장의 서킷브레이커가 제대로 작동하지 않는 오류가 발견돼 이를 조치 중이다. 서킷브레이커란 증시에서 주가가 급락하는 경우 시장에 미치는 충격을 줄이기 위해 주식매매를 일시정지하는 제도를 말한다.

출처 : 뉴시스/일부인용

상식UP! Quiz

문제 선물시장이 급변할 경우 현물시장에 들어오는 주문의 처리를 5분 동안 보류해 타격을 최소화하는 프로그램 매매호가 관리제도를 서킷브레이커라고 한다.

O / X

해설 사이드카(Side Car)에 대한 설명이다.

답

064 선물

선물거래, 왜 하는 건가요?

많은 경제 기사에서 '선물(先物, Futures Transactions)'이라는 용어를 자주 보셨을 겁니다. 경제 용어에 익숙하지 않다면 '남에게 호의로 주는 것'을 의미하는 선물(膳物)과 혼동하기도 합니다. 선물거래는 말 그대로 물건의 인수·인도 이전에 거래를 한다는 뜻입니다. 주로 곡물·귀금속·원유 등의 재화를 사고 팔 때에나 통화·채권·주식 등의 금융상품을 사고 팔 때에 자주 사용합니다.

선물거래는 왜 할까요? 선물거래가 생겨난 가장 기본적인 이유는 재화의 공급과 수요의 안정성을 확보하기 위함입니다. 현재를 기준으로 미래의 가격을 예측하여 거래한 선물거래는 물건의 가격이 오르게 되면 구매자는 이익을, 가격이 내리게 되면 손해를 보게 됩니다. 오로지 차익을 벌기 위해서 레버리지 투자를 하는 경우도 많습니다. 원유·곡물과 같이 다른 상품을 생산하기 위해 필요한 기초재화의 경우, 가격이 조금만 변동되어도 구매자는 큰 리스크를 얻게 됩니다. 이 때문에 항상 일정한 가격에 기초재화를 공급받기 위해 선물거래를 합니다.

반대로 공급자의 경우에도 마찬가지입니다. 재화를 생산하였는데 가격이 급락한다면 타격이 크겠죠? 이럴 경우를 대비해 아직 재화가 생산되지는 않았지만 미리 구매자와 구매가를 정해둔다면 리스크를 감내하지 않고 더 안정적으로 많은 재화를 생산할 수 있을 것입니다. 바로 선물거래는 이런 이유 때문에 한다고 볼 수 있습니다. 주식시장에서의 선물거래는 미래 가치를 판단하여 주식을 사고 싶으나 현재 구매 자금이 부족할 경우 혹은 여타 이유로 인해 현재 거래가 불가능할 경우 맺게 됩니다.

이런 선물 거래를 위해선 당사자 간 신뢰가 가장 중요합니다. 그래서 제도화된 거래소와 품질·규격 등의 표준화된 기준이 필수적이죠. 거래소는 거래 표준을 정하여 사소한 분쟁이 생기는 것을 막고, 거래자는 거래 이행을 보증하기 위해 청산소에 증거금을 예치합니다.

🔍 정치・**경제**・사회・국제・문화・미디어・과학・IT・<u>스포츠</u>

손병두 한국거래소 이사장
"단기금리 선물・탄소배출권선물 도입"

손병두 한국거래소 이사장이 해양・파생상품 금융중심지로 부산이 한 단계 도약할 수 있도록 지원을 확대하겠다는 뜻을 밝혔다. 손 이사장은 거래소 본사가 있는 부산국제금융센터(BIFC)에서 기자간담회를 열고 "부산 본사 2.0 시대를 맞아 파생 금융중심지 위상 강화를 위해 아낌없이 지원할 계획"이라고 밝혔다. 거래소는 우선 신성장 산업, 해외 투자 수요와 연계된 개별 주식 및 지수 등을 기초 상품으로 하는 다양한 파생 신상품 도입을 추진해 파생 상품시장을 활성화할 방침이다. 또 정부 2050 탄소중립정책과 부산시 탄소중립 분야 규제자유특구 사업을 지원하기 위해 배출권 시장을 활성화하고 탄소배출권 **선물**을 도입하는 방안도 추진한다. 거래소는 코로나19 확산으로 중단됐던 파생상품과 관련한 각종 국제회의도 정상적으로 부산에서 개최할 계획이라고 덧붙였다. 부산에 본부를 둔 거래소 파생상품시장에서는 지난해 말 기준 하루 평균 61조 9,000억원의 거래와 881만 계약이 이뤄지는 등 세계 7위 규모 위상을 확보했다. 작년 KRX금시장 거래 규모 역시 누적 거래량 25.5t으로 2014년 시장 개설 이후 24배 수준으로 증가했고, 거래대금도 1조 7,535억원으로 전년의 3배 규모로 성장했다.

출처 : 연합뉴스/일부인용

상식UP! Quiz

문제 선물거래를 하였으나 결제일에 거래 불이행(Default Risk)이 발생해 판매자가 손해를 보게 되면 거래소는 이에 대응할 법적 책임이 없다.   O / X

해설 「선물거래법」에 따라 거래소는 거래자들에게 일정 금액을 예치받아 보관하고 있어야 하며, 거래 불이행 발생 시 금액의 지불을 보장해야 한다.

답 X

065 벤처캐피탈

유망 벤처기업만 골라 골라!

열정과 훌륭하고 기발한 사업 아이템을 겸비했다고 해도 필요한 자금이 없다면 맨손으로 사업을 꾸리기는 쉽지 않습니다. 분야에 따라 차이는 있지만 아이템을 개발하고 홍보하는데 만도 보통 많은 돈이 들죠. 벤처캐피탈(Venture Capital)은 그런 벤처기업을 위한 곳입니다. 비록 성공에 대한 위험성은 크지만 뛰어난 아이디어로 무장한 벤처기업에게 자금을 지원하는 회사죠. 이들은 유망한 벤처기업을 골라 그 가능성을 따져보고 투자합니다. 단순한 자금뿐 아니라 아이템 개발에 필요한 기술이나 장비를 제공하기도 합니다.

벤처캐피탈은 보통 해당 벤처의 사업 초기 때 담보 없이 자본을 투자하여 마음껏 성장할 수 있도록 돕습니다. 그리고 그 벤처기업이 무럭무럭 자라 기업공개(IPO)를 통해 상장하거나 성과를 내었을 때 자금을 회수하여 수익을 올리는데요. 물론 워낙 위험성이 크다보니 수입은커녕 손실을 보는 경우도 있습니다. 보통 벤처캐피탈의 투자는 소수의 투자자들을 매집하여 많은 벤처기업에 투자하는 일종의 사모펀드 형식으로 이루어집니다. 그러한 방식으로 리스크를 최소화하려는 것이죠.

카카오부터 배달의민족, 당근마켓 등 스타트업 성공사례가 이어지면서, 창업에 대한 열풍도 좀처럼 식지 않고 있습니다. 정부에서도 청년 창업에 대한 지원 정책을 끊임없이 구상하고 있죠. 고객의 니즈를 탐구하고 틈새시장을 찾는 창업가들의 노력도 계속되고 있습니다. 이러한 상황에서 벤처캐피탈의 투자는 창업가들에게는 사막의 단비라고도 할 수 있겠네요. 한편 해외에서는 벤처캐피탈의 투자를 받은 스타트업의 경영진이 그렇지 못한 경영진보다 더 뛰어난 사업역량을 보였다는 연구 결과도 있었습니다.

정치 · **경제** · 사회 · 국제 · 문화 · 미디어 · 과학 · IT · **스포츠**

'캐치테이블' 잡아라 … 벤처캐피탈 러브콜 쇄도

레스토랑 실시간 예약 1위 서비스인 '캐치테이블'에 국내 **벤처캐피탈**들의 투자 러브콜이 쏟아지고 있다. 1년 만에 추가 투자 유치에 나선 캐치테이블은 단숨에 300억원대 현금을 동원할 투자자들을 모집한 것으로 알려졌다. 회사측은 확보한 자금을 수익성 강화와 사업 확대에 투입할 계획이다. 벤처투자 업계에 따르면, 캐치테이블은 이르면 내달 중 약 320억원의 시리즈C 투자 유치를 마무리한다. 배달의민족과 직방, 크래프톤 등에 투자해 유니콘 기업으로 성장을 도운 알토스벤처스가 신규 투자자로 참여해 캐치테이블의 성장세에 불을 붙이고 있다. 투자업계의 한 관계자는 "캐치테이블은 국내 식당 예약 분야 1위 사업자로 올라선 만큼 수익모델만 잘 자리 잡으면 큰 폭의 매출 성장을 기록할 수 있을 것"이라며 "앞으로 외식업 전반으로 사업 확장도 가능할 것"이라고 기대했다.

출처 : 서울신문/일부인용

상식UP! Quiz

문제 벤처캐피탈은 어느 정도 성장을 이뤄 주식시장 상장을 앞둔 벤처기업을 지원한다.

O / X

해설 벤처캐피탈은 일반적으로 벤처기업의 사업 초기 때 무담보로 자본을 투자하여 성장할 수 있도록 돕는 투자회사다.

066 경제활동인구

취업 준비생인 나는 비경제활동인구에 속할까?

청년백수가 넘쳐나고 취업난이 어느새 익숙한 현실이 된 요즘, 일하는 사람과 일하지 않는 사람을 구분하는 기준은 어떻게 될까요? 먼저 만 15세 이상의 인구를 노동 가능한 인구로 분류합니다. 이 중에서 일을 하고 있거나 구직활동 중인 사람을 경제활동인구라 하고, 그렇지 않은 사람을 비경제활동인구라고 합니다.

경제활동인구란 만 15세 이상인 사람들 중에서 일할 능력이 있고, 취업할 의사가 있으며 실제로 구직활동을 하거나 일하고 있는 사람들을 가리킵니다. 이러한 경제활동인구에는 취업자와 실업자가 모두 포함된다고 볼 수 있습니다. 취업상태에 있는지 아닌지에 따라 취업자와 실업자로 구분되지요. 취업자란 매월 15일이 포함된 1주일 동안 수입을 얻는 것을 목적으로 하여 1시간 이상 일한 사람입니다. 실업자는 일자리를 구하기 위해 구직활동을 했던 사람으로서 즉시 취업이 가능한 사람을 의미합니다. 이때, 아무리 취업 능력과 의사가 있더라도 현실적으로 취업이 불가능한 현역병, 의무경찰 등은 제외된다는 점은 알아두어야 합니다.

한편 2025년 3월 기준 경제활동인구는 2,950만명으로 전년 동월보다 22만여 명 늘었습니다. 여기서 경제활동참가율이란 생산가능인구 중 노동공급에 기여하고 있거나 그럴 의사가 있는 사람, 즉 취업자와 실업자로 분류된 사람의 비율을 뜻하지요. 만약 경제활동참가율이 감소했다면 노동시장으로 들어와 구직할 의사가 없는 사람이 늘었음을 의미합니다.

반면 비경제활동인구는 만 15세 이상 인구 중에서 취업자도 실업자도 아닌 사람을 가리킵니다. 일할 능력은 있어도 일할 의사가 없거나 아예 일할 능력이 없는 사람들을 의미하지요. 여기에는 가정주부, 학생, 노인, 심신장애자, 구직 단념자 등이 있으며 자발적으로 자선사업이나 종교단체에 관여하는 사람들도 포함됩니다.

정치・**경제**・사회・국제・문화・미디어・과학・IT・스포츠

3년 넘게 취업 못한 청년 28만명, 30%는 "일 안해" 니트족

3년 넘게 취업하지 못한 청년이 28만명에 달한 것으로 나타났다. 이 가운데 일하지 않고 일할 의지도 없는 청년 무직자를 가리키는 '니트족'은 10만명에 육박했다. 연합뉴스의 **경제활동인구**조사 청년층(15~29세) 부가조사 마이크로데이터 분석에 따르면 올해 5월 기준 3년 이상 장기 미취업 상태인 청년은 27만 8,000명으로 집계됐다. 이들 중 미취업 기간에 집에서 어떤 활동을 하지 않고 '그냥' 시간을 보낸 청년은 9만 6,000명으로 집계됐다. 이들은 구직활동, 직업교육, 취업시험 준비, 육아・가사활동 등을 전혀 하지 않는다. 이는 1년 전(7만 1,000명)과 비교해 2만 5,000명(35.8%) 늘어난 수치다.

한국경제연구원은 2017년 기준 청년(15~29세) 니트족의 취업 기회 손실에 따른 경제적 비용이 연간 49조 4,000억원에 달한다고 분석했다. 한창 일할 나이의 청년층이 취업하지 않으면 이들의 노동 가치만큼 경제에 기회비용이 발생하고, 노동 투입량 감소에 따른 잠재성장률 하락을 초래하게 된다.

출처 : 중앙일보/일부인용

상식UP! Quiz

문제 현역병은 경제활동인구에 포함되지 않는다. (O / X)

해설 취업이 불가능한 현역병 등은 경제활동인구에 포함되지 않는다.

답 O

067 기준금리

소수점에도 나라가 흔들린다

2022년 11월 제롬 파월 미국 연방준비제도 의장이 4회 연속 자이언트스텝(한꺼번에 기준금리 0.75%포인트(p) 인상)을 발표했습니다. 이에 따라 한국은행의 금융통화위원회도 2022년 11월 기준금리를 0.25%p 더 끌어올렸죠. 미국의 기준금리가 우리나라를 웃돌면서 외국인 투자자금 유출은 물론 원화약세, 물가상승 압력이 커지게 되었습니다. 이로써 한국은행으로서는 경기를 고려해 금리인상과 동결 사이에서 고심할 것으로 예상됐죠. 지속해서 오르던 미국과 우리나라의 기준금리는 물가지표가 안정세를 띠면서 2023년 들어서는 동결을 연속으로 이어갔습니다.

기준금리란 한 국가의 각종 금리를 대표하는 금리입니다. 쉽게 말해 일반 시중은행들이 우리나라의 중앙은행인 한국은행으로부터 대출을 받을 때 적용되는 금리죠. 기준금리에 따라서 시중은행의 금리도 변하게 됩니다. 우리나라의 경우 7일물 환매조건부채권(RP)금리가 기준금리 역할을 하고 있습니다. 기준금리 변동은 동결과 0.25%p, 0.5%p, 0.75~1.0%p 인상·하로 이루어지는데요. 이 기준금리는 나라 경제에 상당한 파급력을 가지기 때문에 쉽게 변동되지 않습니다. 소수 단위의 변동에도 실물경제에 큰 영향을 끼치기 때문이죠.

일반적으로 기준금리 인상은 과열된 경제 상황을 안정시키기 위해 단행합니다. 금리를 높이면 기업과 가계는 대출에 부담을 느끼게 되고, 은행도 대출 결정에 신중해지죠. 사람들은 은행에 돈을 맡기게 되고, 이에 따라 과열되었던 소비와 투자도 진정세를 띠게 됩니다. 유동성이 그만큼 줄어들게 되는 것인데요. 아울러 주식이나 부동산 등 자산을 통한 기대수익이 낮아지게 되면서 자산가격도 하락하게 됩니다. 또한 금리인상은 환율과 물가에도 영향을 끼치게 되죠. 반면에 금리인하는 침체된 경제에 활력을 불어넣기 위해 시행합니다. 금리를 낮춰 시장에 유동성을 부여하고 소비와 투자를 진작하기 위한 목적이 있죠.

정치·**경제**·사회·**국제**·문화·미디어·과학·IT·스포츠

미국 기업 파산, 이달 급증 … "기준금리 인상 탓"

미국에서 파산을 신청한 기업이 전월보다 약 17% 증가했다. **기준금리** 상승, 인플레이션 등으로 인해 기업 파산이 급증한 것으로 보인다. 포천은 파산 관련 법률정보업체 '에픽파산'과 미국파산연구소를 인용해 가계와 개인파산을 포함한 총파산 건수가 전년 동기 대비 13개월 연속 증가했다고 전했다. 특히 연방파산법 11조에 따른 지난달 파산건수는 1년 전보다 54% 증가했다. 물론 대기업이 다양한 부서를 포함해 여러 건의 파산을 신청할 수 있기에, 중복제출로 인해 통계가 부풀려질 수 있는 가능성은 있지만, 전체적으로 파산이 늘었다. ABI의 에드 플린 분석가는 "대기업이 중복으로 파산을 신청했을 수는 있지만, 대기업 파산이 급증한 것은 분명하다"며 "많은 부분이 금리 때문이며, 이례적으로 대기업을 중심으로 파산이 많아졌다"고 말했다.

출처 : 조선비즈/일부인용

상식UP! Quiz

문제 우리나라의 기준금리는 한국은행의 금융통화위원회에서 연 8회 결정된다.

O / X

해설 한국은행 금융통화위원회는 물가와 국내외 경제상황, 금융시장 여건 등을 고려하여 연 8회 기준금리를 결정한다.

답

068 보호무역

누구에겐 천국, 누구에겐 지옥

오스트리아 출신 경제학자 루드비히 폰 미제스는 "보호무역주의의 원리는 전쟁의 원리이다"라고 말합니다. 반면 캐나다의 심리학자 스티븐 핑커는 "개방경제와 자유무역이 학살·전쟁과 부정적으로 직결되어 있다는 많은 연구가 있다"고 말했지요. 두 학자의 말에 따르면 보호무역을 하든 자유무역을 하든 각국은 전쟁을 하게 된다는 결론에 이르게 됩니다. 왜 이런 것일까요? 아마도 각자가 대변하는 입장과 처한 역사적 상황이 달랐기 때문이겠지요.

보호무역은 독일의 경제학자 프리드리히 리스트가 역설한 것으로 유명합니다. 자유무역에 반대되는 개념으로 자국의 경제적 이익과 산업의 보호를 위해 무역 수출입에 정부가 관여하는 것입니다. 국가가 특정 산업을 육성하고 싶으나 국제 경쟁력이 떨어져 조치를 취하지 않으면 자연히 도태될 우려가 있는 경우, 해당 산업이 국내 시장에서 경쟁력을 갖도록 보호적인 방법을 취하게 됩니다. 수입 경쟁 물품에 강한 관세를 매기거나 수입량을 제한하는 방식이 있죠.

이는 트럼프 행정부의 경제정책으로도 유명하지요. 트럼프 1기 행정부 당시 트럼프 대통령의 자국우선주의의 칼끝은 동맹국 한국도 빗겨가지 않았습니다. 미국은 한미 FTA가 일방적인 미국의 손해라며 재협상을 요구했고 특히 우리나라의 철강 수출을 규제해 한국 철강업계에 직격타를 입혔습니다. 그리고 2025년 트럼프 2기 행정부에서도 트럼프는 전방위적인 고율 관세 정책을 고수하며 전 세계를 긴장하게 만들었습니다. 트럼프는 취임 이후 자국에 수입되는 철강·자동차 등에 25% 관세를 부과했는데요. 미국에 많은 자동차를 수출하는 우리나라에게도 25%의 상호 관세를 매기겠다고 으름장을 놓았죠.

보호무역은 상대국가의 보호무역을 부르고 자유무역은 상대국가의 자유무역을 부릅니다. 자유무역과 보호무역, 무엇이 옳다고 할 수는 없지만, 적어도 때에 따라 맞는 정답은 정해져 있습니다. 그리고 잘못된 결정을 내릴 경우 그 결과는 어쩌면 돌이킬 수 없을지도 모릅니다.

🔍 정치 · 경제 · 사회 · **국제** · 문화 · 미디어 · 과학 · IT · 스포츠

"美관세, 과거 아르헨 잘못된 보호주의의 길 … 美쇠퇴 가속할 것"

아르헨티나 경제전문매체 암비토는 "트럼프의 관세는 미국의 경제쇠퇴를 가속할 것이다"란 카우식 바수 미 코넬대 교수의 칼럼을 인용, 바수 교수가 "트럼프가 선택한 길은 20세기 아르헨티나를 쇠퇴하게 만든 경제모델과 위험할 정도로 비슷하다"고 경고했다고 보도했다. 바수 교수는 지난 19세기 말 경제부국으로 한때 영국이나 독일보다 1인당 국민소득이 높았던 아르헨티나가 1930년대 군 쿠데타 이후 **보호무역**주의로 돌아섰으며, 이민을 제한하고 국경을 폐쇄하며 관세를 급격하게 올리면서 쇠퇴의 길을 걷기 시작했다고 설명했다. 이어, 그는 아르헨티나의 보호주의의 결과는 세계시장에서의 경쟁력 상실, 경제침체, 그리고 수십년간의 경제불안정으로 이어졌으며, 지금까지도 완전히 회복하지 못했다고 지적했다. 바수 교수는 트럼프 대통령이 아르헨티나가 지난 세기에 잘못 선택한 길로 가려는 것 같다고 경고했다. 자동차나 반도체 같은 산업은 장기적인 투자와 안정적인 환경이 필요한데 트럼프의 관세조치는 경제전반에 불확실성을 초래하고, 높은 인건비로 현지 생산비용을 높여서 경쟁력을 저하해 투자자들을 내쫓을 것이라고 경고했다.

출처 : 연합뉴스/일부인용

상식UP! Quiz

문제 보호무역을 주창한 19세기 독일의 경제학자는 누구인가?

해설 리스트는 1789년 독일 남부 뷔르템베르크에서 태어나 1817년 튀빙겐대학교 행정학 교수가 되었다. 이후 정치적으로 진보적 활동을 하다 1825년 국외추방 처분을 받고 미국에 망명하여 경제학 도서를 저술했다.

답 프리드리히 리스트

069 ESG

경영에 사회적 책임을 담다

ESG는 'Environmental', 'Social', 'Governance'의 앞 글자를 딴 용어로 기업의 비재무적인 요소인 환경과 사회적 책무, 지배구조를 뜻합니다. '지속가능한 경영방식'이라고도 하는데요. 기업을 운영하면서 사회에 미칠 영향을 먼저 생각하는 것을 말합니다. 사회적 책임감을 갖고 윤리적인 경영을 펼치는 것이죠. 우리나라에도 이 ESG경영으로의 전환을 발표한 기업들이 많습니다. 시대의 흐름에 따르는 ESG는 세계 경제계의 화두라고 할 수 있죠.

과거에는 기업들이 가시적인 성과를 얻는 데만 골몰하여, 그로 인해 지역사회를 등한시하거나 편법이나 비리 같은 불합리하고 건전하지 못한 경영방식을 택하는 경우가 있었습니다. 그러나 현재 맞닥뜨리게 된 위기 요소로 인해 ESG로의 전환을 꾀하게 되었다고 하는데요. 최근 더욱 가속화되는 기후변화나 코로나19 팬데믹 등의 전 지구적 위기, 또는 기업 내 비리 같은 불확실한 요소가 커지면서 기업을 더 오래 지속되게 하는 경영방식을 택하게 되었다는 것이죠. ESG는 지역사회와 공존하고 기후변화에 대처하며 지배구조의 윤리적 개선을 통해 지속적인 성과를 얻으려는 방식입니다.

기업들은 자사의 상품을 개발하며 재활용 재료 등 친환경적 요소를 배합하거나, 환경 캠페인을 벌이는 식으로 기후변화 대처에 일조하려 합니다. 또한 이사회에서 대표이사와 이사회 의장을 분리하여 서로 견제하도록 해 지배구조 개선에 힘쓰기도 하죠. 아울러 직원들의 복지를 강화하고, 지역사회에 보탬이 되는 봉사활동을 기획하는 등 사회와의 따뜻한 동행에도 노력하고 있습니다.

정치 · 경제 · 사회 · 국제 · 문화 · 미디어 · 과학 · IT · 스포츠

환경·지역사회 함께 챙긴다 … ESG 경영 앞장

SK이노베이션은 기존 사업을 친환경 위주로 전환하고 신규 친환경 사업을 지속 발굴하고 있다. 지난해 7월 국내 기업 최초로 '탄소 넷제로 특별 보고서'를 발간하고 10년 이내에 탄소 순배출을 절반 수준으로 감축하겠다고 밝혔다. 온실가스 감축에 더해 글로벌 탄소 감축 기여 효과를 정밀하게 측정하기로 하고, 종합적인 목표도 설정했다. 이 역시 국내 기업 중 최초다. 계열사 SK에너지는 넷제로의 일환으로 탄소중립 석유 제품을 국내 최초로 출시했고 2차전지 소재 계열사 SK아이이테크놀로지는 지난해 9월 RE100 가입을 완료했다. SK 울산 콤플렉스에는 친환경 열분해유를 정유·석유화학 공정 원료로 투입하는 등 SK이노베이션 및 계열사들은 다양한 친환경 프로젝트를 펼치고 있다. 이에 힘입어 SK이노베이션은 지난해 한국기업지배구조원의 ESG 종합평가에서 A+를 획득했다.

출처 : 아시아경제/일부인용

상식UP! Quiz

문제 ESG는 'Environmental', 'Social', 'Government'의 앞 글자를 딴 용어다.

o / x

해설 ESG는 'Environmental', 'Social', 'Governance'의 앞 글자를 딴 용어로 기업의 비재무적인 요소인 환경과 사회적 책무, 지배구조 개선을 뜻한다.

답 x

070 밸류업

코리아 디스카운트 대응 방안

최근 경제·경영관련 기사를 보다보면 자주 눈에 띄는 단어가 있습니다. 바로 '밸류업(Value Up)'인데요. 밸류업이란 대상의 가치를 높이거나 향상시키는 행위를 말합니다. 따라서 경영에서는 기업 가치를 제고하는 것을 의미하죠. 밸류업이 경영계의 화두가 된 것은 고질적인 '코리아 디스카운트'를 극복하기 위함입니다. 코리아 디스카운트란 우리기업의 주식가치가 저평가되는 것을 뜻합니다. 가치평가 수준이 비슷한 외국 상장기업에 비해 가치가 낮게 형성되는 현상인데요. 코리아 디스카운트의 가장 큰 문제는 국내기업의 자본조달을 어렵게 한다는 겁니다. 가치가 낮으니 투자할 여지도 사라지는 것이죠. 주식가치는 주가순자산비율(PBR ; Price to Book-value Ratio)을 보면 알 수 있습니다. 주식 1주가 기업이 가진 순자산의 몇 배로 매매되고 있는지 파악하는 지표인데요. 2012~2021년까지 평균을 낸 자료를 보면 세계 45개 주요국 중 국내기업의 PBR은 고작 41위에 불과한 것으로 나타났습니다. 우리 주식시장은 투자자에게 매력적인 시장이 아닌 셈이죠.

코리아 디스카운트의 원인으로 지목되는 것은 여러 가지가 있습니다. 먼저 극소수의 대주주가 기업을 그야말로 '지배'하는 지배구조 문제인데요. 기업지분을 소유한 대부분의 사람들은 흔히 '개미'라고 불리는 소액주주들이죠. 그러나 기업이 벌어들인 이익은 대주주들이 대부분 가져갑니다. 대개 기업 소유주와 그의 일가들이 대주주로서 이익을 독차지하다보니 다수의 개인소액주주들로서는 기업에 투자할 유인이 적죠. 이익을 유보금으로 쌓아두니 소액주주에게 환원되는 배당금도 적고, 기업주가 잘못된 경영으로 주주들에게 피해를 줘도 책임을 물을 방법이 없습니다. 또 오너 일가가 운영하는 계열사에 일감을 몰아주는 일도 빈번하죠. 이러면 기업이익은 온전히 주주들에게 돌아가지 못하고 기업의 사익으로 귀속됩니다. 경영승계가 이뤄질 때도 소액주주들의 목소리는 거의 반영되지 않습니다. 이 밖에도 기업회계정보가 투명하지 않다는 점, 또 전쟁위험이 상존한다는 지정학적 원인도 있습니다. 우리 주식시장의 투자자들이 대부분 단기투자 성향을 띤다는 점도 영향을 줍니다.

기업의 본질적 가치를 감안하기보다 일시적인 주가변화를 노리고 투자를 하니까요.

코리아 디스카운트를 해소하기 위해선 역시 기업 스스로 체질개선을 하려는 노력이 우선입니다. 그래서 금융위원회는 2024년 2월 '기업 밸류업 프로그램'을 발표했죠. 기업들의 자발적인 기업가치 제고 노력과 주주환원정책을 통해 만성적 저평가를 해결하겠다는 것입니다. 정부는 기업들의 적극적인 참여유도를 위해 다양한 세제지원책을 인센티브로 제시하기로 했습니다.

정치 · **경제** · 사회 · 국제 · 문화 · 미디어 · 과학 · IT · 스포츠

두산밥캣 · 로보틱스 합병 예정대로 … "밸류업 확신"

두산그룹은 두산밥캣과 두산로보틱스 간 포괄적 주식교환 등을 통해 두산밥캣을 두산로보틱스의 완전 자회사로 이전하는 사업구조 개편안을 발표했다. 하지만 적자기업인 두산로보틱스와 안정적 현금창출원인 밥캣의 자본거래 과정에서 기업가치가 거의 1대 1로 평가받았다는 측면에서 일부 소액주주의 반발이 일었다. 두산밥캣은 상장폐지되고 이 회사 주주들은 주식매수 청구권인 5만 459원에 주식을 팔거나 두산밥캣 주식 한 주당 로보틱스 주식 0.63주를 건지게 되기 때문이다. 반면 오너 이익은 강화되는 것 아니냐는 지적도 나온다. (주)두산이 지분이 더 많은 두산로보틱스 자회사로 두산밥캣을 편입시키면 현금흐름상 오너 측 이익은 더 늘어날 수 있다는 것이다. 두산그룹 측은 "합병으로 두산로보틱스와 두산밥캣이 모두 장기적으로 **밸류업** 할 것으로 믿고 이사회를 통과한 안을 내놓은 것이기 때문에 새로운 조치는 없다"고 강조했다.

출처 : 한국일보/일부인용

상식UP! Quiz

문제 코리아 디스카운트는 국내기업의 주식가치가 저평가 받는 것을 뜻한다.

O / X

해설 코리아 디스카운트란 우리기업의 주식가치가 가치평가 수준이 비슷한 외국 상장기업에 비해 낮게 형성되는 것이다.

답 O

071 연금개혁

18년 만의 개혁, '더 내고 더 받는다'

2025년 3월 20일 지지부진했던 연금개혁이 18년 만에 국회에서 결실을 맺었습니다. 그동안 국민연금은 저출산·고령화로 인해 2055년 연금고갈이 예상돼, 서둘러 보험료율과 소득대체율 등을 우선적으로라도 조정해 고갈시기를 늦춰야 한다는 국가적 과제가 시급했죠. 이번에 성사된 연금개혁은 '내는 돈'과 '받는 돈'을 결정하는 '모수(母數)개혁'입니다. 여야가 합의한 내용을 살펴보면 먼저 내는 돈인 보험료율을 현행 9%에서 13%로 높이기로 했습니다. 2026년부터 해마다 0.5%포인트(p)씩 8년간 인상됩니다. 한편 받는 돈을 정하는 소득대체율은 2026년부터 43%로 올렸습니다. 소득대체율은 연금 가입기간의 평균소득과 대비해 받게 될 연금액의 비율을 뜻하는데요. 2025년 기준 소득대체율은 41.5%입니다.

그럼으로써 '더 내고 더 받는' 연금구조가 짜였습니다. 가령 월 309만원을 받는 직장인이라면 월 보험료가 27만 8,000원에서 40만 2,000원으로 오릅니다. 실제로는 직장에서 절반을 부담하니 낼 보험료는 6만 2,000원 정도 인상되죠. 이 직장인이 은퇴 후 수급연령에 도달해 받을 연금액은 개혁 이전보다 9만원 오른 133만원입니다. 이 직장인이 2026년부터 신규 가입해 40년간 보험료를 납부하고 은퇴 후 수급연령부터 25년간 돌려받는다고 하면 내는 돈은 평생 5,000여 만원, 받는 돈은 2,000만원 정도 늘어납니다. 이번 개혁으로 국민연금 적자전환 시점과 기금소진 시점도 각각 7년, 9년 늦춰지게 됐습니다. 이 밖에도 국가가 국민연금의 안정적·지속적 지급을 보장하는 내용의 '지급보장 명문화'도 법에 반영하기로 했죠.

그러나 이번 개혁에 반발하는 젊은 세대들의 목소리도 있습니다. 여야를 막론하고 이번 모수개혁에 반대표를 던진 젊은 의원들도 있었죠. 이들은 이번 개혁이 단지 연금고갈을 몇 년 늦추기 위한 수준에 지나지 않으며, 결국 20~30대의 젊은 세대들과 아직 태어나지도 않은 세대들에게 짐을 지우는 무책임한 개혁이라고 비판했습니다. 당장 기성세대가 받을 보험금 혜택을 인상하고 후세대에 보험료율을 올리는 것이라 주장했죠. 그러면서 연금개혁의 틀 자체를 바꾸는 구조개혁이 동반되어야 한다고 덧붙였습니다. 이를 위해 현재 연금 수령자가 내는 '연금소득세'를 신설해 국민연금 기금에 자동적으로 투입하는 대안을 내놓기도 했습니다.

🔍 정치 · 경제 · 사회 · 국제 · 문화 · 미디어 · 과학 · IT · 스포츠

'더 내고 더 받는' 국민연금 개혁안 확정

정부가 한덕수 대통령 권한대행 국무총리 주재로 정부서울청사에서 국무회의를 열어 '국민연금법 개정안'을 심의 · 의결했다. 이로써 2007년 이후 18년 만이자 1988년 국민연금 도입 후 세 번째 **연금개혁**이 법적으로 결실을 봤다. 개정안은 보험료율을 13%로, 소득대체율을 43%로 각각 올리는 등 '더 내고 더 받는' 식으로 숫자를 바꾼 모수개혁과 함께 국가 지급 보장 명문화, 군복무 · 출산크레디트 확대 등을 담고 있다. 모수개혁으로 국민연금기금 소진 시기를 2056년에서 2064년으로 8년 늘려 시간을 번 만큼 정부는 향후 구조개혁에 집중할 전망이다. 구조개혁은 숫자를 조정하는 게 아니라 국민 기초 · 노후생활의 바탕이 되는 연금의 구조를 바꾸는 작업이다. 기초연금과 퇴직연금, 직역연금, 개인연금까지 다층적 소득보장체계 안에서 제도끼리 연계하는 것으로, 모수개혁 못지않게 지난한 과정이 예상된다. 특히 인구구조와 경제상황에 따라 보험료율, 연금액, 수급연령을 자동으로 바꾸는 자동조정장치 도입을 두고 정부와 정치권, 시민사회 사이에서 상당한 이견을 노출하고 있다.

출처 : 연합뉴스/일부인용

상식UP! Quiz

문제 연금개혁에서 소득 중 보험요율을 얼마나 산정하고, 또 향후 연금을 얼마나 받을지 결정하는 것을 무엇이라 하는가?

① 요율개혁 ② 산정개혁
③ 모수개혁 ④ 구조개혁

해설 '모수개혁'은 보험료율과 소득대체율 등 수치를 개편하는 것을 말한다. 국민연금과 기초연금, 각종 특수직역연금을 통합하는 등 연금구조 자체를 개편하는 것은 '구조개혁'이라 한다.

답 ③

072 국민건강보험

전 세계가 부러워하는 한국의 제도

오바마케어는 미국의 첫 의무 국가의료보험제도였습니다. 오바마 전 대통령은 오바마케어를 구상할 당시 '한국의 것을 모방했다'고 밝히며 한국의 국민건강보험을 극찬했습니다. 우리는 당연하게만 생각하던 국민건강보험, 외국인들은 모두 부러워서 난리라고 하네요.

우리나라에서는 의료보험법에 따라 국민건강보험이 보장하는 의료서비스에 대해서는 국가가 서비스의 가격을 미리 정해놓는 '의료수가' 제도를 적용합니다. 의사는 서비스마다 정해진 의료수가 이상의 이득을 취할 수 없지요. 이는 현재까지 국민들이 저렴한 가격에 의료서비스를 제공받을 수 있게 한 국민건강보험의 기반이기도 합니다. 반면 이에 대해 대한의사협회는 한국의 의료수가가 너무 낮다고 주장합니다. 대한의사협회의 '경제협력개발기구(OECD) 국가별 주요 의료수가 비교 연구' 보고서에 따르면 충수절제술(맹장수술)·제왕절개의 국내 의료수가는 다른 8개 나라와 비교해 가장 낮은 수준이었다고 하네요. 하지만 이렇게 낮은 의료수가가 국민의 건강복지 증진에 크게 기여하고 있는 만큼 의료수가 인상은 모두가 고민해봐야 할 문제인 것 같습니다.

국민건강보험의 개혁에 대한 사회적 논의가 계속해서 일고 있습니다. 여러 주장이 나오고 있습니다만 크게는 현 상태를 유지하자는 측과 보장 범위도 넓히자는 측으로 나눌 수 있습니다. 현 상태 유지를 원하는 이들은 "노령화가 심해지고 건강보험료를 내는 이들이 줄어드는 사회 현실 상, 기금의 비축 여분을 더욱 많이 마련해야 하는데 보장 폭을 늘리는 개정안은 기금 쌓기를 힘들게 만들 것"이라고 말합니다. 보장 범위를 넓히자는 이들은 "강력한 국민건강보험이 오히려 국민들이 여타 민간보험에 가입할 필요성을 낮춰 국민 부담을 줄일 수 있으며 사회적 합의가 이뤄질 경우 중부담중복지 또한 하나의 길이 될 수 있다"고 강조합니다.

🔍 정치·**경제**·**사회**·국제·문화·미디어·과학·IT·스포츠

인권위, '5억 항암제' 킴리아 "건강보험 신속히 등재해야"

국가인권위원회는 초고가 항암제 '킴리아주(킴리아)' 등이 **국민건강보험** 적용대상에서 배제돼 있는 것과 관련해 "생명과 직결된 신약이 국민건강보험에 보다 신속하게 등재될 수 있는 제도를 마련할 필요가 있다"는 의견을 밝혔다.

인권위는 보도자료를 통해 이와 같은 권고사항을 보건복지부에 전달했다고 밝혔다. 인권위는 최근 급성림프구성백혈병, 미만성 거대 B세포 림프종 등에 효과적인 항암 치료제인 킴리아를 보건복지부에서 신속히 건강보험에 등재하지 않아 치료가 시급한 피해자들의 행복추구권·생명권 등을 침해했다는 진정을 접수한 바 있다.

인권위는 "이미 안전성이 검증되고 그 효능이 생명과 직결된 신약의 가격이 일반 개인이 감당할 수 없는 범위에서 형성되는 문제점은 국가 차원에서의 해결이 필요하다"며 "특히 저소득층 환자 등이 신약의 혜택을 받지 못하고 국민건강보험 등재를 기다리다 사망하거나 '메디컬 푸어'가 되는 상황이 발생하기도 하는 것은 문제가 있다"는 입장을 밝혔다.

출처 : 매일경제/일부인용

상식UP! Quiz

문제 국민건강보험 제도에서 의료서비스의 수가를 결정하는 기관의 이름은 무엇인가?

해설 건강보험심사평가원은 보건복지부 산하의 위탁집행형 준정부기관으로 국민건강보험과 관련된 심사와 평가 업무를 담당한다.

답 건강보험심사평가원

073 투 기

투자와는 무엇이 다를까?

지난 2021년 4월 한국주택토지공사(LH) 직원들의 부동산 투기 사태가 터지면서 온 나라가 분노에 들끓었습니다. 누구보다 조심해야 할 공사 직원들이 내부 미공개 정보를 활용하여 부당한 이익을 보려 한 것이죠. 직원들은 "우리는 부동산 투자를 하면 안 되는 것인가"라며 항변했지만, 이는 국민의 원성만 더 키울 뿐이었습니다. 덕분에 앞서 살펴본 '이해충돌방지법' 제정이 급물살을 타고 이루지게 되었죠. LH 직원들은 자신들의 행위를 '투자'라고 이야기했는데요. 그렇다면 우리가 흔히 말하는 투자와 투기는 무엇이 다른 걸까요?

대개 우리는 투자는 좋은 것, 투기는 나쁜 것이라 생각하지만 둘을 명확히 구별하기는 쉽지 않습니다. 둘 모두 자본을 매입해 수익을 내는 행위이기 때문이죠. 투자와 투기의 구별에 대해서는 다양한 시각과 의견이 있습니다. 투자의 귀재인 '벤저민 그레이엄'은 자신의 저서에서 '투자란 투자할 대상에 대한 철저한 분석을 거치고, 투자 후 원금의 보전과 적절한 수익을 보장하는 것'이라고 말했습니다. 즉 투자는 투자하는 대상의 진정한 가치에 주목하는 것이라는 말이죠. 반면 투기는 가치보다는 당장의 수익성을 생각하는 것이라고 합니다. 대상의 철저한 가치 분석 없이 위험성을 떠안고 시세차익을 얻기 위해 원금을 투입하는 것이죠. 이와 비슷한 맥락으로 지난 2021년 4월 가상화폐 시장이 한창 뜨거웠을 당시, 은성수 전 금융위원장은 가상화폐 매매 행위를 투자로 볼 수 없다고 했습니다. 가상화폐 자체가 실체가 없으니 내재하는 가치 자체가 없고, 따라서 인정할 수 없는 화폐라고 규정한 것입니다. 당연히 가상화폐 투자자들은 분노했고 그의 사퇴를 요구하는 국민청원까지 등장했습니다.

그렇다면 LH 직원들의 부동산 매매는 어떻게 바라볼 수 있을까요? 직원들은 당시 직접 사용할 토지가 아닌 농지를 구입했습니다. 통상 농지를 매입하기 위해서는 그 땅에서 농사를 지을 것이라는 '영농계획서'를 제출해야 합니다. 즉 농사를 지을 것이라는 계획이 확실히 소명되어야 하는 것이죠. 그러나 직장에 다니는 사람들이 직업적 규모의 농사를 병행하기란 쉽지 않습니다. 결국 그들이 농지를 구입한 데에는 개발로 인한 시세차익과 대토보상만을 노린 목적이 있는 것이죠. 위의 논리로 본다면 직원들의 행위는 투기로 판단할 수 있는 것입니다. 더욱이 직원들의 행위는 '농지법 위반'과 '시장교란행위' 등 엄연한 불법에도 해당됩니다.

아울러 주택 같은 부동산을 매입하는 경우에도 현재 살고 있는 집이 있음에도 실수요가 아닌 향후 가격상승과 그에 따른 시세차익만을 노렸다면 투기로 볼 수 있습니다. 그레이엄의 시각에서 본다면, '보금자리'라는 진정한 집의 가치를 무시한 채 이를 수익창출의 수단으로만 다루었기 때문입니다.

🔍 정치·경제·사회·국제·문화·미디어·과학·IT·스포츠

미공개 정보로 부동산 투기 … 前 인천 중구청장 압수수색

미공개 정보를 이용해 가족 명의로 부동산 **투기**를 한 혐의가 있는 김홍섭 전 인천 중구청장에 대해 경찰이 압수수색을 벌였다. 김 전 구청장은 인천광역시 중구 구청장으로 재직하면서 미공개 정보를 이용해 인천시 중구 무의도의 임야 3만 3,000㎡를 아들 명의로 36억원에 사들이고 시세차익을 얻은 혐의가 있다. 해당 임야는 여전히 보유 중인 것으로 알려졌다. 또한 김 전 구청장은 미공개 정보를 이용해 중구 영종도 덕교동의 대지 2,000㎡를 여동생 명의로 4억원에 매입한 혐의도 있다. 해당 대지는 판 것으로 알려졌다. 두 토지는 모두 인근에 도로가 개설될 예정이었으며, 경찰은 김 전 구청장이 해당 정보를 미리 입수해 가족들 명의로 토지를 매입한 것으로 보고 있다.
경찰은 정부합동특별수사본부로부터 김 전 구청장의 투기 의혹과 관련된 첩보를 듣고 내사에 착수했다. 현재 경찰은 김 전 구청장이 부패방지법뿐만 아니라 부동산실명제법을 위반했는지도 조사하고 있다.

출처 : 조선비즈/일부인용

상식UP! Quiz

문제 2021년 LH 임직원의 투기사태는 김영란법 제정의 본격적인 계기가 됐다.

o / x

해설 부동산 내부정보를 이용한 LH 임직원의 투기사태는 이해충돌방지법 제정의 계기가 됐다.

답 x

074 출구전략

상황을 봐가며 은근슬쩍 발 빼기

길을 알 수 없는 구불구불한 미로를 헤매다가 출구를 찾았을 때의 기쁨과 해방감이 느껴지는 것만 같은 용어 '출구전략'. 출구전략은 원래 군사용어로 쓰이던 말로, 아군의 피해를 최소화하면서 전쟁을 끝내는 전략을 의미했습니다. 그런데 경제용어로 사용되면서 경기침체기에 경기를 부양하기 위하여 취했던 각종 완화 정책들을 경제에 부작용을 남기지 않게 하면서 서서히 거둬들이는 전략을 의미하게 되었습니다. 그리고 기업이 다른 기업을 인수·합병하였다가 가장 적절한 시기에 매각함으로써 이익을 실현하는 전략도 여기에 포함됩니다.

경기가 침체되면 기준금리를 내리거나 또는 재정지출을 확대하여 유동성 공급을 늘리는 조치를 취하게 됩니다. 이러한 조치는 나중에 경기가 회복되는 과정에서 과도하게 공급된 유동성으로 인해 물가가 상승하고 인플레이션을 초래하는 결과를 낳을 수 있습니다. 이에 따라 경제에 미칠 후유증을 최소화하면서 각종 비상조치를 정상화하여 재정 건전성을 강화해나가는 것이 바로 출구전략입니다.

출구전략
위기 때 풀어놓은 각종 경제 완화 정책을 정부가 다시 거둬들이는 것

문제점	올바른 방향성
• 정책만 거둬들일 것인가? 유동성(자금)도 거둬들일 것인가? • 그 시점을 언제로 할 것인가?	지속적인 경기부양 과정에서 야기되는 불균형을 해소, 성장잠재력을 확충한다.

🔍 정치・**경제**・사회・국제・문화・미디어・과학・IT・스포츠

소액주주 연대 "MBK, 고려아연 분쟁 출구전략 고민해야"

주주행동주의를 표방하는 소액주주 연대 플랫폼 헤이홀더가 고려아연에 대한 적대적 M&A를 시도하고 있는 MBK파트너스에 대해 "홈플러스 사태로 앞으로 힘든 싸움을 하게 될 것"이라고 주장했다. 이사회 과반 장악에 실패한 MBK는 당국의 조사결과에 따라 더욱더 수세에 몰릴 수 있다. 헤이홀더는 "MBK가 고려아연 적대인수에서 손을 떼고 **출구전략**을 고민할 때"라고 조언했다. 헤이홀더는 자사 홈페이지를 통해 '2025년 정기주주총회 결산'이라는 논평을 냈다. 지난달 열린 고려아연 정기주총에서 이사회 과반 장악에 실패한 MBK에 대해 "MBK 입장에서는 홈플러스 사태로 언론은 물론 여론과 정치권으로부터 질타를 받고 있는 상황에서 여러 가지로 힘든 싸움을 하게 될 것"이라고 예측했다. 헤이홀더는 "이미 금감원이 (홈플러스와 MBK의) 사기적 CP발행과 미공개정보이용 등 의혹과 관련해 MBK와 산하 투자자문사에 대한 검사를 실시했고 공정위도 부당내부거래 의혹과 관련해 MBK와 홈플러스에 대한 현장조사를 벌였다"고 밝혔다. 이밖에 최근 MBK가 '기업 저승사자'로 불리는 서울지방국세청 조사4국으로부터 세무조사를 받는 등 정부 관계당국으로부터 전방위 압박을 받고 있는 상황도 거론했다.

출처 : 머니S/일부인용

상식UP! Quiz

문제 미군이 베트남전에서 전쟁을 종료하고 희생을 최소화하면서 빠져나오기 위해 사용했던 전략에서 유래된 말로 경기회복 시점에서 금리인상, 흑자예산 등의 정책을 사용하는 것은?

① 후퇴전략   ② 출구전략
③ 회복전략   ④ 기만전략

해설 출구전략은 각종 경제부양 정책을 경제에 부작용을 남기지 않게 하면서 서서히 거둬들이는 전략이다.

답 ②

075 파운드리

반도체 업계의 슈퍼을

지금 세계경제의 화두는 단연 반도체입니다. 세계는 치열한 반도체 전쟁을 벌이고 있죠. 이 살벌한 반도체 경쟁은 반도체를 많이 소비하는 국가와 많이 만드는 국가들을 합종연횡하게 하고, 저마다 반도체를 많이 가지기 위해 새 법률까지 만들어 상대국을 압박합니다. 우리나라도 그 현장 한복판에 있는데요. 우리나라의 대표적인 반도체 기업을 꼽자면 삼성전자와 SK하이닉스가 있습니다. 이 두 기업은 '파운드리(Foundry)'의 역할을 하고 있는데요.

파운드리란 반도체칩 생산기술과 설비를 보유해 반도체 상품을 위탁생산해주는 것을 말합니다. 이 명칭은 '주형틀에 쇳물을 부어 금속제품을 주조하는 공장'이라는 뜻을 가진 영단어 'Foundry'에서 유래했습니다. 제조과정을 담당하며 외주업체가 전달한 설계디자인을 바탕으로 반도체를 생산하는 역할을 합니다. 반도체 생태계에서는 빠질 수 없는 한 축을 담당하는데요. 대만의 TSMC가 대표적인 파운드리 기업입니다. 그 위세로만 치면 거의 독보적이죠. 시장조사업체 트렌드포스가 집계한 2022년 3분기 세계 파운드리 시장 점유율은 TSMC가 56.1%로 압도적 1위를 기록했고, 삼성전자가 15.5%로 그 뒤를 이었습니다. 사실 우리나라 삼성전자나 SK하이닉스는 반도체칩 설계와 생산을 함께하는 종합반도체기업이라고 할 수 있는데요. 생산하는 반도체칩에 자사의 로고를 새겨 내놓을 수 있는 세계에서 몇 안 되는 'IDM(Integrated Device Manufacturer)'입니다.

반도체칩의 성능이 점점 강력해지고 있는 만큼, 이에 대응할 제조기술을 갖추는 것이 중요해지면서 파운드리의 위상은 더욱 높아지고 있습니다. 반도체칩 공정은 현재 한창 '나노 공정' 시대를 달리고 있는데요. 반도체칩에 들어가는 소자가 나노미터(10억분의 1미터) 간격으로 빼곡하게 들어가게 제조하는 것을 나노 공정이라고 하죠. 3나노 반도체 양산은 이미 삼성전자가 2022년 6월 세계 최초로 성공해 시작한 바 있습니다. 삼성은 2025년까지 2나노 반도체 양산을 시작하겠다는 구체적인 로드맵을 발표하기도 했죠.

한편 '팹리스(Fabless)'라고 하는 기업도 있는데요. 파운드리와 달리 반도체 설계를 전문으로 합니다. 반도체를 설계하는 기술은 있지만 생산공정 기술이 없거나 비용에 부담을 느껴 위탁을 하는 경우, 또 비메모리(시스템) 반도체에 주력하는 기업이 이에 해당합니다. 애플, 엔비디아, 퀄컴이 대표적인 팹리스입니다.

정치 · **경제** · 사회 · **국제** · 문화 · 미디어 · 과학 · **IT** · 스포츠

삼성전자, "파운드리 5년 안에 TSMC 뛰어넘는다"

삼성전자 **파운드리**가 출범 5년 만에 매출 200억달러를 처음 돌파했다. 삼성전자는 초격차 기술을 바탕으로 업계 1위인 대만 TSMC를 바짝 추격한다. 삼성전자는 지속적으로 2나노미터(10억분의 1m) 공정부터 TSMC를 압도할 기술력을 갖췄다는 자신감을 비치고 있다. 경계현 삼성전자 반도체 부문 사장은 대전 KAIST에서 열린 '삼성 반도체의 꿈과 행복 : 지속가능한 미래' 강연에서 "냉정하게 얘기하면 삼성전자의 파운드리 기술력이 TSMC에 1~2년 뒤처져 있다"며 "TSMC가 2나노미터 공정에 들어오는 시점부터는 삼성전자가 앞설 수 있다"고 말했다. 그는 "5년 안에 TSMC를 앞설 수 있다"고 장담했다.

출처 : 뉴시스/일부인용

상식UP! Quiz

문제 다음 중 반도체의 위탁생산을 전담하는 기업을 뜻하는 말은?
① 파운드리
② 팹리스
③ IDM
④ SoC

해설 파운드리는 반도체 생산 기술 · 설비를 보유해 반도체 상품을 위탁생산해 주는 것을 말한다.

 답 ①

076 캐즘

이 고비만 넘기면 시장의 주류로!

최근 경영 관련 기사를 보면 '캐즘(Chasm)'이라는 용어를 자주 볼 수 있는데요. 캐즘은 새로 개발된 제품이나 서비스에 대해 대중이 적응하고 받아들이기 전까지 겪는 침체기를 뜻합니다. 다만 최근에 등장한 용어는 아니고, 본래 지층에 균열이 생기면서 단절되는 것을 뜻하는 지질학 용어인데요. 미국 실리콘밸리에서 활동하던 제프리 무어 박사가 1991년 스타트업의 성장과정을 캐즘에 빗대 설명하면서 경제·경영 용어로 활용되기 시작했습니다.

무어 박사가 발표한 캐즘 이론에 따르면, 캐즘은 새로운 기술과 제품을 선호하는 '얼리어답터(Early Adoptor)'에서 '전기 다수 수용자(Early Majority)'로 신기술·제품이 확산되는 단계에서 발생합니다. 전기 다수 수용자는 신기술을 도입하거나 신제품을 구입할 때 신중히 고려하고, 이를 통해 자신이 누릴 혜택을 면밀히 따지는 사람들이죠. 그리고 확신이 섰을 때 이를 수용하게 됩니다. 이 전기 다수 수용자들에게 받아들여지면 신기술·신제품은 소위 말하는 '주류시장'으로 진입하게 되는데요. 그러니 캐즘은 신제품이 성공하기 위한 1차 심사대인 셈이죠. 캐즘은 주로 정보통신, IT 등 첨단산업에서 발생하며 이를 이겨내지 못하면 제품은 업계에서 사라지게 됩니다.

최근 캐즘이 발생한 대표적인 사례를 들자면 전기자동차 분야가 있습니다. 각국의 자동차 기업들이 속속 전기차를 출시하자 새로운 상품을 원하는 얼리어답터들이 이를 구매하면서, 전기차가 시장에 점차 진입하고 있는데요. 그러나 배터리 성능과 주행거리, 충전시설의 부족, 비싼 자동차 가격 등의 이유로 여전히 구입에 부담을 느끼는 사람들이 많습니다. 그래서 아직 전기차는 내연기관 자동차를 넘어 시장의 주류가 되지 못하고 있죠. 최근 전기차의 수요 증가세가 둔화되면서 완성차 업체들은 재고를 보수적으로 운용하고 있습니다.

'캐즘 울상' K-배터리, 버팀목 ESS도 1분기 '빨간불'

국내 배터리 업계의 버팀목이었던 에너지저장장치(ESS) 1분기 실적이 저조할 것이란 우울한 전망이 이어지고 있다. 전기차 **캐즘**(Chasm)에 신음해 온 배터리 업체들의 보릿고개가 심화하는 모양새다. 캐즘의 늪에 빠진 국내 배터리 업계는 지난해 ESS 배터리 호조에 힘입어 실적을 방어해 왔다. 전기차가 높은 가격대나 충전 인프라 부족, 보조금 축소 등으로 소비자의 외면을 받는 것과 달리 ESS는 친환경 전력이나 AI 데이터센터 관련 수요가 지속됐기 때문이다. 전력수요가 높은 여름철 수요가 많은 ESS 사업에 있어 1분기는 비수기로 꼽힌다. 여름철에 앞서 1~2분기에 설치를 마치려면 배터리 생산은 그보다 앞선 3~4분기에 진행되기 때문이다. 업계는 비교적 계절적 변동성이 적은 대형 프로젝트 수주에 집중하는 방식으로 ESS 부문 실적 개선을 도모하고 있다. 또 장기적으로는 ESS 호황이 유지될 것으로 보이는 만큼 전력수요가 급증하는 북미지역을 중심으로 ESS용 배터리 생산 채비를 서두른다는 계획이다.

출처 : 뉴스1/일부인용

상식UP! Quiz

문제 첨단기술이 초기시장에서 널리 사용되기 전에 일시적으로 수요가 정체되는 현상은?
① 죽음의 계곡
② 캐즘
③ 티핑포인트
④ 캐시버닝

해설 캐즘은 새롭게 개발된 첨단기술 제품이 대중에게 받아들여지고 시장에 정착하기 전에 겪는 침체기를 뜻하는 말이다.

답 ②

077 스크루플레이션

경제를 쥐어짜니, 나오는 건 서민들 한숨뿐

스크루플레이션(Screwflation)은 쥐어짤 만큼 어려운 경제 상황에서 체감물가가 올라가는 상태를 말합니다. '돌려조인다, 쥐어짜다'라는 의미의 스크루(Screw)와 인플레이션(Inflation)의 합성어이며, 물가 상승으로 인해 소비액이 늘어나 경제지표상으로는 경기가 회복단계에 들어섰다고 보이기도 하지만 실질구매력은 줄어드는 상태입니다.

스크루플레이션은 물가 상승과 실질임금 감소, 주택가격 하락과 임시직의 증가 및 주가 정체 등으로 중산층의 가처분소득이 줄어들었을 때 발생합니다. GDP와 1인당 소득은 상승하는 것처럼 보이더라도 들어오는 돈은 줄어들고 나가야 할 돈은 늘어나는 상황이 중산층을 쥐어짜는 것입니다. 이에 따라 소비가 위축되고 실질적 경기는 되살아나지 못하는 상황이 지속되는 것이죠. 중산층의 소비가 살아나야 생산과 고용이 늘어나게 되고 궁극적으로 경제가 성장하기 마련이지만, 돈이 없는 중산층이 더 이상 활발한 소비를 하지 않게 되어 스크루플레이션이 발생하는 것입니다.

스태그플레이션(Stagflation)이 경기가 침체되면서 물가가 올라가는 거시경제 현상인 반면, 스크루플레이션은 미시적인 차원에서 중산층 임금이 오르지 않아 경제가 팍팍해지는 상태를 가리키는 용어입니다. 지난 2011년 미국 헤지펀드 시브리즈 파트너스의 더글러스 카스 대표는 "미국 경제는 스태그플레이션보다 더 해결하기 어려운 스크루플레이션 상황에 빠져 있다"고 언급한 적이 있습니다. 카스 대표는 중산층의 가처분소득 감소 요인으로 물가 상승과 실질임금 감소 외에도 1970~1980년대와 달리 연방준비제도이사회(FRB)에 강력한 리더십을 가진 폴 볼커 전 의장 같은 사람이 없는 것을 문제로 꼽기도 했습니다.

다양한 인플레이션

초인플레이션 (하이퍼인플레이션)	인플레이션의 범위를 초과하여 경제학적 통제를 벗어난 인플레이션
스태그플레이션	경기 침체기에서의 인플레이션으로, 저성장 · 고물가 상태
애그플레이션	농산물 상품의 가격 급등으로 일반 물가도 덩달아 상승하는 현상
리디노미네이션	화폐 가치에 대한 변동 없이 화폐 액면단위를 낮추는 것
슬럼프플레이션	스태그플레이션보다 더 심각한 상태로서, 경기가 후퇴하는 가운데 일어나는 물가 상승

정치 · **경제** · **사회** · 국제 · 문화 · 미디어 · 과학 · IT · 스포츠

서민물가 오르고 쓸 돈은 부족하고, 스크루플레이션 발생 가능성 증가

중산층의 가처분소득이 제자리걸음을 하면서 소비가 위축돼 경기침체가 이어지는 **스크루플레이션**(Screwflation)이 발생할 수 있다는 우려가 제기됐다. 가계빚은 늘어나고 있지만 소득은 줄고 장바구니 체감물가까지 오르면서 서민 살림살이가 점점 팍팍해진 탓이다. 각종 경제지표에 따르면 매년 점차 소매판매가 부진해지는 모습을 보이고 있다.

출처 : 이투데이/일부인용

상식UP! Quiz

문제 스태그플레이션, 애그플레이션과 함께 서민경제의 3재(三災)라고 불리며 물가와 경기가 상승하지만 소득은 주는 상황을 설명한 용어는 무엇인가?
① 스크루플레이션 ② 에코플레이션
③ 매니플레이션 ④ 초인플레이션

해설 스크루플레이션은 쥐어짤 만큼 소득이 줄어드는 상황에서 체감물가가 올라가는 상태이다.

답 ①

078 그린플레이션

친환경의 딜레마

바야흐로 친환경의 시대입니다. 지구온난화를 비롯한 환경위기에 세계 정상들이 모이는 자리에서도 친환경이 주요 담론이 되고 있습니다. 각국의 정부에서는 탄소배출을 감축하자는 세계적 기조에 앞 다투어 참여하고 있죠. 그런가하면 많은 기업들은 친환경적인 방식으로 상품을 만드는데 몰두하고 있는데요. 그런데 한편으론 세계적으로 대두된 이 친환경이 또 다른 경제적 위기를 만들어내기도 합니다. 그린플레이션(Greenflation)이 바로 그 중 하나입니다.

그린플레이션은 친환경을 뜻하는 '그린(Green)'과 화폐가치 하락으로 인한 물가상승을 뜻하는 '인플레이션(Inflation)'의 합성어입니다. 친환경 정책이 아이러니하게도 물가를 높이게 된다는 뜻인데요. 정부는 친환경정책을 펼치면서 탄소를 많이 배출하는 산업에 규제를 둡니다. 예를 들어 탄소를 많이 배출하는 기업에 부과하는 탄소세 같은 규제가 있죠. 이러한 규제 때문에 필수원자재의 생산이 어려워지고 곧 생산감소로 이어져 가격이 상승하게 되는 것입니다.

그린플레이션은 인류가 기후변화에 대응하기 위해 노력할수록 사회의 유지·발전에 드는 전반적인 비용이 상승하는 역설적인 상황을 일컫습니다. 가령 재생에너지 발전을 장려하면서 화석연료 발전설비보다 구리가 많이 들어가는 태양광·풍력 발전설비를 구축해야 하는 상황이 여기에 해당합니다. 이로 인해 금속원자재 수요는 급증했지만 원자재 공급량이 줄어들면서 가격이 치솟게 되는 것이죠. 그린플레이션은 경제적 불황과도 연결될 소지가 있어 만만하게 볼 일은 아닙니다. 그래서 전문가들은 정부가 친환경 발전에 필요한 자원을 확보하고, 그린플레이션에 대처할 구체적인 방안을 찾아야 한다고 조언합니다.

🔍 정치・**경제**・사회・**국제**・문화・미디어・과학・IT・스포츠

"탈탄소화 과정에서 그린플레이션을 극복해야 한다"

탄소 중립이 전 세계적으로 진행되면서 금속·에너지 등 친환경 원자재가격이 빠르게 오르고 생산재 전반의 원가 상승, 비용 전가, 소비자물가 상승으로 이어지고 있다. 탄소 중립의 부담 현상인 <u>그린플레이션</u> 우려가 커지고 있다. 실제로 핵심 광물의 수요와 가격이 급격히 상승하고 있다. 작년에 전기차 배터리에 필요한 코발트 가격은 119%, 니켈은 55%, 리튬은 569%나 폭등했다. 완성차 부품의 경량화 소재인 알루미늄과 마그네슘의 가격도 상승세다. 원자재를 대량으로 공급하는 중국에서 환경규제와 전력 부족으로 공장가동률이 하락하면서 공급이 급감했다. 그린플레이션은 불행하게도 스태그플레이션(경기 침체 속 물가 상승)으로 이어질 수 있다. 근로자는 오른 물가를 반영한 임금 인상을 요구하게 된다. 기업은 오히려 현장의 노동력 의존을 줄이고, 자동화에 투자하면서 제품 가격을 높인다.

출처 : 뉴스1/일부인용

상식UP! Quiz

문제 그린플레이션은 친환경 정책이 외려 물가를 높인다는 의미를 갖고 있다.

○ / ×

해설 그린플레이션은 친환경 정책이 원자재의 가격을 높여, 공급은 줄어들게 하고 물가는 상승시키는 현상이다.

 답 ○

079 리디노미네이션

돈의 혁명! 화폐단위가 아래로 아래로

리디노미네이션(Redenomination)은 화폐단위를 변경하는 것, 즉 화폐개혁을 의미합니다. 화폐의 액면가를 동일한 비율의 낮은 숫자로 변경하는 조치로, 화폐단위를 하향 조정하는 것이죠. 화폐단위를 1,000대 1 혹은 100대 1로 바꾸는 식입니다. 화폐의 단위가 작아지기 때문에 거래할 때의 편의성이 높아지고 인플레이션 기대심리가 억제되고 자국 통화의 대외적 위상이 제고되는 효과 등이 기대됩니다.

화폐개혁이란 기존 화폐의 유통을 전면 금지하고 새 돈으로 교환토록 하는 통화정책을 말합니다. 물가의 급등 등 경제 문제가 원인이지만 지하자금 색출과 같은 정치적 목적으로도 활용됐습니다. 1953년 시행된 제2차 화폐개혁은 화폐단위를 '원'에서 '환'으로 변경하는 것이 골자로, 2월 15일 발표돼 2월 17일 전격 시행되어 단 이틀 만에 원과 전(錢) 등 기존화폐 사용을 전면 금지했습니다. 한국전쟁으로 인한 막대한 군비지출로 물가상승 압력이 심각하게 커진 데 따른 조치로, 세수 부족으로 인한 재정 적자를 해결하려는 의도도 있었습니다. 교환 비율은 100원당 1환. 개혁 직전 최고가 지폐는 1,000원권이었으며, 앞면은 이승만 당시 대통령의 초상, 뒷면은 파고다공원 전경이었습니다. 이 돈은 10환권으로 교환됐고, 10환권의 앞면에는 남대문, 뒷면엔 해금강 총석정이 그려졌습니다.

한편 새 화폐 가운데 최고액 지폐는 1,000환권으로 크게 상승한 물가를 반영한 것이었습니다. 화폐개혁 직전 1조 1,367억원에 달했던 은행권 발행액은 개혁 2주 뒤 76억 5,100만환으로 축소됐습니다. 경제사학자들은 제2차 화폐개혁이 시중의 과잉구매력을 흡수하고 경제부흥자금을 마련했다는 점에서 성공한 개혁으로 평가합니다.

1962년 원(₩)에 통화단위 자리를 넘겨줄 때까지 '9년 천하'에 그쳤지만 환의 흔적은 지금도 남아 있습니다. 가령 한국은행이 만든 '동전'이 처음 등장한 것은 '환'의 시기인 1959년 10월이었습니다. 무궁화가 그려진 10환, 거북선의 50환, 이승만의 100환이 발행됐습니다. 세종대왕의 모습이 처음 화폐에 새겨진 것도 이 시기였는데 당시 1,000환권 앞면에 나타난 이승만이 1960년 4·19혁명으로 하야하면서 그 자리를 세종대왕이 차지한 것입니다.

그런데 5·16 쿠데타 후에 집권한 군사정권이 1962년 6월 부정축재자의 지하자금을 양성화하려고 제3차 화폐개혁을 단행해 환의 역사는 짧게 끝나버렸습니다. 이 때문에 그해 5월 처음 선보인 저축통장을 든 모자(母子)그림의 100환 지폐는 발행 26일 만에 사라졌습니다. 당시 교환비율은 10환당 1원(₩). 제3차 화폐개혁은 미비한 준비와 예기치 못한 예금 동결조치 등으로 경제에 큰 혼란을 일으켰습니다. 지하자금 색출 역시 기대에 못 미쳤습니다. 그러나 당시 정해진 '원' 체계는 50여 년이 지난 현재까지 이어졌고, 그간 리디노미네이션도 없었습니다. 3차 개혁 당시 최고액권 지폐는 500원이었으며, 현재는 5만원으로 정확히 100배가 됐습니다.

리디노미네이션의 효과와 비용

효과	비용
지하경제 양성화 • 거액 현금의 신권 교체 과정을 통해 세원 기반 확보	**실물투기·자금유출** • 현금을 실물에 투자하거나 해외로 유출
원화 위상 제고 • 현재 1달러당 1,000원대인 환율이 낮아짐	**물가 상승** • 이전 액면가에 비추어 가격에 둔감해진 틈을 타 가격 인상 러시 우려
재무제표 등 장부 기장 간편	**경제 불안 심리**
경기부양 • 유효수요 확대를 통한 IT업체 등의 수익증대	**기기교체 등 비용** • 금융권 ATM 등 장비와 소프트웨어 교체

정치 · **경제** · 사회 · **국제** · 문화 · 미디어 · 과학 · IT · 스포츠

화폐 액면가 낮추는 '리디노미네이션' 고민해봐야

달러 환율을 보면 경제협력개발기구(OECD) 38개의 회원국 중에서 달러당 환율이 4자리인 유일한 국가가 한국이다. 거기에 다른 국가와의 환율을 비교했을 때도 우리나라의 환율 숫자가 높은 편이다. 즉 같은 액수에서 우리나라 돈의 가치가 그만큼 낮다는 얘기다. 그러다 보니 표기를 하는 데 있어서도 어려움이 생기기도 한다. 이러한 상황에서 실제로도 여러 가계들에서는 가격을 표시할 때 4만원보다는 4.0으로 표기하기도 한다. 그래서 한 편에서는 리디노미네이션을 주장하고 있다.

리디노미네이션은 주로 인플레이션, 경제 규모 확대로 인한 거래 가격 증가와 숫자의 자릿수 증가가 유발하는 계산상의 불편함 등을 해결하기 위해 시행한다.

리디노미네이션만으로는 경제생활의 실질적 변화를 가져오지는 않는다. 화폐 가치가 변하는 것도 아니고, 상품 가치나 경제상의 양도 변하지 않고 단지 화폐의 숫자만 변하는 것이기 때문이다. 하지만 숫자의 변동으로 체감에 따라 어느 정도 영향을 끼칠 수는 있다.

출처 : 한국경제/일부인용

상식UP! Quiz

문제 다음 중 리디노미네이션에 대한 설명으로 옳지 않은 것은?
① 모든 지폐와 은행권의 액면을 동일한 가치의 낮은 숫자로 발행하는 것이다.
② 화폐의 숫자가 너무 많아서 발생하는 국민들의 계산이나 회계 기장의 불편, 지급상의 불편을 해소하는 데 목적이 있다.
③ 인플레이션 기대심리를 유발할 수 있다는 문제점이 있다.
④ 화폐단위가 변경되면서 새로운 화폐를 만들어야 하기 때문에 화폐 제조비용이 늘어난다.

해설 리디노미네이션의 장점은 인플레이션 기대심리를 억제할 수 있다는 것이다.

080 리니언시

빨리 배신하는 사람이 승자가 된다?

리니언시(Leniency)는 '자진신고자 감면 제도'라고도 하며, 담합행위를 한 기업들의 자진신고를 유도하여 기업 간 상호불신을 자극하고, 담합을 방지하도록 하는 제도입니다. 중세 가톨릭 교회 시절 고해성사로 죄를 고백하면 용서받는 면죄부의 개념이라고 할 수 있지요. 조사에 착수하기 전 담합 사실을 처음 신고한 업체에는 과징금 100%를 면제해주고, 2순위 신고자에게는 50%를 면제해줍니다. 이 제도를 통해 담합 참가 기업 상호 간의 불신을 자극하여 담합을 사전에 방지하는 효과를 얻을 수 있습니다.

리니언시 제도의 가장 큰 장점은 적발하기 어려운 담합행위를 적발하는 데 유용하다는 것입니다. 하지만 이 제도를 몇몇 기업들이 악용하면서 단점도 생겨났습니다. 2011년 생명보험회사들이 보험예정이자율 담합을 했던 사건을 예로 들 수 있습니다. 이때 삼성·교보와 같은 대기업이 운영하는 생명보험사들은 자진신고제도를 통해 1, 2순위를 차지하면서 과징금을 감면받았습니다.

하지만 얼마 후에 또 다시 보험사들이 변액보험 담합을 시도했는데, 이번에도 대기업 보험사들이 치열한 자진신고 순위 싸움을 하며 감면 혜택을 받았습니다. 담합을 주도한 것은 대기업이 운영하는 생명보험사들이었음에도 불구하고 리니언시를 악용해 감면 혜택을 받았고, 중소 보험회사들은 대형 회사들만 믿고 담합에 참여했다가 더 많은 과징금을 물게 된 것이죠.

🔍 정치・**경제**・사회・국제・문화・미디어・과학・IT・스포츠

열차 담합 '맏형'이라더니 … 현대로템 과징금 323억 면제, 왜?

현대차그룹 계열사인 현대로템이 열차 구매 입찰에서 담합한 사실이 적발돼 공정거래위원회로부터 부과 받은 과징금 323억원 전액을 면제받은 것으로 확인됐다. 이는 담합사실을 가장 먼저 공정위에 자진신고한 것 때문이라는 해석이 나온다. 한국거래소 등에 따르면 현대로템은 최근 정정공시를 통해 "공정위 의결에 의해 철도차량 입찰담합에 따른 과징금(323억 600만원) 납부 면제를 받았다"고 밝혔다. 공정위는 독점규제 및 공정거래에 관한 법률에 따라서 담합행위를 제일 먼저 자진신고한 경우 과징금 등을 감면해주는 **리니언시** 제도를 운용하고 있다. 앞서 공정위는 열차 구매 입찰에서 사전에 낙찰예정자를 결정하고 물량을 배분한 현대로템과 우진산전, 다원시스에 과징금 총 564억 7,800만원을 부과했다.

출처 : 중앙일보/일부인용

상식UP! Quiz

문제 담합행위를 한 기업들에게 자진신고를 유도하는 리니언시에 대한 설명이다. 다음 괄호 안에 들어갈 숫자로 적절한 것은?

- 담합 사실을 처음 신고한 업체에는 과징금 (   )%를 면제해준다.
- 2순위 신고자에게는 (   )%를 면제해준다.

① 80, 50
② 80, 40
③ 100, 60
④ 100, 50

해설 조사에 착수하기 전 담합 사실을 처음 신고한 업체에는 과징금 전부를 면제해주고, 2순위 신고자에게는 50%를 감면해준다.

답 ④

081 엥겔지수

치솟는 식탁물가, 서민 등골 더 휘겠네

엥겔지수는 가계의 총 소비지출액에서 식료품비가 차지하는 비율입니다. 1857년 독일의 통계학자 엥겔이 가계지출을 조사한 결과 저소득 가정일수록 총 소비지출액 중에서 식료품비가 차지하는 비율이 높고, 고소득 가정일수록 식료품비가 차지하는 비율이 낮다는 현상을 발견하였는데, 이를 '엥겔의 법칙'이라고 합니다. 엥겔지수에 따른 구분을 구체적으로 살펴보면 엥겔지수가 0.5 이상일 경우 후진국, 0.3~0.5이면 개발도상국, 0.3 이하일 때 선진국으로 구분합니다.

식료품은 생존을 위해 필수적이기 때문에, 어느 가정에서든 일정 정도는 소비해야 하지만 무조건 많이 소비해야 만족도가 높은 재화는 아니기 때문에 소득이 증가하더라도 식료품비는 크게 증가하지 않습니다. 그렇기에 소득이 적을수록 식료품비 지출의 비중이 크고, 반대로 소득이 많을수록 식료품비 지출의 비중은 낮은 경향이 있습니다. 통계학자 엥겔은 소득이 증가할수록 생계비에서 식료품비가 차지하는 비율은 감소하는 대신 교육과 위생, 오락, 통신비용 등의 문화비가 두드러지게 증가하며, 의류비, 주거비 등은 큰 변화가 없다고 설명했습니다.

엥겔지수와 비교해서 또 다른 지수들도 함께 알아볼까요? 지니계수는 오늘날 가장 널리 사용되는 불균형의 정도를 나타내는 통계학적 지수로, 사회적 불평등의 정도를 측정하는 로렌츠 곡선상에서 소득의 불평등함을 나타내는 지표가 됩니다. 한편 슈바베지수는 가계 소득 중에서 주거비용이 차지하는 비율이며, 빈곤의 척도로 사용됩니다. 슈바베지수가 높을수록 총 소득 중에서 주거 비용이 차지하는 비중이 큰 것이므로 가구의 주택부담 능력은 떨어진다고 볼 수 있기 때문에 슈바베지수가 높을수록 저소득 가구에 가깝고, 슈바베지수가 낮을수록 고소득 가구에 가깝다고 할 수 있습니다.

🔍 정치·경제·사회·국제·문화·미디어·과학·IT·스포츠

치솟는 밥상물가에 엥겔지수, 21년 만에 최고

가계 소비지출 가운데 식료품·음료비가 차지하는 비중인 **엥겔지수**가 21년 만에 최고치로 치솟았다. 가계가 바깥 활동과 여가활동을 자제한 동시에 밥상물가가 고공행진을 이어간 영향으로 풀이된다.

한국은행 경제통계시스템에 따르면 올해 1분기 가계의 국내 소비지출액(217조 7,558억원·명목 기준) 가운데 식료품·비(非)주류음료 지출(29조 166억원)이 차지하는 비중은 작년 4분기 대비 0.1%포인트 상승한 13.3%로 집계됐다. 분기 기준으로 2000년 2분기(13.5%) 후 가장 높았다. 지난 1분기 식료품·비주류음료 지출은 역대 최대치였다.

엥겔지수는 통상 소득이 높아질수록 낮아진다. 소득이 늘어나는 만큼 식음료비 지출보다는 오락·문화 등 여가생활 씀씀이가 상대적으로 커지기 때문이다. 엥겔지수는 1990년 20%대에서 2019년 11.4%로 지속해서 내려가는 추세를 보였다. 하지만 2020년 엥겔지수는 12.9%로 반등했다. 바깥 활동과 여가활동을 줄이고 집에서 식사를 해결하는 '집밥족'이 늘어난 결과다. 2021년 들어서는 엥겔지수가 오름세를 지속했는데 식음료 물가 상승도 영향을 미쳤다는 분석이다. 1분기 식료품·비주류음료 물가는 작년 동기 대비 8.2%나 뛰었다. 원자재 가격이 고공행진한 2011년 3분기(9.0%) 후 최고치다.

출처 : 한국경제/일부인용

상식UP! Quiz

문제 생활수준을 나타내는 지표로 사용되는 '엥겔지수'는 소비지출 총액에서 이것이 차지하는 지출 비율이다. 이것은 무엇인가?

① 옷 구입비　　　　　　　② 식료품비
③ 주거비　　　　　　　　④ 여행비

해설 엥겔지수는 가계의 총 소비지출액에서 식료품비가 차지하는 비율이다.

답 ②

082 임베디드 금융

금융과 비금융을 넘어서다

임베디드 금융(Embedded Finance)은 쉽게 말해 금융기업이 아닌 기업이 금융상품을 제공하는 것을 말합니다. 종래처럼 비금융기업이 다른 금융기업의 금융상품을 단순히 중개하거나 재판매하는 것을 넘어 스스로 핀테크(FinTech) 기능을 갖는 것입니다. 임베디드 금융은 코로나19 팬데믹과 함께 비대면 문화가 확산되면서 덩달아 떠오르게 되었는데요. 디지털 뱅킹이 보편화되고 거의 모든 것들이 온라인으로 연결되는 현 시대에서, 굳이 비금융기업의 애플리케이션을 떠나지 않고도 바로 금융상품을 이용할 수 있는 점이 소비자에게 어필한 것입니다. 임베디드 금융은 기업이 부수적인 금융수익을 얻는 좋은 수단이 되고 있습니다. 비금융기업은 핀테크 전문 업체의 도움을 받거나 금융기업과의 제휴를 통해서 고객에게 금융서비스를 제공합니다. 비금융기업의 상품이 팔리면서 금융기업의 상품도 이용하게 되니 서로에게 이득이 된다고 할 수 있겠죠. 물론 핀테크 업체도 두 기업을 연결하며 수익을 얻을 것이고요.

임베디드 금융의 대표적인 사례는 미국의 전기차 기업 테슬라에게서 찾을 수 있는데요. 테슬라는 운전자의 운전 습관이나 운행기록 등을 분석해서 사고의 위험성을 파악합니다. 그리고 적절한 보험 상품을 제공하는데요. 이러한 자체 보험 서비스는 테슬라의 수익의 많은 부분을 차지하고 있죠. 네이버 같은 포털 사이트에서 굳이 다른 금융기업의 서비스를 이용하지 않아도 상품을 결제할 수 있는 '네이버페이' 또한 임베디드 금융이라 할 수 있습니다. 세계적 IT 기업 구글은 자사의 지도 애플리케이션으로 네비게이션을 이용하는 고객들에게 정산 서비스를 제공하기도 합니다. 임베디드 금융은 그저 낯선 용어가 아니라 이미 우리 주변에 깊숙이 들어와 있는 것이죠.

테슬라 보험? 임베디드 금융 확산에 은행들 '촉각'

언택트 문화가 대세로 자리 잡으면서 **임베디드 금융**이 확산하고 있다. 이에 대항해 국내 금융사들의 역할과 경쟁력을 높여야 한다는 조언과 함께 관련 기업을 인수하는 것도 대응 방법으로 지목됐다. 모바일 앱 사용이 확산하면서 구독 등을 기반으로 모든 것을 서비스로 제공하는 트렌드에 대한 관심이 높아졌고 비금융 기업을 통해 다양한 금융서비스를 제공하는 임베디드 금융도 부각됐다. 이에 시장도 가파르게 성장 중이다. 임베디드 금융은 2020년 225억달러를 기록했고 2025년까지 10배가 넘는 2,300억달러로 성장할 것으로 전망되고 있다. 임베디드 금융의 가장 비근한 예로는 아마존과 구글 등 빅테크를 통한 금융 서비스 활용을 꼽을 수 있다. 이들 회사는 풍부한 데이터를 바탕으로 금융 서비스를 함께 제공하면서 기존 서비스의 가치 재창출과 함께 고객 충성도를 높이는 효과를 보고 있다.

출처 : 비즈니스워치/일부인용

상식UP! Quiz

문제 임베디드 금융은 금융기업에서 일반 비금융기업의 상품을 함께 제공하는 것이다.

O / X

해설 임베디드 금융은 비금융기업에서 자사의 상품에 금융서비스를 함께 제공하는 것을 말한다.

답 X

083 프로젝트 파이낸싱

부동산거품의 씨앗?

사업을 하려면 돈이 필요합니다. 그래서 담보를 맡기고 대출을 받거나 투자자를 끌어 모으는데요. 만약 사업주가 담보로 내세울 만한 부동산이 없거나 대출에 제한이 있는 경우엔 어떻게 할까요? 보통의 담보대출이라면 뾰족한 방법이 없겠지만 '프로젝트 파이낸싱(PF ; Project Financing)'은 다릅니다. 오직 사업계획이 얼마나 완벽하고 수익성이 좋을지를 따져서 대출을 받을 수 있죠. 말 그대로 사업성 하나만 보고 자금을 조달하는 방식입니다. 대출금은 사업성공 이후 벌어들인 수익으로 갚으면 되죠.

PF는 1920년대 미국에서 유전개발을 시도하던 시절에 처음 이뤄졌다고 하는데요. 유전개발이나 도로공사 같은 대규모 사회간접자본 사업은 개인이 담보로도 대출을 받아 사업자금을 끌어 모으기 어렵습니다. 그런데 이런 사업은 크게는 국가 인프라 형성부터 좁게는 지역사회발전에도 영향을 미치기 때문에 필요하긴 합니다. 그래서 금융기관이나 투자자들은 향후 지속적인 투자성과를 기대하고 사업계획의 가능성을 따져 자금을 대줍니다. 또 사업이 대개 장기적으로 진행되기 때문에 사업 중간 중간에도 투자금을 회수할 수 있죠. PF는 담보 대신 사업성을 근거로 대출이 진행돼, 사업주는 서류상 회사인 특수목적법인(SPC ; Special Purpose Company)을 설립합니다. 투자금이 이 회사로 흘러가게 되죠.

그러나 반면 PF는 '투자위험성'이라는 크나큰 단점을 안고 있습니다. 그래서 금융기관은 사업계획의 실현가능성과 수익성, 신용도, 사업주·시행사의 사업수행능력을 면밀하게 심사해 투자를 결정하는데요. 위험성이 크기 때문에 이자율도 높은 편입니다. 사실 우리나라에서 PF라고 한다면 대부분 부동산개발을 목적으로 이뤄집니다. 2010년대 들어 저금리에 부동산시장이 호황을 맞자 투자가 활발해졌고, 금융회사들도 PF관련 상품을 다량으로 내놨는데요. 그러나 2020년대 이후 기준금리가 크게 오르면서 부동산시장이 침체됐습니다. 이 때문에 원자재값 상승으로 개발비가 늘어나고, 또 미분양 사태가 속출하면서 PF 대출잔액이 치솟게 됐죠. 수익성 악화로 이윤을 내지 못하니 대출금을 제대로 갚지 못한 것입니다. 부동산시장은 침체되면 반등하기도 쉽지 않기 때문에 PF 과열에 대해 우려하는 목소리가 높습니다. 사업성을 제대로 따져보지 않고 예상수익을 낙관해 투자하는 행위가 부동산거품을 일으킨다는 지적도 있고요. 또 금융건전성을 악화시켜 경기침체에서 벗어날 원동력을 떨어뜨린다는 의견도 있습니다.

새마을금고 '감독기관 이관' 목소리 커져

새마을금고에서 금융사고가 반복되는 가운데 감독기관을 행정안전부에서 금융당국으로 이관할 필요가 있다는 지적이 제기됐다. 새마을금고는 상호금융목적의 비영리법인으로 전체 금고 수 1,293개, 매출 197조원, 예수금 260조원 규모로 시중은행과 유사한 수준을 보이고 있다. 새마을금고는 수익성을 높이기 위한 방안으로 **프로젝트 파이낸싱**(PF) 등 부동산 관련 대출을 확대해 왔다. 그러나 부동산경기가 침체되면서 연체액이 10조 6,000억원으로 늘어났고 연체율도 5.41%로 상승했다. 지역금고 30곳 이상은 연체율이 10%를 넘는 것으로 알려졌다. 금융사고도 빈번하게 발생했다. 2017년부터 2023년 8월까지 새마을금고 금융사고 전수현황을 분석한 결과에 따르면 임직원에 의한 횡령 · 배임 · 사기 · 알선수재는 95건이며, 피해액은 634억 8,800만원에 이른다.

출처 : 서울경제/일부인용

상식UP! Quiz

문제 프로젝트 파이낸싱은 금융기관이 담보 없이 사업성을 심사해 자금을 대출해주는 것을 의미한다. ○ / ×

해설 프로젝트 파이낸싱은 사업계획과 그 수익성 등을 면밀히 심사해 금융기관이 사업자금을 대출해주는 것을 의미한다.

답

084 디폴트

더 이상 부채를 책임질 능력이 없다

디폴트는 영어의 'Default Value'에서 유래한 말로, 별도 설정을 하지 않은 초기값이나 기본 설정값을 말합니다. 이것이 경제에서 은행 융자나 공사채(公社債) 등에 대해 채무자가 원리금을 갚지 못하게 되는 것을 다른 말로 '채무불이행(債務不履行)', 즉 디폴트라고 합니다. 국가가 대상인 경우에는 국가 부도를 의미합니다. 채무자가 디폴트 상황에 처했을 때 다른 사람들한테 알려주는 것을 디폴트 선언이라고 하며 한 융자계약에서 디폴트 선언을 당하면 다른 채무에 대해서 채권자가 일방적으로 디폴트 선언을 할 수 있는데, 이것을 '크로스디폴트'라고 합니다.

디폴트(Default)가 발생할 경우 채무자는 채무에 대해 모든 의무가 없어지지만 자신의 재산 통제력도 상실하게 됩니다. 채권자의 경우 담보가 있으면 담보를 압류해서 채무를 상쇄하고 담보가 없으면 채권액에 상응하는 채무자의 재산을 압류해서 채무를 상쇄할 수 있습니다. 단, 채무자의 재산이 채권자가 소송을 걸 수 있는 국가의 사법력이 미치는 영역에 있어야 합니다. 이 말이 급속도로 퍼지게 된 것은 2010년 국채만기로 인한 유럽연합 금융위기의 중심인 PIIGGS에 속한 그리스가 2015년 7월 1일부터 디폴트에 들어갔기 때문입니다.

비슷한 용어로 모라토리엄(Moratorium)이 있습니다. 디폴트가 아예 빚을 갚을 수 없는 상황에 빠졌거나 빚을 갚을 능력이 없음을 알려주는 것이라면, 모라토리엄은 빚의 상환을 일시적으로 미루는 채무지급유예상황입니다. 디폴트보다는 낫지만 둘 다 신용도 하락 측면에서는 비슷한 것이죠.

정치・**경제**・사회・국제・문화・미디어・과학・IT・<u>스포츠</u>

탈원전의 역습 … '디폴트' 궁지몰린 한전

한국전력공사가 탈원전 부메랑을 맞고 **디폴트**(채무불이행) 위기에 직면했다. 올해 원가 이하로 전기를 판매한 한전이 내년 3월부터 자금 조달이 불가능한 상황에 빠질 전망이다. 한전은 자산 매각 등으로 돌파구를 찾지만 눈덩이처럼 불어나는 적자를 막기에는 역부족이다. 구자근 국민의힘 의원이 한전에서 받은 자료에 따르면 현재 한전은 부족 자금 90% 이상을 회사채발행으로 조달 중이며 올해 30조원 내외의 순손실이 예상된다. 이에 내년 3월 한전이 금년 결산정산을 완료하면 자본금과 적립금 기준액이 삭감돼 필요한 사채를 조달하기 어려워 디폴트에 빠질 것으로 보인다. 전력업계에서는 SMP를 주로 결정하는 액화천연가스(LNG) 대신 전력 생산비가 비교적 저렴한 원전을 이용하는 방안이 있었지만 '탈원전' 정책으로 한전 경영난이 심화됐다고 지적했다. 전원 믹스가 원전, 석탄 등 저원가 발전 중심에서 LNG, 재생에너지 위주로 변하면 연료가격 변동에 취약해져 국제 연료가격 급등 시 전력시장 충격이 증폭됐다.

출처 : 디지털타임스/일부인용

상식UP! Quiz

문제 다음 중 디폴트를 선언한 사례가 아닌 것은?
① 2001년 아르헨티나
② 2009년 두바이
③ 2015년 그리스
④ 2015년 푸에르토리코

해설 2009년 두바이는 최대 국영기업 두바이월드의 채무에 대해 모라토리엄을 선언했다. 그에 따라 두바이는 물론 인근 중동국가 채권이 세계 주요 금융시장에서 폭락했고, 국내 증시에도 불똥이 튀어 코스피지수가 7일 만에 1,600선이 무너졌다.

답 ②

085 주택담보대출

집 사게 돈 좀 빌려주세요

집값이 너무 비싸다보니 지금은 대출을 받아 집을 구입하는 경우가 다반사입니다. 그중에서도 흔하게 이용하는 대출은 주택담보대출입니다. 구매할 주택을 담보로 삼아 은행에서 주택구입 자금을 빌리는 것이죠. 은행에서는 당연히 대출 받는 사람이 돈을 제때 잘 갚을 수 있을지 심사하고, 대출 받는 사람은 집을 팔아서라도 대출을 갚겠다고 약속을 하죠. 이것이 주택담보대출입니다. 주택을 담보로 하지만 결국 주택을 구입하는 비용으로 쓰이기 때문에 상환기간은 짧게는 10년, 길게는 30년까지로 꽤 긴 편입니다. 주택가격의 최대 70%까지 대출을 받을 수 있죠.

정부에서는 주택담보대출을 받을 때 적용되는 규제를 만들어 놓았는데요. 대표적으로 담보인정비율(LTV ; Loan To Value ratio), 총부채상환비율(DTI ; Debt To Income ratio), 총부채원리금상환비율(DSR ; Debt Service Ratio)이 있습니다. 대출을 받을 때 중요하게 고려해야 하는 사항인데요. 간단히 내용을 살펴보면 아래 표와 같습니다.

LTV	집을 담보로 돈을 빌릴 때 집의 자산가치를 얼마로 보는가의 비율이다. 주택 종류 및 소재지에 따라 담보자산의 시가 대비 처분가액 비율이 달라질 수 있다. 이는 과도한 부동산 담보대출을 억제하고 부동산 투기를 막는 효과가 있다.
DTI	총소득에서 부채의 연간 원리금 상환액이 차지하는 비율이다. 금융부채 상환능력을 소득으로 따져 대출한도를 정하는 방식이다. 수치가 낮을수록 상환능력이 양호하거나 소득에 비해 대출규모가 작다는 의미다.
DSR	총체적 상환능력 비율을 말한다. 대출을 포함한 전체 금융부채에 대한 원리금 상환액비율이다. 모든 대출금 상환액을 연간소득으로 나눠 계산하며, 차주의 종합부채 상환능력을 따지는 지표다.

그러나 대출이 늘어난다는 것이 국민가계에도 국가재정에도 마냥 좋은 일은 아닙니다. 집값은 항상 일정치 않고 출렁이는데, 대출 받은 사람이 돈을 갚지 못해 집을

팔아버리는 경우, 최초 대출시점보다 집값이 떨어져 있다면 떨어진 만큼의 돈은 사라지는 것이나 마찬가지죠. 지금 아니면 집을 못 산다는 압박감에 무리하게 대출을 받아 집을 구입하는 이른바 '영끌족'들이 금리가 오르면서 상환금이 불어나자 파산 지경에 이르기도 했습니다. 또 가계부채가 늘어나면 빚 부담과 함께 소비가 위축되고 이어서 경기도 침체될 수 있습니다. 그래서 가계부채가 너무 늘어났다 싶으면 정부는 대출규제를 강화하고, 은행은 대출금리를 올립니다.

🔍 정치・**경제**・사회・국제・문화・미디어・과학・IT・스포츠

금리 올려도 잡히지 않는 가계대출 … '마통'도 늘어

은행들이 연이어 대출금리를 인상하고 있지만, 가계대출 증가세가 쉽게 꺾이지 않고 있다. 일부 은행은 보름새 3차례에 걸쳐 0.3%포인트까지 금리를 인상하는 등 가계대출 관리에 나서고 있지만, 약발이 통하지 않고 있는 것이다. 이달 말을 일주일 남겨두고 가계대출 잔액이 이미 전달보다 4조 5,000억원 가까이 늘었다. 은행권 관계자는 "은행들이 경쟁적으로 대출금리를 높이고 있지만, 집값상승과 대출 규제강화 등과 맞물려 가계대출 증가세가 쉽게 꺾이지 않고 있다"고 말했다. 금융당국이 **주택담보대출** 관리를 강화하면서 마이너스통장(신용한도대출)으로 수요가 쏠리는 움직임도 나타나고 있다. 금리가 높은 주담대 대신 상대적으로 금리가 낮은 은행 마이너스통장을 선택하고 있는 것이다.

출처 : 이투데이/일부인용

상식UP! Quiz

문제 집을 담보로 돈을 빌릴 때 집의 자산가치를 얼마로 보는가의 비율은 DSR이다.

o / x

해설 LTV는 담보인정비율로 집을 담보로 은행에서 돈을 빌릴 때 집의 자산가치를 평가하는 비율이다.

답 ×

086　RE100

환경을 지키겠다는 기업들의 자발적 약속

지난 2022년 제20대 대선후보 토론회에서 화제가 되었던 용어가 있습니다. 바로 RE100인데요. RE100은 재생에너지 전기 100%(Renewable Electricity 100%)의 약자로서 기업들이 경영활동에 필요한 전력을 100% 재생에너지로 충당한다는 뜻입니다. 물론 기한은 지금 당장이 아닌 2050년까지 100%를 달성한다는 것이죠. 이 2050년이라는 기한 연도는 최소 가입 요건이며 그 목표는 기업마다 다르게 설정하여 더 앞당길 수도 있습니다. RE100에 말하는 재생에너지는 우리가 흔히 알고 있는 태양광이나 풍력을 의미합니다.

RE100은 2014년에 영국의 비영리단체인 기후그룹과 탄소공개프로젝트가 처음 제시했습니다. 막대한 전력을 사용하는 기업들이 기후위기에 자발적이고 선도적으로 대응하자는 취지에서 만들어진 캠페인이죠. RE100에 참여를 선언한 기업은 빠르게 늘어나고 있습니다. 2024년 1월까지 RE100에 가입한 글로벌 기업은 모두 426개입니다. 우리나라의 경우에는 제조업의 에너지 사용량 중 전력에 대한 의존도가 48%나 돼 기업이 부담해야 할 비용이 막대하다는 이유로 2020년 초까지만 해도 RE100 참여 기업이 전무했습니다. 그러나 RE100가 세계적으로 확산함에 따라 2020년 말부터 LG화학, SK하이닉스, SK텔레콤, 한화큐셀 등이 잇따라 참여를 선언했습니다.

우리나라는 2021년 한국형 RE100인 K-RE100 제도를 도입했는데요. 전력을 사용하는 기업이 한국에너지공단의 K-RE100 관리 시스템을 통해 재생에너지를 사용한 실적을 바탕으로 재생에너지 사용 확인서를 발급받게 됩니다. 이 확인서로 재생에너지로 생산한 전력을 구매할 수도 있고, RE100 캠페인 운영에도 활용할 수 있습니다.

🔍 정치・**경제**・사회・국제・문화・미디어・과학・IT・스포츠

LG엔솔, RE100 이사회 정책자문기구 선정

LG에너지솔루션이 기업의 사용 전력 100%를 재생에너지로 충당한다는 글로벌 캠페인 협의체인 RE100 이사회에 자문 역할을 하는 기업으로 선정됐다. 업계에 따르면 LG에너지솔루션은 RE100 이사회의 '정책자문기구(Advisory Committee)'로 최근 선정됐다. RE100 이사회는 재생에너지 관련 전문성과 경험, 미래 RE100 달성 계획 등을 평가·심사해 정책자문기구에서 활동할 기업 또는 전문가를 선정한다. 2020년부터 2022년 초까지 1기 RE100 정책자문기구가 활동했고, 2기 정책자문기구가 2022년 3월부터 2년간 활동한다. 국내 산업계는 물론 글로벌 배터리 업계에서 RE100 정책자문기구로 선정된 기업은 LG에너지솔루션이 처음이다.

출처 : 연합뉴스/일부인용

상식UP! Quiz

문제 우리나라 기업들은 K-RE100 제도를 통해 재생에너지로 만든 전기를 구입할 수 있다.   O / X

해설 우리나라는 한국형 RE100인 K-RE100 제도를 도입해 기업이 재생에너지 사용 실적을 이용해 재생에너지로 생산한 전력을 구매할 수 있도록 했다.

답 O

087 스텔스 창업

회사 몰래 회사 차리기

많은 직장인들이 한번쯤은 내 사업장을 갖는 것을 꿈꾸곤 합니다. 힘들고 팍팍한 직장생활에 지치거나, 스스로 기막히게 좋은 아이디어를 떠올리게 되면 내 회사를 차리는 상상을 하게 되죠. 최근에는 빼어난 스타트업들이 우리 산업경제계 곳곳에서 활약하고 그 가치를 엄청나게 높이면서, 좋은 아이템이 있으면 창업에 도전하는 스타트업 열풍이 불기도 했습니다. 그러면서 직장에 다니며 또 다른 창업을 준비하는 사람들도 나타나고 있는데요. 이를 '스텔스(Stealth) 창업'이라고 합니다. 스텔스는 다른 이들이 알지 못하도록 '비밀스럽게 행한다'는 의미죠.

대기업이나 중견기업 가운데서는 사내에 벤처동아리를 만들고 대회도 운영하면서 직원들의 창업을 지원하기도 하지만, 많은 중소기업들은 그런 여건을 조성하기 어렵습니다. 또 직원들이 직장에 다니며 창업을 준비하는 것을 달갑게 여기지 않죠. 본 업무에 지장이 있을 수 있으니까요. 그래서 직장에서의 업무경험을 바탕으로 퇴근 후나 주말에 몰래 아이템을 구상하고 사업자금을 마련하는 직장인들이 늘어나고 있습니다.

회사에 다니면서 창업을 준비한다는 것이 '로우 리스크-하이 리턴(Low Risk-High Return)'이라는 인식도 이 같은 트렌드를 이끌었습니다. 창업은 실패할 위험성을 안고 있지만, 본 직장에 다니고 있으니 그만큼 리스크를 낮출 수 있다는 거죠. 창업에 대한 열망은 있지만, 쉽게 직장을 그만둘 수 없는 사람들이 스텔스 창업을 시도하고 있습니다. 그리고 이런 사람들을 위해 정부나 지자체, 전문업체들은 창업 준비 프로그램을 운영하고 있습니다.

정치·경제·사회·국제·문화·미디어·과학·IT·스포츠

창업 꿈꾸는 직장인 퇴근 후 가는 곳은? … '스텔스 창업' 뜬다

직장을 다니면서 창업을 준비하는 '스텔스 창업' 사례가 늘고 있다. 창업은 하고 싶지만 바로 회사를 그만두기에는 조심스러운 직장인들이 월급으로 생활을 유지하고, 창업 아이템이 구체화 돼 본 궤도에 오르면 갈아타는 것이다. 실제로 많은 직장인들은 창업을 꿈꾸고 있는 것으로 나타난다. '벼룩시장구인구직'이 직장인 2,013명을 대상으로 설문조사를 실시한 결과 응답자의 70.1%가 '향후 창업에 도전할 의향이 있다'고 밝혔다. 상당수 대기업·중견기업의 경우 '사내벤처 육성 프로그램'이 마련돼 있어 대놓고 창업을 준비할 수 있는 분위기다. 하지만 중소기업의 경우 그렇지 못하다. 직원의 업무 집중도를 떨어뜨리는 요인이라고 보기도 한다. 직장인 입장에서도 자신의 아이디어에 확신을 갖고 열정을 바쳐 창업하더라도 실패할 확률이 매우 높은 게 현실이다. 이 때문에 용기를 내지 못하고 회사와 '불편한 동거'를 이어가는 상황이 계속된다.

출처 : 머니투데이/일부인용

상식UP! Quiz

문제 스텔스 창업은 사내 창업 동아리를 둔 기업에 재직 중인 직장인들이 시도하게 된다.

O / X

해설 스텔스 창업은 직장에서 창업시도를 펼치기 어려운 직장인들이 외부에서 몰래 시도하는 창업을 말한다.

답

088 민영화

작은 정부의 구현

우리 주변에는 국민에게 상품과 서비스를 제공하는 수많은 기업들이 있습니다. 그 중에서도 물과 에너지, 교통, 통신, 의료 같은 서비스들은 국민생활에 없어서는 안 되기 때문에 국가가 직접 기업을 세워 안정적으로 공급합니다. 이런 기업을 공기업이라고 하는데요. 그런데 국가가 운영하는 공기업은 해당분야의 사업을 독점하는 경우가 많기 때문에 몇 가지 문제점을 일으킬 수 있습니다. 다른 기업과 경쟁할 필요가 없다 보니 서비스의 질이 저하될 수 있고, 방만한 경영으로 적자를 보거나 운영의 효율성도 떨어질 수 있습니다. 도덕적 해이로 부정부패와 내부비리가 발생할 가능성도 있죠.

이런 문제를 해결하기 위해 공기업의 운영을 민간 사업자에게 맡기는 '민영화(民營化)'를 추진하곤 합니다. 공기업뿐 아니라 공공기관, 국책사업 등을 민간에 팔거나 운영토록 할 수도 있죠. 민영화의 가장 큰 목적은 '작은 정부'의 구현이라고 할 수 있습니다. 공공서비스의 영역을 시장경제로 옮겨 정부의 개입을 최소화하고, 민간 사업자들끼리 경쟁하게 해 서비스의 질을 높이고 민간경제를 활성화하는 목적이 있죠. 또 공기업은 세금으로 운영되기 때문에, 공기업이 민영화되면 운영에 쓰던 세금을 다른 곳에 쓸 수 있어 결과적으로 세입이 증대됩니다. 우리나라의 대표적 민영화 기업에는 포스코(포항제철), KT(한국전기통신공사), KT&G(담배인삼공사) 등이 있는데요. 이러한 민영화는 자본과 운영을 민간에 완전히 넘기는 외부민영화와 사업 일부만 위탁하거나 대여하는 내부민영화로 구분됩니다.

다만 민영화에도 부작용이 있습니다. 대부분 공기업이 담당하는 전기나 수도, 도로 같은 공공재는 자연독점에 해당합니다. 자연독점이란 상품·서비스의 특성상 하나의 기업이 독점해 생산하는 비용이 여러 기업이 생산하는 것보다 저렴해 발생하는 독점이죠. 예를 들어 수력으로 전기를 생산한다고 할 때 드는 초기 고정비용은 어마어마합니다. 대규모 토목공사를 벌여 댐을 건설해야 하고, 전기를 생산해 공급하는 시스템도 미리 구축해야 하죠. 그러나 댐을 건설해 전기를 생산한다 해도 당장 이윤을 내지는 못합니다. 전기를 쓰는 사람이 점점 늘어나 그 수익이 초기 고정비용을 넘어서는 시점부터 이윤이 되는 것이죠. 그러니 이런 자연독점산업에 다른 민간 사업자가 새롭게 뛰어들기는 쉽지 않습니다. 자연스레 민영화된 공기업이 해당 산업을 독점하게 되는데요.

공기업이었을 때는 국민의 눈치가 보이니 정부도 쉽게 요금을 올리지 못했지만, 민영화 이후부턴 다릅니다. 어쨌든 적자는 모면해야 하니 서비스 가격을 쉽게 인상할 수 있죠. 또 가령 석유처럼 국제정세의 영향을 많이 받는 원자재의 경우, 가격이 수시로 널뛰니 원가가 오르면 서비스 가격도 대폭 오릅니다. 반면 원가가 하락해도 이윤을 내기 위해 서비스 가격은 천천히 내리죠. 결국 서비스 가격은 점진적으로 오르게 됩니다. 더구나 전기, 수도, 교통 같은 공공재 가격의 인상은 우리가 일상적으로 이용하는 상품과 서비스의 생산·유통비용을 끌어올려 고물가를 유발합니다. 이렇듯 민영화는 여러모로 쉽게 단행하기 어렵고 종종 극심한 반대여론에 부딪히는데요. 물론 사업의 공공성이 떨어지거나 민영화 이후에도 국민에 미치는 영향이 적다면, 경영효율화를 위해 민영화를 충분히 고려할만한 경우도 있죠. 아울러 민영화에 성공한 사례도 적지 않습니다.

정치・경제・사회・국제・문화・미디어・과학・IT・스포츠

"공공부문 민영화 반대"… 양대노총 국회 앞 대규모 집회

양대노총(민주노총・한국노총) 공공부문 노조가 국회 앞에서 '공공부문 **민영화** 저지 집회'를 열고 "공공기관 운영에 관한 법률을 개정해 노정교섭을 법제화하고, 공공기관을 민주적으로 운영해야 한다"고 밝혔다. 또 이들은 공공기관 노동자 정원감축 등 구조조정은 공공기관 효율화가 아니라 공공기관의 공공적 역할과 사회적 책임을 파괴하는 '공공기관 죽이기'라고 주장했다. 박철구 한국노총 공공노조연맹 상임부위원장은 "정부는 정책실패를 공공기관 탓으로 돌리기 위해 데이터를 왜곡하고 방만경영 프레임을 씌웠다"며 "허울 좋게 혁신이라고 포장했지만 예산삭감, 정원감축, 사업 민영화, 직무성과급 강제도입 등 정권의 목적에 따라 그저 깎고 조이면 되는 부속품 정도로 우리 공공노동자를 생각하는 것 같다"고 규탄했다.

출처 : 노컷뉴스/일부인용

상식UP! Quiz

문제 공기업의 민영화는 '작은 정부의 구현'과 대치되는 정책이다. O / X

해설 공기업의 민영화는 공공서비스의 효율화를 위해 민간에게 맡겨 경쟁을 도모하는 작은 정부의 구현과 관련이 있다.

답 X

089 체리슈머

최소한의 자원으로 이익을 극대화!

여러분은 체리피커(Cherry Picker)라는 용어를 알고 있나요? 기업의 상품이나 서비스를 구매하지 않으면서 자신의 실속 차리기에만 관심을 두고 있는 소비자를 말합니다. 한마디로 기업의 상품이나 서비스에서 단물만 쏙쏙 빼먹는 사람들을 뜻하죠. 그런데 최근에 고물가가 지속되고 생활이 점점 더 팍팍해지면서 체리피커에서 진일보한 개념도 생겨났습니다. 바로 체리슈머(Cherrysumer)입니다. 체리피커에 소비자를 뜻하는 'Consumer'를 합한 말인데요. 해마다 새로운 소비트렌드를 전망하는 김난도 교수의 '트렌드 코리아'에서도 소개된 개념이죠.

체리슈머는 간단히 말하면 '알뜰한 소비자'를 뜻합니다. 단물만 빼먹는 체리피커가 부정적인 의미가 강했다면, 체리슈머는 남들에게 폐를 끼치지 않는 선에서 극한의 알뜰함을 추구한다는 점에서 비교적 긍정적입니다. 한정된 자원을 최대한으로 활용하는 이들의 소비형태는 합리적이라고 평가되는데요. 예를 들어 OTT 계정에 가입하는 비용을 줄이기 위해, 비용을 나누고 계정을 공유할 사람들을 구하기도 하고요. 때로는 음식 배달비를 아끼기 위해 함께 배달을 시키고 배달비를 나눌 사람들을 온라인에서 찾기도 합니다. 또 물품을 살 때 번거롭더라도 필요한 만큼만 그때그때 구입하면서 낭비를 줄입니다. 그래서 이들의 소비는 매우 계산적이고 전략적이죠.

1인 가구가 늘어나고 고금리·고물가가 지속되면서 이 체리슈머들을 공략하기 위한 기업들의 마케팅도 활발해지고 있습니다. 대량의 묶음상품보다는 큰 상품을 조각으로 나누어 판매하는 경우도 늘어나고 있죠. 예를 들어 엄두도 못 낼 값비싼 와인을 병이 아닌 잔으로 나눠 판매하는 식으로 말입니다. 이와 함께 충동구매를 하지 않는 꼼꼼한 체리슈머들을 끌어들이기 위해 다른 기업보다 저렴한 상품을 더 좋은 품질로 내놓는 것이 무엇보다 중요해졌습니다.

🔍 정치・경제・사회・국제・문화・미디어・과학・IT・스포츠

고물가 시대, 합리적 소비층 체리슈머 공략

잇따른 물가 상승으로 소비심리가 위축되고 있는 가운데 알뜰하고 현명한 전략적 소비를 추구하는 **체리슈머**가 외식업계의 화두다. 외식업계에서는 자체 앱과 자사 몰에서 할인 및 증정 프로모션을 진행하는 등의 전략으로 합리적 소비층인 체리슈머 고객의 '락인 효과'를 기대하고 있다. 카페 프랜차이즈 브랜드 '커피베이'는 멤버십 회원 대상으로 '그린베이 프로모션'을 진행하고 있다. 이번에 3회차를 맞이한 그린베이 프로모션은 커피베이 친환경 활동인 '고그린 캠페인'의 일환으로 다회용컵 사용 장려를 위해 기획된 프로모션이다. '카페보니또'는 단골고객에게 차별화된 서비스를 제공하고자 '카페보니또 멤버십'을 운영하고 있다. 멤버십 카드를 발급받은 모든 고객들에게, 즉시 10% 메뉴 할인제공 및 구매액의 2% 추가적립 혜택을 준다.

출처 : 머니투데이/일부인용

상식UP! Quiz

문제 체리슈머는 자신의 실속만 챙기고 사라지는 이기적인 소비자를 뜻한다.

o / x

해설 실속만 챙기고 사라지는 이기적인 소비자를 뜻하는 용어는 체리피커다.

답

090 애자일

기민하고 민첩하게 시장에 대응한다

구글과 아마존 같은 기업들이 세상을 움직이고, 우리나라에서도 카카오, 당근마켓 같은 IT기업들이 유니콘 기업으로 떠오르면서, 다른 영역의 기업들도 IT체제로의 전환과 이에 대응할 소프트웨어 개발을 시도하고 있습니다. IT기업들의 활약과 함께 경영계에 떠오르는 것이 있는데요. 바로 애자일(Agile)입니다. 애자일은 원래 소프트웨어를 개발하는 기업에서 통용되던 하나의 방법론이라고 할 수 있습니다. 쉽게 말해 개발사들이 소프트웨어 개발에 실패하지 않도록 조직을 이끌고 업무를 해나가는 방식 중 하나입니다.

통상 소프트웨어를 개발하기 위해서는 고객의 요구에 맞춰 큰 프로젝트를 기획하고 각각의 개발과정을 체계적으로 설정해둡니다. 그리고 개발자들이 이에 알맞게 각자의 개발업무를 하며 소프트웨어를 완성해내죠. 이러한 방식을 폭포수(Waterfall) 방법론이라 하는데요. 그런데 고생 끝에 개발한 소프트웨어가 고객의 마음에 들지 않는다면 어떻게 할까요? 또 고객이 어느 정도 완성된 소프트웨어 결과물을 보고서 갑작스레 판이한 요구를 해온다면 어떨까요? 개발사 입장에서는 난감할 수밖에 없습니다.

애자일은 고객이나 시장의 요구에 짧은 주기로 그때그때 대응하기 쉽도록 고안됐습니다. 애자일은 '기민한', '민첩한'이라는 의미를 갖고 있는데요. 하나의 소프트웨어를 개발하기까지 처음에는 고객의 요구에 맞춰 대략적인 스케치만을 제시하고, 고객의 추가적인 요구에 따라 그때그때 수정해가면서 결과물을 완성해가는 것입니다. 그러면 애써 만들어놓은 소프트웨어를 뒤엎을 필요도 없고, 고객의 요구를 훨씬 수월하고 정확하게 반영할 수 있겠죠.

애자일은 2000년부터 그 필요성이 대두되기 시작했는데요. 2001년에는 17명의 개발자들이 조금 더 '가벼운 방식'으로 소프트웨어를 개발하는 애자일의 이념을 담은 애자일 선언문(Agile Manifesto)을 만들어 전 세계로 배포했습니다. 그러면서 많은 개발사들이 애자일 방법론을 채용하기 시작했죠. 최근에 이 애자일은 소프트웨어 개발을 넘어 마케팅, 의사결정, 인사관리 등 다양한 경영분야로까지 적용되고 있습니다.

행안부, 당근마켓·토스·우리은행과 애자일 혁신 전략공유

행정안전부는 정부세종청사에서 '애자일 혁신, 조직의 성공전략'을 주제로 워크스마트 포럼을 개최한다고 밝혔다. 당근마켓은 성장 원동력이 된 '애자일 개발문화'를 소개하고, 공개와 공유, 자율과 책임을 중심으로 한 기업의 '수평적 문화'를 발표한다. 토스를 운영하는 비바리퍼블리카는 고객수요를 즉각 반영할 수 있는 애자일 서비스 개발에 대해 발표한다. 정부와 같이 거대한 조직규모를 가진 우리은행은 애자일한 조직운영을 통해 외부 환경변화에 대응하는 신속한 의사결정에 대해 발표한다.

출처 : 아시아경제/일부인용

상식UP! Quiz

문제 애자일 방법론은 대형 프로젝트 수행과정 시 처음부터 끝까지 체계적인 계획을 세워놓고 업무를 해나가는 방식이다.

해설 폭포수 방법론에 대한 설명이다.

답 ✕

091 깡통전세

집이 아니라 빚 폭탄

전세란 세입자가 부동산 주인에게 전세(보증)금이라는 거액의 목돈을 무이자로 빌려주면, 주인은 월세를 받지 않는 대신 계약기간 동안 부동산을 이용하게 해줌으로써 목돈을 마련하는 제도입니다. 집을 구입하기 어려운 서민들이 상대적으로 저렴한 금액으로 보금자리를 구할 수 있는 우리나라 특유의 부동산 계약방식이죠.

그러나 역시 내 집이 아닌 만큼 전세계약에도 여러 위험이 도사리고 있습니다. 특히 이른바 깡통전세가 최근 많은 문제를 일으켰죠. 깡통전세란 주택의 실제 가치(집값, 다시 말해 주택매매가)가 전세보증금보다 싼 경우를 말하는데요. 보통 보증금이 집값의 80%를 넘으면 깡통전세라고 합니다. 이 때 세입자는 고스란히 전세보증금을 떼일 위험이 있습니다. 전세계약기간이 끝나면 집주인은 빌린 목돈(전세보증금)을 돌려줘야 하는데, 만약 부동산침체로 집값이 떨어지게 되면 집을 팔아도 전세보증금보다 적으니 돌려줄 수 없는 상황이 되죠. 여기에 집주인이 갭 투자를 목적으로 주택담보대출을 받았다면, 이 대출금도 갚을 수가 없어 이자는 연체되고 집은 결국 경매로 넘어가게 됩니다. 집주인이나 세입자나 양쪽 다 답이 없는 상황으로 치닫고 말죠.

그런데 지난 2022년 말부터 이런 깡통주택을 대량으로 소유한 사람들이 전세사기 사태를 벌여 많은 세입자들이 고통을 겪고 목숨까지 끊는 일이 발생했습니다. 사태의 시작으로 수도권 곳곳을 중심으로 많게는 빌라 수천채를 소유한 이른바 '빌라왕'들의 존재가 드러났는데요. 추후 수사 결과 이들은 중개업자까지 끌어들여 개인이 아닌 조직적으로 움직이며 전세사기를 저질렀습니다.

일단 이들은 값이 떨어진 깡통주택을 저렴하게 사들여 전세계약을 맺고, 이때 받은 전세보증금으로 또 다른 깡통주택을 매입합니다. 이런 식으로 소유 주택을 불려 나가는 '무자본 갭 투자'를 벌이는데요. 이 때 보증금을 떼어 먹고 잠적하기도 하고요. 계약기간이 끝나는 세입자에게 돌려 줄 보증금을 다른 세입자의 보증금으로 돌려막기 하다가 돈줄이 막히면 반환이 안 되는 사고도 터집니다. 아무 잘못 없는 세입자가 사기범의 갭 투자 욕심에 희생당하는 것입니다.

> 정치·경제·사회·국제·문화·미디어·과학·IT·스포츠
>
> ### 국토위, '전세사기특별법' 의결 … 여야 협치 물꼬
>
> 국회 국토교통위원회가 '전세사기 피해자 지원 및 주거 안정에 관한 특별법(전세사기 특별법)' 개정안을 여야합의로 의결했다. 석 달 가까이 정쟁을 이어가며 법안 단독처리와 재의요구권 행사, 재표결 후 자동폐기라는 입법마비 상태를 해소한 것이다. 의결된 개정안은 전세사기 피해자들의 주거지원과 피해자 보호를 강화하는 내용이 핵심이다. 우선 전세사기 피해자들의 피해주택을 한국토지주택공사(LH)가 경매로 사들여 경매차익으로 피해를 보상한다. LH가 산정한 감정가격(시세)과 실제경매에서 낙찰받은 가격의 차이가 경매차익인데, 피해주택이 시세보다 평가절하된 부분을 피해자에게 돌려준다는 취지다. 피해인정 범위도 넓혔다. 피해자를 '임차주택을 인도받거나 인도받았던 자를 포함한다'로 정의했던 조항을 '인도받았거나 인도가 불가능했던 경우를 포함한다'로 바꿨다. 이에 따라 이중계약 또는 **깡통전세**로 피해를 본 이들도 구제받을 수 있도록 했다.
>
> 출처 : 조선비즈/일부인용

상식UP! Quiz

문제 깡통전세란 전세보증금이 실제 집값에 육박하거나 넘어서는 경우를 말한다.

O / X

해설 깡통전세란 집값이 전세보증금보다 싼 경우를 말한다. 보통 보증금이 집값의 80%를 넘으면 깡통전세라고 부른다.

답 O

092 주택청약

서민의 치열한 내 집 마련

청약(請約)이라는 단어를 사전에서 찾아보면 '일정한 내용의 계약을 체결할 것을 목적으로 하는 일방적·확정적 의사표시'라고 나와 있습니다. 주택청약은 주택에 입주하려는 사람이 그 의사를 표시하기 위해 주택청약종합저축에 가입하는 것을 말하죠. 보통 신축아파트가 분양될 때 입주자를 모집하기 위해 일반적으로 쓰이는 방법입니다. 내 집 마련이 워낙 어렵다보니 나라에서 주택청약의 방법으로 국민에게 집을 마련해주려고 합니다. 주택청약을 이야기하기 전에 '분양가상한제'에 대해 먼저 짚어야 하는데요. 나라에서 새로 분양되는 주택의 가격상한을 제한해, 무조건 높은 가격을 제시한 사람이 주택을 독점하지 못하도록 한 것입니다. 그러면 많은 분양 희망자 중에 입주할 사람을 정해야 하는데, 이 과정에서 마련된 것이 주택청약입니다.

주택청약을 크게 보면 2가지로 구분됩니다. 먼저 한국토지주택공사(LH)나 서울주택도시공사(SH) 등 국가에서 국민의 주거안정을 위해 82㎡ 이하로 건설하는 국민주택이 있습니다. 또 민간이나 자치단체에서 82㎡ 초과로 건설해 공급하는 민영주택이 있죠. 청약신청을 위해서는 여러 자격조건이 붙는데, 무주택자 여부나 청약통장 가입기간·납입횟수, 해당지역 거주여부, 부양가족수 등 다양합니다. 국민주택인지 민영주택인지에 따라 자격조건이 다르고, 분양지역이 투기과열지구·청약과열지구인지에 따라서도 달라지죠. 이런 까다로운 조건에 따라 1순위, 2순위로 청약순위가 갈리게 됩니다. 1·2순위제는 입주자를 선정하는 일반적인 방식입니다.

주택청약은 분명 여러모로 좋은 제도이지만, 청약순위와 가산점 조건에 대한 말이 많았습니다. 경쟁이 치열하기 때문에 무주택 기간, 부양가족수 등 여러 조건에 많이 부합해야 가산점이 붙도록 했는데요. 그러다보니 젊은 20~30대가 청약을 받기란 '하늘의 별따기'였습니다. 그래서 부모들이 청약확률을 높이기 위해 어린 자녀들에게 일찌감치 청약통장을 만들어주기도 하죠. 이런 점을 수용해 정부는 신혼부부와 청년, 다자녀가구 등 정책적 배려가 필요한 사회계층이 분양받을 수 있도록 특별공급제도를 마련했습니다. 일반공급과 달리 순위경쟁 없이도 일정자격을 갖추면 분양에 도전할 수 있는데요. 대신 청약횟수는 1세대당 평생 1회로 제한됩니다.

한편 2024년 6월에는 공공분양주택 청약 때 인정되는 통장 납입액 한도가 월 10만원에서 25만원으로 상향됐습니다. 이로써 당첨에 대한 변별력도 커지게 됐는데요. 최근 청약통장 저축액이 줄고 이에 따라 주택도시기금도 축소되면서, 주택공급 재원을 늘리기 위한 정부의 유인책으로 분석됐습니다.

🔍 정치·경제·사회·국제·문화·미디어·과학·IT·스포츠

서울 빌라 1채 보유자, 청약 땐 '무주택자'

국토교통부가 발표한 공급대책에는 단독·다가구·연립·다세대·도시형 생활주택 등 비아파트를 구입하는 이들을 **주택청약** 시 무주택자로 인정하는 내용이 담겼다. 이 규정은 비아파트를 새로 구입하려는 수요자뿐 아니라 기존에 비아파트 1채를 보유하고 있는 사람에게도 똑같이 적용된다. 정부는 이번 대책으로 아파트 전세 대신 빌라 매매에 나서는 무주택 실수요자들이 늘어날 것을 기대하고 있다. 아파트보다 빨리 지을 수 있는 비아파트로 수요를 분산해 최근의 서울·수도권 전세·매매값 동반 상승세를 안정시키겠다는 구상이다. 다만 업계에서는 효과가 제한적일 것이라는 전망이 더 우세하다. 청약 시 무주택 지위 인정만으로 실수요자들의 아파트 선호 흐름을 뒤집기는 역부족이라는 것이다. 가뜩이나 과열 양상을 보이고 있는 청약 경쟁률이 더 치솟을 수 있다는 우려도 나왔다.

출처 : 경향신문/일부인용

상식UP! Quiz

문제 국민주택은 LH 등이 82㎡ 초과로 건설해 제공하는 아파트 등을 말한다.

O / X

해설 국민주택은 LH, SH 등이 82㎡ 이하로 건설해 제공하는 아파트 등을 말한다.

답

093 국제유가

기름 값이 세계를 주무른다

아무리 친환경에너지가 대세라고는 해도 아직 우리는 석유 없이는 살 수 없습니다. 제품을 생산하는 공장에서는 석유가 필요하고, 생산된 제품을 유통하는 화물차와 선박, 비행기도 석유 없이는 움직일 수 없습니다. 그만큼 화석연료의 대표주자인 석유의 영향력은 대단한데요. 우리는 이따금 뉴스에서 국제유가가 상승하거나 하락해서 전 세계가 술렁댄다는 소식을 접할 수 있습니다. 얼핏 생각하면 기름 값이 오르고 내리는 것이 나와 무슨 상관이 있을까 싶지만, 국제유가는 우리가 체감하는 실물경제에도 엄청난 영향을 끼칩니다. 앞서 말했듯이 공장이 기름 값이 비싸 제품을 충분히 못 만들면 공급도 줄어들고, 거기에 더해 유통에 쓰이는 운송수단이 운행을 못하면 감소한 공급이 더 주저앉을 것입니다. 그렇게 되면 당연히 물가는 상승하게 되겠죠. 기업은 적자를 보게 될 것이고요.

이러한 유가는 거래되는 유종에 따라 각각 다릅니다. 국제원유시장에서 거래되는 유종은 세 가지인데요. 뉴욕상업거래소(NYMEX)에서 거래되는 '미국 서부텍사스산 중질유(WTI)', 런던선물거래소(ICE)에서 거래되는 '영국 북해산 브렌트유', 그리고 싱가포르에서 현물로 거래되는 '두바이유'입니다. 그중 우리나라는 주로 두바이유를 수입해 쓰고 있죠. 석유는 배럴당 가격으로 거래되는데, 1배럴은 158.987리터에 해당합니다. 각 유종은 생산되는 지역의 상황에 따라 가격이 달라집니다. 예를 들어 보통 우리가 알고 있는 석유파동 즉 오일쇼크는 주로 두바이유 생산지인 중동지역에서 일어났죠. 중동에서 발생한 전쟁 등 정치적 갈등이나 서방과의 관계 악화로 원유 생산량을 고의로 줄이면서 전 세계 경제에 큰 악영향을 끼쳤습니다. 또한 유종은 원유가 함유한 유황의 양에 따라서도 가격이 다른데요. 유황이 적을수록 이를 걸러내야 하는 비용도 적게 들기 때문에 가격이 저렴해집니다. 유황의 함유량은 WTI가 가장 적고 다음이 브렌트유, 마지막으로 두바이유가 가장 많다고 합니다.

🔍 정치・**경제**・사회・**국제**・문화・미디어・과학・IT・스포츠

금값 또 사상 최고 … 유가는 내려

도널드 트럼프 미국 대통령이 전 세계 무역상대국을 대상으로 상호관세를 발표하자 대표적 안전자산으로 평가되는 국제 금 가격이 사상 최고치를 경신했다. 반면 **국제유가**는 상호관세가 전 세계경제에 혼란을 불러올 것이라는 전망 속에 하락했다. 서부텍사스산원유(WTI) 선물은 뉴욕시간 2일 오후 4시 59분 기준 배럴당 70.73달러를 기록했다. 이날 종가 대비 1.4% 하락한 가격이다. 미국의 최대 원유 공급국인 캐나다와 멕시코산 원유의 경우 미국・멕시코・캐나다 무역협정(USMCA)에 따라 상호관세가 면제되면서 수입업자나 소비자들의 우려를 덜었다. 레이몬드 제임스의 파벨 몰차노프 애널리스트는 "관세는 글로벌 경제 전체에 부정적인 영향을 미치며, 다른 변수가 없다면 석유 수요에도 타격을 준다"고 말했다.

출처 : 연합뉴스/일부인용

상식UP! Quiz

문제 국제시장에서 거래되는 유종은 세 가지다. ○ / ✕

해설 국제원유시장에서 거래되는 유종은 미국 서부텍사스산 중질유(WTI), 영국 북해산 브렌트유, 두바이유 등 세 가지다.

 답 ○

CHAPTER 05

사회·교육

094 이상동기 범죄

원인 모를 범죄, 흉흉한 사회, 시민은 불안

2023년 여름 즈음부터 우리사회에서는 일면식도 없는 사람을 이유 없이 흉기로 위협하고 다치게 하는 사건이 크게 이어졌습니다. 무고한 시민이 안타깝게 살해당하는 비극도 있었죠. 이렇게 불특정다수를 목표로 명확한 동기 없이 저지르는 범죄를 '이상동기 범죄' 또는 흔히 '묻지마 범죄'라고 합니다.

7월에는 서울 신림역 길거리에서 묻지마 칼부림이 발생했고, 8월에는 성남 서현역에서 차량을 돌진해 사람들을 들이받고 인근 백화점에 들어가 칼을 휘두른 사건이 터졌습니다. 이 두 사건으로 3명이 안타깝게 목숨을 잃었고, 많은 이가 부상을 입었죠. 이후에도 흉기를 소지한 채 길거리를 배회하다가 경찰에 붙잡히는 사건이 이어졌는데요. 이 와중에 관심을 받아보려 온라인상에 살인 예고글을 작성해 경찰에 입건되는 철없는 사람들이 눈살을 찌푸리게 했습니다.

날벼락 같은 사건이 이어지자 시민들은 불안에 떨었습니다. 가스 스프레이, 전기충격기 등 호신용품의 판매가 늘었다는 보도도 나왔죠. 사회 분위기가 어두워지면서 정부·여당은 대책마련에 나섰는데요. 경찰은 흉기난동 우려가 높은 대형 쇼핑몰 등 다중밀집장소에 특별치안활동을 실시하겠다고 밝혔습니다. 곧 번화가 대로변에는 경찰특공대 장갑차가 등장했고, 소총으로 무장한 경찰특공대 대원들이 시민들 사이를 오가며 순찰했죠. 이 때문에 더욱 불안함을 느끼고 흉흉한 분위기를 실감한다는 시민들의 목소리도 나왔습니다. 이런 가운데 또다시 대낮 신림동의 등산로에서 성폭행 살인사건이 터지면서 경찰이 '보여주기식 치안활동'에만 매달렸다는 비판이 나왔는데요. 여기에 국무총리와 경찰청이 폐지된 의무경찰을 치안강화를 위해 부활시키겠다고 했다가 번복하는 등 갈팡질팡 촌극 같은 일이 벌어지기도 했습니다.

전문가들은 잇따른 이상동기 범죄에 대해 현실에서 겪은 불만과 열등감이 불특정

다수에 대한 보복심리로 발전했다고 분석했습니다. 그러나 아예 구체적인 동기를 알 수 없는 경우도 있었죠. 서현역 칼부림 사건의 피의자는 조현병 병력이 있고 피해망상 증세가 있으나, 이것만으로는 현실에서 칼부림을 일으킨 명확한 동기와 연결 짓기 어렵다고 했는데요. 전문가들은 각각 범죄의 원인은 다르더라도 앞선 사건들이 방아쇠가 돼 향후 유사범죄가 연쇄적으로 터질 수 있다며, 이상동기 범죄를 근본적으로 예방할 범정부적 대책을 세워야한다고 지적했습니다.

🔍 정치·경제·**사회**·국제·문화·미디어·과학·IT·스포츠

12년 전 스승에 흉기 휘두른 20대 남성 … 범행동기는?

대전 한 고등학교에서 교사에게 흉기를 휘둘러 크게 다치게 한 20대 남성이 재판에 넘겨졌다. 대전지검 형사3부는 살인미수죄로 A씨를 구속기소했다고 밝혔다. A씨는 대전 대덕구 한 고등학교에 침입해 교사 B씨를 살해하려는 마음으로 흉기로 10여 차례 찌르고 달아난 혐의를 받는다. 교사 B씨는 A씨가 다니던 대전의 다른 고등학교 교사로 근무했으나 담임을 맡지는 않았다. 검찰은 A씨가 정신질환 피해망상으로 특정인 대상을 **이상동기 범죄**를 벌인 것으로 보고 있다. A씨는 B씨 등 다수 교사와 동급생으로부터 집단 괴롭힘을 당했다고 주장했으나, 조사결과 A씨 주장은 피해망상에 따른 것으로 사실이 아닌 것으로 드러났다. 또한 A씨가 앓고 있는 정신질환이 범행동기로는 작용했으나, A씨가 범행의 범죄성과 위법성에 대해 인식하고 있는 만큼 범죄행위 자체에 영향을 미쳤다고 보기는 어려워 심신장애로 인한 감경사유는 없다고 판단했다.

출처 : 문화일보/일부인용

상식UP! Quiz

문제 이상동기 범죄는 범죄 이유를 특정할 수 없고 불특정다수를 대상으로 하는 범죄를 말한다.　　　　　　　　　　　　　　　　　　　　　　　　　O / X

해설 이상동기 범죄는 묻지마 범죄라고도 하며 일반적이지 않은 동기를 가지고, 불특정 다수를 향해 벌이는 범죄다.

답

095 가스라이팅

당신은 잘못됐고 그것은 내가 결정한다

2010년대 후반에 들어 '가스라이팅(Gaslighting)'이라는 말이 사람들의 입길에 오르내리고 있습니다. 가스라이팅은 1938년 공연된 영국의 연극 〈가스등(Gas Light)〉에서 유래한 용어인데요. 세뇌를 통해 정신적 학대를 하는 것을 의미하며, '가스등 효과'라고도 불립니다. 보통 수평이 아닌 권력이 비대칭적으로 놓인 관계에서 주로 이루어집니다. 타인의 심리나 상황을 교묘하게 조작해 그 사람이 스스로 의심하게 만들어 타인에 대한 지배력을 강화하는 행위라고 할 수 있죠.

연극 〈가스등〉에서 주인공인 남성은 보석을 훔치기 위해 윗집의 여성을 살해합니다. 문제는 윗집에 들어가 보석을 찾으려면 가스등을 켜야 하는데, 그렇게 되면 가스를 공유하는 다른 집의 등이 어두워지게 된다는 겁니다. 따라서 남성이 보석을 찾을 때마다 그의 집도 어두워지는데, 이를 이상하게 여기는 부인의 의심을 죽이기 위해 그는 부인을 이상한 사람으로 몰아갑니다. 아내는 점차 스스로를 정말 잘못되었다 여기고 제대로 현실을 파악하지 못하게 되죠.

현재 범죄에서 자행되는 가스라이팅도 이와 같은 방식을 띱니다. 상대방의 기억이 틀렸다고 주장하고, 있던 일을 없는 것으로 만들어버리며 잘못하지 않은 일을 잘못했다고 몰아세웁니다. 그리고는 자신의 행동을 정당화하는 것이죠. 이러한 가스라이팅은 가정과 학교, 군대, 직장과 같은 일상생활에서 발생할 수 있습니다. 가정에서는 부모가 자식을 지나치게 통제할 때 흔히 가스라이팅을 범하는 경우가 있죠. "다 너를 위해서 하는 말이다", "모두 네가 잘 되길 바라는 마음에서 이러는 것이다"라는 표현이 이에 해당한다고 볼 수 있는데요. 통제와 학대의 과정에서 이러한 표현으로 자신을 정당화하게 됩니다. 직장에서는 부하직원을 무능력자로 질책하면서 깎아내린다든지, 나쁜 평판을 만들거나 과장되게 전달하는 방식으로 부하직원에 대한 통제권을 가지려 합니다.

결국 가스라이팅은 본인의 실익과 만족을 위해서 상대방을 조종하는 것이라 할 수 있는데요. 가스라이팅 피해자에 대한 적극적인 심리상담뿐 아니라 범죄에 가스라이팅이 작용했다면 이에 대한 처벌을 강화하고, 가스라이팅이 발생할 수 있는 사회조직의 수직적 문화도 바뀌어야 한다는 목소리가 각계에서 나오고 있습니다.

🔍 정치 · 경제 · **사회** · 국제 · 문화 · 미디어 · 과학 · IT · 스포츠

가정 · 직장 등서 끊이지 않는 '가스라이팅 범죄'

서울서부지법에서 첫 번째 재판이 열린 '마포 오피스텔 살인 사건'은 **가스라이팅** 범죄의 다면성과 심화성을 나타냈다. '34kg 시신사건'으로도 불리는 이 사건은 20대 청년 김모씨(20)와 안모씨(20)가 고교 동창 A씨(20)를 두달 가량 서울 마포구 소재 한 오피스텔에 감금하고 폭행해 사망에 이르게 한 사건이다. A씨는 사망 당시 34kg의 심각한 저체중 상태로 케이블 타이에 묶여 있었다. 해당 사건은 성인 남성이 동년배 친구들로부터 감금생활과 임금착취, 가혹행위를 당했다는 점에서 가스라이팅 의혹을 받았다.

이외에도 가스라이팅 범죄 유형은 더욱 다각화되고 있다. 무속신앙에 빠져 지인의 사주를 받고 60대 친모를 때려 숨지게 한 '안양 세 자매'는 징역 7년을 받았고, 살해를 지시한 지인 B씨에겐 징역 2년 6개월이 선고됐다. 재판부는 "B씨가 경제적 도움을 많이 주는 등 세 자매와 단순한 인간관계 이상으로 B씨에게 의지하고 있는 것으로 보인다"며 '지배적 관계'를 인정했다.

출처 : 파이낸셜뉴스/일부인용

상식UP! Quiz

문제 상황조작을 통해 상대방의 판단력을 잃게 하고 지배하는 심리적 학대방식은?
① 중상모략　　　　　　　　② 그루밍
③ 프레이밍　　　　　　　　④ 가스라이팅

해설 타인의 심리나 상황을 조작해 그 사람이 스스로를 의심하게 만들어 자존감과 판단력을 약화시킴으로써 타인을 지배하는 행위를 가스라이팅이라고 한다.

답 ④

096 젠트리피케이션

모두 함께 살 수는 없나요?

경리단길, 해방촌, 서촌, 북촌, 성수동, 망원동 등 예전에는 작고 조용하던 동네들이 언제부터인가 많은 사람들이 찾는 곳이 되었습니다. 그러면서 자연스럽게 음식점, 카페 등 상권도 발달하게 되었지요. 사람들이 많이 찾아 동네가 활기를 띠고 주민소득이 증가하는 것은 좋지만 이렇게 되면 젠트리피케이션이 나타나게 되어 문제가 됩니다.

젠트리피케이션(Gentrification)은 지주계급 또는 신사계급을 뜻하는 '젠트리(Gentry)'에서 파생된 용어로, 1964년 영국의 사회학자 루스 글래스(Ruth Glass)가 처음 사용했습니다. 런던 서부에 위치한 첼시와 햄프스테드 등 하층계급의 주거지역이 중산층 이상의 계층 유입으로 인하여 고급 주거지역으로 탈바꿈되었습니다. 때문에 기존의 하층계급 주민은 치솟은 주거비용을 감당하지 못하고 살던 곳에서 쫓겨나는 일이 있었습니다. 젠트리피케이션은 이렇게 기존에 살던 주민들은 다른 지역으로 이주하고 유입된 중산층이 지역 주민을 구성하게 되면서 지역 전체의 구성과 성격이 변한 것에서 유래했습니다.

우리나라에서도 젠트리피케이션 현상이 각지에서 나타나면서 사회적인 문제가 되고 있습니다. 그 대표적인 곳이 해방촌, 경리단길, 성수동 서울숲길 그리고 망리단길이라 부르는 망원동 등입니다. 각 지자체는 이러한 현상을 예방하기 위해 거주 중인 예술인들을 지원하기도 하고, 건물주와 임차인 간 적정 수준 임대료를 유지하기로 하는 일명 '상생협약'을 적극적으로 권장하기도 합니다.

정치·경제·사회·국제·문화·미디어·과학·IT·스포츠

빅데이터로 상권-젠트리피케이션 분석
"소상공인 정책도 데이터 기반으로"

정부가 소상공인을 위한 전용 빅데이터 플랫폼 구축에 착수한다. 소상공인시장진흥공단(소진공)이 보유한 상가 정보와 카드사 등 민간이 보유한 매출 데이터 등을 결합, 소상공인·상권 관련 신규 정책을 추진하기 위해서다. 젠트리피케이션(상가 내몰림)부터 실시간 상권 현황까지 다양한 융합 데이터를 제공하는 것이 목표다.

관련 업계에 따르면 소진공은 이달 중으로 소상공인 빅데이터 플랫폼 구축을 위한 정보화전략계획(ISP/ISMP) 수립에 들어간다. 기존 소진공에서 운영하던 상권정보시스템을 고도화하는 동시에 빅데이터 통합 분석 기반 시스템을 신규 구축한다. 이를 위해 최근 외부 전문가를 충원해 전담 조직까지 지난달 설치했다.

중소벤처기업부에서는 플랫폼을 통해 도출한 데이터를 소상공인 경영혁신 지원체계 수립, 소상공인 특화 서비스 개발 지원 등에 활용한다는 계획이다. 인공지능(AI) 기반 상권 분석, 소상공인 창업시뮬레이션과 같은 신규 서비스가 가능할 것으로 보인다.

출처 : 전자신문/일부인용

상식UP! Quiz

문제 다음의 사례는 어떤 현상에 대한 해결방법인가?

- 해방촌 신흥시장 – 소유주·상인 자율협약 체결, 향후 6년간 임대료 동결
- 성수동 – 구청, 리모델링 인센티브로 임대료 인상 억제 추진
- 서촌 – 프랜차이즈 개업 금지

① 스프롤 현상 ② 젠트리피케이션
③ 스테이케이션 ④ 공동화 현상

해설 사례들은 낙후된 지역이 여러 가지 환경 변화로 인기 지역이 됨에 따라 지가나 임대료가 상승하게 되면서 기존에 살던 주민들이 다른 곳으로 밀려나게 되는 젠트리피케이션 문제를 해결하기 위한 방안들이다.

답 ②

097 리셀러

먼저 사서 비싸게 파는 사람이 진짜 임자

스위스의 명품 시계 브랜드인 롤렉스의 매장에서는 시계가 아닌 공기만 판다는 말이 있습니다. 매장에 가도 시계를 구입하기가 그만큼 어렵다는 뜻인데요. 상품 공급이 줄면서 매장에 상품이 입고되기만 하면 어떻게든 구매하려는 사람들이 줄을 잇고 있습니다. 이는 롤렉스뿐 아니라 다른 명품 브랜드에서도 나타나고 있는 현상인데요. 이렇게 명품을 구매해서 몇 배의 웃돈을 얹어 되팔아 차익을 남기는 사람들이 늘어나고 있습니다. 이들을 우리는 리셀러(Reseller)라고 부르죠.

사실 리셀러는 '되팔렘'이라는 멸칭으로도 불리고 있습니다. 그만큼 이들이 시장에 끼치는 영향도 크다고 할 수 있는데요. 리셀을 전문으로 하는 사람들이 한정판과 희소한 상품들을 독점하다시피하면서 일반 소비자들의 불만도 커지고 있습니다. 이들은 매장 앞에서 노숙까지 하는 아르바이트를 고용해 조직적으로 움직이면서 상품을 그야말로 '싹쓸이'하고 있는데요. 명품 브랜드만이 아니라 화제로 떠오른 신상품이나 한정판 MD 상품, 컬래버레이션 운동화, 희소 LP판이나 아이돌 굿즈 등 희귀하고 가격을 올려 팔 수 있을 만한 물건이라면 가리지 않고 구매하고 있습니다. 오프라인에서는 아르바이트를 쓰고, 온라인에서는 매크로 프로그램을 가동하면서 상품을 구하고 있죠. 이런 상품들은 다시 엄청나게 가격이 붙어 중고시장에 등록됩니다. 중고거래 플랫폼인 '당근마켓'을 위시한 중고시장이 활성화되면서 리셀러들의 입김은 더욱 세지고 있습니다. 이러한 행위들은 또한 시장을 교란시킬 수 있죠.

명품 브랜드 샤넬은 리셀러들을 막기 위해서 의심스런 구매 내역이 확인되면 구매를 제한하는 제도를 시행하기도 했는데요. 특히 자사의 특정라인 상품의 경우 일년에 한 사람이 한 개의 상품만 구매할 수 있도록 했습니다. 그러나 아르바이트를 고용해 활동하는 리셀러들의 특성상 이런 조치는 무용지물에 불과했는데요. 그런데 사실 이런 리셀러가 기승을 부리기 시작한 것은 명품 브랜드들이 가격을 연달아

인상한 영향도 있었습니다. 이는 코로나19로 매출 타격을 입은 브랜드들이 명품 소비율이 높은 우리나라를 비롯한 아시아 지역을 중심으로 가격인상을 단행한 것으로 풀이됐습니다. 또 2022년에도 환율의 영향으로 몇 차례 가격인상이 있었는데요. 가격인상이 이어졌지만, 명품 수요는 가라앉지 않았죠.

유명 명품 브랜드의 가격조정정책 때문에 상품의 가치가 유지되고 오히려 인상되는 현상이 발생하자, 이를 재테크 수단으로 활용하려는 리셀러들에게 힘을 불어넣었다는 분석이 있습니다. 또한 코로나19로 억눌렸던 소비가 폭발하고, 젊은 MZ세대를 중심으로 명품과 재력을 과시하는 이른바 '플렉스(Flex)'라는 풍조가 확산되면서 이러한 시장 흐름은 더 이어질 것으로 보입니다.

진상 리셀러에 분통터지는 소비자

중고거래 시장이 커지면서 전문 리셀러들에 대한 원성도 높아지고 있다. 리셀러는 희소성 가치가 있는 물건에 웃돈을 얹어 되파는 사람을 뜻한다. 리셀러 탓에 일반인들의 구매 기회가 적어지고, 시장 가격을 혼란시킨다는 지적이다.

명품업계에 따르면 지난달 서울 시내 한 백화점 샤넬 매장에 경찰이 출동했다. 한 전문 리셀러가 "원하는 가방이 입고될 때까지 나가지 않겠다"며 3시간가량 매장에서 버티고 있었기 때문이다. 명분은 휴대전화 충전이었다. 샤넬은 '클래식백 미디움'과 '가브리엘 백팩' 등 인기 상품이 입고되는 날짜와 시간을 공개하지 않는다. 이 때문에 하루 종일 줄을 서도 원하는 상품을 가지지 못하는 경우가 많다. 결국 보다 못한 점장이 경찰에 신고를 했고, 해당 리셀러가 매장을 떠나는 것으로 일단락됐다. 이 리셀러로 인해 입장을 기다리던 소비자들이 1~2시간가량 더 기다려야 하는 불편함을 겪었다.

전문 리셀러들이 등장한 것은 프리미엄 때문이다. 보통 리셀러들은 정가에 10% 마진을 붙여 판매한다. 백화점 기준 846만원인 샤넬 클래식백 미디움은 900만원이 넘는 가격에 팔린다. 488만원인 가브리엘 백팩 리셀가는 600~700만원 선에 형성돼 있다. 한 백화점 관계자는 "최근에는 일반인들도 리셀에 뛰어들면서 캠핑용 의자까지 동원되는 등 경쟁이 치열하다"고 말했다.

출처 : 매일경제/일부인용

상식UP! Quiz

문제 리셀러가 구입하는 상품은 명품 브랜드로 한정되어 있다. O / X

해설 리셀러는 명품 브랜드뿐 아니라, 비매품인 MD 상품이나 한정판 신발, 새로 출시된 게임기 등 희소성 있는 상품들을 구매하여 프리미엄을 붙여 중고시장에 판매한다.

답 X

098 유리천장

이토록 깨지지 않는 유리라니…

2014년 프랑스 파리의 안 이달고 시장, 2016년 이탈리아 로마의 비르지니아 라지 시장, 일본 도쿄의 고이케 유리코 시장까지 미국·영국·프랑스·이탈리아·일본 등 세계의 주요 선진국에서 여성 정치지도자들의 당선 소식이 잇따르면서 '유리천장이 깨지고 있다'는 말이 나오고 있습니다.

유리천장(Glass Ceiling)은 직장 내에서 여성들의 승진 등 고위직 진출을 막는 보이지 않는 장벽을 일컫는 단어입니다. '눈에 보이지는 않지만 결코 깨뜨릴 수 없는 장벽'처럼 충분한 능력이 있는 여성에게 비공개적으로 승진의 최상한선을 두거나 승진 자체를 막는 상황을 표현한 말입니다. 겉으로 보기에는 어떠한 제한도 없지만 비공식적으로는 조직 내에 관행과 문화처럼 굳어진 부정적 인식으로 인해 고위직으로의 승진이 차단되는 상황을 빗대어 표현한 것이라고 합니다. 이는 오늘날 성별로 인한 차별이 많이 완화된 것 같지만 여전히 존재하고 있음을 나타냅니다.

앞서 언급한 세계 주요 도시의 시장뿐만 아니라 국가 정상으로서 여성의 활동도 두드러지고 있습니다. 독일의 메르켈 전 총리, 이탈리아의 멜로니 총리 등이 대표적입니다. 최근에는 '유리천장'이라는 표현이 처음의 의미보다 확대되어, 현재는 성별뿐만 아니라 어떤 영역에 있어 부당한 제한을 받는 사람이 겪는 모든 장벽을 가리키는 용어로까지 폭넓게 사용되고 있습니다.

정치・경제・사회・국제・문화・미디어・과학・IT・스포츠

금융권 '유리천장' …
12만 임직원 중 여성 임원 21명

금융감독원 전자공시시스템에 따르면 4대 은행과 3대 생명보험사, 3대 손해보험사, 4대 신용카드사, 6대 증권사 등 금융회사 20곳의 임직원 11만 9,039명 중 여성임원은 22명에 불과했다. 이마저도 한 명이 금융회사 두 곳의 임원을 겸직해 사실상 21명이다. 4대 은행 중에는 하나은행과 신한은행 임원이 각각 23명, 24명이지만 여성은 존재하지 않았다. 국민은행은 20명 중 여성은 박순애 감사위원과 박정림 여신그룹 부행장 등 2명 뿐이다. 이들 대형 금융회사 20곳의 직원은 11만 8,194명이며 이 가운데 여직원이 47.7%로 절반에 육박한다. 일부는 여직원이 많은 곳도 있다. 하지만 12만명에 가까운 임직원 중 여성임원이 21명에 그치는 것은 그만큼 '**유리천장**'이 존재한다는 것을 뜻한다. 여성들은 결혼과 출산, 육아휴직 등을 거치며 경력단절이 일어나고 이로 인해 승진 대상에서 제외되는 경우가 적지 않다. 또 희망퇴직이 있을 때마다 남성보다 대상자로 더 쉽게 오른다는 지적도 있다.

출처 : KBS/일부인용

상식UP! Quiz

문제 여성들의 영향력 있는 고위적 승진을 가로막는 회사 내 보이지 않는 장벽을 무엇이라 하는가?

해설 유리천장은 충분한 능력을 갖춘 사람이 비공식적인 직장 내 성차별이나 인종차별 등의 이유로 고위직으로의 승진이 이뤄지지 않는 것을 일컫는 말이다.

답 유리천장

099 소득 크레바스

은퇴와 동시에 시작되는 먹고 살 걱정

크레바스(Crevasse)는 빙하가 흘러내리면서 균열이 생겨 만들어지는 틈을 말합니다. 겉으로 보인다면 피할 수 있지만, 눈에 덮여 드러나 보이지 않을 때 자칫 발을 헛디뎌 빠지게 되면 매우 위험하다고 하는데요. 그 깊이가 50~100m에 달하는 것도 있다고 합니다. 한 번 빠지게 되면 탈출하기가 쉽지 않죠. 소득 크레바스는 이 깊은 틈처럼 은퇴 후 연금을 받을 때까지 소득이 없는 기간을 뜻합니다. 정확히는 '생애 주된 직장'의 은퇴 후를 말하는데요. 평생직장의 개념이 희미해지고 정년도 짧아지는 현 시대에서 소득 크레바스의 골은 더욱 깊어지고 있습니다.

통계청의 2019년 발표에 의하면 직장인은 평균 49.5세에 퇴직하며, 국민연금 수령시기가 65세이므로 평균 15.5년 동안 소득 공백 시기가 있는 것으로 나타났습니다. 아울러 2020년 한 금융회사가 퇴직자를 대상으로 설문한 결과에 따르면 퇴직자 가운데 절반 이상은 새로운 일을 하고 있으며, 가구당 월평균 수입은 약 393만 원에 불과한 것으로 조사됐는데요. 60%가 넘는 퇴직자들이 퇴직 후 생활비를 30% 정도 줄였다고도 응답했습니다.

이것은 소득 크레바스가 퇴직 시기를 맞은 5060세대의 생계에 큰 위협이 될 수 있다는 것을 시사합니다. 더군다나 현재의 5060세대는 위로는 노부모를 봉양해야 하고, 아래로는 자녀들을 뒷바라지해야 하는 낀 세대라고 할 수 있죠. 여기에 자신들의 생활까지 영위해야 하니 삼중고를 겪고 있다고 할 수 있습니다. 그리고 연금을 받는 후에도 경제적 어려움은 이어질 수 있는데요. 실제로 2021년 우리나라 65세 이상 노인의 빈곤율은 43.4%로 OECD 국가 가운데 가장 높은 것으로 전해졌죠. 동시에 2021년 대검찰청이 발표한 결과에 따르면 2020년에 65세 이상 고령자 10만명당 479.9명이 재산관련범죄를 저질렀는데, 이는 지난 2010년에 비해 약 135% 증가한 것이라고 합니다.

우리나라는 지난 2017년 이미 고령사회로 들어섰고, 평균수명도 2020년에 81세로 조사되었는데요. 은퇴 후 노후시간이 갈수록 길어질 전망에 따라 소득 크레바스를 비롯한 노후대비 문제를 깊게 고민하고 시급히 해결해야 한다는 사회적 요구가 커지고 있습니다.

> 정치·경제·사회·국제·문화·미디어·과학·IT·스포츠
>
> ## 5060 소득 크레바스, 민관 협력으로 풀어야
>
> 5060세대가 직면한 가장 큰 문제는 '**소득 크레바스**'다. 이들 세대는 일부 대기업 출신을 제외하고는 제대로 된 재취업 교육을 받아본 적이 없다. 중앙정부와 지자체의 일자리 지원 대책이 청년층과 노년층에 집중된 결과다.
>
> 상황이 이렇다보니 직장에서 밀려나온 5060세대는 소득 크레바스를 줄이기 위해 저임금·생계형 일자리로 내몰릴 수밖에 없다. 이명민 숙명여대 행정학과 교수는 "자산 축적을 제대로 못한 가구의 경우 큰 경제 충격이 올 경우 노인 빈곤으로 이어질 가능성이 높다"고 우려했다.
>
> 전문가들은 지금이라도 5060세대의 일자리 문제를 국가적 과제로 인식해 민관이 머리를 맞대고 해결 방안을 모색해야 한다고 입을 모은다. 손유미 한국직업능력개발원 부원장은 "퇴직자에게 양질의 일자리를 제공하는 것은 5060의 생계유지 측면에서도 중요하다"고 말했다. 그러면서 "노동시장에서 이탈한 5060세대에게 일은 세상과 계속 소통하는 차원에서 의미가 있다"고 덧붙였다.
>
> 출처 : 서울경제/일부인용

상식UP! Quiz

문제 은퇴 후 국민연금을 받을 때까지 소득이 없는 기간을 뜻하는 용어는?

① 소득 크레바스 ② 트리핀 딜레마
③ 임금피크   ④ 래칫효과

해설 크레바스(Crevasse)는 빙하가 흘러내리면서 얼음에 생기는 틈을 의미하는 것으로, 소득 크레바스는 은퇴 당시부터 국민연금을 수령하는 때까지 소득에 공백이 생기는 기간을 말한다.

100 고교학점제

고등학생도 수강신청을 한다?!

2020년 마이스터고를 시작으로 부분적으로 도입됐던 고교학점제가 2025년부터 전면적으로 시행됐습니다. 학생들은 대학생처럼 진로와 적성에 따라 원하는 과목을 골라 이수하고 누적 학점을 채우면 졸업을 인정받을 수 있게 되었죠. 이와 함께 내신 산출방법도 기존 9등급 상대평가제에서 5등급 상대평가제로 개편됐는데요. 학교생활기록부에는 과목별 절대평가(성취평가)와 상대평가 성적이 함께 기재되지만, 대학입시에는 상대평가 성적만 활용되니 사실상 상대평가에 해당하는 셈입니다. 이는 상위 4%에 들어가는 학생들만 1등급을 받을 수 있었던 기존의 9등급 평가체제가 학생 수가 감소하는 현 상황 속에서 과도한 경쟁을 유발한다는 지적이 계속되자 나온 조치입니다.

고교학점제 도입으로 학년제에서 학점제로 교육과정의 대변화를 맞게 됐습니다. 고교학점제를 도입하는 취지는 획일적인 교육에서 벗어나 학생의 학습동기와 흥미를 일깨우는 맞춤형 교육을 한다는 것이죠. 이 과정에서 자기 주도적인 학습을 가능케 하고, 학생이 스스로 적극적인 태도로 진로를 탐색할 수 있게 한다는 겁니다. 그러나 한편 교육현장에서는 전면 도입을 전후해 여러 비판이 나오기도 했는데요. 먼저 학생들 입장에서는 아직 구체적으로 진로를 정하기 어렵기 때문에, 일단 대입에 유리하도록 평가를 잘 받기 쉬운 과목을 선택하는 경우가 많죠. 과목 선택의 폭은 늘어났지만, 그만큼 추가적인 학습부담도 발생하게 되고 교육인력도 더 갖춰져야 합니다. 기존에 단순히 수업에 출석하고 시험성적으로 평가하던 방식에서 학점체제로 개편됨에 따라 성적 관리에 혼란을 느끼게 될 공산도 컸습니다.

도입 초기에 교육현장에서 가장 큰 어려움을 호소했던 부분은 다름 아닌 '출결관리'였는데요. 고교학점제에서는 학생의 수업 출석여부가 중요하기 때문에 꼼꼼히 관리해야 합니다. 수업 횟수의 2/3 이상을 채워야 하고 40% 이상 학업성취율을 달성해야 하죠. 교육부는 출결관리 권한을 담임교사에서 각 교과교사에게 넘겼는데요.

때문에 담임교사는 학생이 결석했을 때 그 사유를 파악하고, 출석으로 인정해야 할 경우 일일이 교과교사에게 알려야 했습니다. 출결 확인이 마감됐는데, 나중에 출석으로 인정되면 이를 다시 수정해야 했죠. 이러한 혼선이 교육현장에서는 큰 부담으로 작용했습니다. 등급제도 9등급에서 5등급으로 바뀌어 등급당 학생수는 늘었지만 상대평가는 사실상 존치되기 때문에, 더 변별력 있는 시험문항을 짜야 합니다. 시험이 어려워지니 학생들의 부담과 이를 극복하기 위한 사교육은 늘어날 수밖에 없죠. 이러한 이유로 고교학점제를 원점에서 다시 검토해야 한다는 목소리도 나오고 있습니다.

🔍 **정치** · 경제 · **사회** · 국제 · 문화 · 미디어 · 과학 · IT · 스포츠

고교학점제 전면도입 1개월 … 교사 절반은 "부정적"

고교학점제가 전면도입된 지 한 달이 지난 가운데 국회 교육위원회 소속 강경숙 조국혁신당 의원은 전국 고교 교원 9,485명을 대상으로 한 설문조사 결과를 발표했다. 설문조사 결과 '고교학점제가 원활하게 운영되고 있는가'라는 항목에 56.2%가 부정, 19.6%가 긍정을 선택했다. 중립은 24.1%다. 자유응답에서는 '형식적 운영에 그친다'는 응답이 5,876건 있었고 '최소 성취수준 보장 지도가 어렵다'는 응답이 5,537건 있었다. 교육부 정책에 대한 신뢰도는 부정 61.2%, 긍정 12.6%다. 사교육 확대에 대해선 71.2%가 '교육 정책 실패가 원인'이라고 생각했다. 강 의원은 "고교학점제는 철학과 실행, 선언과 구조, 제도와 현장 사이의 간극을 매워야 제대로 추진될 수 있는 상황"이라며 "고교학점제가 학생성장과 교육전환을 이끄는 제도로 거듭나길 원한다면 교육당국이 이를 책임 있게 해결할 것을 강력히 촉구한다"고 말했다.

출처 : 뉴시스/일부인용

상식UP! Quiz

문제 고교학점제 제도 하에서 졸업을 하기 위해서는 총 192학점을 이수해야 한다.

O / X

해설 일부 과목은 필수로 이수해야 하고, 3년간 총 192학점을 이수하면 졸업할 수 있다.

답 O

101 플랫폼 노동자

우리도 어엿한 노동자입니다

플랫폼 노동자는 디지털 플랫폼을 통해 노동력을 제공하는 노동자를 말합니다. 정보통신기술이 고도로 발전하면서 이를 활용해 다양한 서비스를 제공하는 디지털 플랫폼이 우후죽순 나타났고, 여기에 노동 수요가 발생하면서 플랫폼 노동자도 자연스레 등장하게 되었죠. 플랫폼 노동의 유형에는 크게 두 가지가 있습니다. 먼저 소비자가 온라인을 통해 플랫폼으로 서비스를 주문하면 이를 즉각 제공하는 '온디맨드 웍(On-demand Work)'이 있습니다. 차량공유, 배달, 쇼핑대행, 가사도우미 서비스 등이 여기에 해당하죠. 두 번째는 업무를 맡기려는 사람이 온라인 플랫폼을 통해 노동자를 공모하면, 이에 선발된 사람이 위탁을 받아 노동력을 제공하는 '크라우드 소싱 웍(Crowd Sourcing Work)' 형태가 있습니다. 웹소설, 수기 작성, 디자인, 데이터 가공 등 작업한 결과물들을 온라인으로 제공하는 일을 하죠.

그러나 한편으론 이 플랫폼 노동자의 노동현실에 대한 문제도 끊임없이 되풀이되고 있는데요. 이들은 보통 특수형태근로종사자로서, 전통적 의미의 노동자처럼 회사에 종속된 근로계약을 맺는 것이 아닙니다. 이들의 노동은 비전속적이고 초단기간 노동력을 제공하며, 근로시간과 장소도 때마다 달라집니다. 계약은 형식상의 위탁계약으로만 이루어질 뿐이죠. 그러다보니 아직 이들을 바라보는 사회의 시선이 밝지 만은 않습니다. 정식으로 일하는 노동자가 아닌 단순히 거쳐 가는 아르바이트로 치부하는 경우도 많죠. 그러다보니 근무 과정에서 겪는 불이익이나 피해에 대해 제대로 보상받지 못하거나 하소연할 수 없는 처지가 되기 쉽습니다. 이들의 노동인권문제는 이미 도마에 오른 지 오래되었죠.

우리 주변에서 가장 흔하게 만날 수 있는 플랫폼 노동자는 음식 배달 노동자입니다. 1인가구가 부쩍 늘어난 데다, 사람들이 '배달의민족' 같은 음식 배달 서비스를 많이 이용하게 되면서 음식 배달 노동의 수요는 꾸준히 유지되고 있습니다. 그리고 이 배달 노동자들의 목숨을 앗아간 사고도 자주 보도되고 있죠. 지난 2021년 8월에는 서울 선릉역 인근에서 한 배달 노동자가 화물차에 치여 목숨을 잃는 사고가 있었습니다. 노동자와 차주, 어느 한편을 쉽사리 탓할 수 없는 안타까운 사고였죠. 민주노총의 서비스노조는 이 사고의 원인이 '배달 플랫폼 간의 속도 경쟁'이라는 성명을 냈습니다. 사실 도로에서의 무모하고 위험한 운전 때문에 배달 노동자에 대한 사회적 인식은 좋지 않은데요. 노조는 이렇게 도로에서 목숨을 걸어야 하는 이유가 '배달 속도가 생명'이라는 플랫폼의 경영전략이 배달기사들을 압박하고 있기 때문이라고 주장했습니다.

소비자를 만족시키기 위한 새로운 아이디어가 창출되고, 이에 대한 소비자의 반응도 나오면서 디지털 플랫폼은 더욱 활황을 띨 것으로 전망됩니다. 더불어 플랫폼 노동자들의 유형도 다양화되고 그 수도 늘어날 만큼 이제는 현실이 된 이들의 노동인권에 대해서도 구체적인 개선 방안이 나오길 바랍니다.

정치·경제·사회·국제·문화·미디어·과학·IT·스포츠

속도 경쟁 내몰린 배달 플랫폼 노동자, 핵심 쟁점은?

비대면 서비스 사용량이 증가하면서 수요가 급격하게 증가한 **플랫폼 노동자**는 서비스 사용이 늘어난 만큼 많고, 다양한 종류의 위험을 마주하고 있다. 그러나 플랫폼종사자 보호법은 국회에 계류됐고, 정부의 각종 지원 사각지대에 있다.

수많은 직장인들과 자영업자들이 본업을 떠나 향하는 곳은 배달 플랫폼이다. 가지각색의 사정을 가진 많은 사람들이 생계를 위해 부업으로 배달 플랫폼을 택한다. 보수적인 조직 문화를 벗어나 새로운 기술과 혁신으로 주목받았던 배달 플랫폼 산업은 급격한 성장세를 기록한 만큼 해결해야 할 과제도 분명히 존재한다. 구교현 라이더 유니온 사무국장은 우선적으로 해결해야 할 과제가 배달 라이더들의 '안전운임제'라고 답했다. 노동자의 과속·과로 등을 방지하기 위해 적정 운임을 법으로 보장하는 '안전운임제'는 현재 건당 책정되는 운임체계를 택배와 배달에 소요되는 운송원가 및 적정 소득을 기준으로 개편하는 게 골자다. 해당 제도를 통한 적정 운임료 현실화와 안정화가 서비스 향상과 노동자와 시민의 안전도 보장할 수 있다는 설명이다. 구 사무국장은 "현재 전반적으로 배달료에 있어서도 변동성이 상당히 크다. 프로모션이라는 이름으로 특정 시간대에 국한해 배달료가 높게 책정되는 경우가 있는데, 왜 이렇게 높게, 낮게 책정되는지 기준을 알 수 없고, 그렇다보니 라이더들은 특정 시간대에 과도한 속도를 낸다. 과속을 부추기는 양상의 가업 정책은 문제가 있다고 생각한다"고 말했다.

출처 : 프라임경제/일부인용

상식UP! Quiz

문제 플랫폼 노동의 유형 중 하나인 '온디멘드 웍'은 수기 작성, 디자인, 데이터 가공 등 작업한 결과물들을 온라인으로 제공하는 일을 하는 것을 말한다. ○ / ✕

해설 '온디맨드 웍(On-demand work)'은 소비자가 온라인을 통해 플랫폼으로 서비스를 주문하면 이를 즉각 제공하는 형태로 차량공유, 배달, 쇼핑대행, 가사도우미 서비스 등이 해당한다.

답 ✕

102 조용한 사직

받은 만큼만 일할 겁니다

최근 젊은 MZ세대 직장인들을 중심으로 이른바 '조용한 사직(Quiet Quitting)'이라는 근로 문화가 확산되고 있다고 합니다. 조용한 사직이란 직장을 그만두지는 않지만 정해진 업무시간과 업무범위 내에서만 일하고 초과근무를 거부하는 노동방식을 뜻하는 신조어입니다. 'Quiet Quitting'을 직역하면 '직장을 그만두겠다'는 의미이지만 실제로는 '직장에서 최소한의 일만 하겠다'는 뜻이죠. 이 신조어는 미국 뉴욕에 거주하는 20대 엔지니어기사 자이드 플린이 자신의 틱톡 계정에 올린 동영상이 화제가 되면서 전 세계로 확산됐습니다. 워싱턴포스트는 이에 대해 직장인들이 개인의 생활보다 일을 중시하고 일에 열정적으로 임하는 '허슬 컬처(Hustle Culture)'를 포기하고 직장에서 주어진 것 이상을 하려는 생각을 중단하고 있다는 것을 보여주는 현상이라고 분석했죠.

조용한 사직이 등장한 데에는 여러 사회적 배경이 있는데요. 먼저 '평생직장'이라는 개념이 사라지고 이직을 포함한 근로 문화가 느슨해지면서, 일에 대한 의미가 달라지고 있기 때문입니다. 수십 년간 한 회사에 인생을 바쳤던 기성세대와 달리, 조용한 사직을 추구하는 직장인들은 '열정을 다해서 일해 봤자 나에게 실질적으로 돌아오는 것은 없다'고 느낀다는 것입니다. 회사가 나의 삶을 책임져주지 않는다는 것이죠. 또 물가는 하루가 다르게 치솟는데 승진은 고사하고 급여도 이에 따라가지 못하면서, '열심히 일을 하고 돈을 벌어도 결국 나의 삶에 변화는 오지 않는다'는 생각이 조용한 사직을 이끌어냈다는 분석이 있습니다. 아울러 코로나19 팬데믹을 지나며 재택근무가 활성화되면서 비교적 자유로운 근무환경이 조성된 것도 영향을 줬습니다. 이렇게 조용한 사직을 추구하는 직장인들이 나타나면서 기성세대 직장인들과 갈등도 일어나고 있다고 하는데요. 기성 직장인들은 '개인적인 영역도 중요하지만 직장에서는 팀워크로 완성되는 업무도 있는데, 젊은 세대들은 사생활이 무조건 우선이 되는 것 같아 씁쓸하다'는 반응도 보였습니다.

🔍 정치·경제·**사회**·국제·문화·미디어·과학·IT·스포츠

월급만큼만 일하는 '조용한 사직' MZ세대엔 이미 대세

직장인 5년차 A씨는 최근 '조용한 사직'이라는 말에 큰 공감을 느끼고 있다. '조용한 사직(Quiet Quitting)'이란 실제 퇴사를 하진 않지만, 마음은 일터에서 떠나 최소한의 업무만 하려는 태도를 뜻하는 신조어다. A씨는 "최근 '조용한 사직'이란 단어에 너무 크게 공감한다"며 "친구들 중 10명에 9명이 다 동의할 정도로 요즘 우리 세대 직장인들에겐 보편적인 현상 아닐까 싶다"고 설명했다. 이어 "연봉협상을 했는데 물가는 엄청 올랐는데 월급은 쥐꼬리만큼 올려주면서 불황에도 인상했지 않느냐는 회사의 망언을 들으며 더 확실히 조용한 사직을 해야겠다는 마음을 굳혔다"고 머리를 긁적였다. 최근에 결혼한 직장인 4년차 B씨는 "윗분들은 그 당시 회사 월급으로 집도 사고 가족도 부양하니 회사에 충성했을 것"이라며 "지금은 회사 월급이 내 삶을 책임져줍니까"라고 되물었다. 이어 "그렇다고 일을 아예 안하고 월급만 챙겨가는 이른바 '월급 루팡'을 한다는 게 아닙니다"라며 "딱 돈 준 만큼 일하겠다는 것"이라고 덧붙였다.

출처 : 뉴스1/일부인용

상식UP! Quiz

문제 '조용한 사직'이란 '허슬 컬처'와 유사한 개념이다. O / X

해설 '허슬 컬처'란 직장인들이 사생활보다 일을 중시하여 일에 열정적으로 임하는 근로 문화로, 조용한 사직과는 대조적인 개념이다.

답

103 의정갈등

기약 없는 갈등에 환자만 더 아파요

2024년 2월 6일 보건복지부가 2025학년도 의대정원을 5,058명으로 2,000명 늘리겠다고 발표하자 의료계는 거세게 반발했습니다. 윤석열정부가 발표한 '5년간 1만명' 증원계획은 2020년 문재인정부가 추진하다 무산된 '10년간 4,000명'보다 규모도 크고 속도도 빨랐는데요. 정부는 '응급실 뺑뺑이', '소아과 오픈런' 등 지역·필수의료 위기가 지속되고, 고령화로 의료수요가 늘어날 것이라며 인력확충이 필요하다고 주장했습니다. 또 증원규모는 국책연구기관 등의 수급추계와 각 대학의 수요조사를 바탕으로 결정했다며 증원을 밀어붙였죠.

반면 의료계는 단순히 의사 수를 늘리는 것으로 필수의료 위기를 해소할 수 없으며, 저출생 추세를 고려할 때 의사 수가 결코 부족하지 않다고 맞섰습니다. 무엇보다 정부가 의료계와 협의 없이 일방적으로 강행했다며 반발했는데요. 2020년 의정갈등 때처럼 젊은 전공의들은 사직서를 내고 의대생들은 휴학계를 내며 저항했습니다. 그러나 끝내 정부는 대학별 정원을 확정하면서 증원에 쐐기를 박았고, 전공의에겐 업무개시명령으로, 의대생에겐 휴학불허로 강경하게 맞섰습니다. 정부는 전공의 수련특례 적용, 의대생 휴학 승인 같은 유화책을 내놓기도 했지만 전공의와 의대생 모두 '증원 백지화' 요구에서 물러서지 않았죠.

전공의가 병원을 떠나자 의료현장은 큰 어려움을 겪었습니다. 수술·진료가 연기되거나 취소됐고, 응급실 뺑뺑이는 더욱 심해져 많은 환자가 피해를 입었습니다. 정부는 고육지책으로 군의관과 공보의를 차출하고, 한시적으로 수가를 인상하는 등의 비상조치를 단행했죠. 또 전문의와 진료지원(PA)간호사를 중심으로 대형병원을 재편하려 했는데요. 그렇게 시간이 흐르며 '전공의 없는 병원'은 일상이 됐습니다. 전공의 대신 환자들을 보던 전문의는 극심한 피로를 호소했고, 교수의 연구활동은 나중 일이 됐습니다. 전공의가 떠난 병원의 손실을 보전하기 위해 투입된 건강보험 재정도 불어났습니다.

의정갈등이 해결의 실마리를 찾지 못하면서 2025년 3월 7일 정부는 결국 '의대생 3월 복귀'를 전제로 2026학년도 의대정원을 증원 이전 규모인 3,058명으로 되돌렸습니다. 24학번의 '동맹휴학'이 이어지고 25학번 신입생마저 '수업거부' 조짐을 보이면서, 출구를 찾지 못하면 이듬해 의대교육이 사실상 전면 중단될 수밖에 없다는 위기감에 나온 결정입니다. 그러나 이러한 조치가 의대생들을 학교로 얼마나 돌아오게 할지는 미지수입니다. 기약 없는 의정갈등 해결에 의료환경은 더욱 악화되고 애꿎은 환자들만 피해를 입게 될 상황입니다.

🔍 정치 · 경제 · **사회** · 국제 · 문화 · 미디어 · 과학 · IT · 스포츠

"의정갈등 1년, 얻은 게 없다" 전공의도 '단일대오' 균열

의대생들이 '단일대오'를 깨고 속속 복귀하면서 선배인 전공의들의 거취에도 영향을 미칠지 주목된다. 전공의들은 그간 '의대정원 확대 백지화'를 포함한 이른바 7대 요구안을 고수하며 단일대오를 유지해 왔지만 수련현장으로 복귀할 움직임이 감지되고 있다. 정부와 의료계 등에 따르면 현재 전국에서 수련 중인 전공의는 총 1,672명이다. 이는 지난 전공의 사직 사태가 빚어지기 전 1만 3,531명(임용 예정자 포함) 대비 12.4% 수준에 불과하다. 수련을 거부하고 병원을 떠난 전공의 중 5,500명가량은 다른 병의원에서 근무 중이고, 880여 명은 군의관과 공보의로 입영했다. 하지만 전공의들 사이에서도 변화 분위기가 감지된다. 한 사직 전공의는 "**의정갈등** 1년간 얻어낸 게 없고 얻어낼 수 있는 것도 없는데 앞으로 1~2년을 더 버려야겠느냐는 분위기가 있다. 상반기에라도 모집하면 돌아간다는 얘기를 꽤 많이 들었다"고 전했다.

출처 : 매일경제/일부인용

상식UP! Quiz

문제 다음 중 의대의 입학정원을 결정하는 권한을 가진 행정부 주체는?
① 국무총리
② 대통령
③ 교육부 장관
④ 행정안전부 장관

해설 우리나라의 고등교육법상 대학의 입학정원은 사회부총리 겸 교육부 장관이 정하는 바를 따라야 한다.

답 ③

104 폰지사기

네 돈 놓고 내 돈 먹기

폰지사기(Ponzi Scheme)는 아주 오래된 사기수법으로 1920년대 미국 보스턴에서 대규모 다단계 금융사기극을 벌인 '찰스 폰지'의 이름을 따왔습니다. 실제 자본금은 들이지 않고 높은 수익성을 미끼로 투자자를 끌어 모은 뒤 나중에 투자하는 사람의 원금을 받아 앞 사람에게 배당금 등을 지급하는 방식의 사기수법이죠. 폰지사기의 수법을 간단히 살펴보면 이렇습니다. 사기범이 10%의 높은 수익을 홍보하며 자기 사업에 투자하라고 사람들을 유혹합니다. 이례적인 수익률에 혹한 1차 투자자들이 투자금을 넣으면 사기범은 약속한대로 10% 배당금을 돌려줍니다. 문제는 이 배당금이 실제로 수익이 나서 준 것이 아니라, 받은 투자금의 10%을 떼어 그대로 돌려준 것이라는 사실이죠. 사기범은 투자금의 90%를 갖고 1차 투자자는 90%를 떼인 셈입니다. 사기범의 약속대로 배당금을 받은 1차 투자자를 보고 혹한 2차 투자자들이 몰려 자금을 넣습니다. 그리고 여기서 사기범이 투자금을 들고 잠적해버리면 투자자들은 한순간에 피해자가 됩니다. 피해가 2차에서 끝나지 않고 3차, 4차까지 이어지면 피해금액은 눈덩이처럼 불어나죠.

최근 우리나라의 폰지사기 사례를 보면 2021년 수많은 피해자를 양산한 머지포인트 사태가 있는데요. 할인 애플리케이션인 머지포인트는 각종 외식업체에서 현금처럼 사용할 수 있는 모바일 바우처를 판매했습니다. 시중보다 20%나 싼 가격으로 외식업체를 이용할 수 있었기 때문에 많은 사람들이 머지포인트를 이용했습니다. 문제는 이런 파격적인 가격으로 바우처를 팔다보면 언젠가는 머지포인트가 망할 수밖에 없는 구조였다는 거죠. 외식업체에 정산해줘야 할 비용보다 바우처 판매대금이 더 불어나는데 이를 사실상 해결할 방법이 없었습니다. 결국 머지포인트는 '윗돌 빼서 아랫돌 괴기'처럼 먼저 구매한 사람의 대금을 나중에 구매한 사람의 대금으로 틀어막는 운영을 해야 했죠. 하지만 머지포인트는 합리적 대안 없이 고객 모으기에만 골몰했습니다. 설상가상 머지포인트가 법률상의 이유를 들어 편의점과 대형마트의 결제를 끊어버리면서, 환불 받을 길이 막힌 수많은 피해자가 나왔습니다. 공격적인 마케팅 탓에 바우처를 수백만원씩 사재기한 사람들도 있었죠.

그리고 2024년 7월에는 이커머스 업체인 '티몬'과 '위메프'가 판매자에 대한 대규모 정산지연 사태를 일으켰는데요. 자본잠식 상태였던 두 업체와 이 업체들에서 상품을 판매하던 판매자들이 정산금을 제대로 받지 못하면서, 상품을 구입한 소비자까지 구매가 취소되고 환불금을 받지 못하는 사태가 발생했습니다. 피해자들 사이에서는 이 사태가 일종의 폰지사기라는 아우성이 나오기도 했죠. 티몬·위메프의 모기업인 '큐텐'이 자회사의 나스닥 상장을 위해 무리하게 몸집을 불리다가, 자금줄이 막혀 판매자에게 대금을 정산해주지 못하는 사태가 발생했다고 봤습니다.

'티메프 사태' 경찰수사 착수 … 피해자 측 "폰지사기 행태"

싱가포르 기반 전자상거래 큐텐 계열사인 티몬·위메프의 대규모 정산·환불지연 사태에 피해를 입은 소비자 일부가 티몬·위메프에 대한 고소장을 제출하며 경찰이 수사에 착수했다. 고소·고발은 법무법인 심이 법률대리로 피해 소비자들의 신청을 받아 접수됐다. 기획재정부에 따르면 미정산 대금은 티몬 1,280억원, 위메프 854억원 등 총 2,134억원이다. 추후 정산 기일이 다가오는 거래분을 감안할 경우 그 규모는 더욱 커질 것으로 보인다. 소비자들은 적게는 수만원부터 많게는 수천만원까지 피해를 입었다. 법무법인 심 측에서는 "정산대금을 줄 수 없음에도 쇼핑몰을 운영한 것은 **폰지사기** 행태"라며 "큐텐 자회사 큐익스프레스를 키우기 위해 불법적으로 회사자금을 유용한 부분은 배임이나 횡령에 해당할 수 있다"고 설명했다.

출처 : 이데일리/일부인용

상식UP! Quiz

문제 폰지사기라는 명칭은 현존했던 사기 범죄자의 이름에서 딴 것이다.　　ㅇ / ×

해설 1920년대 미국에서 다단계 금융사기극을 벌인 찰스 폰지의 이름에서 유래했다.

답 ㅇ

105 문해력

당연한 시민사회의 소양

문해력은 단어 그대로 문자를 읽고 쓸 수 있는 능력을 말합니다. 유네스코(UNESCO)는 "문해란 다양한 내용에 대한 글과 출판물을 사용하여 정의, 이해, 해석, 창작, 의사소통, 계산 등을 할 수 있는 능력"이라 정의했는데요. 최근 우리나라에서는 학생부터 성인까지의 문해력이 현저히 떨어진다는 지적이 제기되어 화제를 모았습니다.

과거 '사흘'이라는 단어를 사용한 뉴스 기사를 읽고 사흘이 '3일'이나 '4일'이냐를 두고 다투는 댓글들을 볼 수 있었는데요. 이후에는 한 인터넷 카페에서 웹툰 작가 사인회의 예약 오류에 대해 "심심한 사과 말씀 드린다"는 공지를 올렸다가 누리꾼들의 엇나간 조롱을 받은 일도 있었습니다. 매우 깊고 간절하다는 뜻의 '심심(甚深)하다'를, 하는 일이 없어 지루하고 재미가 없다는 것으로 해석해 카페 측을 비판한 것이죠. 그런가하면 오늘을 뜻하는 '금일(今日)'을 금요일로 착각해 벌어진 해프닝이 소개되기도 했습니다. 전국 만 18세 이상 성인 1만 429명을 대상으로 한 '2020년 성인문해능력조사' 결과에 따르면 초·중학교 수준의 학습이 필요한 성인은 20.2%에 달하는 것으로 나타났습니다.

청소년의 문해력 저하 문제도 심각하게 제기되는데요. 최근 초·중·고등학교에서 국어 과목 등의 수업을 할 때 학생들이 한자어를 비롯한 단어의 의미를 모르는 경우가 많아 수업에 지장을 겪는 경우가 많다고 합니다. 문자와 글보다는 영상 같은 직관적이고 시각적인 매체를 주로 접하게 되면서 글의 구조와 의미를 해석하고 습득하는 데 어려움을 겪는다는 겁니다. 일각에서는 시대가 변화함에 따라 세대가 사용하는 언어와 그 표현방식도 달라지므로, 단순히 문해력이 낮다고 비판하는 것은 지나친 처사라는 의견도 있습니다. 그러나 한편으로는 문해력이 시민사회의 일원으로서 소양을 갖추는 기본적인 능력인 만큼, 젊은 세대 또한 이 같은 능력 격차를 극복하기 위한 노력이 필요하다는 언급이 있었습니다. 아울러 어릴 적부터 문자 언어 생활에 익숙해지도록 지도하는 가정과 학교의 노력도 있어야 한다는 의견이 있었죠.

🔍 정치・경제・**사회**・국제・문화・미디어・과학・IT・스포츠

"무슨 말인지 몰라 수학 못 풀어요"…
문해력 학원 1년 만에 300명 몰려

서울 동작구의 한 수학학원 강의실. 초등학교 1・2학년을 대상으로 한 수업이 한창이었다. 선생님이 질문을 하면 아이들이 대답하는 방식으로 수업은 진행됐다. 특이한 점은 교재가 동화책이란 것. 선생님은 아이들에게 수학 공식이 아닌 책의 중심 내용이나 감명 깊게 읽은 부분을 묻고 있었다. 학원 관계자는 "수학학원인데도 학생들에게 독서를 시키는 이유는 결국 문제를 이해해야 수학 문제도 풀 수 있기 때문"이라며 "자녀들에게 독서 교육을 할 시간이 없는 부모님들이 우리 학원을 찾아온다"고 말했다. **문해력** 저하 현상이 사교육 시장도 바꾸고 있다. 불안감을 느낀 학부모들이 학원가를 찾으면서 빚어진 현상이다. 최근 학원가에 등장하기 시작한 '문해력 학원'은 이미 특수를 맞았다. 실제로 서울 강남구 대치동 학원가의 한 문해력 학원은 개원 1년 만에 학생을 300명 넘게 모집했다고 한다.

출처 : 아시아경제/일부인용

상식UP! Quiz

문제 유네스코가 지정한 '세계 문해의 날'은 언제인가?
  ① 8월 8일
  ② 9월 8일
  ③ 10월 8일
  ④ 11월 8일

해설 '세계 문해의 날(International Literacy Day)'은 매년 9월 8일로 문맹 퇴치의 중요성을 알리기 위해 1965년 유네스코가 지정했다.

 ②

106 MZ세대

대한민국을 주름잡는 새로운 세대

MZ세대는 1980년대~2000년대 초 출생해 디지털과 아날로그를 함께 경험한 '밀레니얼 세대(Millennials)'와 1990년 중반 이후 디지털 환경에서 태어난 'Z세대(Generation Z)'를 아우르는 말입니다. 현재의 10대 후반부터 20·30대의 청년층이라고 볼 수 있죠. 밀레니얼 세대는 아날로그를 경험한 마지막 세대이며, 디지털 기술의 첨단화를 보고 느끼며 자랐습니다. Z세대는 어릴 때부터 인터넷을 자유롭게 경험하고 스마트폰 등의 첨단 기기를 손에 쥘 수 있었던 세대죠. 두 세대 모두 디지털 환경에 매우 익숙하며 새로운 기술에 대한 거부감을 거의 또는 전혀 느끼지 않습니다. TV와 라디오보다는 모바일로 정보를 검색하기를 선호하고, 텍스트보다는 동영상에 더 익숙한 세대이기도 합니다. 또한 SNS를 적극적으로 활용해 스스로를 표현하는 것을 즐기고 취향을 스스럼없이 공유하며 타인과 소통합니다.

삶에 대한 시각도 기성세대와 많은 차이가 있는데요. 먼저 불확실한 미래에 투자하고 이에 대비하기보다는 현재에 집중한다는 것입니다. 내가 살고 있는 현재의 만족감을 더 중요하게 여겨, 지금 내가 원하는 것이 있다면 과감하고 아낌없이 투자합니다. '인생은 한번뿐'이라는 모토로 지금의 나를 위한 적극적인 소비를 뜻하는 '욜로(YOLO)'가 이러한 MZ세대의 생각을 반영하고 있죠. 돈을 묵혀두는 적금보다는 주식과 가상화폐 등 유동성 높은 고위험 투자를 선호합니다. 수입은 기성세대보다 적지만 기성세대를 뛰어넘는 소비력을 보여주기도 하는데요. 최근까지도 젊은 층을 사로잡았던 '플렉스(Flex)'라는 풍조는 이들의 거리낌 없는 소비 심리를 투영한 것이라 볼 수 있습니다.

이들은 또한 기성세대와 같이 뚜렷한 정치색을 띠지 않습니다. 어떤 연령대보다 무당층이 많다고도 볼 수 있는데요. 그러다보니 집단의식보다는 개인의 행복을 추구하는 경향이 강합니다. 특별한 실익 없이 '연'이나 '정'이라는 의식으로 묶이는 것을 선호하지 않습니다. 과거의 사회적인 질서나 권위에 억눌리는 것에 강한 거부감을 느끼기도 합니다. 이러한 개인주의 때문에 결혼과 출산의 필요성에 대한 인식도 낮은 편입니다. 이 밖에도 MZ세대의 특징에는 여러 요소가 있습니다. 복잡함보다는 간편함, 단일성보다는 다양성, 소유보다는 공유를 더 선호하고, 정치색은 희미하지만 관심 있는 사안에 대해서는 의견을 거침없이 개진하는 세대입니다.

일상 공유하는 MZ세대 부상에 먹거리 '경험 소비' 뜬다

먹거리 시장에서 '공유'와 '경험' 소비가 주목을 받고 있다. 사회관계망서비스(SNS)에서 트렌드와 경험을 공유하며 소통하는 젊은 MZ세대가 주요 소비층으로 떠오르면서다. 이미 인구 구성의 주축이 된 MZ세대의 비중은 향후 지속적으로 높아질 수밖에 없다. 경제활동인구(구직활동이 가능한 15세 이상 취업자 및 실업자) 약 2,857만명 중 MZ세대는 약 45%에 달한다. 우리금융경영연구소는 최근 'MZ세대가 주도하는 금융업의 미래' 보고서를 통해 "MZ세대는 오는 2030년 생산연령인구(15~64세)의 약 60%를 차지하며 경제활동의 중추적인 역할을 수행할 것으로 예상된다"고 전망하기도 했다.

MZ세대가 소비 계층의 주축으로 부상하면서 식품업계에서는 공유적 소비에 주목하고 있다. 이들 세대가 단순히 먹고 마시는 개인 소유적 소비에 그치지 않고 SNS 등을 통해 경험과 일상을 공유하는 소비 문화를 만들어 가기 때문이다. 브랜드 또는 제품 경험의 활발한 공유로 더욱 커진 소비 파급력에 편승하고 이들의 입맛을 공략하기 위해 새로운 소통법에 몰두하고 있는 것이다.

출처 : 이데일리/일부인용

상식UP! Quiz

문제 MZ세대는 모바일보다는 TV와 라디오로 정보를 습득하는 것을 선호한다.

O / X

해설 MZ세대는 디지털 환경에 매우 익숙한 세대로 TV와 라디오보다는 모바일로 정보를 습득하는데 능하다.

답

107 저출산

대한민국의 존립 위기

합계출산율이란 인구동향조사에서 15~49세의 가임여성 1명이 평생 동안 낳을 것으로 추정되는 출생아 명수를 나타낸 것입니다. 한 나라의 인구증감과 출산수준을 비교하기 위해 대표적으로 활용하는 지표인데요. 우리나라의 2024년 합계출산율은 0.75명입니다. 역대최저(0.72명)를 기록한 2023년에서 0.03명 증가했는데요. 9년 만에 반등하긴 했지만, 여전히 낮은 수치입니다. 저출산은 전 세계적인 현상이긴 하지만, 유독 우리나라에서 극심한데요. 경제협력개발기구(OECD) 회원국 합계출산율 평균의 절반도 안 되고, 회원국 중에서도 1.00명 이하인 국가는 우리나라가 유일하죠. 정부가 2006년부터 17년간 저출산 대응 예산으로 무려 280조원을 썼지만 결국 무위로 돌아간 셈입니다.

저출산은 인구감소와 고령화를 유도합니다. 이는 국가 경제성장률을 떨어뜨리고 재정동력을 약하게 만들죠. 인구 구성의 불균형이 심화되면서 노동력을 제공할 수 있는 인구가 점점 적어지고 이들의 노동 부담은 가중됩니다. 그로써 노인이든 청년이든 할 것 없이 누릴 수 있는 복지와 삶의 질은 악화됩니다. 노인 부양비가 늘면 연금과 의료보험이 부도가 나 국가경제도 무너질 수 있죠. 우리 국민연금 또한 연금을 낼 사람은 줄고 받을 사람만 늘어나는 고갈위기에 봉착했는데요. 무엇보다 저출산은 국가존립 자체를 위태롭게 한다는 점에서 매우 심각합니다.

저출산의 요인은 다양합니다. 그러나 근본적인 원인을 보면 역시 일자리와 보금자리가 모두 수도권에 집중된 탓이라고 할 수 있는데요. 좁은 땅에서 먹고 사는 경쟁이 극심해지니, 결혼과 출산은커녕 나 자신의 삶을 꾸려가기도 버겁습니다. 어찌 결혼은 한다고 해도 노동시간이 긴 우리나라 근로환경에서 육아에 매진할 시간도, 맡길 장소도 부족하죠. 이런 험난한 세상에 내 자식을 낳아 키워 내보낼 자신도 없고요. 초혼시기도 늦어지다 보니 아이를 갖지 못하는 불임부부도 늘어나는 추세입니다. 이 밖에도 열거하지 못한 원인이 많은데요. 이처럼 저출산은 한국사회가 안고 있는 다방면의 문제점이 뒤얽혀 발생한 사회병폐의 집합체라고 할 수 있습니다.

저출산 위기가 가시화된 때부터 역대정부는 막대한 예산을 들여 대책을 마련해왔습니다. 그러나 출산율은 반등하지 않았죠. 결국 수도권에 집중된 인프라를 분산하고, 국민이 근로와 경력단절, 살림에 대한 부담 없이 아이를 낳아 기르는 환경을 조성해야 하는데, 그런 근본적인 변화는 거의 이끌어내지 못했습니다. 그야말로 혁명적인 특단의 대책이 없다면, 지방소멸을 넘어 국가가 소멸되는 상황은 막기 힘들어 보입니다.

🔍 정치·경제·**사회**·국제·문화·미디어·과학·IT·스포츠

국민 30% "원하지 않으면 출산 안 해도 돼"

저출산·고령사회위원회는 저출산에 대한 국민의 인식변화를 살펴보고자 '저출산 인식조사'를 실시, 발표했다. 그 결과 국민 10명 중 9명 이상이 저출산 심각성을 인식하고 있는 것으로 나타났다. 저출산 원인으로는 '경제적 부담 및 소득 양극화(40.0%)'와 '자녀양육·교육에 대한 부담감(26.9%)', '만혼과 비혼 증가(28%)' 등을 꼽았다. 출산에 대한 인식조사에서는 44%는 '가능하면 하는 것이 좋다'고 했지만, 33.6%는 '본인이 원하지 않는다면 하지 않아도 된다'고 봤다. '반드시 해야 한다'라는 응답은 22.5%에 그쳤다. 저출산 정책에서 가장 중요하게 고려돼야 하는 대상으로는 '결혼하지 않은 청년세대'가 35.9%로 가장 많았다. 가장 효과가 높을 것으로 생각되는 해결방안으로는 '육아휴직, 근로시간 단축 등 일·육아병행제도 확대'가 25.3%로 가장 높았다.

출처 : 이데일리/일부인용

상식UP! Quiz

문제 합계출산율은 특정지역에서 1년 동안 태어난 인구를 전체인구로 나눈 것이다.

O / X

해설 출생률(조출생률)에 대한 설명이다. 합계출산율은 가임기 여성 인구수를 토대로 산출하고 출생률은 전체인구를 바탕으로 한다.

 ✕

108 외국인 가사도우미

저출산 문제 해결방안 될까?

2023년 9월 정부가 서울시에 외국인 가사도우미를 시범적으로 도입한다는 방침을 밝혔습니다. 고용노동부의 시범사업 계획안에 따르면 외국인 가사 전문인력 약 100명이 입국해 최소 6개월간 서울에서 가사서비스를 제공한다고 했는데요. 이용 대상은 직장에 다니면서 아이를 키우는 맞벌이 부부와 임산부, 한 부모 가정으로 정했습니다. 이들 외국인 노동자는 필리핀 등 가사서비스 관련 자격증을 운영하는 국가에서 온다고 했는데요. 입국 후 아동학대방지와 위생·안전교육 등 교육을 받은 뒤 현장에 투입한다고 밝혔죠.

정부가 이러한 정책을 내놓은 이유는 내국인 가사·육아인력 취업자가 점차 줄고 있는 실정이고, 대개 50대 이상이 종사하는 고령화가 심각하기 때문입니다. 정부는 맞벌이가 거의 필수처럼 된 현실에서 외국인 가사도우미는 새로운 활력이 될 수 있고, 여성의 경력단절 문제에 도움을 줘 출산율 회복을 이끌 수 있다고 설명했습니다. 그리고 실제 서구 선진국에서는 이러한 시도가 출산율 상승에 긍정적인 역할을 했다고도 설명했죠.

그러나 시범도입 전 이뤄진 공청회에서는 우려도 나왔는데요. 외국인 인력을 도입하기에 앞서 내국인 가사도우미들의 처우와 근무환경을 개선하는 것이 우선이라는 주장이 나왔습니다. 주 수요층인 맞벌이 부부 사이에서도 외국인 가사·육아도우미를 신뢰할 수 있을지, 서비스의 질이 떨어지지는 않을지 걱정하는 목소리가 컸습니다. 외국인이다 보니 문화적 차이나 육아 가치관의 간극을 극복할 수 있을지도 우려했죠.

그리고 시범사업에 참여하는 필리핀 출신의 가사도우미 100명이 2024년 8월 입국했습니다. 한국적응 교육과 가사실무 교육 등을 4주 동안 거친 뒤 가정에 투입하게 됐는데, 예상보다 많은 가정에서 신청이 쇄도한 것으로 알려졌습니다. 그런데 이들의 입국 이후 여러 말이 오고 갔는데, 먼저 규정된 업무범위가 모호해 현장에서 혼선을 빚을 수 있다는 우려가 나왔습니다. 규정에 따르면 이들의 업무는 어른 옷 세탁, 어른 식기 설거지, 바닥 청소 등은 해당되지만, 쓰레기 배출이나 수납정리 등은 포함되지 않습니다. 그러나 가사를 칼로 자르듯 구분하기는 쉽지 않죠. 아울러 필리핀당국에서는 도우미들이 오직 '아이돌봄'에 특화된 인력이라고 잘라 말했습니다.

또 최저임금을 보장해야 하다 보니 한 달 하루 8시간 서비스를 이용하기 위해서는 월 238만원이라는 적지 않은 비용을 내야 합니다. 이 때문에 소수의 가정만 혜택을 받게 된다는 지적이 나왔는데요. 그래서 이들에 대해 최저임금을 차등적용 해야 한다는 주장도 일각에서 나왔죠. 실제로 상대적으로 소득이 높은 '강남 3구' 가정의 신청이 많은 것으로 알려졌습니다. 여기에 도우미들의 영어가 유창하다는 점 때문에 자녀의 영어교육에 도움이 될 것으로 기대해 교육열이 높은 이들 지역에 쏠림이 심했다는 분석도 나왔습니다.

정치·경제·사회·국제·문화·미디어·과학·IT·스포츠

젊고 영어 능통한 필리핀 가사도우미, 역할은 어디까지?

필리핀 출신의 **외국인 가사도우미** 100명이 입국했다. 약 한 달간 한국 적응교육을 거쳐 내달부터 서울 시내 가정에서 근무를 시작한다. 고용노동부는 돌봄노동뿐 아니라 가사노동에 '영어교육'까지 가능하다고 강조하는데 이런 포괄적인 업무범위가 정책적 혜택 대상을 불분명하게 하고 향후 갈등의 소지를 키울 수 있다는 비판도 제기된다. 고용노동부는 입국한 100명이 "영어에 능통"하며 "24~38세의 젊은 계층"이라고 강조했다. 가사노동자협회 대표를 맡았던 최영미 한국노총 가사·돌봄유니온 위원장은 "필리핀이 원래 젊은 층이 취업할 곳이 많지 않아 외국으로 노동자를 보내는 인력사업을 펼쳐 인권문제가 불거지기도 했다"며 "그런데 우리나라까지 젊은 여성임을 강조하는 이유를 이해할 수 없다"고 비판했다. 돌봄과 가사노동에 더해 영어교육 기대까지 겹쳐 수요가 커졌다는 분석에는 "누구를 위한 정책으로 흐르는지 모르겠다"고 꼬집었다. 최 위원장은 "기본적인 정책의 중심은 돌봄"이라며 "돌봄서비스를 저렴하게 제공한다면 야간에 근무하거나 저소득 맞벌이 부부 등에게 정책의 혜택이 돌아가야 하는데 현재는 돌봄비용이 부담된다는 비판에 영어교육이 끼어들어 시선을 돌리게 하는 '이용자 착시현상'을 일으키는 것 같다"고 말했다.

출처 : 세계일보/일부인용

상식UP! Quiz

문제 정부가 저출산 대책으로 내놓은 외국인 가사도우미 시범도입은 경기도에서 이뤄진다.

○ / ×

해설 2023년 9월 정부는 서울시에 외국인 가사도우미를 시범적으로 도입한다는 방침을 밝혔다.

109 뉴트로

유행은 돌고 돌아

2010년대 중반부터 시작된 90년대 복고문화 열풍이 계속 이어지고 있습니다. 90년대 당시 유행했던 음악, 패션, 인테리어 등 다방면의 문화가 인기를 끌고 있는데요. 이래서 '유행은 돌고 돈다'는 말이 생겼나 봅니다. 복고열풍은 한동안 들끓은 이후 2022년부터 다시 고개를 들고 있는데요. 최근에는 복고(Retro)와 새로움(New)을 결합한 '뉴트로(Newtro)'라는 신조어가 유통업계에 바람을 일으키고 있습니다. 의류업계에서는 90년대에 유행했던 브랜드를 다시 론칭하기도 하고, 기존 브랜드에 90년대 패션 트렌드를 입혀 출시하기도 했죠. 또 과거 전성기를 지나 오래도록 침체됐던 기성 브랜드의 매출이 급등한 사례가 나오기도 했습니다. 가방에 다는 '키링'과 배꼽을 드러내는 '크롭티', 품이 넓은 '카고팬츠'가 길거리를 점유하고 있죠. 이런 경향은 이른바 'Y2K패션'이라고 불리고 있는데요. Y2K는 1999년 말 컴퓨터가 2000년의 연도처리 과정에서 오작동해 갖가지 사회적 문제를 일으킬 것이라는 세기말 종말론의 일종입니다.

패션 외에도 젊은 층이 많이 찾는 상권의 식당과 카페에서는 90년대에 유행했던 예스러운 소품을 배치하고, 식음료도 당시 사랑받았던 품목을 내놓으며 젊은 층에게 신선함을 선사하고 있습니다. 단순히 예쁜 인테리어와 차별화를 두어 흔히 말하는 '힙(hip)하다'고 느끼게 되죠. 최근에는 AI 앱을 통해 90년대 풍 헤어·패션스타일로 보정한 사진이 SNS상에 범람하기도 했습니다.

이렇듯 80년대도 아니고, 2000년대도 아닌 유독 90년대 문화와 아이템이 사랑받는 이유는 무엇일까요? 뉴트로를 이끄는 세대는 20~30대인 MZ세대인데요. 이들에게 90년대는 너무 멀지도 가깝지도 않죠. 인터넷이 보편화된 2000년대 이후의 문화는 MZ세대들이 이미 쉽게 접할 수 있어 식상한 데 비해, PC통신이 태동하고 경제성장을 이룬 90년대의 문화는 퍽 신선하게 다가오죠. 그렇다고 70~80년대 문화를 향유하기엔 너무 낯설고요. 이러한 뉴트로는 2010년대 중반부터 90년대 대중

음악이 재발견되고 사랑받으면서 촉발됐습니다. 뉴트로는 90년대에 활발하게 문화를 즐긴 30~40대 소비층에게는 가장 추억하기 적당한 시기에 있고, 10~20대에게는 신선하고 힙하게 다가옵니다. 현재의 뉴트로 열풍이 언제까지 이어질지 모르지만, 언젠가는 2020년대 문화가 뉴트로가 되어 미래에 소비시장을 주름잡을지도 모르겠네요.

정치 · 경제 · 사회 · 국제 · 문화 · 미디어 · 과학 · IT · 스포츠

'디카' 한물 갔다고요? … '뉴트로' 열풍에 MZ 오픈런

스마트폰의 보급으로 한때 '한물갔다'는 평가를 받을 정도로 위축됐던 디지털카메라 시장이 **뉴트로**를 만나면서 다시 활기를 되찾고 있다. 기존 DSLR 시절의 마니아 중심 시장이 아닌, 예쁘고 감성적인 접근을 좋아하는 20~30대 MZ 고객들을 주 타깃으로 변화를 모색하는 모습이다. 정해환 니콘이미징코리아 대표는 "카메라 시장이 레트로 트렌드를 만나 긍정적인 변화를 이끌고 있고, 이 같은 흐름이 업계전반에 기대감을 높여주고 있다"며 "니콘이 이번에 출시하는 'Z f'도 레트로 열풍에 맞춘 신작이다. 젊은 고객들에게 어필하기 위해 팝업스토어도 소위 '힙하다'는 합정동에 마련했다"고 말했다. 'Z f'는 1980년대 필름카메라 시장을 주름잡던 'FM2'의 디자인을 복각해, 얼핏 보면 필름카메라를 떠올릴 정도로 디자인을 강조했다. 최근 20~30대 사이에선 감성적인 사진촬영을 위해 일부러 필름카메라를 구매하고 이를 현상하는 사례도 늘고 있다. 홍대입구 · 합정 등에는 필름카메라 자판기도 생기는 등 사진과 카메라는 일종의 놀이영역이 됐다는 평가다.

출처 : 뉴시스/일부인용

상식UP! Quiz

문제 뉴트로는 2000년대 이후 문화를 향유하는 복고문화다. ○ / ×

해설 뉴트로는 PC통신이 태동하던 90년대 문화를 향유하는 복고문화다.

답 ×

110 디지털 격차

이것은 어떻게 쓰는 물건인고

세상은 지금도 빠르게 변해가고 있습니다. 디지털 기술도 끊임없이 진화하면서 우리의 일상 속에 고스란히 침투하고 있습니다. 그러나 동시에 우리 사회에는 새로운 고민거리가 생겨났는데요. 바로 디지털 격차입니다. 젊은 세대들은 최신 기술을 부담 없이 수용하고 또 다른 새로운 기술을 원하지만, 이에 익숙하지 않은 고령층은 기술을 활용하는데 애를 먹기 마련입니다. 또한 시대의 변화에 따라가지 못한다는 우울감에 빠지기도 하죠. 비대면·온택트 트렌드가 사회 전방위로 확산되면서 이러한 간극은 더욱 깊어지고 있습니다.

요즘 젊은 사람들은 거의 은행에 가지 않습니다. 웬만한 금융 업무는 모바일뱅킹으로 해결할 수 있기 때문이죠. 그러나 여전히 많은 노년층은 은행 일을 보기 위해 은행 창구를 찾습니다. 디지털 금융으로의 전환 때문에 은행들이 창구의 직원들을 감축하고 있는 현실인데도 말이죠. 디지털 격차를 체감할 수 있는 또 한 가지 사례는 바로 키오스크입니다. 많은 점포들이 키오스크를 설치함으로써 인건비를 줄이고 있는 상황인데요. 노년층에게 키오스크는 커다란 장애물로 다가옵니다. 스마트폰 조작에도 어려움을 겪는 노년층에게 키오스크는 결코 친절한 시스템이 아니죠.

과학기술정보통신부의 2020년 조사에 따르면 우리나라 60대의 89.7%는 모바일 스마트 기기를 보유하고 있으나, 70대 이상은 44.9%만 갖고 있는 것으로 나타났습니다. 또한 한국은행에 따르면 60대 이상의 모바일뱅킹의 이용률은 13.7%에 그치는 것으로 조사됐는데요. 이에 반해 고령층이 이용하는 은행 지점은 계속 줄고 있는 실정입니다. 이런 추세는 계속해서 이어질 전망인데요. 금융뿐 아니라 생활 전반에서 필요한 정보들도 온라인으로 오가고 있는 상황인지라, 이에 대응이 더딘 노년층은 정보 수집에 취약할 수밖에 없습니다.

일각에서는 이러한 디지털 격차를 줄이기 위해 정부가 적극적으로 나서야 한다고 주장합니다. 실제로 정부는 2020년 디지털 취약계층을 위한 디지털포용 추진계획을 발표했는데요. 그러나 노년층을 고려한 실질적 디지털 교육방안은 미흡하다는 비판도 나왔습니다. 정부뿐 아니라 가정에서의 도움도 필요하다는 의견도 있었는데요. 지적만 하기보다는 노년층이 디지털 정보에 취약할 수밖에 없음을 인정하고 우선 어려움에 공감해주는 것이 중요하다고 전했습니다.

정치·**경제**·**사회**·국제·문화·미디어·과학·**IT**·스포츠

키오스크 앞에만 서면 진땀나는 디지털 소외계층

최근 패스트푸드점, 영화관 등 유통업계는 비대면 문화 확산과 최저임금 인상 등의 요인으로 키오스크, 무인점포 등 디지털 전환에 앞장서고 있으나 그에 따른 **디지털 격차**도 커지고 있다. 디지털 전환을 두고 소비자의 반응이 극과 극을 달린다는 것이다.
키오스크, 무인점포 등의 변화에 익숙지 않은 소비자들은 문제라고 짚은 반면, 디지털 전환에 익숙한 젊은 층은 점원을 접하는 것보다 편리해서 대면 주문보다 키오스크를 선호한다고 전했다. 업계 관계자들은 인건비를 줄이고 매장 내 회전율을 높이기 위해서 어쩔 수 없는 선택이라는 입장이다. 중고 키오스크를 매입해 최근 개인카페에 설치했다는 자영업자 최모(28·여)씨는 "가게 운영비용은 점점 더 늘어나는데 거리두기로 인해서 카페 내부에 손님을 받는 것도 제한적이라서 어쩔 수 없는 선택이었다"고 말했다. 이에 전문가는 소비자간 디지털 격차를 줄이고 변화의 흐름에 적응할 수 있도록 관련 조치를 취해야 한다고 설명했다.

출처 : 중부일보/일부인용

상식UP! Quiz

문제 디지털 격차는 디지털 기술 발전이 가져온 우리 사회의 긍정적인 현상이라 할 수 있다. ○ / ×

해설 디지털 격차 또는 디지털 양극화는 디지털 보편화에 적응하지 못하는 취약 계층이 사회에서 소외되는 현상을 가리키며, 해소해야 할 문제로 지적되고 있다.

답

111 사이버 렉카

남 물어뜯어 돈 버는 사람들

유튜브를 검색하다보면 갖가지 이슈나 사건의 전말을 정리하고 이에 대해 논평하는 유튜버 채널을 흔히 발견할 수 있습니다. 얼핏 이들의 콘텐츠는 해당 이슈를 나름대로 사실에 기반해 소개하고 해석하는 것처럼 보입니다. 또 언변이 좋아 그럴듯하게 들리기도 하죠. 이들은 영상의 말소리를 빠르고 간극 없이 이어 붙여, 재생을 시작하면 나도 모르는 사이에 끝까지 듣게 되는 경우가 많은데요. 이들은 연예, 사회, 정치, 스포츠 등 가릴 것 없이, 사건사고만 터졌다하면 해당 사건의 보도 자료와 커뮤니티 반응 등을 짜깁기해 영상을 만들고 이에 대해 비판·논평하는 콘텐츠를 제작합니다. 그리고 사람들의 클릭을 유도하고 조회 수를 올려 구독자를 모으죠. 이런 사람들을 우리는 '사이버 렉카'라고 부릅니다.

우리는 렉카(사설 견인차)를 고속도로에서 흔하게 볼 수 있습니다. 고속도로에서 교통사고가 나면 부르지도 않았는데 어떻게 알았는지 렉카들이 사이렌을 울리며 몰려오죠. 사이버 렉카라는 명칭은 이렇게 사건사고가 터지면 득달같이 달려들어 관련 콘텐츠를 제작하는 모습이 고속도로의 사설 견인차와 닮았다해 지어졌습니다. 사이버 렉카는 유튜브뿐만 아니라 각종 인터넷 커뮤니티에도 존재합니다. 이들은 이슈를 공론화해 관심을 모으고 또 수익을 올리죠.

이들은 최근 큰 비판을 받고 있습니다. 우선 이들이 제작하는 콘텐츠는 이슈에 대해 스스로 취재하거나 다각도로 분석한 결과물이 아닙니다. 누구보다 빠르게 이슈에 대해 소개하고 조회 수를 모아야 하기 때문에, 일단 각종 보도 자료나 인터넷 커뮤니티의 근거 없는 낭설들을 소재로 콘텐츠를 제작해 업로드합니다. 사실상 이들은 이슈 그 자체에 대해 관심이 있다기보다는 이를 통한 수익 올리기에 더 골몰하고 있는 셈이죠. 제대로 사실 확인이 안 된 자료들을 근거로 하다 보니, 잘못된 정보를 전달할 가능성이 큽니다. 또 이들이 건드리는 이슈들은 대개 자극적이고 선정적인 것들이 많다보니, 이슈에 얽힌 이가 무고한 희생양이 될 수도 있고 혐오를 만들 공산이 있습니다. 아울러 그러한 사태가 벌어진다 해도 제대로 된 후속조치를 하지 않는 경우가 많죠. 이들은 자신들의 콘텐츠가 국민의 알권리를 보장하기 위한 것이라 주장하지만, 정작 이들은 영상에서 모자나 가면 등으로 얼굴을 가린 경우가 많습니다.

지난 2020년 희대의 아동성범죄자 조두순이 출소했던 당시, 많은 사이버 렉카와 유튜버들이 그의 집에 몰려들었습니다. 그들은 욕설을 하고 소리를 지르는가하면 조두순의 관용차 위에 올라가 난동을 부리기도 했죠. 이들은 이 장면을 유튜브와 스트리밍 플랫폼으로 생중계하며 수익을 올렸습니다. 이는 인근 주민들에게 큰 불편과 고통을 주었죠. 이들은 채널 구독을 해주면 조두순의 집에 쳐들어가겠다는 공약을 하며 사람들을 자극했는데요. 참다못한 한 주민은 "12년 전 조두순이 성범죄를 저질러 수감될 때는 무엇하고, 이제 와서 이런 민폐를 끼치는 것이냐"고 일갈했습니다. 이슈를 소개하는 진정성과 의무감보다는 돈 벌기에 급급한 이들의 행태를 꼬집은 것이죠. 이 밖에도 지난 2021년 일어난 '한강 대학생 사망사고' 당시 일부 사이버 렉카들이 가짜뉴스를 퍼뜨리며 혼란을 야기했던 전력이 있습니다.

정치·경제·사회·국제·문화·미디어·과학·IT·스포츠

죽음도 고통도 그들에겐 조회 수 …
심리학자가 본 '사이버 렉카'

최근 여러 사회적 이슈 때마다 빠지지 않고 등장하는 이들이 있다. 바로 **'사이버 렉카'** 다. '유튜버'라는 이름 뒤에 숨은 이들은 사고 현장에 신속히 나타나는 렉카처럼 이슈만 생기면 기다렸다는 듯 가짜뉴스를 찍어낸다. 이들에게는 타인의 고통이나 죽음도 오로지 조회 수, 돈벌이 수단이 된다. 무엇이 이들을 이토록 무감각하고 비도덕적이며 망상에 빠지도록 했을까. 심리학 전문가는 그들에게서만 원인을 찾아선 안 된다고 설명한다. 사이버 렉카의 목적은 단 하나, 조회 수를 높이는 것이다. 그들에게 조회 수는 곧 '돈'이다. 조회 수를 높여 수익을 올리기 위해서는 다른 영상보다 돋보여야 하며, 이를 위해 계속해서 자극적이고 엽기적인 내용들을 거짓으로 만들어낸다. 이 과정에서 피해자와 피해자 가족·주변인들의 고통, 거짓 사실 유포로 인한 처벌, 사회적 파장 등은 전혀 고려하지 않는다. 서울대 심리학과 곽금주 교수는 "그들(사이버 렉카)의 관심은 오로지 조회 수를 올리는 것에만 집중돼 있고, 윤리나 도덕적 가치, 피해, 파장에는 관심이 없다"며 "행동이 반복될수록 이 같은 성향이 심해지는 모습을 보인다"고 말했다. 이어 "그들끼리도 나름대로 의식하고 경쟁을 하다 보니, 수위를 높여 결국에는 불법적인 일까지 하게 된다"고 덧붙였다. 전문가는 이들이 공통적으로 당사자의 입장·감정이나 거짓말, 불법 등에 무감각한 모습을 보인다고 설명한다. 다른 사람의 입장이나 감정, 법적인 처벌을 신경 썼다면 쉽게 이 같은 행동을 할 수 없었을 것이라는 설명이다.

출처 : 헬스조선/일부인용

상식UP! Quiz

문제 사이버 렉카는 이슈에 대한 사실 확인과 다각적 분석을 콘텐츠로 제작하는 크리에이터를 말한다.　　　　　　　　　　　　　　　　　　　　　ㅇ / ✕

해설 사이버 렉카는 제대로 된 사실 확인과 근거 없이, 수익을 올리기 위해 이슈를 소개하고 논평하는 이들을 말한다.

 답 ✕

112 기후변화협약

기후변화는 누구의 책임일까?

산업화 이후 지구의 온도변화는 매우 극심하게 나타났습니다. 세계기상기구(WMO) 데이터에 따르면 1850년 이후 지구의 평균온도는 1.1℃ 올랐는데, 2011년부터 2015년 사이에만 0.2℃가 올랐습니다. 기후변화가 매우 가파르게 일어났기 때문에 사태의 심각성을 깨달은 국제사회는 1988년 유엔(UN) 총회에서 WMO와 유엔환경계획(UNEP)에 "기후변화에 관한 정부간 패널(IPCC)"을 설치했고, 1992년 6월 유엔환경개발회의(UNCED)에서 기후변화협약(UNFCCC)을 채택했습니다. 기후변화협약은 '기후변화에 관한 유엔 기본협약'의 약칭으로 온실가스로 인한 지구온난화를 막고자 하는 국제사회의 약속입니다.

기후변화협약은 1995년 제1차 당사국총회(COP) 이후 매년 당사국들이 만나 총회를 열고 있습니다. 각국 정상들은 현재 기후변화 상황과 당면한 문제를 어떻게 해결할 것인지 논의하는데요. 1997년 일본 교토에서 열린 제3차 당사국총회에서는 감축할 온실가스 여섯 가지와 그 감축목표를 정한 '교토의정서(Kyoto Protocol)'를 채택하면서 구체적 이행방안을 마련했습니다. 감축대상으로 지목된 것은 이산화탄소(CO_2), 메탄(CH_4), 아산화질소(N_2O), 불화탄소(PFC), 수소화불화탄소(HFC), 육불화유황(SF_6)이었죠.

회원국별로 감축해야 할 온실가스의 양도 정했는데요. 특히 OECD와 동유럽 및 유럽경제공동체를 포함한 38개 선진국은 2008년부터 2012년까지 최소 5.2% 이하로 감축해야 했죠. 이 교토의정서는 법적인 구속력을 가지고 있어서 만약 이를 지키지 못하면 비관세 장벽이 허용되고, 2017년까지 추가적으로 더 높은 감축 이행안을 받아들여야 했습니다. 이 교토의정서에는 감축을 초과달성한 국가와 배출 허용범위를 넘은 국가가 서로 배출권을 거래할 수 있는 제도도 도입됐습니다.

그러나 교토의정서에는 한계점이 있었는데요. 일단 감축 의무국가에 주로 선진국

만이 포함됐는데, 목표를 달성하지 못하면 그만큼의 1.3배를 추가로 이행해야 하는 벌칙규정 때문에 가입을 꺼리는 국가가 많았습니다. 또한 중국과 인도 등은 온실가스배출이 많음에도 개발도상국이라는 이유로 의무국에서 제외됐죠. 급기야 설상가상 의무국이었던 미국은 이에 불만을 품고 교토의정서를 2001년 탈퇴해버립니다. 온실가스배출이 많기로 손꼽히는 세 나라가 의무국에서 빠지자 캐나다와 일본·러시아도 잇달아 탈퇴를 선언하게 되죠.

그래서 2015년 파리에서 열린 제21차 당사국총회에서 '파리협정(Paris Agreement)'을 채택합니다. 2020년까지 연장된 교토의정서가 만료될 예정이었고, 또 한계점이 많다는 점에 따라 새로이 약속을 정한 것이죠. 먼저 파리협정은 지구온도가 산업화 이전과 비교해 2℃ 이상 오르지 않게 하자고 의견을 모았습니다. 파리협정은 종료시점을 특정하지 않았고, 선진국 위주가 아니라 모든 회원국(197개국)으로 이행 범위를 넓혔습니다. 또 감축목표도 국가마다 자발적으로 정할 수 있도록 했고요. 교토의정서가 감축에만 집중했던 것과 달리 감축과 감축에 따른 적응, 감축기술이전 등의 내용도 포함했습니다.

그런데 선진국뿐 아니라 개발도상국(개도국)에게도 감축의무가 주어지면서 또 다른 갈등양상도 불거졌는데요. 사실 현재의 기후위기는 미국이나 일본 등 선진국들의 과거 발전과정에서 야기된 측면이 있습니다. 선진국들이 발전하며 내뿜었던 온실가스가 결과적으로 현재 개도국들이 겪는 기후위기에 일조했다고도 볼 수 있죠. 게다가 개도국들 입장에선 당장 생존과 산업발전을 위해 화석연료 사용이 불가피한데, 온실가스 감축을 함께 이행하기에는 버겁다는 불만이 터져 나왔습니다. 2021년 총회에서는 2040년까지 석탄사용을 단계적으로 폐지하자는 논의도 나왔는데, 중국 등의 강력한 반대로 폐지가 아닌 '감축'으로 문구를 고치기도 했습니다. 결국 2022년 총회에서는 개도국이 석탄사용을 줄이고, 친환경발전으로 전환하도록 선진국이 지원하겠다는 계획이 나왔는데요. 그러나 개도국들은 선진국이 야기한 기후변화로 입은 피해부터 먼저 보상하라고 요구하고 있습니다.

정치 · 경제 · 사회 · 국제 · 문화 · 미디어 · 과학 · IT · 스포츠

"파리협정 충실히 지켜도 2100년까지 빙하 절반 녹을 것"

인류가 **기후변화협약**의 파리협정에 명시된 탄소배출량 감축목표와 지구온도 상승제한 목표를 지켜도 이번 세기 말까지 빙하의 절반이 녹을 것이라는 비관적인 연구결과가 발표됐다. 데이비드 라운스 미국 카네기멜론대 도시 및 환경공학과 교수팀은 지구 평균기온 상승을 산업화 이전 수준 대비 2℃ 이내로 제한하자는 파리협정 시나리오하에서도 2100년까지 빙하의 49%가 사라진다는 결론을 국제학술지 '사이언스'에 발표했다. 연구팀은 20년간 위성으로 수집한 정보를 토대로 그린란드와 남극대륙을 제외한 전 세계 21만 5,000개의 빙하를 분석했다. 기후변화에 따른 온도상승 시나리오에 따라 빙하의 용융과 해수면 상승을 예측했다. 시뮬레이션 결과 인류가 파리협정의 목표를 지키는 데 성공해도 2100년까지 전 세계 빙하의 49%가 사라졌다. 평균기온이 2.7℃까지 오르면 전 세계 빙하의 68%가 사라지고 유럽 중부, 캐나다 서부, 미국의 빙하가 모두 녹을 것으로 전망됐다.

출처 : 동아사이언스/일부인용

상식UP! Quiz

문제 2015년 열린 제21차 기후변화협약 당사국총회에서 채택한 국제협정은?

해설 파리협정은 2015년 제21차 기후변화협약 당사국총회에서 채택됐으며, 지구온도가 산업화 이전과 비교해 2℃ 이상 오르지 않게 하자고 의견을 모았다.

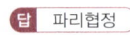 답 파리협정

113 고령운전자

도로 위의 시한폭탄?!

경찰청에 따르면 2023년 운전면허를 자진반납한 65세 이상 고령운전자가 11만명이 넘었다고 합니다. 나이가 들고 신체적·인지능력이 약화되면서 스스로 운전대를 놓는 고령자가 많아진 것이죠. 이는 고령운전자가 일으킨 교통사고가 늘어나고 있다는 최근의 사회적 인식과 궤를 같이 합니다. 2024년 7월 도로교통공단의 교통사고가해분석시스템에 따르면 65세 이상 운전자가 유발한 교통사고는 2014년 9.1%에 불과했으나, 이후로 차차 오르면서 2023년에는 20%로 뛰어올랐습니다.

고령운전자의 교통사고 유발이 늘면서 정부에서는 대책을 내놓고 있습니다. 2019년부터 고령운전자라면 3년에 한 번씩 수시적성검사를 받도록 하고 있고, 고령운전자가 면허증을 반납하면 지자체별로 10만~30만원 정도의 현금이나 지역화폐를 지급하고 있습니다. 또 2024년 5월 국토교통부에서는 '조건부 운전면허제' 도입을 검토하겠다고 했는데요. 고령자의 실질 운전능력을 평가해 이에 따라서 야간운전이나 고속도로운전 금지, 속도제한 등 운전 허용범위를 다르게 한다는 것이죠. 그러나 대책이 발표되자 고령운전자들의 반발도 즉각 터져 나왔습니다. '65세 이상이라고 모두 운전능력이 떨어지는 것이 아니'며, '사회갈등을 조장하고 고령자의 발을 묶는 정책'이라는 반응이 많았는데요. 게다가 택시운전·화물운송 같은 운수업에 종사하는 고령운전자도 많기 때문에, 이들의 생계뿐 아니라 운수업 자체의 인력수급에도 영향을 줄 수 있다는 우려가 제기됐죠.

2024년 7월에는 서울 시청역 인근에서 68세 운전자가 도로를 역주행해 행인들을 들이받고 9명이 사망하는 참극이 발생했습니다. 당시 사고운전자는 급발진을 주장했지만 동시에 고령운전자에 대한 논란도 다시 불거졌는데요. 그러나 사고 이후에도 사고원인을 고령으로만 단정 짓는 것에 대해 경계해야 한다는 의견이 나왔습니다. 교통사고를 고령 탓으로 떠미는 시각이 생산성 여부를 중요시하는 현 사회에서 노인을 그저 '짐이 되는 존재'로 범주화하는 한 단면이라고도 지적했죠. 고령운전자

유발 사고가 늘어난다는 통계 또한 운전자 연령대가 높아지는 고령화의 측면이 빚어낸 '통계의 함정'이라는 분석도 있습니다. 아울러 연령과 교통사고율 간에 확실한 인과관계가 성립한다고 보기는 어렵다는 주장도 나왔습니다.

정치・경제・**사회**・국제・문화・미디어・과학・IT・스포츠

"뺄셈 틀리면 면허갱신 불가"…
기준 모호한 고령운전자 치매검사

시청역 참사를 계기로 정부가 고령자 면허를 제한하는 정책을 검토 중인 가운데, **고령운전자** 자격을 검사하는 현행제도부터 정비해야 한다는 지적이 나온다. 특히 75세 이상 운전자가 운전면허를 갱신할 때 받아야 하는 치매인지선별검사(CIST)는 운전능력평가와 직접적인 연관이 부족하고, 평가기준도 모호하다. 치매검사는 기억력, 주의력, 시공간기능, 언어기능, 집행기능 등 인지기능을 평가하는 도구다. 최호진 한양대 구리병원 신경과 교수는 "심각한 치매환자에겐 확실하게 '운전 못 한다'고 말할 수 있지만, 경도인지저하나 초기 치매환자는 기준이 모호하다"라며 "기억력 점수가 낮게 나왔다고 해서 사고를 낼 것이라고 단정할 순 없지 않나"라고 말했다. 이찬녕 고려대 안암병원 신경과 교수도 "치매판정을 위한 검사도구로 운전능력을 평가하니 불만을 토로하는 어르신이 적지 않다"고 전했다.

출처 : 쿠키뉴스/일부인용

상식UP! Quiz

문제 65세 이상의 고령운전자는 3년 주기로 운전면허 갱신을 받아야 한다. ○ / ×

해설 2019년 도로교통법 개정으로 75세 이상의 고령운전자는 3년 주기로 적성검사를 통해 운전면허 갱신을 받아야 한다.

답 ×

114 주4일 근로제

생산성 강화 vs 생산성 저해

우리나라에서도 일주일에 4일만 근무하는 주4일 근로제의 실험과 도입이 차츰 이루어지고 있습니다. 일부 민간기업에서 격주 주4일 근무방식을 택했고, 몇몇 지자체에서도 육아하는 직원을 대상으로 주4일제 도입을 발표했습니다. 월~목요일까지는 1시간씩 더 일하는 대신 금요일에는 오전에만 근무하는 방식의 유연근무제를 실시하기도 하죠. 이러한 주4일제 도입의 가장 큰 목적은 일과 가정생활의 양립을 통해 심각한 저출산 문제 해결에 도움이 되기 위함입니다.

주4일제에 대한 찬반논쟁은 아직 첨예한데요. 찬성하는 측에서는 여전히 우리나라의 노동시간이 세계 최고수준이며, '지속가능한 노동'이 이뤄져야 한다고 주장합니다. 또 '업무효율성 강화'를 주4일제의 최대 장점으로 꼽는데요. 정해진 업무시간이 줄어드니 개인업무로 불필요하게 낭비되는 시간이 사라지고 더 집중력 있게 일하게 됩니다. 이를 통해 생산성을 높일 수 있다는 것이죠. 실제로 주4일제 시험 결과 생산성이 늘어났고 이직률도 낮아졌다는 외국의 사례를 들고 있습니다. 근로시간이 줄어드니 개인건강에 신경 쓸 여력이 늘어나고, 가족과 개인활동에 더 많은 시간을 할애할 수 있습니다. 삶의 질적인 만족도가 올라가겠죠.

한편 반대 측은 주4일제가 금융·서비스 업종에서는 생산성을 늘릴 수 있을지 몰라도, 제조업 기반인 우리나라에서 주4일제를 모든 산업에 일괄적으로 적용하기 어려울 거라고 주장합니다. 중소기업의 경우 주4일제를 실시할 여력도 없는데다가, 다 같이 일하고 다 같이 쉬는 제조업의 특성상 외려 생산성을 저해할 것이라고 이야기하죠. 주4일제가 가능한 업계 내에서도 장기근로가 필요한 직렬이나 일부 인력에 대해서는 제한적으로 실시하는 상황입니다. 무엇보다 주4일제의 대원칙은 노동시간을 줄이면서도 급여삭감을 하지 않는 것인데, 이를 영세한 중소기업이 감당할 수 있을지도 문제로 지목되죠. 일각에서는 임금지급이 어려운 중소업체에 한해 정부가 지원을 해주는 방법도 고려해야 한다고 주장합니다.

🔍 정치・**경제**・사회・국제・문화・미디어・과학・IT・스포츠

"저희 회사도 주4일제 가능할까요"… 저출생이 쏘아올린 공

최근 일부 지자체 공공기관에서 어린 자녀를 키우는 직원의 출근일수를 줄여주는 등 일-가정 양립 정책을 앞 다퉈 도입하고 있다. 아이를 키우는 근로자들 사이에서는 이 같은 **주4일 근로제**의 확산이 필요하다는 기대 섞인 반응이 나온다. 다만 민간 중소영세 기업에서는 자율적으로 근무시간을 줄이는 게 현실적으로 불가능하다는 지적도 있다. 공공기관에 비해 민간기업은 업무효율이 일부 오르더라도 자칫 전체 생산성이 저하되면 경쟁에서 도태될 수 있다는 우려 때문에 근무시간을 줄이는 시도를 하기가 더 어렵다. 따라서 정부차원의 지원책을 마련하는 한편 근무시간의 양극화를 줄일 방안을 함께 고민해야 한다는 분석이 나온다. 김대종 세종대 경영학부 교수는 "출산율이 전 세계 꼴찌인 상황에서 부모의 양육환경 개선을 위한 특단의 대책이 필요하다"며 "지금도 정부가 저출산 예산으로 수십조원씩 쓰고 있는 만큼 돈을 아낄 사안이 아니다"고 지적했다.

출처 : 뉴시스/일부인용

상식UP! Quiz

문제 2023년 3월 윤석열정부는 주4일 근로제를 골자로 하는 근로제 개편안을 발표했다.

O / X

해설 2023년 3월 윤석열정부는 최대 69시간까지 근무가 가능하고 장기휴가를 이용할 수 있도록 하는 근로제 개편안을 발표하여 논란을 불렀다.

115 실업급여

실업급여가 아닌 시럽급여?!

실업급여는 고용보험에 가입한 근로자가 실직하고 재취업활동을 하는 동안 생계안정과 취업 의지를 고양하기 위해 국가가 지급하는 지원금입니다. 보통 실업급여라고 칭하는 구직급여와 취직촉진수당으로 나뉩니다. 실업급여는 실직한 날을 기준으로 18개월 중 180일 이상 근무하다가, 직장이 문을 닫거나 구조조정(해고) 등 자의와는 상관없이 실직한 사람에게 지급됩니다.

그런데 2023년 들어 이 실업급여 지급에 문제가 있다는 말이 정부·여당에서 나왔는데요. 실업급여의 관대한 수급조건을 악용해 직장에서 기준일수를 채우고 퇴사한 뒤 반복해서 실업급여를 받거나, 받은 이후에도 재취업 노력을 제대로 하지 않는 사례가 있다고 지적했죠. 실업급여를 받은 후 재취업률도 낮은 편이고, 실업급여의 궁극적 목적인 근로의지를 북돋는 측면에서 미흡하다고 했습니다. 게다가 현행 실업급여는 이전 직장급여의 60%, 이것이 최저임금에 미달할 경우 최저임금의 80%를 지급하고 있는데요. 취업 후 최저임금 급여에서 세금을 빼다보면, 실업급여보다 적은 현상이 발생하기도 했죠. 그래서 "힘들게 일하며 최저임금 받는 것보다 쉬면서 실업급여 타는 것이 더 이득"이라는 말까지 나왔습니다. 여당은 이를 두고 실업급여가 아닌 '시럽급여'라는 말로 표현해 논란이 됐는데요.

정부는 실업급여 지급을 위해 설립된 고용보험기금의 적자까지 거론하며, 수급조건을 강화하고 수급액도 깎겠다는 계획을 내놨습니다. 그러나 우려하는 목소리도 있죠. 물론 근로기간 등 수급조건을 악용하는 사람도 있겠지만, 불안정한 임시·단기근로자가 많은 노동실태를 고려하면 악용은 일부 사례라는 겁니다. 또 현재 같은 불황에 실업급여가 늘고 고용보험이 적자가 나는 것은 자연스러운 현상이라는 의견도 있죠. 또 노동계에서는 정부·여당이 적자의 이유를 정확히 분석하지도 않고, 취약계층에 대한 이해 없이 재정부족을 충당하기 위해 무작정 실업급여를 깎는다고 비판했습니다.

🔍 정치 · 경제 · 사회 · 국제 · 문화 · 미디어 · 과학 · IT · 스포츠

바닥 보이는 실업급여, 갈수록 더 빠듯

실업급여 예산이 조기 소진될 가능성이 높아졌다. 실제 예산이 바닥난다면 고용노동부는 또 공공자금관리기금에 손을 벌려야 할 수 있다. 문제는 구직급여 예산부족이 향후 반복될 수 있다는 점이다. 고용부가 내년도 실업급여 예산을 올해보다 3,000억원가량 줄였기 때문이다. 이 탓에 실업급여에 최저임금 연동구조를 없애는 등의 대대적인 개편이 없다면 고용보험기금 재정건전성 확보가 어려울 것이란 우려가 나왔다. 고용부는 "윤석열정부 노동개혁의 핵심은 경제활성화와 일자리 창출"이라며 "취약계층의 사회안전망을 강화하는 것도 중요하지만 더 많은 일자리가 근본적인 대책"이라고 설명했다. 이어 "최저임금에 연동한 하한액, 손쉬운 수급요건으로 실업급여 반복수급 등이 근로의욕 저하의 핵심 원인"이라며 실업급여 제도개편 의지를 재확인했다.

출처 : 헤럴드경제/일부인용

상식UP! Quiz

문제 직장에서 권고사직을 한 경우 실업급여를 받을 수 있다. ○ / ×

해설 실업급여는 해고, 권고사직 등 직장에서 자의와는 상관없이 실직한 사람에게 주어질 수 있다.

답 ○

사람이 없으면 도시도 없다

앞서 살펴봤듯이 저출산은 고령화와 맞물려 여러 가지 국가적 문제를 야기하는데요. 그 중에 한 가지가 바로 지역의 소멸입니다. 지방의 고령화와 인구감소 문제가 오르내린 것이 어제오늘일은 아닙니다. 그러나 인구감소를 넘어 지방소멸이 본격적으로 논의된 것은 얼마 되지 않았는데요. 2023년 말을 기준으로 전국 228개 시·군·구 중 무려 121곳이 인구소멸위험지역으로 분류된다는 통계결과가 나왔습니다.

지방인구소멸은 더욱 가속화되고 있는데요. 사람이 살지 않는 도시가 이제 현실로 점차 다가오고 있는 것입니다. 대한민국이 점점 작아지고 있는 것이죠. 소멸위험지역은 소멸위험지수를 통해 한국고용정보원이 산출하게 되는데요. 소멸위험지수는 한 지역의 20~39세 여성 인구를 65세 이상 인구로 나눈 값입니다. 이 지수값이 1.5 이상이면 저위험, 1.0~1.5인 경우 보통, 0.5~1.0인 경우 주의, 0.2~0.5는 위험, 0.2 미만은 고위험으로 분류됩니다. 수치가 낮으면 낮을수록 인구가 유입되거나 유출되는 등의 큰 변화가 없는 한, 약 30년 뒤에는 지역이 사라질 위기에 처한다는 의미를 갖죠. 2023년 말 고위험지역으로 분류된 지역은 시·군·구 52개입니다.

우리정부는 지역소멸과 지역균형발전을 위해 52조원이 넘는 예산을 투입하기로 결정했습니다. 지역의 청년 일자리를 확충하면서, 빈약한 인프라를 구축하고 확대하는데 온 힘을 기울이기로 했죠. 그러나 현재도 수도권에 인구가 몰려드는 상황에서 이 같은 정책이 얼마나 힘을 발휘할 수 있을지는 미지수인데요. 감사원의 보고에 따르면, 현재와 같은 수도권 인구 편중과 고령화·저출산이 지속될 경우, 2047년에는 우리나라의 모든 지역이 소멸위험지역이 된다고 합니다. 정부의 정책도 효과를 보여야 하겠지만, 계속될 경우 결국 이에 대한 부담은 우리가 지어야 한다는 것도 반드시 기억해야 할 것입니다.

🔍 정치·경제·**사회**·국제·문화·미디어·과학·IT·스포츠

지방소멸 위기 '국가비상사태적 정책설계' 추진해야

국회 농림축산식품해양수산위원회 소속 더불어민주당 서삼석 의원과 광주전남연구원은 국회 의원회관에서 **지방소멸** 위기 원인 진단 및 해법 모색을 위한 정책토론회를 개최했다.

이날 토론회에서 발제를 맡은 김현호 전 한국지방행정연구원 부원장은 "기존의 사회정책적 접근만으로는 지방소멸 문제 해결이 불가능하다"고 진단했다. 김 전 부원장은 "문제 해결을 위해서는 국가와 지자체 간 협업이 필요하고, 장기적으로 저출산 대응조직과 지방소멸 대응조직을 일원화해야 한다"며 "국가비상사태적 정책 설계를 추진해야 한다"고 제시했다. 민현정 광주전남연구원 지역공동체문화연구실장은 "단순히 특정 사업에 대한 지원만으로는 지역인구 감소 문제 해결에 한계가 있다"며 "지역의 지속적인 성장·발전을 위해서는 행정, 재정, 세제 등 다양한 지원정책 수립과 동시에 정부의 시의성 있는 지원이 가능해야 한다"고 주장했다.

출처 : 뉴시스/일부인용

상식UP! Quiz

문제 한 여성이 가임기간에 낳을 것으로 기대되는 평균 출생아 수를 설정한 지표는?

① 합계출생아　　　　　② 평균출산율
③ 합계출산율　　　　　④ 가임출산율

해설 합계출산율이란 인구동향조사에서 15~49세의 가임 여성 1명이 평생 동안 낳을 것으로 추정되는 출생아 수를 통계화한 것이다.

 ③

117 메가시티

지방소멸의 타개책?

앞서 지방소멸 문제를 살펴봤는데요. 지방의 인구가 줄어들면서 지방자치단체의 재정도 함께 어려워지고 있습니다. 재정이 어려워지면 지방의 행정운영도 덩달아 버거워지고 결국 지방자치제도 자체가 흔들릴 수밖에 없습니다. 그래서 최근에는 여러 지방을 하나의 도시권으로 묶는 '메가시티(Megacity)'가 거론되고 있죠.

메가시티는 핵심도시를 중심으로 일일생활이 가능하도록 기능적으로 연결된 대도시권을 말합니다. 글로벌 비즈니스가 가능한 인구 1,000만명 이상의 거대도시를 가리키죠. 핵심도시의 생활, 경제, 문화 등이 기능적으로 연결돼 일일생활권이 형성된 주변도시를 모두 포함하는 개념입니다. 인구 1,000만명 이상이 거주하는 메트로폴리탄(대도시·광역도시권)들이 긴밀하게 결합되어 형성된 단일 생활공간을 뜻하는 '메타시티'와는 구분되는 개념입니다.

우리나라에서 논의되는 메가시티는 '특별시·광역시'와 '도'로 나뉜 행정체제를 통합하는 형태를 띱니다. 현재 적극적으로 논의되고 있는 곳은 충청권인데요. 대전광역시와 세종특별자치시, 충청북도, 충청남도가 메가시티 구축을 위해 2024년 12월 '충청광역연합'을 조직했습니다. 여기서 충청권을 연결하는 대중교통 네트워크를 구축하며, 경제동맹을 맺고, 행정수도를 연계하는 등의 계획이 논의되고 있습니다.

그러나 메가시티 조성을 위해서는 넘어야 할 산이 많습니다. 여러 지자체를 하나로 묶기 때문에 지자체 간 의견이 불합치하거나 주민반대 등이 나올 수 있죠. 충청광역연합에서도 행정통합 문제를 놓고 시장과 도지사들 사이에서 다른 의견이 제기됐습니다. 충청남도에서는 "대전과 충남이 먼저 행정통합을 이룬 뒤 세종과 충북까지 함께 행정통합을 이룰 수 있는 단계로 발전시켜야 한다"고 한 반면, 세종시에서는 "세종시는 행정수도로서 독자적인 입지와 독립적인 지위를 갖는 것이 바람직하다"고 맞섰습니다. 이 같은 충돌은 2023년 대구광역시와 경상북도가 '대구경북특별시'를 추진할 당시에도 발생했는데요. 대구와 경북의 행정을 통합하는 합의문이 대구시의회에서는 통과했지만, 경북도의회에서는 동의절차조차 밟지 못했죠.

메가시티가 지방소멸로 인한 문제를 해결하고, 한 곳에 편중된 인프라와 행·재정을 분산할 수 있다는 점에서는 환영할 만합니다. 그러나 지자체마다의 이해관계로 성사에 난항을 겪게 된다는 사실이 어찌 보면 당연하면서도 뒷맛은 개운치 않습니다.

🔍 정치·경제·사회·국제·문화·미디어·과학·IT·스포츠

광주·전남·전북, 호남권 메가시티 경제동맹 본격 추진

광주시·전남도·전북도 등 호남지역 광역지자체가 국가AI컴퓨팅센터 등 초거대 AI 인프라 호남권 공동유치에 힘을 모은다. 이들 지자체는 호남권 **메가시티** 경제동맹을 본격 추진, 호남권 경제연대를 강화한다. 광주시는 전남도·전북도와 함께 나주시청 대회의실에서 '호남권 메가시티 경제동맹 강화 및 2036 하계올림픽 성공유치를 위한 업무협약'을 체결했다. 광주·전남·전북은 2017년 이후 7년 만에 부활한 호남권정책협의회를 통해 경제·문화 분야 등에서 시·도 간 협력을 공동 선언한 바 있다. 이번 업무협약은 국제행사 및 첨단산업과 건설 SOC 유치 등에 대해 보다 구체적인 협력방안을 마련하고, 호남권 메가시티 경제동맹을 속도감 있게 추진하기 위한 연합추진단 구성·운영을 위한 것이다. 호남권이 대한민국 균형발전의 한 축으로서 역할을 수행할 수 있도록 경제분야 연대도 강화한다.

출처 : 서울신문/일부인용

상식UP! Quiz

문제 2025년 4월 현재 경남권을 하나로 통합하는 '부울경 메가시티' 계획이 진행 중이다.

해설 부산광역시, 울산광역시, 경상남도, 기타 도시권을 연계하는 부울경 메가시티(부산울산경남특별연합)는 문재인정부 당시 각 지자체가 큰 틀의 합의를 이뤄 진행되는 듯 했으나, 2022년 전국동시지방선거 이후 울산과 경남이 이견을 보이면서 무산됐다.

답

118 마약류 오남용

마약류 의약품도 잘못 사용하면 마약입니다

마약성 진통제와 식욕 억제제, 마취제 등 의료용 마약류의 오남용 문제가 점점 심각한 사회 문제로 대두되고 있습니다. 마약류 가격이 생각보다 저렴하고 어렵지 않게 구할 수 있어 특히나 젊은 층에서 마약에 손을 대는 일이 늘어나고 있는데요. 2021년 건강보험심사평가원 자료에 따르면 마약 중독으로 치료받은 10~20대 환자 수가 최근 5년간 92% 증가한 것으로 나타났습니다. 같은 기간 전체 마약중독 환자 수가 32%(469명 → 618명) 증가한 것과 비교하면 10~20대 마약중독이 더 가파르게 증가한 것을 확인할 수 있죠. 조규홍 보건복지부 장관은 최근 젊은 층의 마약 투약 문제가 불거지면서 2023년에는 청소년을 대상으로 마약 실태조사를 하겠다고 밝히기도 했습니다.

마약류로 분류되는 것들에는 필로폰이나 헤로인 같은 전통적 마약도 있습니다. 그러나 병원에서 처방받는 마약류 의약품도 최근 문제가 되고 있습니다. '펜타닐 패치'라는 진통-마취제를 처방받는 젊은 층이 늘어나고 있는데요. 식품의약품안전처(식약처) 자료에 따르면 20대 펜타닐 패치 처방량은 2019년 4만 4,105개에서 2021년 6만 1,087개로 38.5% 늘어났다고 합니다. 펜타닐 패치는 아편, 모르핀 등과 같은 계열의 진통·마취제인데, 피부에 부착하는 패치 형태로 되어 1매당 72시간 정도 통증을 완화하는 효과를 냅니다. 약효가 헤로인의 100배, 모르핀의 200배 이상으로 효과가 큰 만큼 중독성이 강한데, 이용이 간편하다 보니 10대 이하에서도 꾸준히 처방되고 있습니다. 특히 같은 기간을 봤을 때 20대 펜타닐 패치 처방 건수와 환자 수는 비슷하지만, 처방량은 늘어나 오남용이 늘어난 것으로 풀이할 수 있죠. 식약처 기준에 따르면 펜타닐 패치는 18세 미만 소아청소년에게 투여가 금지돼 있지만, 치료를 위해 사용이 필요하면 예외로 허용하고 있습니다. 구하면 구할 수 있다는 이야기죠. 마약류 의약품으로 분류된 식욕 억제제도 의료기관에서 무분별하게 처방하면서 10~20대 접근을 부추기고 있다는 지적이 나왔습니다.

식약처에서는 마약류 의약품 오남용을 막기 위한 제도를 도입했지만, 현장에서 잘 이용되지 않는 상황입니다. 식약처는 마약류를 과다·중복해서 처방하는 등 오남용이 우려될 때 처방·투약하지 않도록 의사가 환자의 마약류 투약 이력을 확인할 수 있는 '마약류 의료쇼핑 방지 정보망'을 운영하고 있습니다. 그러나 의료 현장에서는 정보망 사용 절차가 복잡하다는 이유 등으로 이력 검토가 잘 이뤄지지 않고 있죠. 우리나라도 점차 '마약 청정국'에서 벗어나고 있는 만큼 특단의 대책이 필요해보입니다.

마약성 진통제, '처방 잘해주는 병원' 리스트 돌기도

"일부 마약 중독자 사이에선 '펜타닐 패치 처방이 쉬운 병원 리스트'가 돌아다니는 실정입니다." 의료기관을 통한 **마약류 의약품 오남용**이 심각하다는 지적이 나온다. 일부 중독자 사이에선 말기 암 환자에게 쓰는 마약성 진통제인 펜타닐 패치나 비만치료제인 식욕억제제 등을 구하는 방법이 암암리에 공유되고 있다. 특히 펜타닐의 경우 중독성이 헤로인의 100배 이상으로 알려져 있는 만큼 의사 처방이 필수적인데, 일부 병원에선 무분별하게 처방을 내주는 실정이다. 경남에선 '청소년들이 공원에서 마약을 하는 것 같다'는 신고를 받고 수사에 나선 경찰이 10대 청소년 56명을 검거했다. 이들은 '허리가 아프다' 등의 이유로 병원에서 펜타닐 패치를 처방받은 후 공원과 상가, 심지어 학교에서까지 투약한 것으로 드러났다. 부산·경남 지역 28개 병원을 돌아다니며 처방받은 패치를 10배 가격에 팔기도 했다.

출처 : 동아일보/일부인용

상식UP! Quiz

문제 마약류 의약품은 식품의약품안전처에서 정한 마약류에는 해당하지 않는다.

O / X

해설 마약류란 마약, 향정신성의약품, 대마를 합쳐 부르는 통칭이며, 여기에는 진통제인 펜타닐, 메타조신 등 마약류 의약품도 포함된다.

답

119 사적제재

정의구현? 선을 넘어선 안 돼요!

사적제재란 국가에 의한 사법절차 없이 사인(私人)이 나름의 기준대로 개인 또는 집단에 가하는 제재를 말합니다. 우리나라에서는 보통 국가·공공기관이 아닌 개인에 의해 범죄자의 신상정보 등이 폭로되는 형태로 나타납니다. 최근 우리나라의 사례를 살펴보면 2020년 'N번방 사태' 당시 가해자들의 신상을 온라인에 박제한 '디지털교도소'가 논란이 됐고, 2024년 6월에는 2004년 경남 밀양시에서 발생한 여중생 집단 성폭행 사건 가해자들의 신상과 근황을 유튜버들이 잇달아 공개하면서 다시금 공분을 일으키기도 했습니다.

앞서 양형기준에서도 '엄벌주의'에 대해서 이야기했었지만, 신뢰할 수 없는 국가의 미흡한 처벌을 대신해 합당한 처벌을 가한다고 여겨 사적제재를 지지하는 국민여론이 높습니다. 국가가 제대로 처벌하지 못하니 사적제재가 발생하는 것이 당연하다고 보는 여론도 있습니다. 아울러 이를 사회 정의구현이라고 호응하는 사람들이 많은데요.

그러나 한편으론 사적제재는 정보통신망법상 명예훼손에 해당될 소지가 있습니다. 게다가 자칫 피해자에 대한 2차 가해를 일으킬 수 있고 사실여부가 제대로 확인되지 않은 폭로가 발생해 무고한 희생자를 낳을 수 있다는 비판도 있습니다. 또한 범죄·사건과는 관련이 없는 가해자의 가족이나 지인의 신상이 무단으로 노출되거나, 조리돌림의 대상이 되는 등 연쇄적인 피해가 일어날 수도 있습니다.

가족 신상까지 '탈탈' ··· 사적제재, 선 넘었다

최근 '쯔양 공갈' 혐의로 유튜버 구제역과 주작감별사가 구속된 가운데 온라인상에서 '사건 공론화'를 빌미로 특정인물의 신상을 공개하는 **사적제재**가 활개를 치고 있는 것으로 나타났다. 이러한 신상공개는 '사이버 렉커'라고 불리는 개인 방송인들로부터 이뤄지는데, 이들의 무분별한 신상폭로로 또 다른 사회적 문제가 야기되며 도를 넘었다는 지적이다. 유튜브나 SNS 등에서 '악인'에 대한 신상을 공개하는 것이 수사기관의 미온적인 수사와 법원의 솜방망이 판결 등에 대한 해소를 주는 한편, 무분별하게 정보가 공개된 사람들에겐 2차 가해 등 상처를 안기고 있는 실정이다. 충분한 사실확인과 검증절차를 거치지 않은 게 대부분이기 때문이다. 이미 온라인상에 공개된 개인정보는 걷잡을 수 없이 퍼지며 소송으로 재판을 가더라도 벌금형 등 미약한 처벌에 그쳐 이를 막기엔 역부족이다. 유튜브나 SNS 등에 '신상공개'라고 검색할 경우 '협박녀 사진', '가해자 집주소' 등 다양한 제목을 내건 개인정보가 쏟아지고 있다.

출처 : 경기일보/일부인용

상식UP! Quiz

문제 우리나라에서의 사적제재는 대개 신상정보 유포의 형태로 이뤄진다.   O / X

해설 우리나라에서 사적제재는 인터넷에 범죄 가해자의 신상이 무단으로 유포되는 형태로 주로 나타난다.

답

120 스토킹

가해자 처벌은 강하게! 피해자 보호는 언제쯤?

2022년 9월 서울 지하철 2호선 신당역의 여자화장실에서 20대 여성 역무원이 살해당하는 비극적인 사건이 발생했습니다. 용의자는 피해 역무원에게 만남을 요구하며 스토킹해왔던 동료 역무원인 것으로 확인됐는데요. 용의자 전주환은 피해자를 스토킹한 혐의 등으로 기소돼 1심 재판 선고를 하루 앞두고 범행을 저질렀습니다. 이 사건을 계기로 우리나라의 스토킹 범죄에 대한 심각성이 제고되었습니다. 또한 부실했던 스토킹 피해자 보호와 허술한 추가 범행 방지에 대해서도 비판이 쏟아졌죠.

피해자와 입사 동기로 서로 알고 지내던 사이였던 전씨는 불법 촬영 영상을 유포하겠다며 피해자를 협박하고 만남을 강요한 혐의로 두 차례 피해자로부터 고소당한 것으로 조사됐습니다. 2021년 10월 처음 고소됐을 때 경찰은 전씨를 긴급체포하고 구속영장을 신청했으나, 법원은 '주거가 일정하고 증거인멸 및 도주 우려가 없다'는 이유로 영장을 기각했죠. 첫 고소 직후 경찰은 피해자를 신변보호 112시스템에 등록하는 등 안전조치를 한 달간 실시했는데요. 다만 잠정조치나 스마트워치 지급, 연계순찰 등 다른 조치는 피해자가 원치 않아 이뤄지지 않았다고 합니다. 경찰이 수사를 개시하면서 전씨는 곧 직위해제 됐지만, 이후에도 회사 내부망 접속 권한을 그대로 갖고 있었기 때문에 바뀐 피해자의 근무지를 파악한 것으로 전해졌습니다. 서울교통공사의 내부망 접속 권한은 재판이 끝나고 징계 절차가 개시돼야 박탈되는 탓에 접속이 가능했다고 하죠.

스토킹 피해자를 보호하는 문제는 이러한 범죄가 일어날 때마다 터져 나왔습니다. 문제는 피해자의 자발적인 참여가 있어야 보호 제도가 실효성을 갖는다는 것이죠. 가해자들은 이를 이미 알고 있고, 피해자가 보호 신청을 하면 신청을 취소하라며 협박을 저지르는 경우가 많습니다. 피해자는 기관의 보호조치가 결코 안전하지 않다고 느끼고, 신청을 자연스레 꺼리게 됩니다. 스토킹 범죄가 비교적 가벼운 처벌을 받는다는 것도 피해자가 신고를 망설이게 되는 원인 중 하나로 지목됐죠. 정치권에서는 스토킹을 피해자가 처벌을 원치 않으면 처벌하지 않는 '반의사불벌죄'에서 제외하는 스토킹처벌법 강화 법안을 통과시켰습니다. 하지만 가해자 처벌을 가중하는 것 외에도 피해자의 신변 보호를 담보할 수 있는 법안 개정이 필요하다는 목소리도 높습니다.

"스토킹 피해자 보호, 언제까지 가해자 '양심'에 기댈건가요"

신당역 **스토킹** 살인사건이 발생한 지 1년이 되도록 누군가는 일터에서, 집 앞에서 여전히 스토킹 피해에서 벗어나지 못하고 있다. 신당역 사건을 일으킨 전주환의 범행 이후 스토킹처벌법에서 '반의사불벌죄' 조항이 폐지되는 등 일부 법 개정이 이뤄졌지만, 정작 스토킹 강력범죄를 예방할 수 있는 '피해자 보호' 제도는 여전히 갈 길이 멀다. 스토킹 범죄에서는 가해자와 피해자 간의 분리가 무엇보다 중요하다. 이를 위해 경찰은 직권으로 '긴급응급조치'를 내릴 수 있다. 스토킹 가해자의 피해자 주거지 등 100미터 이내로 접근 금지, 통신 접근 금지하도록 하는 명령이다. 그러나 스토킹처벌법이 시행된 2021년 10월부터 2023년 8월까지 결정된 긴급응급조치 위반율은 10.6%(승인 6,442건 중 위반 688건)에 달했다. 10명 중 1명은 경찰명령을 어기고 다시 스토킹 한 셈. 피해자 보호를 가해자가 알아서 스토킹을 자제하도록 호소하는, 가해자의 자발적 의사에 기댈 수밖에 없는 현실이다.

출처 : 노컷뉴스/일부인용

상식UP! Quiz

문제 스토킹은 반의사불벌죄에 해당한다.   O / X

해설 스토킹 범죄를 가해자의 처벌을 원치 않는 경우 처벌할 수 없는 '반의사불벌죄'에서 제외하는 스토킹처벌법 개정안이 2023년 6월 국회에서 통과됐다.

답 ×

121 청소년 SNS 사용 제한

보호 필요 vs 자유침해

옥스퍼드 영어사전을 편찬하는 영국 옥스퍼드대학은 매년 '올해의 단어'를 선정하고 있습니다. 2024년에 선정된 올해의 단어는 '뇌 썩음(Brain Rot)'이었는데요. 이 단어는 사람들이 사회관계망서비스(SNS)를 통해 넘쳐나는 정보나 자극적인 숏폼 콘텐츠를 과잉소비하면서 집중력 저하, 문해력 약화 등 정신적·지적 퇴화가 심각해지는 현상을 꼬집고 있습니다.

이처럼 SNS나 유튜브 등의 플랫폼을 통해 유통되는 자극적인 콘텐츠가 악영향을 끼칠 수 있다는 인식이 퍼지면서 해외 각국에서는 청소년들의 SNS 사용을 제한하는 조치가 이뤄지고 있습니다. 2025년 1월부터는 전 세계에서 각국 미성년자의 인스타그램 계정이 청소년 계정으로 전환됐는데요. 부모가 자녀의 인스타그램 사용을 제어할 수 있게 되었습니다. 14~18세인 10대 청소년 계정에 이러한 조치가 의무적으로 적용됐죠. 청소년 계정은 기본적으로 비공개로 설정되는데, 새로운 팔로워는 해당 청소년이 요청을 수락할 경우에만 팔로워가 되며, 팔로워가 아닌 사람은 청소년의 콘텐츠를 보거나 상호작용할 수 없습니다. 탐색 탭, 릴스에서는 민감한 내용이 포함된 콘텐츠가 노출되지 않고, 청소년의 댓글과 다이렉트 메시지(DM) 요청에는 불쾌한 단어와 문구가 자동으로 숨겨집니다. 사용시간도 제한되죠.

이러한 업계의 조치 외에도 미성년자의 SNS 사용을 제한하는 규제는 전 세계에서 도입되는 추세입니다. 호주는 2025년 말부터 16세 미만 미성년자의 SNS 이용을 전면 금지하는 법안을 시행할 예정이고, 미국 캘리포니아주는 2025년부터 SNS 업체가 미성년자에게 부모의 명시적 동의가 없으면 중독성 있는 피드를 제공하는 것을 금지했는데요.

청소년의 SNS 사용을 제한하는 조치에 대한 갑론을박도 발생했습니다. 먼저 SNS 중독이 세대를 가리지 않고 해를 끼치고 있는데, 상대적으로 절제력이 부족한 미성년자의 SNS 사용을 제한하는 것이 옳다고 주장하는 측이 있죠. 버젓이 유통되는 자극적이고 선정적인 콘텐츠가 청소년의 심신을 병들게 하고, SNS를 통해 또래들에게 사이버 괴롭힘을 당하는 사례도 등장하고 있어, 이 같은 조치가 합당하는 입장입니다.

반면 강제로 SNS 사용을 제한하면 부모나 타인 명의를 도용하는 상황이 벌어질 수 있다고 주장하는 측도 있습니다. 아울러 SNS 사용을 법률로 제한하는 것이 헌법이 보장하는 표현의 자유를 침해하는 것이라는 의견도 있죠. 청소년이 디지털 환경에서 스스로 책임 있는 자세로 의견을 표명하고 비판적 사고를 할 수 있는 통로가 좁아질 것이라고 주장하는 목소리도 있습니다.

'청소년 SNS 규제' 전세계 확산 …
국내서도 인스타 '청소년계정' 비공개 된다

청소년들의 소셜미디어(SNS) 중독이 각종 사회적 부작용을 빚으면서 세계 각국이 **청소년 SNS 사용 규제**를 강화하고 있다. 국내외 곳곳에서 SNS의 사회적 책임을 요구하는 목소리가 거세지자 플랫폼 기업 중 인스타그램이 선제적으로 자율규제에 나섰다. 인스타그램은 청소년의 SNS 사용을 제한하는 '청소년 계정'을 도입했다. 이미 미국과 호주, 캐나다 등에서 시행했으며 국내에서도 오는 6월까지 적용할 방침이다. 실제 유해 콘텐츠에 대한 청소년의 무방비 노출은 정신적·심리적 피해를 키운다는 연구결과가 많이 나오고 있다. 비벡 머시 미국 공중보건서비스단 단장 겸 의무총감은 뉴욕타임스 기고를 통해 "젊은 세대의 정신건강 위기는 현재 비상 상황이며 SNS가 주된 요인으로 떠오르고 있다"며 "하루 3시간 이상 SNS를 사용하는 청소년은 불안과 우울증 증상 위험이 두 배나 높다"고 밝혔다.

출처 : 디지털타임스/일부인용

상식UP! Quiz

문제 영국 옥스퍼드대가 선정한 2024년 올해의 단어는?
① Vax
② Rizz
③ Brain Rot
④ Goblin Mode

해설 뇌 썩음(Brain Rot)은 옥스퍼드대학이 선정한 '2024년 올해의 단어'다. 사람들이 사회관계망서비스(SNS)를 통해 넘쳐나는 정보나 자극적인 숏폼 콘텐츠를 과잉소비하면서 집중력 저하, 문해력 약화 등 정신적·지적 퇴화가 심각해지는 현상을 꼬집은 단어다.

답 ③

122 학교폭력

이제는 기록에 오래 남아요!

얼마 전부터 우리사회와 언론에서는 학교폭력문제가 자주 도마에 오르고 있습니다. 여기에 학폭을 다룬 드라마도 큰 주목을 받게 되면서 학폭에 대한 우리사회의 경각심이 더 높아졌죠. 보통 학교에서 학폭이 신고·고발되면 각 교육지원청 단위로 설치된 '학교폭력대책심의위원회'를 소집합니다. 흔히들 '학폭위'라고 부르죠. 학폭위는 전임 장학관이나 변호사, 학부모, 관내 경찰 등으로 구성됩니다. 보통 학교장의 요청이 있거나 학폭위에 학폭이 직접 고발·신고되는 경우, 피해학생이나 보호자가 요청할 때 학폭위가 소집됩니다. 학폭위가 모이면 일단 사건에 대한 심의와 분쟁조정을 하는데요. 먼저 사건을 조사하기 위해 담임·상담교사를 조사하고, 교내에 학폭을 전담하는 기구를 조사합니다. 이렇게 피해사실과 근거자료를 모아 그 심각성을 평가하고, 가해학생에게 어떤 징계를 내릴지 심의합니다. 동시에 피해학생에 대한 상담과 보호조치를 실시하게 되죠.

가해학생이 받는 징계는 경중에 따라 1호부터 9호까지 있는데요. 서면사과부터 퇴학조치까지 가능합니다. 퇴학조치의 바로 아래 단계가 강제전학인데, 사실 웬만해서는 이 정도의 징계는 잘 내려지지 않는다고 합니다. 보통 3호인 교내봉사와 4호 사회봉사가 이뤄진다고 하는데요. 징계는 정도에 따라 학교생활기록부(학생부)에 기재되는 기간도 다릅니다. 일단 모든 징계는 졸업 전에는 삭제되지 않고요. 사회봉사, 전문가의 특별교육, 출석정지, 강제전학은 졸업 후 2년이 지나 삭제됩니다. 퇴학은 영구적으로 남는다고 하는데요. 그러나 사실 학폭위의 이런 조치가 법률적 강제성은 없기 때문에 가해학생 측이 이에 불복할 경우, 법적분쟁으로 이어지게 되죠. 때문에 학폭을 해결하는 시스템에 관한 실효성 문제는 계속 불거져 왔습니다.

2023년 4월 정부는 11년 만에 학교폭력 근절 종합대책을 대대적으로 개편했습니다. 국가수사본부장에 임명됐다가 낙마한 정순신 변호사 아들의 학폭 파장이 직접적인 계기가 됐는데요. 가해자 처벌과 피해자 보호를 강화하는 데 초점이 맞춰졌죠. 먼저 2026학년도 대입부터 가해학생의 처분결과를 수시·정시모집 전형에 의무적으로 반영합니다. 아울러 중대한 징계 내용(6호 출석정지, 7호 학급교체, 8호 강제전학)의 학생부 기재 보존기간을 졸업 후 2년에서 4년으로 연장했죠. 아울러 가해학생과 피해학생의 즉시분리기간을 7일로 늘리고, 가해학생의 불복절차에서 피해학생의 진술권을 보장하는 등 피해자 보호 내용도 한층 강화됐습니다.

학교폭력 가해 기록, 정시에 반영한다

정부는 한덕수 국무총리 주재로 제19차 **학교폭력**대책위원회를 개최하고 '학교폭력 근절 종합대책'을 심의·의결했다. 이번 종합대책에 따르면 중대한 학교폭력을 일으킨 가해 학생에게 내려지는 출석정지(6호), 학급교체(7호), 전학(8호)의 학생부 기록 보존기간은 졸업 후 2년에서 4년으로 연장된다. 교육부 관계자는 "학교폭력 시 '대학입학뿐만 아니라 졸업 시까지도 불이익을 받는다'는 경각심을 강화하는 것"이라고 설명했다. 또한 가해학생이 반성하지 않고 조치사항 기재를 회피할 목적으로 자퇴하는 것을 막기 위해 심의위원회가 조치를 결정하기 전에는 자퇴할 수 없도록 한다. 학교폭력 조치사항은 학생부 위주 전형뿐만 아니라 수능, 논술 위주 전형에서도 반영한다.

출처 : 파이낸셜뉴스/일부인용

상식UP! Quiz

문제 학교폭력대책심의위원회가 정하는 학폭 징계의 내용에는 1호부터 9호까지 있다.

O / X

해설 학교폭력 가해자에 대한 징계에는 1호 서면사과부터 9호 퇴학까지 있다.

답 O

123 교권침해

이제 더는 참지 않겠다는 교사들의 외침

2023년에는 사회 곳곳에서 무겁고 슬픈 사건들이 많았습니다. 교육현장에서도 비극적 사건이 발생했는데요. 7월 서울 서초구의 한 초등학교에서 1학년 담임교사가 스스로 목숨을 끊은 일이 있었죠. 그리고 극단적 선택의 이면에 교실에서 발생한 학교폭력과 이로 인한 학부모의 갑질과 폭언, 악성민원이 있었다는 의혹이 불거졌는데요. 가해·피해학생의 학부모 모두 자기 자녀만 극단적으로 감싸고, 학폭의 근본 원인을 교사에게 돌리며 학교로까지 찾아와 폭언을 퍼붓는 등 극심한 스트레스에 시달렸다는 의혹이 제기됐죠.

이 사건을 시작으로 교사들이 폭로한 교권침해 사례가 봇물 터지듯 쏟아지기 시작했습니다. 상상을 초월하는 학부모들의 갑질이 속속 드러났는데요. 한 교사는 교실에서 한 학생이 가위로 다른 학생을 위협해 이를 제지하자, 학부모는 "제지하는 과정에서 소리를 질러 아이가 밤에 경기를 일으킨다"며 아동학대로 신고했다고 하죠. 또 편식하는 학생에게 다른 반찬도 먹어보라 급식지도를 해도 아동학대가 성립될 수 있다는 말이 나왔습니다. 그런가 하면 학부모 전화상담을 하는데 교사의 밝은 목소리가 거슬려 교육청에 민원을 넣었다는 어처구니없는 일도 있었죠. 그러나 위 사례들은 빙산의 일각에 불과했고, 이후로도 유사한 사건에 휘말려 목숨을 끊는 교사들이 나타나면서 안타까움을 자아냈습니다.

사망사건이 발생한 학교 교문에는 고인을 추모하는 화환과 발길이 이어졌고, 교권 보호를 요구하는 교사들의 외침이 들불처럼 번지기 시작했습니다. 교사들은 교권침해가 하루 이틀 이어진 게 아님에도 교사를 보호하려는 정부당국의 노력은 턱없이 부족했다고 했죠. 상황이 심각해지자 교육부는 '학생생활지도 고시안'과 '교권회복·보호강화 종합방안'을 발표했습니다. 또 여야는 교원지위법과 초·중등교육법을 개정하는 이른바 '교권회복 4법' 마련에 나섰고, 9월 21일 정기국회에서 이를 통과시켰습니다. 교사의 정당한 생활지도를 아동학대로 보지 않는 것이 골자죠.

초중고 교사들은 실질적인 대책마련을 촉구하며 전국 곳곳에서 대규모 시위를 벌였는데요. 9월 4일에는 사망 교사의 49재에 맞춰 '공교육 멈춤의 날'을 선언하고 집단파업을 예고했습니다. 그러나 법적으로 공무원의 파업은 불법이기에 교사들은 병가와 연가를 내 합법적으로 파업에 참여하겠다고 했습니다. 이번 사태를 계기로 교권침해가 개선될지 주목되는데, 학칙과 법률을 뜯어고치는 것도 중요하지만 우선 학부모와 학생 등 사회 전반적인 의식개선 노력이 이뤄져야 할 것으로 보입니다.

🔍 정치·경제·**사회**·국제·문화·미디어·과학·IT·스포츠

교권추락에 전국 16개 시도 '교사 명퇴' 급증

교권침해가 심화되면서 교사들의 명예퇴직(명퇴)이 급증하고 있다. 교사들의 명퇴 증가는 교권추락과 생활지도의 어려움에서 기인한다. 한국교원단체총연합회(교총)가 지난 스승의날을 앞두고 실시한 교원인식 설문조사 결과 교직생활에 만족하는가란 질문에 23.6%(1,591명)만 동의했다. 현장 교사들은 2014년 아동학대처벌법 제정 이후 생활지도가 어려워졌다고 입을 모은다. 대구에서 20년째 초등교사로 재직 중인 A씨는 "고연차 교사조차 아동학대로 신고당하는 상황"이라며 "기회가 되면 교직을 탈출해야 한다고 보는 교사가 늘고 있다"고 했다. 경기도 중학교 교사 이모(47)씨도 "교직 황폐화가 교사들의 명퇴 러시(Rush)를 불렀다"며 "아동학대법 개정을 통해 교사들에게 가르칠 수 있는 환경을 만들어 줘야 한다"고 말했다.

출처 : 연합뉴스/일부인용

상식UP! Quiz

문제 교육부는 2023년 교권침해 사태가 심각해지자 대책마련을 위해 교내에 교권보호위원회를 신설한다고 밝혔다. ○ / ×

해설 교권보호위원회는 이미 학교에 설치되어 있으며 교권침해 사례가 신고되면 교사를 보호하기 위해 열린다. 2022년에만 3,000여 건의 교권침해가 신고된 것으로 알려졌다.

답 ×

124 학생인권조례

교권침해의 주범?

학생인권조례는 2010년 경기도교육청에서 처음 제정된 뒤 17개 시도 교육청 중 서울을 비롯한 6개 교육청에서 제정돼 시행해왔습니다. 조례에는 학생이 성별, 종교, 나이, 성적 지향, 성별 정체성, 성적 등을 이유로 차별받지 않을 권리가 있다고 명시돼 있죠. 체벌과 따돌림, 성폭력 등 모든 폭력으로부터 자유로울 권리, 자기 소질에 맞게 학습할 권리 등도 담겼습니다.

학생을 한 명의 인격체로 바라본다는 점에서 긍정적이라는 평가를 받았지만, 교사의 정당한 교육권을 침해한다는 비판도 받았는데요. 학생의 권한을 과도하게 강조하면서 학생이 수업을 방해하는 등 다른 학생들의 학습권을 침해하거나 부적절한 행동을 하는 상황에서도 교사가 이를 적극적으로 제지하지 못하는 사례가 생겼기 때문입니다. 교사의 생활지도 등 교육의 일부를 학부모가 아동학대로 신고하는 데 악용된다는 지적도 적지 않았습니다.

그러다 2022년부터 학생인권조례의 폐지논란이 불거지기 시작했는데요. 폐지 주장은 '학생의 성적지향을 존중한다'는 점에 반대한 종교단체와 학부모단체 등에서 처음 제기했습니다. 이들은 "조례가 동성애, 성전환, 조기 성행위, 낙태 등 비윤리적 성행위들과 생명침해행위를 정당화한다"고 주장했죠. 여기에 2023년 앞서 본 서울 서초구 초등학교 교사 사망사건 등 교권침해 이슈가 사회적 관심사로 떠오르면서 논쟁은 더 뜨거워졌습니다.

이처럼 학생인권조례가 최근에는 교권침해의 한 원인으로 지목받고 있지만 권위적인 학교문화를 바꿔낸 성과는 분명히 있었다는 것이 교육계의 평가입니다. 실제로 조례 도입으로 서울의 학교에서는 두발·복장 규제, 체벌, 일방적인 소지품 검사 등이 사라졌습니다. 시험성적이 발표됐을 때 성적표를 뽑아 교실 앞에 붙이는 문화 등 차별로 지적될 수 있는 관행이 대부분 사라지기도 했죠.

교육계 일각에서는 시대가 이미 성숙해져 '학생' 인권이 아닌 '교사'를 포함한 '사람'에 대한 인권으로 조례 내용을 고쳐야 할 때가 왔다고 말합니다. 아울러 조례 폐지 찬반 논란을 떠나 학생인권과 교권을 대립적인 제로섬 관계로 봐서 안 된다며 학생과 교사 모두 존중받고 보호받을 수 있는 대안이 필요하다는 의견도 나왔습니다.

교사·학생 인권 '제로섬' 벗어나 교육공동체 복원해야

'교권보호 5법' 개정 이후 1년이 지났다. 그러나 일선 교사들은 별반 달라진 게 없다는 반응이다. 법만 개정됐을 뿐, 예산과 인력지원 등이 제대로 뒤따르지 못한 탓이다. 또한 교권보호를 이유로 학생인권을 격하한 것은 교육 주체 간 신뢰를 허물고 교육공동체 붕괴를 가속화했다. 이주호 교육부 장관은 "학생인권이 지나치게 강조되고 우선시되면서 교권은 땅에 떨어지고 있다"고 말했다. 국민의힘이 다수를 점한 서울시의회는 **학생인권조례** 폐지를 의결했다. 이 조례가 학생의 사생활과 자유를 강조하다 보니 학교에서 휴대폰 사용을 막지 못하고, 교사의 적극적인 지도·훈육이 어려워져 교권을 추락시켰다는 것이다. 그러나 학교에서 학생의 권리를 억누르고 엄하게 가르쳐야 교권이 바로 선다는 주장은 시대착오적이다. 교사와 학생을 편 가르고, 교사·학생권리가 '제로섬'인 것으로 접근해서는 교권도 학생인권도 바로 설 수 없다.

출처 : 경향신문/일부인용

상식UP! Quiz

문제 학생인권조례는 2010년 전국 16개 시·도 교육청에서 동시에 제정되어 시행됐다.

O / X

해설 학생인권조례는 2010년 경기도교육청을 시작으로 2011년 광주광역시, 2012년 서울특별시, 2013년 전북특별자치도, 2020년 충청남도, 제주특별자치도에서 공포해 시행됐다.

답 X

신문으로 공부하는 종합편
말랑말랑 시사상식

CHAPTER 06

문화·미디어

125 소프트파워

세계를 아우르는 부드러운 힘

지난 2021년, 넷플릭스의 오리지널 시리즈인 〈오징어 게임〉이 전 세계를 강타했습니다. 외국인들이 길거리에 모여 작품에 나온 딱지치기를 하거나, 심혈을 기울여 달고나를 쪼개는 모습이 등장했죠. 거기서 그치지 않고 극중의 '깐부 할아버지' 역으로 출연한 오영수 배우는 제79회 미국 골든글로브 시상식에서 TV부문 남우조연상을 수상하는 쾌거를 이루기도 했습니다. 또 2022년 에미상 시상식에서는 비영어권 작품 최초로 작품상과 남우주연상 등 6관왕을 차지했습니다. 이렇게 우리나라에서 만든 드라마 한 편이 세계인을 사로잡고 해외 매체의 대호평을 받으면서, 한 국가가 세계에 미치는 문화적 영향력이 다시금 화두에 올랐습니다. 이를 바로 '소프트파워(Soft Power)'라고 합니다.

소프트파워는 교육·학문·예술 등 인간의 이성 및 감성적 능력을 포함하는 문화적 영향력을 말합니다. 군사력이나 경제력과 같은 '하드파워(Hard Power)'에 대응하는 개념으로 설득을 통해 자발적 순응을 유도하는 힘을 말하는데요. 21세기에 들어서며 세계가 군사력을 바탕으로 한 하드파워, 즉 강성국가의 시대에서 소프트파워를 중심으로 한 연성국가의 시대로 접어들었다는 의미를 갖습니다. 이 용어는 하버드대 케네디스쿨의 '조지프 나이' 교수가 처음 사용했는데요. 대중문화의 전파와 특정 표준의 국제적 채택, 도덕적 우위의 확산 등을 통해 그 중요성이 점점 커지고 있습니다. 세계 여러 나라에서는 자국의 소프트파워를 키우고 활용하기 위한 노력을 계속하고 있죠. 나이 교수도 우리나라를 언급하며 한국의 대중문화가 강력한 소프트파워를 생산하고 있으며 더욱 세계적인 관점과 태도로 소프트파워를 창출해야 한다고 강조했습니다.

우리나라의 소프트파워 사례는 〈오징어 게임〉말고도 더 있습니다. 지난 2020년 아시아 영화 최초로 미국 아카데미 작품상을 비롯해 시상식을 휩쓸었던 봉준호 감독의 〈기생충〉이 있고, K-pop의 선두주자 방탄소년단(BTS)은 빌보트 차트 꼭대기를 점령하며, 이제는 K-pop의 대명사로 자리 잡고 있습니다. 더 이전으로 거슬러 올라가면 가수 싸이의 〈강남스타일〉이 있죠. 〈강남스타일〉 뮤직비디오의 유튜브 조회수는 2020년 이미 40억회를 넘어섰고, 현재도 누적되고 있습니다. 2012년에 발표된 곡이 10년이 넘게 지난 지금까지도 세계인의 눈과 귀를 즐겁게 해주고 있는 것이죠.

🔍 정치·**경제**·사회·국제·**문화**·미디어·과학·IT·스포츠

한류 이끄는 K-컬처 기업, 선한 영향력 확산으로 韓 소프트파워 강화 지원

대한민국의 국가 브랜드 제고를 위해 K-컬처 기업들이 해외 소비자들을 대상으로 선한 영향력을 실천하고 있는 것으로 나타났다. 전국경제인연합회는 'K-컬처기업 ESG 경영의 현재와 미래' 세미나를 개최해 해외시장에서 활약하고 있는 K-팝, K-콘텐츠, K-푸드 등 K-컬처 대표기업들의 ESG 경영사례를 살펴보고, 대한민국의 미래 먹거리인 문화산업의 ESG 경영 활성화 방안을 모색했다. 권태신 전경련 상근부회장은 개회사를 통해 "반도체 시장(5,950억달러)의 약 4배에 달하는 전 세계 콘텐츠 시장(2조 3,417억달러)에서 K팝과 영화, 드라마, 음식이 세계인의 주목을 받는 것은 매우 고무적인 일이자 기회"라면서, "한류 등 대한민국 소프트파워를 더욱 강화하기 위해, K-컬처 기업들의 ESG 경영을 통한 소비자들의 신뢰 확보가 중요하다"고 주장했다.

출처 : 워크투데이/일부인용

상식UP! Quiz

문제 소프트파워와 대응되는 개념은 하드파워다.　　　　　　　　 O / X

해설 하드파워는 국가의 군사·정치적 영향력을 뜻하는 말로 다른 나라에게 강제적인 힘을 행사하는 것을 말한다. 소프트파워와 반대되는 개념이다.

126 유네스코 세계유산

인류가 보호해야 할 보편적 가치

우리가 흔히 유네스코라고 부르는 유엔교육과학문화기구(UNESCO : United Nations Educational Scientific and Cultural Organization)는 국제연합(UN)의 산하기구입니다. 교육, 과학, 문화 등의 분야에서 국제 협력을 통해 인류의 발전과 세계평화를 증진하기 위한 기구죠. 이러한 유네스코에서는 인류가 보호해야 할 인문·자연 유산을 지정함으로써, 인류의 발자취를 되새기고 그 보편적 가치를 보존하려 합니다. 그중 유네스코 세계유산은 문화유산, 자연유산, 복합유산으로 나누어지죠. 우리나라의 세계유산에는 2025년 4월 기준으로 총 16개가 등재되어 있습니다.

세계유산으로 등재된다는 것은 여러 의미가 있습니다. 먼저 뛰어난 보편적 가치를 가지고 있다는 의미이기 때문에, 국내외적 관심과 지원을 받을 수 있습니다. 또한 등재국의 문화 수준이 그만큼 높다는 증명과 자부심이 되는 것이죠. 또한 세계유산목록에 등재된 유산들은 유네스코의 영향력 아래 국제적 협력의 대상이 됩니다. 때문에 유산을 보호하기 위한 사업들에 국제기구 및 단체들의 기술·재정적 지원을 받을 수 있게 되죠. 등재국은 유산에 대한 상태를 정기적으로 세계유산위원회에 보고해야 하며, 상태에 영향을 끼치는 요소가 있을 경우에도 보고해야 합니다.

최근 우리나라는 일본과 문화유산에 대한 갈등을 빚었는데요. 일본이 일제강점기 조선인 강제노역 현장인 일본 니가타현의 '사도광산'을 세계문화유산으로 등재하기 위해 애썼기 때문입니다. 일본정부는 사도광산 추천서에서 대상 기간을 16~19세기 중반으로 한정해 일제 강점기 조선인 강제 노동을 사실상 배제했습니다. 우리나라는 그간 사도광산의 세계유산 등재 추진에 대한 문제점을 유네스코와 일본에 지속적으로 제기해왔죠.

그러다 2024년 6월 유네스코의 자문기구인 국제기념물유적협의회는 사도광산의

'등재권고 보류' 판결을 내리며, 일본정부에게 광산의 전체역사를 추천서에 반영하고 주변국과도 협의를 이뤄 오라고 통보했습니다. 그러나 우리나라로서는 이전 군함도 등재 이후와 마찬가지로 일본정부가 조선인 강제노동에 대한 사실을 제대로 홍보하지 않는 등 협의사항을 어길 수 있다는 우려가 남았는데요.

그런데 같은 해 7월 우리정부가 일본정부와 협상 중 사도광산 등재에 동의했다는 소식이 나오면서 논란을 불렀습니다. 정부는 조선인 노동자 관련 전시물을 사전에 설치하고, 노동자 추도식을 매년 개최하는 등 일본이 조치를 약속함에 따라 등재에 찬성했다고 하는데요. 그런데 일본이 사전 설치한 전시물에는 조선인 노동자가 강제로 동원됐다는 사실이 명시되지 않은 것으로 나타났습니다. 전시물이 설치된 박물관조차 사도광산의 문화유산구역을 벗어난 곳에 위치해있죠. 여기에 '강제성' 표현을 명시하라는 우리정부의 요구를 일본 측이 거부한 것으로 드러나면서 논란이 폭발했습니다. 일본의 묵살에도 등재에 동의한 것을 두고 야권에서는 '굴욕외교'라는 비판이 쏟아졌습니다.

🔍 정치·경제·사회·국제·문화·미디어·과학·IT·스포츠

조태열 "日 사도광산 등재, 반대가 목표 아니었다"

조태열 외교부 장관은 일제강점기 조선인 강제노역 현장인 일본 사도광산의 **유네스코 세계유산** 등재 협상이 9년 전 군함도 때보다 후퇴한 '굴욕외교'라는 지적에 대해 "부당한 비판이라고 생각한다"는 한편 "등재 반대는 협상의 목표가 아니었다"고 말했다. 조 장관은 국회 외교통일위원회 전체회의에 출석해 "2015년 군함도 협상결과에서 후퇴하는 것으로는 이번 협상을 진전시킬 수 없다는 점을 분명히 하고 협상 테이블에 앉았다"고 한 뒤 "강제성이 빠졌다면 이 자리에 앉아 있지도 않았을 것"이라고 했다. 그러면서 일본의 실질적 이행조치를 확보했다는 점에서 '진전된 협상'이었음을 조 장관은 강조했다. 그는 "실질적 이행조치를 확보해 기록을 역사에 남기고 축적시키는 것이 우리의 목표가 돼야 한다"며 "국민 한풀이하듯이 등재에 반대해 그냥 자폭하듯이 하면 과연 국익에 좋은 것인지 깊은 고민을 하면서 국익수호를 위해서 끝까지 최선을 다했다"고 밝혔다.

출처: 세계일보/일부인용

상식UP! Quiz

문제 2025년 4월 기준 우리나라에 등재된 세계유산은 16개다. ○ / ×

해설 우리나라에는 2025년 4월까지 석굴암·불국사, 해인사 장경판전, 종묘, 창덕궁, 수원화성, 경주역사유적지구, 고창·화순·강화 고인돌 유적, 제주화산섬과 용암동굴, 조선왕릉, 한국의 역사마을, 남한산성, 백제역사유적지구, 산사·한국의 산지승원, 한국의 서원, 한국의 갯벌, 가야고분군 등 총 16개의 세계유산이 지정되어 있다.

답 ○

127 세계 3대 영화제

세계가 주목하는 레드카펫!

2020년 2월 미국 아카데미 시상식에서 한국 영화 〈기생충〉과 봉준호 감독이 작품상·감독상·각본상·국제영화상을 수상했습니다. 아카데미 시상식이 미국 내 상영된 작품만을 대상으로 하는 '로컬 영화제'였던 만큼, 국산 영화의 수상은 더 대단한 기록이었죠. 우리나라의 영화는 놀랄 만큼 눈부신 발전을 이뤄 점차 전 세계의 인정을 받고 있습니다. 그렇다면 매년 세계의 이목을 집중시키는 국제영화제에는 어떤 것들이 있을까요?

세계 3대 영화제에는 베니스 영화제, 칸 영화제 그리고 베를린 영화제가 있습니다. 먼저 이탈리아에서 매년 8~9월에 열리는 베니스 영화제는 세계 최초의 영화제로 오랜 역사를 지니고 있습니다. '예술성'을 주된 평가 기준으로 한다고 합니다. 최고의 작품상에는 '황금사자상'이 수여되고, 감독상에는 '은사자상'이, 남여주연상에는 '볼피컵상'이 수여됩니다. 2012년 김기덕 감독의 〈피에타〉가 '황금사자상'을 수상했습니다.

매년 5월 프랑스에서 열리는 칸 영화제는 영화감독의 재능과 창의성을 중점적으로 평가한다고 합니다. 작가 위주로 작품을 선정한다고 볼 수 있죠. 대상에는 '황금종려상'이 수여되며 시상은 경쟁부문과 비경쟁부문, 주목할 만한 시선부문 등으로 나뉩니다. 우리나라에서는 박찬욱 감독의 〈올드보이〉(심사위원대상)와 〈박쥐〉(심사위원상), 이창동 감독의 〈시〉(각본상)와 〈밀양〉(여우주연상-전도연), 임권택 감독의 〈취화선〉(감독상), 김기덕 감독의 〈아리랑〉(주목할 만한 시선상), 홍상수 감독의 〈하하하〉 등의 수상작을 배출했습니다. 2019년에는 봉준호 감독의 영화 〈기생충〉이 최고작품상인 황금종려상을 받았고, 2022년에는 〈브로커〉의 송강호 배우가 남우주연상을, 〈헤어질 결심〉의 박찬욱 감독이 감독상을 받았습니다.

베를린 영화제는 매년 2월 독일에서 열립니다. 비평가를 기준으로 예술성이 큰 영화를 주로 초청하며 영화의 가치와 철학 그리고 시대성을 중시한다고 합니다. 최우수 작품상에는 '금곰상'이 수여되고, 심사위원 대상·감독상·주연·조연상 등에는 '은곰상'이 수여됩니다. 2020년에는 홍상수 감독이 〈도망친 여자〉로 은곰상(감독상)을, 2021년에는 〈인트로덕션〉으로 은곰상(각본상)을 수상했습니다. 또 2022년에 〈소설가의 영화〉, 2024년 〈여행자의 필요〉로 은곰상(심사위원대상)을 거머쥐기도 했습니다.

> 정치·경제·사회·**국제**·문화·미디어·과학·IT·스포츠
>
> ### "세계 5대 영화제 도약과 '문화의 일상화' 계기로"
>
> "칸, 베를린, 베니스 영화제가 세계 3대 영화제라면, 우리는 토론토 영화제와 함께 비경쟁 영화제이자 미래 영화제로 전 세계 5대 영화제의 경쟁력을 확보할 수 있도록 노력하겠습니다." 부산국제영화제(BIFF) 초창기 멤버이자 현재까지 BIFF를 이끌고 있는 이용관 이사장의 말이다. 그동안 BIFF는 정치적 부침뿐만 아니라 재정적 위기, 오래된 조직에서 초래하는 경직된 조직 문제를 겪었다. 또 세계적인 영화산업의 패러다임 전환으로 변화에 대한 압박도 받아왔다. 매번 위기가 닥칠 때마다 완벽하진 않지만 조금씩 문제를 해결해가며 지금까지 왔다. 그는 "칸이나 베를린처럼 글로벌 스폰서와 손을 잡고 BIFF 개최를 위한 안정적인 재정을 마련하는 것이 가장 큰 목표다"라고 강조했다. 그러면서 "지난 5~6년간 어려움과 코로나 시대를 겪으며 BIFF의 체질이 그래도 강해지지 않았느냐는 생각을 한다"며 "영화제를 통해 '문화의 일상화'를 이뤄내고 코로나 시대 이후 해외 경쟁력을 확보하는 일에도 힘쓰겠다"고 말했다.
>
> 출처 : 부산일보/일부인용

상식UP! Quiz

문제 세계 3대 영화제는 칸 영화제, 베니스 영화제, 아카데미 영화제이다. O / X

해설 세계 3대 영화제는 칸 영화제(프랑스), 베를린 영화제(독일), 베니스 영화제(이탈리아)이다.

128 세계 4대 뮤지컬

시간이 지나도 변하지 않는 명작!

뮤지컬이란 연기와 노래, 춤이 어우러진 종합예술입니다. 해마다 다양한 뮤지컬들이 관객들의 마음을 사로잡고 있지요. 수많은 작품 가운데 전 세계인들의 꾸준한 사랑을 받는 세계 4대 뮤지컬이 있습니다. 세계 4대 뮤지컬로 꼽히는 작품은 〈캣츠〉, 〈레 미제라블〉, 〈미스 사이공〉, 〈오페라의 유령〉입니다.

먼저, 〈캣츠〉는 영국의 대문호 T. S. 엘리어트의 시 '지혜로운 고양이가 되기 위한 지침서'를 바탕으로 하여 고양이로 분장한 배우들을 통해 인간의 구원이라는 주제를 표현한 작품입니다. 전 세계 30여 개 국가에서 공연되어 5,000만명 이상의 관객들이 관람했고, 공연 수입으로 22억달러를 올리는 등 경이로운 기록을 세웠습니다. 〈미스 사이공〉은 베트남 전쟁 속에서 꽃피운 베트남 여인 킴과 미군 장교 크리스의 아름답지만 비극적인 사랑 이야기를 그린 뮤지컬로, 일본 여인 초초상과 미군 해군 장교와의 비극적인 사랑을 그린 오페라 〈나비부인〉의 현대판으로 불립니다. 〈오페라의 유령〉 역시 많은 사람들에게 알려진 뮤지컬입니다. 이 작품은 프랑스의 작가 가스통 르루의 원작 소설을 찰스 하트가 뮤지컬 극본으로 만들어 무대에 올린 작품입니다. 한때 오페라 작곡가로 명성을 날렸으나 잊힌 천재가 되어버린 '오페라의 유령'이 호숫가에서 은둔 생활을 하던 중 미모의 오페라 가수 크리스틴에게 반하지만 결국 사랑은 실패로 끝난다는 내용을 담고 있습니다. 4대 뮤지컬 가운데 가장 늦게 국내 무대에 오른 〈레 미제라블〉은 빅토르 위고의 소설을 뮤지컬화한 작품으로, 영화로도 제작되며 큰 사랑을 받았습니다.

재밌는 점은 위의 네 작품 모두 한 프로듀서에 의해 제작되었거나, 재창작되어 명작의 반열에 올랐다는 점입니다. 그의 이름은 바로 카메론 매킨토시입니다. 세계 뮤지컬계의 절대적 권위자인 그는 1980년대 영국 웨스트엔드에서 수많은 뮤지컬 작품을 히트시키며 그 명성을 알렸습니다. 1996년 영국 왕실에서는 이런 그의 문화적 공로를 기려 기사 작위를 수여하기도 했습니다.

정치·경제·사회·**국제**·**문화**·미디어·과학·IT·스포츠

'레 미제라블' ··· 뮤지컬이 영화로 탄생하다

세계 4대 뮤지컬이라 불리는 레 미제라블, 오페라의 유령, 캣츠, 그리고 미스 사이공은 모두 프로듀서 카메론 매킨토시의 손에서 태어났다. 이 시대 최고의 영향력을 지닌 뮤지컬 프로듀서로 손 꼽히는 그에게 알란 파커(버디, 에비타 감독)를 비롯한 수많은 감독들이 뮤지컬 레 미제라블의 영화화를 제의했지만, 초연 공연으로부터 25주년이 지날 때까지도 영화 레 미제라블은 진척이 보이지 않았다. 그때, 아카데미 4관왕에 빛나는 영화 '킹스 스피치'의 톰 후퍼 감독이 나타났다.

카메론 매킨토시는 톰 후퍼 감독의 진가를 알았다. 카메론 매킨토시는 "톰 후퍼 감독은 먼저 영화 레 미제라블에 대한 수많은 아이디어를 가지고 나를 찾아왔다. 그는 젊고 유능한 감독이며 뜨거운 열정을 지니고 있기도 했다"며 보는 순간, 이 사람이 바로 영화 레 미제라블 감독의 적임자라는 사실을 깨달았다고 밝혔다. 그리고 톰 후퍼 감독과 프로듀서 카메론 매킨토시에게 힘을 실어준 것이 바로 다시는 한 자리에 모일 수 없을 것 같은 할리우드 최고의 초호화 캐스팅이다. 휴 잭맨, 앤 해서웨이, 러셀 크로우, 아만다 사이프리드, 그리고 헬레나 본햄 카터까지! 이름만으로도 영화를 신뢰할 수 있는 명배우들이 영화 레 미제라블에 대거 참여한 것이다.

'레 미제라블'는 2012년에 개봉해 국내 누적관객수 5,921,376명(2019.03.29. 영화진흥위원회 영화관입장권통합전산망)을 기록. 관람객 평점 10, 기자·평론가 평점 7.15, 네티즌 평점 8.35점을 기록했다.

출처 : 톱스타뉴스/일부인용

상식UP! Quiz

문제 세계 4대 뮤지컬에는 〈캣츠〉, 〈오페라의 유령〉, 〈레 미제라블〉, 〈위키드〉가 있다.

O / X

해설 4대 뮤지컬은 〈캣츠〉, 〈오페라의 유령〉, 〈레 미제라블〉, 〈미스 사이공〉이다.

답 X

129 세계 3대 문학상

위대한 문학가에게

2016년 한국 문학계가 열기를 띠었던 걸 기억하나요? 소설가 한강이 소설 〈채식주의자〉로 번역가 데보라 스미스와 함께 맨부커상 인터내셔널 부문을 수상하였기 때문이었죠. 우리나라 작가의 수상 소식에 국내는 물론 세계의 이목이 집중되었습니다. 유독 문학에서 제대로 된 평가를 받지 못했다고 평가되는 우리나라는 한강의 맨부커상 수상으로 비로소 첫 세계 3대 문학상 수상이라는 빛을 보게 되었습니다. 그리고 이어서 2024년에 한강 작가는 무려 노벨문학상 수상이라는 한국 문학계의 대단한 업적을 세웠죠.

부커상(Booker Prize, 2018년 '맨' 삭제)은 1969년 영국의 부커사가 제정한 문학상입니다. 노벨문학상, 프랑스의 공쿠르 문학상과 함께 세계 3대 문학상 중의 하나입니다. 해마다 영국연방국가에서 출판된 영어 소설들을 대상으로 시상했습니다. 그러다 2005년에는 영어로 출간하거나 영어로 번역한 소설을 대상으로 상을 수여하는 인터내셔널 부문을 신설했습니다. 신설된 후에 계속 격년으로 진행되다가 2016년부터 영어 번역 소설을 출간한 작가와 번역가에 대해 매년 시상하는 것으로 변경했습니다.

노벨문학상은 알프레드 노벨의 유언으로 설립된 노벨 재단에서 시상하는 문학상입니다. 1901년에 처음 제정된 이후 2019년까지 총 111차례 동안 무려 116명의 수상자를 배출했습니다. 일반적으로 한 작가의 작품 전체에 수여되지만, 부커상처럼 특정 작품을 지정하는 경우도 있습니다. 선발 원칙은 노벨의 유언에 따라 인류사에 위대한 공헌을 하거나, 이상적인 방향으로 전망을 제시한 작품을 발표한 사람에게 주고 있습니다.

프랑스에서 가장 권위 있는 문학상인 '공쿠르 문학상'은 프랑스 공쿠르 아카데미에 의해 1903년부터 시상되기 시작했습니다. 공쿠르 상은 노벨상과 마찬가지로 작품이 아닌 작가에게 수여합니다.

🔍 정치·경제·사회·**국제**·문화·미디어·과학·IT·스포츠

"세계로 가는 K문학, 부커상 영광 잡으려면 번역 더 지원해야"

최근 몇 년 새 **세계 3대 문학상** 중 하나로 꼽히는 부커상과 한국문학의 '궁합'이 좋다. 2016년 한강이 〈채식주의자〉로 수상한 이후 2018년 한강의 또 다른 소설 〈흰〉, 2022년 정보라의 소설집 〈저주토끼〉, 2023년 천명관의 장편 〈고래〉, 그리고 2024년 황석영의 장편 〈철도원 삼대〉가 최종후보에 올랐다. 최근 부커상 인터내셔널 부문 심사위원으로 지명된 번역가 '안톤 허'는 이런 한국문학의 부상에는 번역 스타일의 변화가 큰 몫을 차지했다고 설명했다. 영국인 데보라 스미스의 〈채식주의자〉 번역을 계기로 영미독자들에게 읽히는 '의역'이 본격화됐다는 것. 이전에는 영문학자들 위주로 딱딱한 직역이 이뤄져 영미 등 시장에서 외면을 받았다는 얘기다. 허 번역가는 더 많은 한국작품이 해외에서 주목받기 위해선 번역에 대한 지원확대가 중요하다고 했다. 영문으로 번역되는 한국작품이 1년에 10~20권에 불과하다는 것. 그는 "한국문학작품을 해외에서 팔려면 번역가가 그 작품을 더욱 돋보이게 해야 한다"고 강조했다.

출처 : 동아일보/일부인용

상식UP! Quiz

문제 2024년 부커상 인터내셔널 최종후보에 오른 국내 장편소설은?
① 〈고래〉
② 〈철도원 삼대〉
③ 〈저주토끼〉
④ 〈대도시의 사랑법〉

해설 2024년 황석영 작가가 장편소설 〈철도원 삼대〉로 부커상 인터내셔널 최종후보에 올랐으나 아쉽게도 수상에 이르지는 못했다.

답

130 노벨상

꿈의 시상, 최고의 명예

매년 연말이면 누군가에게는 환희를, 누군가에게는 아쉬움을 남기는 시상식이 있습니다. 바로 모두가 꿈꾸는 상, '노벨상' 수상자가 결정되는 시상식이 있기 때문입니다. 그렇다면 노벨상은 어떻게 시작된 걸까요? 다이너마이트를 발명한 스웨덴의 알프레드 노벨은 '인류 복지에 가장 구체적으로 공헌한 사람들에게 나누어 주라'는 유언과 함께 자신의 유산(3,200만 스웨덴 크로나)을 스웨덴의 왕립과학아카데미에 기부하였습니다. 당시 노벨은 다이너마이트가 무시무시한 군사적 무기로 사용되면서 '더러운 상인'이라고 불리기도 했지만 이 때문에 그는 속죄하는 의미에서 노벨상을 만들기로 결심했다고 합니다. 스웨덴의 왕립과학아카데미는 노벨의 유산을 바탕으로 노벨재단을 설립하였고, 1901년부터 노벨상을 수여하기 시작했습니다.

노벨위원회는 물리학·화학·생리의학·경제학·문학·평화의 6개 부문에서 인류 문명의 발달에 공헌한 사람이나 단체를 선정합니다. 선정 기준으로 '독창성'을 가장 중시하는 것으로 알려져 있습니다. 즉, 인류에 큰 기여를 한 연구를 했을 경우 그 아이디어를 가장 처음 실현한 사람에게 상을 수여합니다. 또한 노벨상은 반드시 살아있는 사람에게만 주어집니다. 따라서 아무리 위대한 업적을 남겼어도 사망한 이후에는 수여하지 않습니다. 다만 수상자로 지정된 후 사망한 경우에는 상을 수여할 수 있습니다.

시상식은 매년 노벨의 사망일인 12월 10일에 스톡홀름에서 열립니다. 단, 평화상만 같은 날 노르웨이의 오슬로에서 시상합니다. 우리나라 사람으로는 최초로 김대중 전 대통령이 민주주의 및 북한과의 평화와 화해를 위해 노력한 공로를 인정받아 2000년에 노벨평화상을 받았습니다.

한편, 노벨상을 패러디하여 만들어진 상도 있습니다. 바로 '이그노벨상'입니다. 1991년 미국의 유머과학잡지인 〈기발한 연구 연보(The Annals of Improbable

Research》가 제정한 이 상은 '흉내낼 수 없거나 흉내내면 안 되는 업적'에 수여되며 매년 진짜 노벨상 수상자가 발표되기 1~2주 전에 시상식이 열립니다. 이그노벨상은 상금이 주어지지 않으며 실제 논문으로 발표된 과학 업적 가운데 재미있거나 엉뚱한 연구에 수여합니다.

정치 · 경제 · 사회 · **국제** · 문화 · 미디어 · **과학** · IT · 스포츠

"발견만 하면 노벨상"…
韓 과학자, 암흑물질 '액시온' 찾는 5년 여정 나선다

발견만 하면 노벨상을 거뜬히 받을 것으로 예상되는 암흑물질 후보 '액시온(Axion)'의 존재를 찾는 국내 유일 연구팀이 올해부터 5년간 연구를 수행한다. 연구장비는 현재 세계최고 수준으로 평가된다. 윤성우 기초과학연구원(IBS) 암흑물질 액시온 그룹장(CI, Chief Investigator)은 서울에서 열린 '한국과학기자협회-IBS 과학미디어아카데미'에서 "지금 한국에 필요한 것은 노벨상"이라며 "분위기 전환이 필요하다"고 밝혔다. 그는 "1964년 존재가 예측된 힉스(higgs) 입자가 반세기 뒤에 발견돼 노벨상을 안긴 것처럼 1978년 제시된 액시온도 이번 연구단이 마무리되는 2030년쯤 발견될 것이라고 기대한다"고 말했다. 액시온은 현대 물리학이 아직 증명하지 못한 난제인 암흑물질의 존재와 우주의 비대칭성을 동시에 설명할 것으로 기대를 모으는 개념이다. 액시온을 찾는 방법은 라디오 주파수 다이얼을 돌려보며 소리가 나는지 확인하는 과정과 유사하다. 소리가 들리지 않는 주파수 영역은 제외해 나가는 '소거법'이다. 액시온의 질량은 매우 작기 때문에 액시온이 광자(빛의 입자)로 변환됐을 때 이 광자가 갖는 주파수로도 표현할 수 있다.

출처 : 동아사이언스/일부인용

상식UP! Quiz

문제 사망한 사람도 노벨상 수상자로 지명될 수 있다.   O / X

해설 노벨상은 반드시 살아 있는 사람만 지명한다.

답 X

131 엠바고

특종을 잡아라! 그래도 지킬 건 지켜야지~

특종을 잡기 위한 언론사들의 경쟁은 항상 치열합니다. 특종을 위해서는 경쟁 언론사보다 빠르게 정보를 입수하는 것이 가장 중요하지요. 이처럼 보도기관에서 다른 언론사보다 빠르게 정보를 입수하여 독점 보도하는 특종기사를 '스쿠프'라고 합니다. 스쿠프(Scoop)란 일반적으로 특종기사를 다른 신문사나 방송국에 앞서 독점 보도하는 것을 말하며, 비트(Beat)라고도 합니다. 스쿠프는 그 범위가 매우 다양합니다. 대기업이나 정치권력 등 뉴스 제공자가 숨기고 있는 사실을 정확하게 폭로하는 것, 발표하려는 사항을 빠르게 입수해 보도하는 것, 이미 공지된 사실이지만 새로운 문제점을 찾아내 새로운 의미를 밝혀주는 것 등이 있습니다. 다른 경쟁 언론사가 취급하지 못한 특수한 기사를 찾아내는 것을 의미하죠.

엠바고는 일정 시간까지 뉴스의 보도를 미루는 것입니다. 본래 특정 국가에 대한 무역·투자 등의 교류 금지를 뜻하는 단어인데 언론에서는 뉴스기사의 보도를 한시적으로 유보하는 것을 말합니다. 정부기관 등의 정보제공자가 뉴스의 자료를 제보하면서 일정 시간까지 공개하지 말 것을 요구할 경우 그때까지 보도를 미루는 것입니다. 흔히 "엠바고를 단다"고 말하며 정보제공자 측과의 관계를 고려하여 되도록 지켜주는 경우가 많습니다.

엠바고의 종류에는 보충 취재가 필요한 경우 보도를 유보하는 '보충 취재용 엠바고'와 알려지면 공공의 이익에 해를 끼칠 수 있는 사건이 진행 중일 경우 사건 해결 전까지 보도하지 않는 '공공이익을 위한 엠바고'가 있고, 사건이 일어난 뒤에 기사화하는 조건으로 보도자료를 제공받는 '조건부 엠바고'와 해외공관장의 이동 등과 관련해 정부가 양국의 발표가 있을 때까지 보도를 중지하는 '관례적 엠바고'가 있습니다.

🔍 **정치** · 경제 · 사회 · 국제 · 문화 · **미디어** · 과학 · IT · 스포츠

거꾸로 날아간 현무2 ··· 軍신뢰 추락

북한이 중거리탄도미사일(IRBM)을 발사한 것에 대응하기 위해 우리 군이 발사한 지대지 미사일 '현무2C'가 발사 직후 전방이 아닌 후방으로 약 1km 날아가 추락하는 바람에 체면을 구겼다. 자칫 주변 민간인 거주지역으로 떨어졌다면 대형 참사가 발생할 수도 있었던 아찔한 순간이었다. 북한을 향해 "단호한 대응"을 하려던 당초 계획이 틀어진 것은 물론, 미사일 전력에 대한 신뢰 위기까지 자초한 모양새다. 훈련과 사고로 인해 강한 불꽃과 소음, 섬광이 발생하면서 강릉 시민들은 밤새 공포에 떨어야 했다. 119상황실에는 밤 11시쯤부터 '비행장에서 폭탄 소리가 난다', '비행기가 추락한 것 같다' 같은 신고가 10여 건 접수됐다. 이 과정에서 군에서는 당초 예정했던 '오전 7시 엠바고(보도 유예)'를 이유로 7시까지 제대로 된 설명을 내놓지 않아 혼란을 부채질했다.

출처 : 연합뉴스/일부인용

상식UP! Quiz

문제 언론보도기관에서 경쟁사보다 빨리 낚아채서 독점 보도하는 특종기사를 엠바고라고 한다.   〇 / ×

해설 경쟁 언론사보다 빠르게 정보를 입수하여 보도하는 특종기사를 스쿠프라고 한다.

답 ×

132 반달리즘

문화재만은 파괴하면 안 돼요!

반달리즘은 다른 문화·예술 등에 대한 무지로 인해 문화유적 및 공공시설을 파괴하는 행위를 말합니다. 5세기 초 로마를 침략해 문화를 파괴하고 약탈행위를 거듭한 반달족에서 유래한 것으로 알려져 있죠. 후대 역사가들에 따르면 반달족이 무자비한 파괴행위를 하지 않은 것으로 보인다는 주장도 나오고 있습니다만, 역사적 사실이 다르더라도 이미 사용하는 용어로 굳어졌으니 이제 와 용어를 바꾸긴 힘들지 않을까 싶습니다.

오늘날 반달리즘은 도시의 문화유적이나 공공시설 등을 파괴하는 행위를 가리키는 용어로 쓰이고 있습니다. 대체로 다른 문화나 종교·예술 등의 가치를 모르거나 무시하는 데서 벌어지는 행동들입니다. 먼 과거에서부터 이어져오는 문화재는 다시 만들어낼 수도 없는 소중한 인류의 유산인데 이렇게 무차별적으로 파괴하는 행동은 결코 방치해서는 안 되겠지요. 대표적인 사례로는 2010년대 중반 중동을 암흑으로 몰고 갔던 IS의 종교 문화재 파괴행위를 들 수 있습니다. 이들은 다른 종교의 문화재를 파괴했을 뿐만 아니라 자신들의 교리에 맞지 않다면 같은 이슬람의 문화재도 거침없이 파괴하여 모두의 공분을 샀죠. 역사 속에서 반달리즘의 예시를 찾아보자면 중세에 동로마의 성상파괴운동과 근대에 중국에서 벌어진 문화대혁명을 들 수 있습니다.

우리나라에서 발생한 반달리즘의 대표적인 사례로는 2008년 있었던 숭례문 방화 사건이 있습니다. 당시 방화를 일으킨 60대 노인은 국가와 사회에 대한 반감을 표출하기 위해 문화재 방화라는 반달리즘 범죄를 저질렀다고 밝혔죠. 역사 속에서 살펴보자면 1866년 병인양요 당시 프랑스군이 외규장각의 도서를 약탈하고 불을 지른 사건을 예로 들 수 있습니다. 당시 흥선대원군이 천주교를 탄압하자 이에 대한 보복으로 프랑스 함대가 강화도에 침입하였는데, 외규장각 도서를 약탈하고 훼손하는 등 반달리즘 행위를 한 것으로 알려져 있습니다.

경복궁 '낙서 테러'와 '반달리즘'

서울 경복궁 담장에 스프레이로 '낙서 테러'를 벌인 10대 남녀 청소년이 나흘 만에 붙잡혔다. 이들은 텔레그램을 통해 접촉한 누군가로부터 "불법영상 공유 사이트를 낙서로 쓰면 돈을 주겠다"는 제안을 받고 이런 일을 벌였다고 진술해 경찰이 낙서 의뢰자 추적에 나섰다. 사건 다음 날 같은 방식으로 모방범죄를 저지른 20대는 "관심을 받고 싶어 낙서를 했다"고 털어놨다. 이처럼 문화유산이나 예술품 등을 함부로 파괴하거나 훼손하는 행위를 '반달리즘(vandalism)'이라고 한다. 넓게는 낙서나 무분별한 개발 등으로 공공시설의 외관이나 자연경관 등을 훼손하는 행위도 포함한다. 이번 테러를 계기로 문화재청은 경복궁 외곽 순찰 인력을 늘리고 외곽경계를 모니터링하는 폐쇄회로(CC)TV 등을 설치해 보다 견고한 방재시스템을 구축할 계획이다. 또 국가유산에 낙서하는 행위는 문화재보호법에 따라 처벌받을 수 있는 범죄라는 사실을 알리기 위해 홍보와 교육도 강화할 예정이다.

출처 : 아시아경제/일부인용

상식UP! Quiz

문제 예술품이나 공공시설을 파괴하는 행위를 일컫는 말을 반달리즘이라고 한다.

○ / ×

해설 반달리즘은 공공시설이나 예술품을 파괴하는 행위를 가리킨다.

답

133 보편적 시청권

누구나 안방에서 스포츠를 즐길 수 있는 권리

보편적 시청권이란 전 국민이 올림픽이나 월드컵 같이 국민적 관심을 받는 스포츠를 시청할 수 있는 권리입니다. 이 권리가 보장되기 위해서는 TV만 틀면 누구든 시청할 수 있는 무료 지상파 채널이 우선 스포츠 중계권을 소유해야 합니다. 누구라도 별도 비용 없이 쉽게 접할 수 있는 방송수단을 확보해야 한다는 의미죠. 유럽의 '보편적 접근권'에서 따온 제도로 2007년에 방송법이 개정되면서 도입됐습니다.

2016년 방송통신위원회는 방송수단을 확보해야 하는 '국민적 관심이 매우 큰 체육경기대회'를 두 가지 그룹으로 구체화했는데요. 그룹A는 국민 전체가구 수의 90% 이상이 시청 가능한 방송수단을 확보해야 하는 행사로 동·하계올림픽, FIFA 월드컵 등이 해당되고, 그룹B는 75% 이상이 시청 가능한 수단을 확보해야 하는 행사로 WBC(월드 베이스볼 챔피언) 등이 있습니다. 다만 유럽연합과 영국 등과 비교하면 그룹A의 가구 수가 매우 적은데다가 분류기준의 근거도 모호하다는 의견이 나왔는데요. 유럽연합과 영국 등에선 아예 시청 가구 수를 규정하지 않았다는 지적도 덧붙였죠.

그런데 2024년 1월 국내 한 대기업이 우리나라에서 프로스포츠 중 가장 인기가 많은 프로야구를 자사 OTT플랫폼에서 유료로 중계하겠다고 밝혔습니다. 또 잇달아 6월에는 프로농구의 독점 중계권 계약도 체결했죠. 프로축구의 경우 이미 2023년부터 2023-2025시즌을 국내 한 OTT에서만 유료로 시청할 수 있습니다. 뿐만 아니라 손흥민, 김하성 등 우리나라의 유명 스포츠 스타가 소속된 해외프로리그의 중계도 독점하는 양상이 나타났습니다.

물론 방송사나 OTT플랫폼이 경쟁적으로 중계권을 사와 독점 방송하는 것은 지극히 상업적인 영역입니다. 프로리그도 중계권을 높은 가격에 판매해 수익을 올리고 싶어 하죠. 프로스포츠는 보편적 시청권에 포함되지 않기도 하고요. 그러나 과거에는 TV만 틀면 누구든 즐길 수 있었던 프로스포츠를 이제는 보편적으로 누릴 수 없는 현실은 팬들에게 부담이 됩니다. 외려 프로스포츠의 독점·유료중계가 팬들의 외면을 부를 수 있다는 지적도 있죠. "기존 OTT회원이라면 몰라도 프로스포츠를 시청하기 위해 굳이 OTT에 가입할 유인이 얼마나 되겠느냐"는 것입니다. 아울러 경제적 능력에 따라 국민의 기본권인 정보권이 차등돼선 안 된다는 비판도 잇달았습니다. 그래서 일각에서는 공영방송에 스포츠 중계권을 의무적으로 할당하도록 하는 방안이 검토돼야 한다는 주장도 있습니다.

정치·경제·사회·국제·문화·**미디어**·과학·IT·**스포츠**

티빙 안 보는 야구팬 어쩌라고? 보편적 시청권 요구↑

고민수 강릉원주대 교수는 한국방송협회가 'OTT 시대 스포츠 중계와 보편적 시청권'을 주제로 개최한 스터디에서 "유료방송 서비스 제공자가 방송권을 독점적으로 확보하면, 경제적 여건이 좋지 않은 시청자는 중요 정보에 접근할 기회를 박탈당할 수 있다"고 말했다. 이런 주장의 배경은 OTT가 서비스 경쟁력을 높이는 차원에서 대형 스포츠 중계권을 잇달아 독점적으로 확보하면서 보편적 시청권을 침해한다는 목소리도 함께 나오기 때문이다. 문제는 OTT의 영향력이 점점 커지면서 서비스를 유료로 이용하지 않는 시청자는 대형 스포츠 이벤트에 대한 접근권 자체가 주어지지 않을 것으로 우려된다는 점이다. 고 교수는 "어떤 스포츠 이벤트를 보편적 시청권 리스트에 넣을 것인지 평가하는 지표를 여러 요소를 고려해 만들어야 한다"고 제안했다. 현행법에서 규정하는 보편적 시청권을 보장해야 하는 스포츠 종류에 대한 논의부터 시작해야 한다는 것이다.

출처 : 비즈니스워치/일부인용

상식UP! Quiz

문제 방송법상 국내 프로야구는 보편적 시청권이 보장되어야 하는 프로스포츠다.

O / X

해설 국내와 해외 프로스포츠는 보편적 시청권을 위해 무료 지상파 채널이 중계권을 우선 확보해야 할 대상은 아니다.

134 카피레프트

콩 한 쪽도 나눠 먹고, 정보도 나눠줄게!

카피레프트(Copyleft)는 저작권(Copyright)에 반대되는 개념으로, 저작권을 기반으로 한 정보의 공유 조치입니다. 저작권이란 만든 이의 권리를 보호하기 위해 다른 사람의 복제·공연·전시 등의 이용을 허가하거나 금지하도록 하는 것인데, 배타적 저작권의 보호를 주장하는 카피라이트와 달리 카피레프트는 지식과 정보가 독점되어서는 안 되며 모든 사람들에게 열려 있어야 한다는 인식에서 비롯되었습니다. 이에 따라 저작권자들은 정보를 사용하는 것을 막지 않는 규칙·공지 등을 내립니다.

카피레프트는 1984년 리눅스의 대부이자 자유소프트웨어연합의 창설자인 미국의 리처드 스톨먼이 소프트웨어 프로그램을 자유롭게 사용하자는 뜻에서 자유 소프트웨어 개발에 나서는 등 카피레프트 운동을 펼치면서 시작됐습니다. 카피레프트 운동이 소프트웨어뿐만 아니라 모든 저작권 공유 운동으로 확대되면서 우리나라에도 카피레프트가 도입되기 시작했지요.

카피라이트(Copyright)	구분	카피레프트(Copyleft)
저작권 독점. 창작자에게 독점적 권리를 줘야 창작 활동이 활발해진다고 봄	개념	저작권 공유. 지식·정보·저작물은 자유롭게 공유돼야 한다고 봄
15세기 이탈리아 베네치아에서 정부가 세수를 늘리기 위해 인쇄업자에게 배타적 권리를 준 것이 시초	등장 배경	1984년 미국의 프로그램 개발자 리처드 스톨먼이 소프트웨어의 자유로운 이용 주창
세계무역기구(WTO) 지적재산권 협정 등 국제사회는 저작권 강화 추세	특징	저작권제도 자체를 부정하지 않으며, 저작권 혜택을 받는 소수 창작자에 의한 정보 독점 폐해 강조
• "창작자에게 저작권이라는 배타적 권리를 줘야 창작 활동이 늘고 궁극적으로 문화 발전을 유도할 수 있다" • 지식·정보·저작물은 개인 재산이다.	논거	• "저작권제도 자체가 창작 행위를 유인하는 게 아니다. 창작을 활성화하는 최선책은 정보·저작물을 자유롭게 이용하도록 하는 것이다" • 지식·정보·저작물은 사회의 공유 자산이다.

문화·미디어 325

🔍 정치·경제·사회·국제·문화·미디어·과학·IT·스포츠

"노랑나비 소녀상 저작권 공유하겠다"
미국 뮤지컬 '컴포트 우먼'

일본계 뮤지컬 배우가 3D 컴퓨터로 제작해 화제를 모은 '노랑나비 위안부소녀상'이 널리 보급될 전망이다. 한국 창작뮤지컬로는 사상 처음 오프브로드웨이에 올려져 큰 반향을 일으킨 '컴포트 우먼'의 김현준 연출가가 "노랑나비 소녀상이 보다 많은 이들에게 알려질 수 있도록 '**카피레프트**(저작권 공유)'로 제공하겠다"고 선언했다. 김현준 연출가는 뉴시스와의 인터뷰에서 "뮤지컬 개막과 함께 선보인 노랑나비 소녀상에 대해 많은 분들이 관심을 보였다"며 "노랑나비 소녀상을 만들거나 이미지를 활용할 의사가 있는 분들에게 상업적 목적으로 사용하지 않는 것을 전제로 저작권을 포기하겠다"고 밝혔다.

노랑나비 소녀상은 '컴포트 우먼'에 출연한 일본계 배우 에드워드 이케구치가 직접 제작해 화제를 모았다. 외국인이, 그것도 일본계 배우가 위안부 소녀상을 만든 것은 처음 있는 일인 데다가 기존의 엄숙하고 정적인 이미지와는 확연히 다른 모습으로 형상화했기 때문이다.

김현준 연출가는 "똑같은 소녀상이 기왕이면 미국 등 세계 곳곳에 많이 만들어지면 좋겠다"면서 "소녀상 미니어처나 이미지를 활용한 열쇠고리 등 기념품들을 만들어 판매 수익을 기부하는 방법도 생각하고 있다"고 말했다.

출처 : 뉴시스/일부인용

상식UP! Quiz

문제 저작권에 반대되는 개념으로 지적 창작물에 대한 권리를 모든 사람이 공유할 수 있도록 하는 것은?
① 베른조약 ② WIPO
③ 실용신안권 ④ 카피레프트

해설 카피레프트(Copyleft)는 저작권(Copyright)에 반대되는 개념이며 정보의 공유를 위한 조치이다.

답 ④

135 뉴라이트

대한민국의 건국일은?

2024년 광복절 기념식은 안타깝고도 해괴한 형식으로 진행됐습니다. 우리민족 모든 구성원에게 경사스런 날의 기념식이 두 곳에서 따로 열린 건데요. 당시 광복회 등 독립운동단체와 더불어민주당을 비롯한 야당은 정부가 개최하는 경축식에 참여할 수 없다며, 별도로 행사를 열겠다고 밝혔습니다. 결국 광복절 행사는 사상초유로 두 쪽으로 갈라져 진행됐는데, 관례대로 독립기념관에서 열리던 정부의 경축식 마저도 다른 곳에서 거행됐죠.

이렇듯 광복절 행사로 갈등을 빚은 것은 광복절을 앞두고 독립기념관장에 취임한 김형석 신임 관장의 '뉴라이트' 논란 때문이었습니다. 그가 과거 한 보수단체에서의 강연에서 "1948년 8월 15일 정부가 세워지고 대한민국이 시작된 것"이라고 발언했는데 이것이 뉴라이트 사관인 '건국절 주장'과 같은 맥락이라는 지적이 나왔습니다. 아울러 "일제강점기 당시에 우리국민의 국적은 일본이었다. 민족문제연구소가 발간한 친일인명사전 내용의 검증이 필요하다"는 등 그의 지론 또한 문제가 됐죠. 김 관장은 뉴라이트 의혹을 강하게 부인하며, 야권과 독립운동단체의 사퇴 압박에도 굽히지 않았는데요. 그렇다면 논란이 되는 뉴라이트의 정체는 무엇일까요?

우리나라에서 뉴라이트(New Right)는 '신흥 우파'라고 할 수 있습니다. 군사정권 시기에 과격한 좌파운동을 벌였던 주체사상파(주사파)가 우파로 전향하면서 기존과는 다른 새로운 우파세력을 형성하게 되었다고 합니다. 1990년대부터 모습을 드러내 2000년대를 기점으로 활동을 시작했는데요. 이들은 극우스펙트럼 상에서 시장경제와 자유주의를 신봉하고, 식민지근대화론 같은 친일성향의 역사관을 띠고 있습니다. 특히 역사관 중 가장 대표적인 것은 상술한 건국절 주장입니다. '최초로 건국된 대한민국정부가 무엇이냐'에 대한 문제죠.

뉴라이트는 1919년 중국 상해에 세워진 대한민국임시정부가 주권을 제대로 갖추지 못한 문자 그대로 임시정부에 불과하며, 1948년 8월 15일 수립된 대한민국정부야 말로 국제적으로 승인된 합법적인 정식국가라고 봅니다. 그 이전까지 대한민국은 없었으며, 국제법적으로 일본에 나라를 빼앗겨 병합된 상태였다고 말하죠. 아울러 임시정부와 대한민국정부가 '정통성'이라는 정신적 연속성은 있을지언정 적법성을 계승하지는 못했다고 주장합니다. 그래서 이 날을 건국절로 삼자고 하는데요.

뉴라이트의 주장대로 1948년 건국절을 따른다면, 그 이전의 친일행위는 정당화되고 1910년 일제가 강제로 맺은 한일합병조약 또한 합법적인 것으로 해석될 소지가 생깁니다. 말 그대로 우리민족의 우리나라는 없었던 것이 되기 때문이죠. 2018년 대법원의 강제징용 손해배상 판결도 일제강점이 불법적 식민지배였다는 것을 전제로 하고 있죠. 또 이들의 건국절 주장에는 맹점이 있는데요. 먼저 우리나라 현행헌법 전문에는 '임시정부의 법통을 계승한다'고 명시되어 있고, 제헌헌법 전문에도 '기미 삼일운동으로 대한민국을 건립하여 민주독립국가를 재건함'이라고 적혀 있죠. 특히 뉴라이트는 이승만 대통령을 이른바 '국부', '건국대통령'으로 우상화하고 있는데, 그 이승만 대통령조차도 1948년 5월 31일 제헌국회 개헌축사에서 "이 국회에서 건설되는 정부는 즉 기미년에 서울에서 수립된 민국 임시정부의 계승"이라고 똑똑히 말했습니다.

이미 2015년에 역사 국정교과서로 논란을 일으킨 바 있는 뉴라이트 세력은 윤석열 정부 들어 다시 입김을 키웠습니다. 뉴라이트 성향을 띠거나 지목된 인사가 배치됐는데요. 어떤 인사들은 건국절 발언으로 논란을 빚기도 했죠. 일례로 고용노동부 장관 후보로 지명됐던 김문수 당시 경제사회노동위원회 위원장의 과거 건국절 발언이 발굴되면서, 왜 이런 논란이 될 만한 인사를 자꾸 기용하는 것인지 이해할 수 없다는 반응도 나왔습니다. 또 육군사관학교에서 독립유공자 흉상 철거가 시도되거나 군 정신교육 교재에 독립투사의 이름이 빠지는 등 독립운동의 흔적을 지우려는 것은 아닌지 의심되는 행보가 있었습니다.

뉴라이트의 생명력

뉴라이트는 이명박 정권과 손잡고 성장했다. 뉴라이트전국연합은 2007년 한나라당 대선후보 경선에서 이명박 후보를 지지했다. 신혜식 전 독립신문 대표는 "뉴라이트 운동은 결국 이명박 정권 만들기였다"고 했다. 뉴라이트는 식민지 근대화론, 이승만·박정희 긍정적 재평가, '1948년 건국절' 주장 등을 펴면서 극우·친일 이미지를 강화했다. 교과서포럼이 2006년 내놓은 '대안교과서 한국 근현대사' 시안은 5·16 쿠데타를 혁명이라고 하고 4·19 혁명은 학생운동이라고 표기했다. 박근혜정부는 한국사 교과서의 국정화를 시도했다가 교육현장에서 외면당했다. 2019년 발간된 〈반일 종족주의〉(이영훈·이우연·김낙년)는 '뉴라이트=친일' 인식을 키웠다. 뉴라이트는 윤석열정부에서 다시 득세했다. 김영호 전 뉴라이트싱크넷 운영위원장은 현재 통일부 장관, 신지호 전 자유주의연대 대표는 국민의힘 전략기획부총장이다. "내 생각은 뉴라이트로 바뀌었다"는 김문수 전 경기지사는 고용노동부 장관 후보자다. 정부 행보도 마찬가지다. 일제 강제동원 피해자 '제3자 변제' 해법을 비롯해, 육군사관학교 홍범도 장군 흉상 철거 시도, 일본 사도광산 유네스코 등재 과정에서의 대일 저자세, '일본 빠진' 대통령의 광복절 경축사 등이 그러하다. 김태효 국가안보실 1차장은 "중요한 건 일본의 마음"이라고 했다. 이 정부에 '내가 뉴라이트요'라는 사람은 없지만, 뉴라이트 세력과 기조는 끈질기게 생명력을 유지하고 있다.

출처 : 한겨레/일부인용

상식UP! Quiz

문제 뉴라이트가 주장하는 건국절은 1948년 5월 31일 제헌국회 출범일이다. ○ / ×

해설 뉴라이트는 대한민국 정부가 수립된 1948년 8월 15일을 건국절로서 주장한다.

답 ×

136 디지털 복원

문화재를 가상공간에서 만난다

디지털 복원은 첨단 과학기술을 이용하여 문화재의 원형을 복원하는 것인데요. 문화재의 세세한 형상을 컴퓨터에 저장되는 데이터로 기록하고 고증자료를 통해 복원한 뒤 가상공간에서 구현할 수 있도록 하는 것입니다. 디지털 복원이 가능한 문화재는 매우 다양한데요. 건축물과 회화부터 장신구나 공예품 같은 작은 유물까지 내·외부 형상의 데이터를 스캔하고 고증할 자료가 있다면 복원이 가능합니다. 심지어는 무용처럼 형태가 없는 문화재도 복원할 수 있죠.

디지털 복원은 해당 문화재가 어떤 상태냐에 따라 복원 과정도 다릅니다. 문화재가 현존하는 경우 정밀 3D 스캔기술로 문화재 구석구석을 촬영한 뒤에 이 데이터 조각들을 한 데 모아 문화재 전체의 3D 형상을 완성합니다. 오랜 풍파를 겪은 문화재들은 대개 훼손되고 손실된 부분이 있기 마련인데요. 이때에는 고증자료를 수집해 훼손된 부분을 따로 떼어 모델링을 진행합니다. 그리고 온전한 다른 부분들과 비교하여 제 모습을 갖추게 만들죠. 시간이 흐르며 칠이 벗겨지거나 변색된 부분들을 보정할 수도 있습니다. 복원된 문화재는 디지털 공간에서 이미지의 형태로 저장돼 사람들과 만납니다. 아예 흔적조차 찾을 수 없이 완전히 소실된 문화재들은 문헌과 기록 등에 의존할 수밖에 없습니다. 고증기록을 바탕으로 증강현실(AR)을 통해 구현해내죠.

디지털 복원은 현존하는 문화재보다는 고대건축물 같은 상당 부분 소실된 문화재 복원에 적용하는 편이 더 합리적이라는 의견이 있는데요. 손실된 지 오래된 문화재들은 고증자료가 적어 아무래도 정확한 복원이 어렵습니다. 이 때문에 실물로 복원할 경우 이후 새로운 고증이 나오게 되면 복원한 부분을 철거하고 재복원해야 하는데, 시간과 비용이 많이 소비되겠죠. 그러나 디지털 복원은 그럴 우려가 적습니다. 쉽게 새로운 고증으로 수정할 수 있죠. 또한 문화재를 현재 고증대로 실물 복원했을 때 문제점이나 잘못된 점은 없는지 사전에 파악하게 합니다.

정치·경제·사회·국제·**문화**·미디어·과학·IT·스포츠

잠든 문화유산에 디지털 숨결을 불어넣다

지난 2008년, 당시 국보 1호였던 숭례문에 화재가 일어나 전부 불타는 사건이 발생했다. 전 국민이 충격과 슬픔에 빠진 와중에 숭례문 복원 및 복구에 대한 이슈가 뜨겁게 떠올랐다. 그런데 불행 중 다행으로 화재사건이 있기 6년 전 숭례문 전체를 '3D 레이저 스캔'으로 기록한 적이 있었다. 스캐너를 이용한 3차원 촬영을 하면 건축물의 3D 입체도면이 제작되는데, 이 기술 덕분에 숭례문의 완벽한 복원에 많은 도움이 되었다고 한다. 이전에 수기로 작성된 도면은 불완전한 기록이 많았기 때문이다. 문화재청은 그 이후로 주요 문화재의 3차원 촬영을 진행했다. **디지털 문화재 복원**에 대한 개념이 국내에 잘 알려지게 된 것도 이때부터다.

출처 : 한겨레/일부인용

상식UP! Quiz

문제 소실된 지 오래된 문화재는 디지털 복원을 적용하기에 적합하지 않다.　○ / ×

해설 디지털 복원은 현존하는 문화재보다는 고대건축물 같은 상당 부분 소실된 문화재 복원에 적용하는 편이 더 합리적이다.

답　×

137 다크투어리즘

빛과 어둠을 함께

우리의 역사를 되돌아보면 좋았던 때보다 어렵고 힘들었던 때가 더 많았다는 것을 알 수 있습니다. 일제강점기, 동족 간의 전쟁 등의 고난과 그것으로부터 비롯된 숱한 역경들을 생각하면 가슴이 먹먹해집니다. 저마다 그 모습은 다르지만 역사를 바로 보자는 인식이 자리 잡으며 다크투어리즘이 인기를 끌고 있습니다. 다크투어리즘이란 비극적인 사건이 벌어졌던 역사적 장소나 큰 재해가 발생했던 현장을 돌아보는 여행을 말합니다. 'Dark(어두운)'라는 단어가 '빛을 보다'라는 의미의 관광(觀光)과 조금 동떨어진 것 같기도 하지만 어두운 역사를 제대로 인식하고 느껴봄으로써 교훈을 얻는 것이야말로 진정한 의미의 '빛을 보는' 것이 아닐까요?

우리나라에는 일제강점기 독립운동가들이 수감되었던 대전형무소, 한국전쟁 전후로 수만명이 희생당한 제주 4·3사건을 되돌아보게 하는 제주 4·3평화공원 등이 이미 다크투어리즘의 명소로 자리 잡았고, 고문수사로 악명 높은 옛 중앙정보부가 있었던 남산에도 다크투어 코스가 조성되었습니다.

세계 곳곳에도 다크투어리즘의 명소가 많습니다. 약 만명이 희생되고 40만명이 방사능 후유증을 앓게 만든 원자로 폭발사고가 있었던 체르노빌 원자력 발전소, 2차 세계대전 당시 독일의 나치 정권에 의해 유대인 등 400만명이 학살당한 아우슈비츠 수용소, 9·11테러로 사라진 뉴욕 세계무역센터를 기린 그라운드 제로(Ground Zero) 등입니다.

과거에는 부끄럽거나 아픔이 많은 역사는 숨기고 지우려는 경향이 컸지만 교육 수준과 시민의식이 높아짐에 따라 있는 그대로를 마주하고 바로 보자는 인식이 확산하며 다크투어리즘 장소 개발이 계속되고 있습니다. 즐겁기만 한 여행은 아니겠지만 역사라는 거울을 통해 과거를 반성하고 같은 일이 반복되지 않도록 할 수 있다면 밝은 여행이 될 수도 있을 것입니다.

정치 · 경제 · **사회** · 국제 · **문화** · 미디어 · 과학 · IT · 스포츠

다시 주목받는 '다크투어리즘', 비극의 현장 찾아나서는 여행

최근 **다크투어리즘**이 자주 거론되는 것은 역사적 비극을 다룬 콘텐츠가 흥행하면서 참상의 현장을 찾아 지나간 과오를 기억하고자 하는 사람이 늘어났기 때문이다. 이 같은 추세는 영화 〈1987〉 속 주요 장소인 남영동 대공분실을 찾는 방문객 수가 부쩍 늘어난 데서도 알 수 있다. 남영동 대공분실은 군사정권 시절 수많은 민주 열사가 갇혀 고문당한 곳으로 하루 평균 15명 정도이던 대공분실 방문객은 영화 개봉 이후 5배가량 늘었다. 이처럼 다크투어리즘은 반성과 깨달음이라는 교육적 효과 외에 정치 · 경제적 효과도 갖는다. 단적으로 남영동 대공분실만 해도 쇠락한 남영동 상권에 기운을 불어넣으며 무뎌질 수 있는 정치의식에 경각심을 불러일으킨다. 이 경우는 특정 인기 콘텐츠가 다크투어리즘을 만든 것이지만 비극적 역사가 있는 곳에서는 지역 주도로 다크투어리즘을 콘텐츠화한다. 스토리텔링을 통해 이해와 공감의 폭을 넓혀 다양한 사람과 소통하고 의미 있는 여행지로도 거듭나는 것이다. 군산과 목포에 조성된 근대역사거리, 서울시의 서대문형무소 역사관, 광주 망월동 묘역 등이 그렇다.

출처 : 머니S/일부인용

상식UP! Quiz

문제 비극적인 참상이 있었던 역사적 장소 등을 여행지로 하여 돌아보고 교훈을 얻는 여행을 무엇이라 하는가?

① 그린투어리즘 ② 지오투어리즘
③ 블루투어리즘 ④ 다크투어리즘

해설 비극적인 사건이 벌어졌던 역사적 장소나 큰 재해가 발생했던 현장을 돌아보는 여행을 다크투어리즘이라 한다.
- 그린투어리즘 : 자연, 문화 등 농촌 지역의 특성을 이용해 도시민과 농촌주민의 교류 형태로 이루어지는 활동
- 지오투어리즘 : 천연의 지질 자원을 관광 상품으로 활용하여 관광객을 유치하는 관광
- 블루투어리즘 : 해양 생태를 이용하는 관광

답 ④

138 올림픽

세계화합을 위한 지구촌 운동회

고대 그리스의 '올림피아 제전'에서 기원한 올림픽(Olympic Games)은 각 대륙에서 모인 선수들이 스포츠 경기를 하는 국제 스포츠 대회입니다. 2년마다 하계올림픽과 동계올림픽이 번갈아 열리는데요. 프랑스 파리에 본부를 둔 국제올림픽위원회(IOC)가 감독을 맡아 개최도시를 선정하고 대회마다 열리는 종목도 결정합니다. 근대올림픽을 창시한 사람은 프랑스의 교육자이자 체육행정가인 '피에르 드 쿠베르탱'입니다. '전 세계 청년의 화합의 장'으로서 올림픽을 기획한 쿠베르탱은 1894년에 IOC 창설을 주도했죠. 그리고 1896년 그리스 아테네에서 대망의 제1회 하계올림픽이 열립니다. 초대 올림픽에서는 14개국 9종목의 241명의 선수가 출전했는데요. 특이했던 건 오로지 아마추어 선수만 출전할 수 있었다고 하네요.

전 세계 모든 체육인들이라면 올림픽을 최대목표로 삼아 구슬땀을 흘립니다. 100년이 훌쩍 넘는 시간동안 특히 하계올림픽 참가국은 206개국, 참가선수는 1만명을 넘어섰습니다. 경기종목도 그동안 추가·제외되는 변화가 있었지만 32개로 늘어났죠. 종목은 시대흐름과 상황에 따라 다변화합니다. 최근 개최된 2024 파리올림픽에서는 브레이킹, 서핑, 스케이트보딩, 스포츠 클라이밍이 추가됐죠. 또 2028 LA 올림픽에서는 2020 도쿄올림픽 이후 퇴출됐던 야구가 복귀한다고 합니다. 유명 구기종목치고 세계적 인기도가 떨어지는 야구는 퇴출과 복귀를 반복하고 있죠.

8월 11일 막을 내린 최근 파리올림픽은 사실 개최 전부터 잡음이 많았는데요. 수상개막식과 수영경기가 열리는 센강의 최악의 수질이 도마에 올랐고, 일부 파리시민 사이에서는 테러와 범죄우려가 있다며 올림픽을 반대하는 과격한 캠페인이 전개됐습니다. 아울러 올림픽 조직위원회가 친환경 올림픽을 표방하며 각국 선수단에 에어컨 사용을 금지하면서 선수들이 찜통더위에 시달려야 했죠. 우리 대표단 또한 황당한 상황을 겪었는데요. 개막식에 우리나라를 북한으로 소개하는 대실수를 저질렀고, 펜싱 사브르 개인전에서 금메달을 딴 오상욱 선수의 이름을 잘못 표기하기도 했습니다. IOC의 SNS 영상에 우리나라 국기인 태권도를 일본 유도로 잘못 기재하는 해프닝도 있었죠.

한편 우리나라는 여자 핸드볼을 제외한 모든 구기종목이 이번 올림픽 진출에 실패하면서 제21회 몬트리올올림픽 이후 48년 만에 최소인원으로 대표단을 꾸렸는데요. 그러면서도 효자종목인 양궁과 함께 사격, 펜싱, 배드민턴 등에서 값진 메달을 획득하며 종합 8위로 선전했습니다.

> 정치·경제·사회·**국제**·문화·미디어·과학·IT·**스포츠**
>
> ### IOC, '대한민국 → 북한'이어 '태권도 → 유도' 오기
>
> 국제**올림픽**위원회(IOC)가 또 오기 실수를 반복했다. IOC는 SNS 계정에 태권도 관련 영상을 올리면서 '유도'로 소개해 또 논란이 됐다. 서경덕 성신여대 교수는 자료를 내고 "많은 누리꾼의 제보로 확인한 결과 태권도 영상 아래에 'Judo'로 잘못 표기했다. 세계 곳곳에서 파리올림픽에 관한 보도를 하며 대한민국에 대한 잘못된 표기가 계속해서 이어지고 있다"고 우려했다. 이어 그는 "비난과 분노만 할 것이 아니라 정당한 항의를 통해 올바르게 시정하는 것이 더 중요하다"고 했다. 파리올림픽에서는 개회식부터 장내 아나운서가 '대한민국'을 '북한'으로 소개해 큰 논란이 된 바 있다. 또한 펜싱 남자 사브르 개인전에서 금메달을 딴 오상욱의 소식을 전하면서 대회 조직위는 '오상욱'의 영문 이름을 '오상구'로 오기하기도 했다. 게다가 한 프랑스 언론은 한국과 일본의 국기를 합쳐서 한국 국기를 제작했고, 메달집계차트에서는 한국순위를 소개하면서 태극기가 아닌 남아프리카공화국 국기를 잘못 써 빈축을 샀다.
>
> 출처 : 이데일리/일부인용

상식UP! Quiz

문제 역사적인 제1회 하계올림픽은 프랑스 파리에서 열렸다. ○ / ×

해설 제1회 하계올림픽은 그리스 아테네에서 개최됐다.

답 ×

139 스낵컬처

과자처럼 가볍게 맛보는 콘텐츠

짧은 길이의 동영상 콘텐츠인 이른바 '숏폼(Short-form)'이 콘텐츠 시장의 대세로 떠올랐습니다. 숏폼 열풍은 중국의 IT 기업 바이트댄스가 출시한 플랫폼 '틱톡(TikTok)'에서부터 시작했다고 할 수 있는데요. 틱톡은 15초에서 1분 사이의 짧은 동영상 서비스로 주목 받으면서 전 세계 이용자를 끌어 모았습니다. 2021년 9월을 기준으로 전 세계 이용자수가 10억명을 넘어섰다는 보도도 있었죠. 이렇게 숏폼이 시장을 주름잡는 트렌드로 자리 잡으면서, 경쟁 플랫폼들도 이 숏폼 전쟁에 뛰어들고 있습니다. 유튜브는 틱톡의 대항마를 자처하며 '유튜브 쇼츠(Shorts)'를 선보였고 인스타그램은 숏폼 서비스인 '릴스(Reels)'를 운영하고 있죠.

이렇게 사람들이 향유하는 콘텐츠의 길이는 점점 더 짧아지고 있습니다. 스마트폰이 보편화되면서 인터넷에 유통되는 콘텐츠의 양은 더욱 방대해졌는데요. 이런 방대한 양의 콘텐츠가 빠르게 소비되고 또 원활히 순환되기 위해서 자연스레 길이가 짧아졌다고도 볼 수 있습니다. 콘텐츠 제작자는 짧은 분량과 시간 안에 강렬한 인상을 주어야 하죠. 사람들은 이러한 짧은 콘텐츠들을 시간과 장소에 구애 없이 마치 과자를 먹듯이 소비할 수 있는데요. 이에 등장한 용어가 '스낵컬처(Snack Culture)'입니다.

스낵컬처는 장소를 가리지 않고 가볍고 간단하게 즐길 수 있는 문화스타일입니다. 과자를 의미하는 '스낵(Snack)'과 문화를 의미하는 '컬처(Culture)'를 더한 합성어죠. 출퇴근시간이나 점심시간은 물론 잠들기 직전에도 향유할 수 있는 콘텐츠로 시간과 장소에 구애받지 않는 것이 스낵컬처의 가장 큰 장점입니다. 방영시간이 1시간 이상인 일반 드라마와 달리 10~15분 분량으로 구성된 웹드라마, 빠르게 넘겨보는 웹툰, 웹소설 등이 대표적인 스낵컬처로 꼽히는데요. 최근의 숏폼 열풍도 스낵컬처와 유사한 맥락을 띠고 있다고 할 수 있습니다. 스낵컬처와 숏폼이 주류가 되어가면서 콘텐츠 제작의 진입장벽도 낮아지고 있는 추세입니다.

5분 만에 소설 즐겨볼까? '웹소설 플랫폼' 인기

그야말로 웹소설 전성시대다. B급 문화로 취급받던 웹소설이 드라마, 영화 등 다양한 콘텐츠로 확장하는 사례가 늘면서 독자들의 관심을 끌어 모으고 있다. 최근 네이버, 카카오 등 대기업의 웹소설 플랫폼 인수 행보가 이어지며 웹소설에 대한 관심은 더욱 커졌다. 웹소설 플랫폼은 로맨스, 판타지, 무협 등 다양한 장르를 제공하며 독자들을 사로잡는다.

웹소설 플랫폼의 수요는 어느 정도일까? 빅데이터 전문기업 TDI(티디아이)가 웹소설 플랫폼 문피아, 조아라, 네이버시리즈, 카카오페이지를 중심으로 올해 상반기 앱 이용 현황을 알아봤다. 1월 대비 7월 설치자 수를 분석한 결과, 네 개의 플랫폼 모두 수요가 늘어났다. 그중 가장 큰 폭으로 설치자 수가 증가한 앱은 '문피아'로 45.6%를 기록했다. '조아라' 28.1%, '네이버시리즈' 19.0%, '카카오페이지' 9.6%로 집계됐다.

웹소설 플랫폼의 수요 증가는 다양한 사회 변화가 반영된 결과임을 시사한다. 스마트폰, 태블릿PC 등을 통한 독서 활동 선호, 짧은 호흡의 빠르게 읽히는 **스낵컬처**(Snack Culture) 지향, 비대면 문화로 인해 실내에서 혼자 즐기는 콘텐츠 서비스 증가 등이 영향을 미친 것으로 해석된다.

매일경제/일부인용

상식UP! Quiz

문제 글로벌 동영상 플랫폼 유튜브가 2021년 출시한 숏폼 서비스는 '릴스(Reels)'다.

O / X

해설 유튜브는 2020년 9월 인도에서부터 숏폼 콘텐츠 플랫폼 '쇼츠(Shorts)'의 베타 테스트를 시작했다. '릴스(Reels)'는 페이스북의 자회사인 인스타그램의 숏폼 콘텐츠 플랫폼이다.

답 X

신문으로 공부하는 종합편
말랑말랑 시사상식

CHAPTER 07

과학 · IT

140 인공감미료

적당히 먹으면 괜찮아요

2023년 7월 14일 세계보건기구(WHO) 산하 국제암연구소(IARC) 식품첨가물합동 전문가위원회(JECFA)가 인공감미료 중 하나인 아스파탐을 '발암가능물질 2B'로 분류했습니다. 2B군은 '암을 유발할 가능성이 있다'는 의미입니다. 그러나 인체 및 동물실험을 통해 그 가능성이 충분히 입증되지는 않은 경우 지정되죠. 2B군에는 김치와 오이피클 같은 절임음식도 포함됩니다.

그런데 IARC에서 아스파탐을 발암물질로 분류한다는 소식이 들리면서 식품산업, 보건계는 충격에 휩싸였습니다. 아스파탐이 최근 유행하는 '제로슈거' 음료나 술, 껌, 아이스크림 등 일상에서 흔히 접하는 음식에 널리 사용되고 있기 때문이죠. 인공감미료는 설탕보다 훨씬 더 적은 양으로도 설탕의 몇 백배에 달하는 단맛을 낼 수 있는데요. 그런 반면 칼로리는 거의 없는 비영양물질입니다. 그렇기 때문에 당뇨와 비만을 일으키는 설탕의 대체제로서 각광을 받았는데요. IARC에서 인공감미료를 발암가능물질 2B군으로 분류하긴 했지만, 사실 학계에서는 아스파탐 등 인공감미료와 암 발병과의 인과관계가 확실히 증명된 바 없다고 말하죠. 전문가들은 2B군 정도면 일상적으로 섭취해도 크게 위험하지는 않다고 합니다. 아스파탐의 경우 당장 먹으면 안 된다는 수준은 아니라는데요.

또 JECFA에선 아스파탐의 일일섭취허용량을 40mg으로 지정했는데 우리나라 사람은 그 양의 1%도 먹지 못하는 수준이라며 같은 2B군인 김치와 젓갈처럼 먹어도 무방하다고 합니다. 식품의약품안전처 역시 국내 아스파탐 섭취 수준은 해외에 비해 상당히 낮은 수준이라며 35kg인 어린이가 다이어트 콜라(250ml · 아스파탐 함유량 43mg 기준)를 하루에 33캔 이상 마셨을 때야 허용치를 초과한다고도 말했죠. 그러나 이러한 위해 수준과는 관계없이 식품업계는 아스파탐의 대체재를 찾는 등 대책마련에 분주한 모습입니다. 아무래도 발암가능물질이라는 용어에 소비자들은 민감할 수밖에 없기 때문이죠.

🔍 정치・**경제**・사회・국제・문화・미디어・**과학**・IT・스포츠

'아스파탐 안전 논란', 빈자리 채운 인공감미료는?

제로 열풍과 함께 인기를 끌던 아스파탐이 유해성 논란으로 주춤하는 사이 다른 **인공감미료**가 빈자리를 채우고 있다. 식음료업계에 따르면 아스파탐 대신 사카린나트륨, 아세설팜칼륨, 수크랄로스 등이 제로 열풍을 이어가고 있다. 그렇다면 사용량이 늘어난 다른 인공감미료들은 안전할까. 우선 사카린나트륨은 발암물질이라는 오명을 벗었다. 사카린나트륨은 1970년대 캐나다 보건연구소에서 쥐의 종양을 발생시킨다는 연구결과를 발표해 사용이 금지됐다. 하지만 1995년 유럽식품안전청은 재평가 결과 "캐나다의 실험은 오류이며 사카린나트륨은 인체에 암을 유발하지 않는다"고 발표했다. 이후 2000년 국제암연구소는 사카린나트륨을 발암물질 목록에서 제외했고 현재 100개국 이상에서 감미료로 사용하고 있다.

출처 : 뉴시스/일부인용

상식UP! Quiz

문제 국제암연구소가 정한 '발암가능물질 2B'군은 '암을 유발할 가능성이 과학적으로 입증됐다'는 의미다.　　　　　　　　　　　　　　　　　　　　　　　ㅇ / ×

해설 발암가능물질 2B군은 '암을 유발할 가능성이 있다'는 의미로, 아직 인체・동물실험에 의해 충분히 입증되지 않은 상태다.

 답　×

141 알고리즘

신비하고 광활한 알고리즘의 세계

우리는 흔히 웹 검색이나 유튜브, SNS를 이용하며 알고리즘을 체감합니다. 인터넷 검색창에 검색어를 입력하면 내가 원하는 정보를 출력해주고, 자동으로 콘텐츠를 추천받을 수 있죠. 명실상부 세계 최대 동영상 플랫폼인 유튜브의 알고리즘이 어떻게 작동하는지는 구체적으로 알려지지 않았지만 현재도 꾸준히 변화하는 것으로 알려져 있습니다. 그래서 이를 두고 추측도 많았는데, 미국 퓨리서치센터(Pew Research Center)가 일정 구독자수 이상을 보유한 1만개 이상의 영어권 유튜브 채널을 선정해 분석한 결과, 어떤 주제의 동영상을 시청하든 상대적으로 더 긴 러닝타임의 동영상이 추천되는 것으로 알려졌습니다. 이는 유튜브의 알고리즘이 단순히 조회수가 아닌 동영상 시청시간 자체를 더 중요하게 여긴다는 방증이 됩니다. 영상의 광고가 주 수익원인 유튜브는 이용자가 더 오래 영상을 시청할수록 수익이 느는데다가, 자극적인 썸네일이나 문구로 조회수만 노린 영상보다는 이용자가 더 오래 체류한 영상이 양질의 콘텐츠임을 파악하고 추천한다는 것이죠.

우리가 날마다 이용하는 검색 엔진은 어떨까요? 구글은 입력된 키워드의 검색 결과를 도출하기 위해 '페이지 랭크(Page Rank)'라는 기술을 활용했습니다. 이 기술은 구글의 창립자 '래리 페이지(Larry Page)'의 이름을 땄는데요. 페이지 랭크는 키워드가 웹페이지에 얼마나 많이 포함되었는가 따지는 것이 아닌 '링크'에 주목합니다. 키워드를 포함한 웹페이지가 다른 웹페이지에 링크가 되었는지를 따져보고 점수를 매겨 검색결과를 내놓죠. 내가 만든 웹페이지를 누군가가 링크를 복사해 자기 웹페이지에 걸어두었다면 점수가 올라갑니다. 링크가 많이 될수록, 또 링크를 복사한 웹페이지가 유명 블로그나 대형 웹 사이트라면 점수는 더 크게 상승합니다. 이용자는 이러한 알고리즘으로 자신이 원하는 중요도 높은 검색 결과를 빠르게 얻어낼 수 있죠. 알고리즘은 이밖에도 SNS 등 여러 IT 분야에서 다양한 형태로 활용돼 이용자들을 끌어 모읍니다. 이용자의 성향을 파악해 콘텐츠를 추천하고, 반사회적인 콘텐츠는 걸러내는 일련의 작업들이 알고리즘으로 이루어지는데요. 이처럼 알고리즘은 더 효과적으로 활용하기 위해 꾸준히 개선되고 있습니다.

🔍 정치·경제·사회·국제·문화·**미디어**·과학·**IT**·스포츠

네이버 '양질 뉴스' 배열 위해 알고리즘 개선한다

특정 언론의 기사가 지나치게 많이 추천되고, 양질의 뉴스를 찾기 힘들다는 비판을 받은 네이버가 **알고리즘** 개선에 나섰다. 네이버는 뉴스 추천 서비스와 뉴스 검색 개선 계획을 공개했다. 이는 포털 뉴스 알고리즘 투명성 강화를 위해 만들어진 '제2차 뉴스 알고리즘 검토위원회' 권고사항에 따른 결정이다. 위원회는 뉴스 검색 및 추천 알고리즘에 적용되는 다양한 자질 목록 등 네이버 뉴스 전반의 알고리즘을 검토했다. 위원회는 검토 결과 언론의 정치적 성향을 알고리즘에 반영하고 있지 않다고 밝히면서도 송고되는 기사의 양이 많고 온라인 대응에 적극적인 언론의 기사가 더 많이 추천되고 있어 개선이 필요하다는 입장을 밝힌 바 있다. 구체적으로는 대안 언론사 및 지역 언론사들이 기사가 노출될 수 있도록 뉴스 생태계 문제점을 고려한 뉴스 자질을 개발하고, 양질의 기사를 제대로 추천할 수 있도록 알고리즘을 개선해야 한다고 지적했다.

출처 : 미디어오늘/일부인용

상식UP! Quiz

문제 어떤 문제를 해결하기 위한 절차, 방법, 명령어들의 집합을 뜻하는 말은?
① 프로세스
② 프로그래밍
③ 코딩
④ 알고리즘

해설 어떤 문제를 논리적으로 해결하기 위해 필요한 절차, 방법, 명령어들을 모아놓은 것과 이를 적용해 문제를 해결하는 과정을 모두 알고리즘이라고 한다.

답

이제는 5G를 넘어 6G의 시대!?

통신기술의 핵심은 누구보다 빠르게 더욱 많은 양의 정보를 주고받는 것이죠. 무선통신기술의 발전은 현재 우리가 누리고 있는 기술의 차원에서 벗어나 미래의 가시적인, 또는 아직은 멀게만 느껴지는 첨단기술들을 가능케 하는 촉매제가 됩니다. 현재 우리나라를 비롯한 세계 주요국은 2030년 이내 상용화를 목표로 6세대 이동통신, 즉 6G 연구개발에 몰입하고 있습니다.

무선통신에서는 데이터를 전파로 변조해 송출하고 이를 수신하는 측에서 복조해 원래의 데이터로 되살립니다. 주파수는 이 전파가 초당 진동하는 정도를 말하고 진동수가 많을수록, 다시 말해 주파수가 높을수록 더 많은 정보를 더 빠르게 전달할 수 있습니다. 다만 빠르게 진동하는 만큼 그 파장이 짧아 멀리 갈 수 없고, 직진성이 높아져 장애물에 쉽게 방해를 받습니다. 현재 5G는 밀리미터파(주파수가 20~100GHz)를 사용하고, 향후 6G는 그보다 더 빠른 테라헤르츠(100GHz~10THz) 대역을 활용합니다. 따라서 고주파일수록 더 많은 기지국이 촘촘하게 설치돼야 안정적인 통화품질을 유지할 수 있죠.

가용주파수 범위가 테라비트에 도달하면서 이론적으로 6G는 5G보다 50배나 빠른 전송이 가능할 것으로 전망됩니다. 용량이 20GB(기가바이트)인 영화 한 편을 0.16초에 내려 받을 수 있는 것이죠. 뿐만 아니라 송수신 지연시간도 10배가량 단축될 것이라 알려졌습니다. 즉, 막대한 양의 데이터를 더욱 지체 없이 안정적으로 송수신할 수 있게 되죠. 이 같은 속도의 향상과 안정성은 특히 자율주행이나 로봇을 이용한 원격치료와 같이 즉각적인 데이터 송수신을 전제로 하는 첨단기술 분야의 발전을 앞당길 것이라 예상됩니다.

그러나 국내에서는 아직 기존 5G의 망 구축도 제대로 되지 않은 상황에서 6G 개발은 그저 뜬구름 잡는 논의에 불과하다는 의견도 있습니다. 현재 상용화된 5G의 통화품질에 대한 여론은 여전히 좋지 못한데요. 5G의 네트워크도 완벽히 구축하지 못한 상황에서 한층 수준 높은 기술력이 필요한 6G를 온전히 감당할 수 있을지 물음표가 떠오릅니다. 게다가 애초 5G가 상용화될 때 기업과 정부가 이야기했던 첨단미래기술도 현재로서는 가시적인 성과를 보이지 못했습니다. 당시에도 자율주행, 로봇, 드론 등 5G가 이뤄낼 신세계 같은 기술들이 홍보됐으나, 망 구축도 제대로 되지 않은 상황에서 여전히 국민들이 체감할 만한 변화는 가져오지 못했는데요. 때문에 고가의 5G 서비스가 그저 기업의 돈벌이 수단에 그친 것이 아니냐는 비판도 나오는 중입니다.

🔍 정치 · **경제** · 사회 · **국제** · 문화 · 미디어 · 과학 · IT · 스포츠

삼성 압도하는 유럽 · 중국 통신장비 … 6G 패권전쟁 가열

스페인 바르셀로나에서 개막한 모바일월드콩그레스(MWC) 2023은 첫날부터 통신의 미래를 엿볼 수 있는 전 세계 빅테크 기업들의 신기술 경연으로 후끈 달아올랐다. 노키아는 업계 최초로 관련 안테나 장비를 부스에 직접 설치하고 6G 네트워크를 실제로 구현해 보였다. 화면을 통해 가상으로 이동하던 차량이 현실 속 보행자 위치를 실시간으로 감지하고 충돌을 피하기 위해 이동을 멈추는 형태로 시연했다. 노키아 관계자는 "네트워크가 사물 위치를 정밀하게 감지해 직접 반응하는 것이 6G의 핵심"이라고 말했다. '세계 최초 달 통신사업자'로서의 비전도 소개했다. 현재 노키아는 미 항공우주국(NASA) 파트너로서 달 표면에 4G LTE망을 구축하는 작업을 진행하고 있다. 달에 착륙할 로봇이 주변 환경을 파악하기 위해 데이터를 수집 · 처리하는 데 활용될 전망이다.

출처 : 매일경제/일부인용

상식UP! Quiz

문제 모바일로 인터넷에 접속하고 멀티미디어를 감상하게 된 것은 2세대 이동통신이 등장하면서부터다. o / ×

해설 2000년대 중반 3세대 이동통신이 등장하면서부터 모바일상에서 자유로운 인터넷 접속과 음악, 영상 등 멀티미디어를 감상할 수 있게 됐다.

답

143 디지털 포렌식

최첨단 디지털 부검 수사

디지털 포렌식은 주로 범죄수사에 적용되는 디지털 수사 기법입니다. 디지털 증거를 수집·보존·처리하는 과학적·기술적 방법이라 할 수 있는데요. '포렌식(Forensic)'은 '법의학적인', '범죄 과학수사의', '재판에 관한' 등의 의미를 갖고 있습니다. 법정에서 범죄의 증거로 사용되려면 증거능력(Admissibility)이 있어야 하는데, 이를 위해 증거가 법정에 제출될 때까지 변조 혹은 오염되지 않는 온전한 상태(Integrity)를 유지하는 일련의 절차 내지 과정을 디지털 포렌식이라 부릅니다. 디지털 포렌식에서 다루는 증거물은 매우 다양한데요, 초기에는 개인이 사용했던 컴퓨터나 하드디스크를 중심으로 증거를 수집했지만, 현재는 이메일부터 전자결재, 메신저와 통화 기록, 네트워크의 트래픽, 데이터베이스는 물론이고, 스마트폰이나 태블릿PC 등의 모바일 기기에 이르기까지 디지털 포렌식의 대상이 되고 있습니다. 범죄 혐의점을 찾기 위해서 모든 기록 매체와 통로를 파헤치는 것이죠.

디지털 포렌식이 시작되면 마치 시신을 부검하듯이 디지털 기록 매체에 삭제된 부분들을 복원하고 암호를 해독하며 숨겨진 범죄의 증거를 찾게 되는데요. 먼저 저장 매체 안에 묻힌 증거들을 추출하여 이것이 변조되거나 손상되지 않도록 무결성을 유지합니다. 그리고 찾아낸 증거에서 수사에 도움이 될 정보를 분석하고 도출하는 과정을 거치죠. 이 과정에서 암호를 해독하고 데이터를 복원하는 수순을 밟게 됩니다. 그리고 마지막으로 증거들을 분석한 과정과 결과를 종합적인 보고서로 작성해 제출하는 것이죠.

디지털 기술이 발달하고 기기가 다양화되면서 디지털 포렌식의 영역도 확장되고 있습니다. 아울러 디지털 범죄는 물론이고 갖가지 다양한 유형의 범죄 수사에 디지털 포렌식을 활용할 여지도 늘어나고 있는데요. 이에 따라 포렌식 전문가에 대한 인력 수요도 점차 늘어나고 있고, 디지털 기술 발전에 대응할 진보된 수사 기법도 연구를 거듭하고 있는 추세입니다.

정치・경제・**사회**・국제・문화・미디어・과학・**IT**・스포츠

근로감독관도 '디지털 포렌식' 교육

고용노동부 근로감독관이 노동 관련 수사 전문성을 키우기 위한 **디지털 포렌식** 교육을 받았다. 한국고용노동교육원은 고용노동부 근로감독관의 수사역량과 전문성을 키우는 '근로감독 행정 전문 과정 교육'을 시행했다고 밝혔다. 근로감독관은 사법경찰직무법에 정한 사법경찰관으로, 노동관계법을 위반한 사건을 수사하고 검찰에 송치할 권한이 있다. 교육은 근로감독 3년 이상 경력자 가운데 업무 성과가 우수한 20여 명의 근로감독관을 대상으로 진행한다. 강제수사와 디지털 포렌식 등 수사역량 강화에 중점을 뒀다고 교육원은 설명했다. 이 밖에 개별적 근로관계법과 집단적 노사관계법, 형법 등 법률지식 등의 실무 운영 사례를 함께 다룬다.

노광표 원장은 "노동환경의 변화와 새로운 고용 형태의 증가 등으로 근로감독관의 대응 역량이 더욱 중요해졌는데 이번 교육이 근로감독관의 노동법률 지식향상과 수사 실무 역량 강화를 통한 현장 문제 해결에 도움이 되길 바란다"고 말했다.

출처 : 한겨레/일부인용

상식UP! Quiz

문제 디지털 기록과 정보를 범죄 단서를 찾는데 활용하는 수사기법은?
① 다크웹 ② 디가우징
③ 디지털 포렌식 ④ 디지털디바이드

해설 ① 다크웹(Dark Web) : 특정 환경의 인터넷 브라우저에서만 접속되는 비밀 웹사이트
② 디가우징(Degaussing) : 자기장으로 하드디스크를 물리적으로 복구 불가능하게 지우는 것
④ 디지털디바이드(Digital Divide) : 디지털 기기의 소유 유무에 따라 정보접근 격차가 커지는 현상

답 ③

144 제임스 웹 우주망원경

인류 역사상 최강의 우주망원경

허블 우주망원경을 능가하는 가장 크고 강력한 제임스 웹 우주망원경(JWST)이 우주에 대한 인류의 호기심을 안고 발사됐습니다. 웹 망원경은 2021년 12월 25일 밤 9시 20분께 프랑스령 기아나 쿠루 인근 유럽우주국(ESA) 발사장인 기아나 우주센터의 아리안 제3발사장(ELA-3)에서 아리안5호 로켓에 실려 우주로 향했는데요.

망원경은 보름에 걸쳐 우주 전개를 진행했고, 이후 2주간 더 비행해 한 달 뒤 지구와 태양이 중력균형을 이루는 약 150만km 밖 제2라그랑주점(L2) 궤도에 진입했습니다. 이곳에서 궤도를 돌며 주경을 구성하는 18개의 육각형 거울이 하나처럼 움직이도록 미세조정하고, 시험관측으로 근적외선카메라(NIRCam)를 비롯한 과학장비를 정밀하게 점검하는 과정을 거쳐 6개월 뒤부터 본격적인 관측을 시작해 포착한 이미지를 지구로 송신했죠. 웹 망원경은 10년간 작동하도록 설계됐습니다.

웹 망원경은 관측대상의 빛을 모으는 역할을 하며 망원경의 감도와 직결되는 주경의 크기가 6.5m에 달합니다. 이는 지름 1.32m의 금도금 베릴륨 거울 18개를 벌집 모양으로 이어붙인 형태인데요. 허블망원경(2.4m)이나 스피처망원경(0.85m)과는 비교가 안 될 정도로 큽니다. 여기에다 파장이 길어 가시광선보다 우주의 먼지와 가스구름을 뚫고 더 멀리 가는 근적외선과 중적외선을 포착할 수 있어 가시광선 관측에 집중한 허블망원경보다 성능이 100배 더 뛰어난 것으로 알려졌습니다. 이런 성능은 열에 민감한 적외선망원경을 5겹의 차광막으로 태양빛을 막아 −235°C의 초저온상태로 유지할 수 있어 가능했죠. 하지만 역대 가장 큰 차광막과 주경을 아리안 로켓의 지름 5.4m 페어링 안에 넣느라 종이접기처럼 접었으며, 이를 우주에서 펼쳐 고정하는 과정에서 50차례의 주요 전개와 178차례 방출이 이뤄졌습니다.

웹 망원경은 역대 최강 성능을 바탕으로 135억년 전 초기 우주의 1세대 은하를 관측할 수 있습니다. 이를 통해 은하의 형성과 진화를 이해하고 은하의 분포를 파악해 암흑물질과 암흑에너지의 실체에 한 걸음 더 다가설 수 있을 것으로 기대됐습니다. 또 외계행성 대기의 구성성분을 분석해 생명체가 존재할 수 있는 행성인지 파악할 수 있고 더 멀리, 더 깊이 우주 곳곳을 들여다볼 수 있죠. 이런 관측능력은 기존 망원경의 한계로 미뤄졌던 우주의 수수께끼를 풀어내 우주에 대한 이해를 크게 바꿔놓을 것으로 보입니다.

> 정치 · 경제 · 사회 · **국제** · 문화 · 미디어 · **과학** · IT · 스포츠
>
> ### 제임스 웹 · 허블 망원경
> ### 소행성 충돌 장면을 최초로 동시에 잡았다
>
> 소행성 충돌 위험에서 지구를 구하는 인류 첫 프로젝트로 꼽혀온 '쌍소행성 궤도 수정 시험'을 **제임스 웹 우주망원경**과 허블 우주망원경이 동시에 담았다. 제임스 웹과 허블이 우주의 같은 대상을 동시 포착한 것은 이번이 처음이다. 미 항공우주국(NASA)이 최근 공개한 다트(DART) 우주선과 소행성 디모르포스의 충돌 직후 사진에 따르면, 허블은 충돌 직후 디모르포스에서 광선처럼 빛이 나는 장면을 담았다. 나사는 "충돌 후 소행성이 3배 밝게 빛났고, 그 빛이 약 8시간 이어졌다"고 밝혔다. 가시광선을 주로 감지하는 허블은 다트의 소행성 충돌 전후 45장면을 담았다. 이번에 제임스 웹은 소행성 충돌 전후 약 5시간 동안 이미지 10가지를 포착했다. 나사는 "근적외선 카메라(NIRCam)와 중적외선 측정기(MIRI)를 갖춘 제임스 웹은 앞으로 몇 달 동안 더 관측할 계획"이라고 전했다. 허블도 다트 우주선과 충돌한 소행성 디모르포스를 향후 3주 동안 10여 차례 확인할 예정이다.
>
> 출처 : 조선일보/일부인용

상식UP! Quiz

문제 허블 우주망원경은 현존하는 최대 크기의 우주 망원경이다. ○ / ×

해설 제임스 웹 우주망원경은 적외선 천문 관측을 하는 우주망원경으로 현존하는 광학 우주 망원경 중에서 가장 큰 규모다.

답 ×

145 메타버스

슬기로운 가상생활

'메타버스(Metaverse)'는 가상·초월을 뜻하는 '메타(Meta)'와 현실세계를 뜻하는 '유니버스(Universe)'를 더한 용어입니다. 현실세계와 가상세계를 더한 3차원 가상세계를 의미하죠. 메타버스라는 용어는 미국 작가 닐 스티븐슨이 1992년 출간한 소설 '스노 크래시(Snow Crash)'에서 처음 등장했습니다. 메타버스라는 가상공간에서 제2의 삶을 사는 사람들과 사건을 그린 작품이죠.

인터넷에 마련된 가상공간에서 자신만의 캐릭터나 아바타로 다른 이들과 소통하는 방식은 예전부터 있어왔습니다. 사회 관계망 서비스(SNS)도 따지고 보면 그런 형태로 운영되고 있다고 볼 수 있는데요. 메타버스는 현실세계에 2·3차원의 가상의 사물을 겹쳐 보여주는 증강현실(AR ; Augmented Reality)과 실제 현실과는 완전히 다른 환경을 체험하게 하는 가상현실(VR ; Virtual Reality) 기술이 발달하면서 주목을 받고 있고, 이를 활용하려는 각계의 적극적인 움직임도 일어나고 있습니다.

메타버스가 기존의 증강현실이나 가상현실과 다른 점은 가상 속 공간에서 실제 현실에서 생활하듯이 정치, 경제, 사회, 문화 활동을 할 수 있다는 것입니다. 단편적인 사물이나 정체된 상황만을 보여주는 것에 그치지 않고, 정말 '제2의 나'로서 현실과는 다른 삶에 참여할 수 있다는 것이죠. 아직은 스티븐 스필버그 감독의 2018년 영화〈레디 플레이어 원〉처럼 실제 내 몸을 움직이고 모든 감각을 느끼듯이 할 수는 없지만, 그러한 가상공간에서 일상생활을 누릴 수 있는 수준까지 발달한 것입니다.

비대면·온택트 문화가 개인의 생활 반경을 줄이고 시간은 증대시키면서 아바타를 통해 메타버스에 참여하는 이들이 늘어나고 있습니다. 네이버제트(Z)가 운영하고 있는 증강현실(AR) 아바타 서비스 제페토(ZEPETO)는 우리나라의 대표적인 메타버스 전용 플랫폼으로 성장했는데요. 2018년 출시된 제페토는 얼굴인식 및 3D 기술 등을 이용해 '3D 아바타'를 만들어 다른 이용자들과 소통하거나 다양한 가상현실을 경험할 수 있는 서비스를 제공하고 있습니다. 2021년 9월에는 전 세계 이용자가 2억명을 돌파했다는 놀라운 소식도 들렸습니다.

기재차관 "가상융합기술, 메타버스와 연계해 새 시장 창출"

정부가 가상현실(VR), 증강현실(AR) 등을 포괄하는 가상융합기술(XR)을 3차원 가상세계인 **메타버스**와 연계해 새 비즈니스 모델과 신 시장 창출로 이어지도록 지원한다. 이억원 기획재정부 1차관은 서울 상암동 한국가상증강현실콤플렉스(KoVAC)를 현장방문해 간담회를 열고 이같이 밝혔다. KoVAC은 실감콘텐츠 개발부터 사업화 단계까지 전 주기 지원을 위한 기능을 집적한 VR·AR 산업육성 종합거점이다.

이 차관은 "올해 4,000억원 규모 예산투입을 통해 XR 플래그십 프로젝트 추진·XR펀드 신규조성(400억원 규모) 등 XR기술 확산과 킬러콘텐츠 개발을 지원할 계획이다"라고 밝혔다. 특히 "XR이 기술에 그치지 않고 MZ세대를 중심으로 빠르게 성장하고 있는 메타버스 등과 연계해 새 비즈니스 모델과 신 시장 창출로 이어지도록 하겠다"고 말했다. 정부는 범정부 차원 태스크포스(TF)를 통해 XR과 실감콘텐츠 산업의 경쟁력을 확보하고, 서비스산업의 고부가가치화와 양질의 일자리 마련을 위한 대책을 발표할 예정이다. 또 이 차관은 "시공간 제약을 넘어서는 XR기술을 비대면의 한계, 지역격차, 장애 등 사회문제 해결에 활용해 포용사회로 한 걸음 더 다가서겠다"고 언급했다.

출처 : 뉴스1/일부인용

상식UP! Quiz

문제 소설 〈스노 크래시〉에서 등장한 개념으로 사회·경제적 교류를 하는 가상세계를 뜻하는 말은?

① 메타버스 ② 버츄얼리티
③ 레디유니버스 ④ 논월드

해설 메타버스는 '가상·초월'을 뜻하는 메타(Meta)와 '세계'를 의미하는 유니버스(Univese)를 합친 말로, 1992년 닐 스티븐슨이 발표한 소설 〈스노 크래시〉에서 등장했다.

답 ①

146 미세플라스틱

물티슈는 종이로 만들지 않아요

여러분은 물티슈를 자주 사용하나요? 손이나 책상, 식탁 등을 간단하게 닦아낼 수 있어서 흔히 쓰이는데요. 그런데 이 물티슈가 종이가 아닌 플라스틱으로 만들어진 다는 사실을 모르는 사람들이 많습니다. 물티슈는 부직포와 플라스틱의 일종인 '폴리에스테르'로 만들어집니다. 그래서 펄프로 제조되는 휴지와 달리 버려지면 썩는데 수백년이 걸리죠. 더 큰 문제는 물티슈가 버려진 뒤 잘게 찢어지고 분해되면 '미세플라스틱'이 된다는 것입니다.

일반적으로 미세플라스틱은 크기가 5mm 이하인 플라스틱을 말합니다. 미세플라스틱은 제조될 때부터 작게 만들어지기도 하고, 플라스틱 제품이 폐기된 후 분해되면서 만들어지기도 합니다. 전자를 1차 미세플라스틱, 후자를 2차 미세플라스틱이라고 부르는데요. 피부의 각질을 제거해준다는 세안제나 치약에 들어가는 작은 알갱이(마이크로비즈)도 1차 플라스틱에 해당합니다. 이러한 것들은 사용 후 고스란히 하수도로 흘러가는데요. 크기가 작기 때문에 정제과정에서 걸러지지 않고 그대로 강·바다로 흘러갑니다. 나일론이나 폴리에스테르 같은 합성섬유로 만들어진 의류도 분해되면서 미세플라스틱이 됩니다.

바다에 유입된 미세플라스틱은 해양 생태계에 악영향을 끼치고 있는데요. 새나 물고기가 이를 먹이로 오인해 섭취하거나 토양에 쌓이면서 바다를 더럽힙니다. 산호초나 해조류의 생장을 방해한다는 연구결과도 나왔는데요. 더 심각한 문제는 우리가 마시는 물에도 섞여 들어갈 수 있다는 것입니다. 실제로 2021년에는 수도권의 상수원인 강원도 춘천시 의암호에서 무려 11억개에 달하는 미세플라스틱이 발견되기도 했죠. 이 미세플라스틱은 도로에 칠해진 페인트가 벗겨지고 물에 유입되면서 의암호에까지 흘러간 것으로 추측됐습니다.

또 식수뿐만 아니라 미세플라스틱에 오염된 수산식품을 통해서도 섭취하게 되니다. 실제로 2019년 세계자연기금(WWF)의 '미세플라스틱 섭취에 대한 연구'에 따르면 사람은 매주 2,000여 개의 미세플라스틱을 섭취하고 있다고 하는데요. 이는 플라스틱 카드 한 장 정도의 분량이라고 합니다. 그러니 우리는 매주 카드 한 장씩을 먹고 있는 셈이죠. 물론 이것이 너무 과장된 연구결과라는 주장도 있습니다만, 단순한 우려가 아니라 실제로 미세플라스틱이 지구와 우리 삶을 위협하고 있는 게 엄연한 현실입니다. 최근에는 미생물에 분해되는 플라스틱이 개발되어 포장재나 일회용 컵, 빨대 같은 가벼운 일상용품에 적용하는 연구가 진행되고 있습니다.

🔍 정치·경제·**사회**·국제·문화·미디어·**과학**·IT·스포츠

우리는 매일 미세플라스틱을 먹고 있다. 몰랐다고요?

배달 주문할 때 주로 사용하는 일회용기의 **미세플라스틱** 검출량이 다회용기보다 2.9~4.5배 많은 것으로 조사됐다. 한국소비자원(소비자원)은 시중에 유통되는 플라스틱 재질의 일회용기 16종과 다회용기 4종을 시험 평가한 결과 이같이 나타났다고 밝혔다. 소비자원에 따르면 일회용기의 경우 종류에 따라 1개당 1개~29.7개의 미세플라스틱이 검출됐다. 다회용기는 0.7개~2.3개의 미세플라스틱이 검출됐다. 소비자원은 미세플라스틱의 뇌·신경 질환 등 위해성은 아직 과학적으로는 밝혀지지 않았지만 선제적인 안전관리가 필요하다고 조언했다. 소비자원 관계자는 "배달 포장 시 일회용기 대신 다회용기를 사용하면 미세플라스틱 섭취를 줄일 수 있을 것"이라고 말했다.

출처 : 경향신문/일부인용

상식UP! Quiz

문제 2차 미세플라스틱은 제조될 때부터 5mm 이하의 작은 크기인 것을 말한다.

O / X

해설 제조될 때부터 작게 만들어지면 1차, 플라스틱 제품이 폐기된 후 분해되면서 만들어지면 2차 미세플라스틱이다.

147 차세대배터리

안전과 효율, 두 마리 토끼를 잡아라!

현재 우리가 사용하는 스마트폰이나 전기차, 전기자전거에 주로 쓰이는 배터리는 2차 배터리인데요. 2차 배터리는 화학배터리의 일종으로 배터리 내부의 화학반응을 이용합니다. 2차 배터리는 방전된 후 충전하여 재사용이 가능하도록 만들어졌습니다. 이 2차 배터리 가운데서도 주로 사용되는 것은 '리튬이온배터리'인데요. 리튬이온이 전지의 양(+)극과 음(−)극을 이동하면서 일어나는 화학반응을 이용해 전기를 방출하고 충전하게 됩니다. 양극에서 음극으로 이동하면 충전되고 그 반대가 될 때 방출되면서 외부에 에너지를 공급하죠. 리튬은 금속원소 가운데 가장 가볍고 전압발생효율이 좋아 현재까지 애용되고 있습니다.

그런데 리튬이온배터리는 꾸준히 안전성에 대한 지적을 받아왔습니다. 그간 미디어에도 보도됐다시피 휴대폰에 탑재된 리튬이온배터리가 폭발하는 사고가 종종 있었죠. 최근에는 전기자동차도 배터리에 화재가 발생하는 사건이 잇따르면서 안전성에 관한 문제가 도마에 올랐습니다. 배터리의 어떤 부분이 문제인지 정확한 화재 원인을 규명하는 데도 어려움을 겪었죠. 또 2022년 10월 카카오톡 먹통 대란의 원인으로 지목된 판교 SK C&C 데이터센터의 화재 또한 리튬이온배터리에서 유발된 화재 때문이라는 분석결과가 나오면서 우려는 더 커졌습니다.

이 때문에 리튬이온배터리를 대체할 차세대배터리에 관한 개발논의에도 불이 붙었는데요. 그 가운데 거론되는 것이 '전고체배터리'입니다. 전고체배터리는 배터리 내부에 차 있는 전해질을 액체 대신 고체로 만드는 것인데요. 전해질은 배터리 내부에서 이온이 양쪽 극으로 수월하게 이동하도록 돕는 역할을 하는데, 기존의 액체 전해질은 배터리가 외부의 압력이나 열을 받으면 부풀고 폭발할 가능성이 있기 때문에 비교적 위험했습니다. 하지만 전해질이 고체일 경우 구조적으로 좀 더 안정되기 때문에 훼손되더라도 그 형태를 유지할 수 있죠. 다만 이온이 이동하기에는 고체보다는 액체를 타는 편이 더 유리하기 때문에 '이온을 저장하는 양극의 소재와 방출하는 음극의 소재를 어떻게 개선하느냐'가 또 하나의 숙제로 지목되고 있습니다.

물론 안전성만이 전고체배터리 개발 목적의 전부는 아닙니다. 현재 차세대배터리는 시장을 한창 넓혀가고 있는 전기자동차의 핵심이기 때문에 경쟁력을 위해서는 저장용량을 늘리는 것 또한 매우 중요한데요. 전고체배터리는 기존 리튬이온배터리보다 크기가 작기 때문에 에너지 밀도를 높일 수 있고, 결과적으로는 자동차의 출력도 증가시킬 수 있습니다.

🔍 정치 · 경제 · 사회 · 국제 · 문화 · 미디어 · **과학** · IT · 스포츠

차세대 전기차 배터리 내구성 3배 올렸다

국내 연구팀이 리튬메탈전지의 내구성을 3배 향상시키는 기술을 개발했다. 리튬메탈전지는 현재 전기차 배터리로 쓰이는 리튬이온전지보다 이론상 10배 높은 용량을 갖고 있어 **차세대배터리**로 주목받는다. 이성호 한국과학기술연구원(KIST) 전북 분원 복합소재기술연구소 탄소융합소재연구센터장 연구팀은 리튬메탈전지의 내구성을 대폭 끌어올렸다고 밝혔다. 리튬메탈전지는 차세대 전기차 배터리로 주목받고 있지만 충·방전 중 리튬 표면에 결정돌기가 생성되면서 분리막을 찢는 현상이 일어난다. 분리막은 배터리 내부의 양극과 음극이 접촉하지 않도록 하는 절연 소재의 얇은 막으로 배터리 안전성과 직결된다. 연구팀은 결정돌기가 생성되는 현상을 잡았다. 리튬메탈전지의 음극소재로 쓰이는 구리 박막을 얇은 탄소섬유로 대체했다. 탄소섬유는 종잇장 같은 형태로 탄소 단섬유 위에 무기 나노입자인 비결정질 탄소와 탄산나트륨으로 표면 처리를 한 것이다.

출처 : 동아사이언스/일부인용

상식UP! Quiz

문제 전고체배터리는 배터리 내부에 차 있는 전해질을 고체로 만드는 것이다.

O / X

해설 전고체배터리는 배터리 내부의 전해질을 액체 대신 고체로 만드는 것이다. 액체 전해질에 비해 안정적이고 폭발 위험이 적다.

답 O

148 그래핀

꿈의 신소재가 떴다!

'꿈의 나노물질'이라 불리는 그래핀(Graphene)은 탄소원자들로 이루어진 아주 얇은 막으로, 활용도가 매우 뛰어납니다. 탄소섬유의 소재로 잘 알려져 있으며 탄소를 육각형의 벌집 모양으로 층층이 쌓아올린 구조로 이루어져 있지요. 흑연에서 스카치테이프를 붙였다 떼면 접착력으로 그래핀을 떼어낼 수 있다고 합니다. 이러한 그래핀은 구리보다 100배 이상으로 전기가 잘 통하고 실리콘보다 100배 이상 전자를 빠르게 이동시킵니다. 또한 강도는 강철보다 200배 이상 강하고, 열전도성은 다이아몬드보다 2배 이상 높죠. 탄성 역시 매우 뛰어나서 늘리거나 구부려도 고유의 성질을 잃지 않아 활용도가 아주 높습니다.

2010년 안드레 가임 교수와 콘스탄틴 노보셀로프 교수가 '2차원 물질 그래핀에 대한 물리적 박리법'으로 노벨물리학상을 수상한 바 있습니다. 그만큼 그래핀은 뛰어난 신소재로 꼽히고 있으며 그 연구는 매우 큰 의미를 지닌다고 볼 수 있죠. 그래핀의 가장 큰 장점은 늘이거나 접어도 전기 전도성을 잃지 않는다는 것입니다. 따라서 그래핀을 이용하면 휘어지는 액정화면을 구현하는 것은 물론, 손목시계 모양의 휴대전화를 만드는 등 다양하게 활용할 수 있습니다.

꿈의 신소재 그래핀 – 접히는 모니터

그래핀은 셀로판지처럼 얇은 두께의 컴퓨터 모니터나 시계처럼 찰 수 있는 휴대전화, 종이처럼 접어 지갑에 넣고 휴대할 수 있는 컴퓨터 등을 만들 수 있는 소재로 큰 기대를 받고 있다.

그래핀 OLED 원리

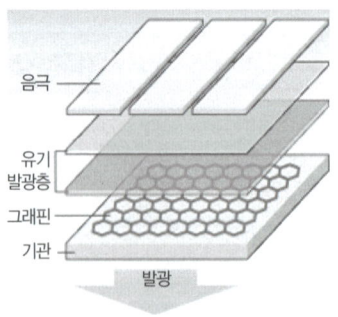

〈출처 : 연합뉴스〉

정치·**경제**·사회·국제·문화·미디어·**과학**·IT·스포츠

'꿈의 물질' 그래핀 반도체 상용화 가능성 열려

탄소나노물질인 '그래핀'에서 반도체 핵심 특성이 확인돼 작고 빠른 반도체 전자소자의 개발 가능성이 열렸다. 교육과학기술부와 한국연구재단은 김근수 로렌스버클리 국립연구소 박사와 염한웅 포항공대 교수가 참여한 연구팀이 그래핀에서 반도체 핵심특성인 '터널링 다이오드 효과'를 발견해 그래핀이 고속소자로 쓰일 수 있다는 사실을 확인했다고 밝혔다. 그래핀은 흑연의 표면층을 떼어낸 탄소나노 물질로 철보다 단단하면서도 유연하고 전기가 잘 통해 실리콘을 대체할 수 있는 '꿈의 물질'로 불린다.

그러나 그래핀에는 전자의 에너지 차이인 밴드갭이 없고 나노물질에 전압을 걸면 전자가 빠른 속도로 흐르는 터널링 다이오드 효과를 접목하기도 어려워 반도체 소자로 이용하기에는 한계가 있었다. 연구팀은 2층으로 배열한 그래핀에 수직으로 전기장을 걸고 뾰족한 나노 침으로 그래핀을 통과하는 전기신호를 조사하는 방법으로 손쉽게 터널링 다이오드 효과의 대표적인 특성인 '부저항'을 유도해냈다. 이 실험을 통해 그래핀에서 전압이 증가해도 전류는 감소하는 부저항이 확인됨에 따라 얇고 작은 반도체 소자를 만들 길이 열렸다.

출처 : 연합뉴스/일부인용

상식UP! Quiz

문제 다음 신문기사의 빈칸에 들어갈 내용으로 적절한 것은?

> 국내 연구팀이 수억원대의 투과전자현미경 없이도 (　　)의 조각 경계면을 광학현미경으로 관찰할 수 있는 방법을 개발하여 네이처지에 발표했다. (　　)은/는 연필심에 쓰이는 흑연 등에서 추출할 수 있는 물질로, 두께가 얇고 전기 전도성이 뛰어나 휘어지는 디스플레이를 구현하는 데 활용할 예정이다.

① 탄소나노튜브　　　　② 풀러렌
③ 인조흑연　　　　　　④ 그래핀

해설 꿈의 신소재라고 불리는 '그래핀'에 대한 설명이다.

답 ④

149 누리호

대한민국, 우주강국의 반열에 오르다

한국형 발사체 누리호(KSLV-Ⅱ)에 실린 성능검증위성과 위성모사체가 2022년 6월 21일 2차 발사에서 궤도에 안착했습니다. 이로써 대한민국은 세계 7번째로 1톤(t) 이상인 실용적 규모의 인공위성을 우주발사체에 실어 자체기술로 쏘아올린 우주강국의 반열에 올랐죠.

누리호는 오후 4시 전남 고흥군 나로우주센터에서 발사돼 성능검증위성과 위성모사체 분리를 성공적으로 마쳤습니다. 누리호 위성모사체와 성능 검증위성은 계획대로 지표면 기준 700km 고도에서 초속 7.5km의 속도로 지구 주위를 돕니다. 누리호는 순수 국내기술로 설계·개발된 한국 최초의 우주발사체인데요. 앞서 2013년 3차 발사에 성공한 나로호(KSLV-Ⅰ)는 2단만 국내기술로 개발됐고 1단은 러시아에 의존했습니다. 이와 달리 발사에 성공한 누리호는 위성을 쏘아올린 75t급·7t급 액체연료 엔진부터 발사체에 탑재된 위성을 보호하는 덮개인 페어링에 이르기까지 핵심기술과 장비 모두 국내 연구진이 개발한 것입니다. 특히 향후 대형·소형 발사체 개발에 지속적으로 활용할 수 있는 75t급 엔진의 성능을 성공적으로 입증함에 따라 향후 진행될 우주개발의 발판을 만들었다는 평가가 나왔습니다. 해당 엔진은 1단에 엔진 4기가 '클러스터링'으로 묶여 마치 하나의 300t 엔진처럼 작동했고, 2단에는 1기가 쓰였습니다.

발사 하루 뒤인 22일 새벽에는 누리호에 실려 궤도에 오른 성능검증위성과 지상국 사이의 쌍방향 교신도 성공적으로 이뤄졌습니다. 누리호 발사 성공과 위성의 궤도 안착에 이어 쌍방향 교신을 통해 위성의 정상작동까지 확인됨에 따라 우리나라는 실용위성 자체발사 역량을 완벽하게 갖추게 됐죠. 성능검증위성은 발사체인 누리호의 궤도 투입성능을 검증하기 위해 국내 기술로 제작된 위성으로 임무수명기간인 2년 동안 지구 태양동기궤도에서 하루에 약 14.6바퀴 궤도운동을 하도록 설계됐으며, 한 달간 초기 운영기간을 거친 후 본격적인 임무를 수행하게 됐습니다.

정치·경제·사회·국제·문화·미디어·**과학·IT**·스포츠

한화, 누리호 기술이전 받는다 …
'한국판 스페이스X' 탄생할까

한화에어로스페이스가 앞으로 한국항공우주연구원과 한국형발사체 **누리호**(KSLV-Ⅱ)를 4차례 발사하고 설계·제작·발사 기술을 이전 받는다. 한화에어로스페이스는 한국항공우주산업(KAI)과 정부 입찰 경쟁에서 치열한 접전을 펼친 끝에 우선협상대상자로 선정됐다. 과학기술정보통신부는 "우주발사체사업추진위원회를 개최해 기술능력평가 결과에 대해 사전 검토했으며, 우주개발진흥실무위원회에선 체계종합기업 선정 과정 전반에 대한 검토 및 심의를 진행했다"며 "심의 결과 기술능력 점수와 입찰가격 점수를 합산해 고득점을 받은 한화에어로스페이스가 우선협상대상자로 확정됐다"고 밝혔다. 정부의 체계종합기업 선정은 누리호 설계·제작·총조립·발사 등 기술 전 과정을 민간에 이전하기 위한 목적이다. 한국도 미국항공우주국(NASA)이 과거 기술 공유를 통해 스페이스X와 같은 우주 기업을 만든 것처럼, 점진적 기술이전으로 우주 산업을 조성한다는 계획이다.

출처 : 머니투데이/일부인용

상식UP! Quiz

문제 2022년 6월 누리호에 실려 발사된 실용위성의 무게는 1톤 이하이다. ㅇ / ×

해설 누리호에 실려 발사된 성능검증위성의 무게는 1톤 이상이며, 이로써 우리나라는 1톤 이상의 실용위성을 쏘아 올려 궤도에 안착시킨 일곱 번째 나라가 되었다.

답

150 소형모듈원자로

에너지 위기의 대안이 될까?

소형모듈원자로(SMR, Small Modular Reactor)는 쉽게 말해 작은 규모의 원자력발전소를 말합니다. 현재의 원자력발전은 '핵분열' 에너지를 주로 이용합니다. 기존의 대형 원전은 핵분열 발전과정을 위해서 원자로와 증기발생장치, 냉각제 펌프 등 갖가지 장치가 각각의 설비로서 설치돼야 합니다. '모듈'이라는 단어에서 알 수 있듯이 SMR는 이 장치들을 한 공간에 몰아넣어 크기를 대폭 줄일 수 있죠. 하지만 발전용량도 300MW(메가와트) 정도로 적은데요(대형 원전은 1,000~15,000MW). 그렇다면 크기도, 발전용량도 작은 SMR이 주목받는 이유는 무엇일까요?

SMR의 장점 중 하나는 대형 원전에 비해 방사능유출 위험이 적다는 것입니다. 원전의 중심에는 핵연료인 방사능물질이 들어가는 '노심'이 있는데요. 방사능물질이 핵분열하며 노심에 많은 열이 발생하는데 이를 냉각제로 식혀주는 게 중요합니다. 노심이 과열되면 결국 녹아내리는 '노심 용융'이 일어나게 되고, 방사능물질이 유출되는 재앙이 터질 수 있죠. 대형 원전에서는 보통 열을 식히기 위해 배관을 설치하고 바닷물을 끌어오는데, 이 배관이 파손되면서 방사능이 유출될 위험도 있습니다. 하지만 배관을 쓰지 않는 SMR은 노심이 과열되면 아예 냉각수에 담가버릴 수 있죠. 과열될 만한 설비의 수 자체도 적고, 나아가 원전 크기가 작은 만큼 노심에서 발생하는 열도 낮아 대형 원전에 비해 식히기도 쉽습니다.

또 하나의 장점은 굳이 강물이나 바닷물을 끌어올 필요가 없기 때문에 입지를 자유롭게 고를 수 있다는 겁니다. 우리나라 원전의 위치를 살펴보면 모두 해안가 근처에 있는데, 냉각수인 바닷물을 쉽게 끌어오기 위함입니다. 반면 냉각수가 비교적 적게 필요한 SMR은 내륙에도 건설할 수 있죠. 또 공산품처럼 모듈 안에 들어갈 각 설비를 공장에서 제조한 다음 건설장소에 옮겨 조립할 수 있어 건설기간이 짧고 비용도 적게 든다고 합니다. 뿐만 아니라 출력조절이 가능해 유연하고 융통성 있는 발전이 가능하다는 것도 SMR의 장점 중 하나입니다.

그러나 아무리 작다 해도 원전은 원전이기 때문에 각종 사고와 방사능유출 가능성을 아예 배제할 순 없습니다. 또 발전용량이 적으니 대형 원전과 맞먹으려면 그만큼 많이 지어야 할 텐데, 결국 비용이 추가로 드는 것은 매한가지라는 주장도 있죠. 원전의 크기가 작아진 만큼 건설단가도 높고, 입지선정이 자유롭다고 해도 많은 SMR을 수용하려면 결국엔 한계가 있을지 모릅니다. 이러한 이유로 SMR이 진정으로 에너지 위기의 대안이 될지는 지켜봐야 합니다. 이와 함께 정말 안전하고 효율 높은 신재생에너지를 개발하는 것도 시급합니다.

🔍 정치·경제·사회·국제·문화·미디어·**과학**·IT·스포츠

혁신형 SMR 기술개발 본격시동

정부가 민관합동으로 차세대 원전기술인 혁신형 **소형모듈원자로**(i-SMR)와 해양용 용융염원자로(MSR) 기술개발을 본격 추진한다고 밝혔다. 2026년까지 SMR 표준설계 신청을 완료하고 최종적으로 2028년 인가를 마무리한다는 계획이다. SMR은 발전규모가 300MW 이하로 원자로와 증기발생기 등이 원자력 압력용기에 함께 담겨 있는 일체형 원전을 말한다. 대형 원전보다 안전하며 건설기간이 짧고 비용도 덜 든다는 이점이 있다. 특히 i-SMR은 중대한 사고의 발생 가능성이 10억년에 1회 미만으로 현재 신형원전 대비 1,000배의 안전성을 목표로 한다.

출처 : 매일경제/일부인용

상식UP! Quiz

문제 다음 중 발전용량 300MW급의 소형원자로를 뜻하는 용어는?
① RTG
② SMR
③ APR+
④ BWR

해설 SMR은 발전용량 300MW급의 소형원자로로서 차세대 원전으로 떠오르고 있다. 대형 원전에 비해 크기는 작지만, 그만큼 빠른 건설이 가능하고 효율이 높다.

답 ②

151 챗GPT

AI 챗봇 전쟁이 시작됐다

챗GPT(ChatGPT)는 인공지능 연구재단 오픈AI(Open AI)가 개발한 대화 전문 생성형 인공지능 챗봇입니다. 사용자가 대화창에 텍스트를 입력하면 그에 맞춰 대화를 나누는 인공지능 서비스죠. 초기에는 오픈AI가 직접 개발한 대규모 인공지능 모델 'GPT-3.5' 언어기술을 기반으로 했습니다. 챗GPT는 인간과 자연스럽게 대화를 나누기 위해 수백만개의 웹페이지로 구성된 방대한 데이터베이스에서 사전 훈련된 대량생성 변환기를 사용하고 있죠. 또 사용자가 대화 초반에 말한 내용을 기억해 답변하기도 합니다. 다만 GPT-3.5 기술 하에서는 이미지를 인식하거나 생성하는 것은 불가능했는데요. 2024년 새롭게 공개된 GPT-4o에서는 더욱 향상된 성능을 갖추고 이미지 생성 기능도 추가되어 많은 이들을 놀라게 했습니다.

챗GPT가 학습기술을 활용해 MBA와 로스쿨, 의사면허 시험에 합격했다는 소식에 이어 소설이나 논문, 기사 등의 문서작성까지 가능하다는 사실이 알려지면서 출시 2개월 만인 2023년 1월에 이미 사용자가 1억명을 돌파했죠. 챗GPT가 선풍적인 인기를 끌면서 유수의 IT기업들도 각자의 인공지능 기술을 이용해 생성형 AI 챗봇 서비스를 개발·출시하기 시작했습니다. 2023년 2월 마이크로소프트가 챗GPT기술을 탑재한 검색엔진 '빙(Bing)'의 새 버전을 내놓자 구글은 AI 챗봇 검색서비스 '바드(Bard)'를 부랴부랴 출시하기도 했습니다.

챗GPT는 침체에 빠진 글로벌 반도체업계에 활기를 불어넣을 새로운 수요처로도 주목받았습니다. 그러나 한편으론 과제도 많이 남아 있죠. 대표적으로 저작권과 관련한 문제가 있는데요. AI가 데이터베이스를 기반으로 정보를 대량으로 학습하는 과정에서 기존의 저작물이 무단으로 이용될 수 있기 때문입니다. 이로 인해 저작물의 독창성과 고유성을 둘러싼 저작권과 표절문제를 재정의하는 과정이 필요하다는 의견이 대두되고 있죠. 현재의 저작권법에서 '저작자'는 인간만 인정하고 있어 챗GPT가 쓴 소설을 그대로 낸다고 해도 저작권법 위반에 해당하지는 않습니다. 그러나 챗GPT와 같은 생성형 AI가 진화를 거듭하면서 인간과 비슷하거나 혹은 그것을 뛰어넘는 수준의 창작물을 만들어낼 수 있게 되면 AI의 창작물에 대한 저작권 인정문제는 첨예한 쟁점의 대상이 될 수 있습니다.

🔍 정치・경제・**사회**・국제・문화・미디어・과학・**IT**・스포츠

저작권 시비에 위조범죄 악용 우려까지 … 논란 휩싸인 챗GPT

"오픈AI사 역사상 가장 인기 있는 제품 출시 중 하나가 될 것으로 기대된다." 미국의 IT 온라인매체 테크크런치가 오픈AI가 내놓은 '챗GPT-4o' 모델을 두고 한 평가다. 챗GPT-4o 모델은 지브리풍 그림 만들기 유행을 타고 급속도로 가입자 수를 늘렸다. 오픈AI는 출시 후 열흘간 1억 3,000만명이 넘는 사용자가 7억개 이상 이미지를 생성했다고 밝혔다. AI 도구 중에서 이미지 생성 기능이 처음 나온 것은 아니나, 챗GPT-4o를 통해서는 텍스트 생성과 이미지 생성을 한꺼번에 하나의 도구 안에서 할 수 있게 됐다는 점에서 차원이 다른 발전으로 평가된다. 하지만 지브리풍 그림 생성이 대유행하면서 논란도 촉발됐다. 소셜미디어에 지브리풍 AI 이미지를 검색하면 나오는 그림 중에는 지브리 애니메이션에서 다뤄질리 없는 여성의 신체를 성적으로 과도하게 부각한 그림이나 전쟁미화 이미지 등도 상당하다. 테크크런치는 지브리 팬 커뮤니티에서 AI 이미지 게시를 강력 금지하고 있다며 "이들은 AI로 생성된 복제품을 아이콘적 예술가에 대한 오마주로 보지 않으며, 오히려 생성형 AI모델들이 아티스트의 저작권이 있는 이미지로 학습됐으며 자신의 작품을 그런 방식으로 사용하라고 허가를 준 적이 없다고 주장한다"고 전했다. 또 "이번 사태는 AI 기술의 발전과 창작자의 권리 사이에서 발생하는 충돌을 여실히 보여준다"며 "앞으로 AI 기술이 발전함에 따라 저작권, 예술적 가치, 창작의 본질에 대한 더 깊은 질문을 계속해서 불러일으킬 것으로 보인다"고 했다.

출처 : 세계일보/일부인용

상식UP! Quiz

문제 챗GPT는 구글이 개발한 대화형 인공지능이다.   O / X

해설 챗GPT는 인공지능 연구재단 오픈AI가 개발한 대화 전문 생성형 인공지능 챗봇이다.

답 ✕

152 저궤도 위성통신

그냥 인공위성과는 달라!

한국항공우주연구원에 따르면 2020년을 기준으로 우주에서 지구를 돌고 있는 전 세계의 인공위성은 2,666개라고 합니다. 뿐만 아니라 매년 150기가 넘는 위성들이 우주로 나가고 있죠. 인공위성은 지구의 자기장이나 기상을 관측하는 과학 연구용으로 쓰이기도 하고, 군사 정보를 수집하는 역할도 합니다. 또한 전자통신을 주목적으로 하는 위성들도 있는데요. 사실 기존에 운용되던 위성통신은 이용하려면 가격도 비싸고 속도도 빠르지 않으며 망을 구축하는데도 큰 비용이 소모되었습니다. 우선 인공위성을 하나 쏘아 올리는데 만도 어마어마한 돈이 들어가니까요.

이러한 단점을 보완하기 위해 고안된 것이 저궤도 위성통신입니다. 말 그대로 지상에서 200~2,000km인 지구의 저궤도를 도는 위성인데요. 낮은 궤도를 도는 만큼 데이터를 송수신하는 시간도 짧아지고, 지구를 더 빠르게 돌 수 있으며 통신망 운용에 소요되는 비용도 내려갑니다. 또 기지국이 지상이 아닌 하늘에 있어 어디서나 데이터 중계가 가능한데요. 다만 위성을 더 촘촘하게, 또 더 많이 배치해야 한다는 단점이 있긴 하죠.

그런데 일론 머스크가 설립한 미국의 우주기업 스페이스X는 2020년대 말까지 무려 4만 2,000개에 달하는 군집위성을 궤도에 올려 통신망을 구축한다는 계획을 내놓았습니다. '스타링크(STARLINK)'라고 불리는 이 사업을 진행하면서 스페이스X는 실제로 2022년 1월까지 약 1,800개의 저궤도 위성을 쏘아 올렸고, 미국을 비롯한 일부 국가에서 이미 통신 서비스를 제공하고 있습니다. 이들은 획기적인 방법으로 무수한 위성을 발사시키고도 비용을 절감할 수 있었는데요. 바로 재사용이 가능한 발사체를 개발한 덕분입니다.

통상 인공위성이든 탐사선이든 발사체 즉 로켓에 실려 우주로 나아가야 합니다. 그리고 로켓에서 분리되어 목적지로 향하게 되는 것이죠. 기존의 로켓은 위성을 분리한 뒤 버려졌지만, 스페이스X가 개발한 로켓 '팰컨 9(Falcon 9)'은 발사되어 위성을 궤도에 올린 후 다시 지구로 착륙할 수 있습니다. 무려 수직 착륙이 가능하다고 하는데요. 이 기술로 위성 발사에 따르는 비용을 절감할 수 있었죠. 스페이스X는 앞으로도 꾸준히 저궤도 위성을 올려 전 세계 어디서든 1Gbps의 통신 속도가 가능하도록 한다는 계획입니다. 한편 저궤도 위성통신이 향후 통신기술의 첨단화를 가능케 한다는 전망에 세계의 여러 기업들도 경쟁에 뛰어들고 있습니다.

🔍 정치 · 경제 · 사회 · 국제 · 문화 · 미디어 · **과학** · IT · 스포츠

한화, 저궤도위성으로 '한국형 스타링크' 노려

정부가 5G 28GHz 주파수 대역을 쓰는 **저궤도 위성통신** 시장을 열어줄 계획인 가운데 한화시스템이 이 시장에 진출해 기간통신사업자 지위 확보에 나선다. 한화시스템이 지분투자를 한 영국 위성통신 사업자 원웹과 협력하는 동시에, 최근 정부로부터 한국형 발사체 체계종합 사업자로 선정된 한화에어로스페이스와 연계해 '한국형 스타링크' 서비스를 펼칠 것으로 보인다. 과학기술정보통신부는 저궤도 위성통신사업자 허가기준과 주파수 사용 승인방식을 담은 가이드라인을 검토해 내놓을 계획이다. 이에 따라 유 · 무선 통신사업자에 이어 위성통신사업자가 기간통신사업자로 추가 등록될 전망이다. 해외에서는 이미 미국 스페이스X와 영국 원웹 등이 저궤도 위성통신을 확보해 경쟁에 나서고 있다. 우리 정부도 저궤도 위성통신 서비스 관련 기준을 만듦으로써 관련 기업들이 진출할 수 있도록 열어줄 계획이다.

출처 : 디지털타임스/일부인용

상식UP! Quiz

문제 저궤도 위성통신망은 앞으로의 6세대 이동통신 기술의 핵심으로 평가받는다.

○ / ×

해설 기존 5세대 이동통신(5G)보다 수십 배 더 빠를 것이라 알려진 6세대 이동통신(6G)은 그 데이터 이동량과 속도를 감당하기 위해 저궤도 위성통신망 구축이 필요할 것으로 전망됐다.

답 ○

153 빅데이터

세상을 보는 거대한 눈

우리가 평상시 영위하는 모든 것과 우리의 행보, 마지막으론 우리 그 자체가 정보가 됩니다. 그리고 기업이나 정부 같은 누군가는 이렇게 기록된 우리의 데이터를 모아 분석하고 활용하는데요. 온라인상에서 이루어지는 거래와 사회활동이 활발해지면서 우리가 생성하는 데이터의 양도 폭발적으로 증가하고 있습니다. 그 데이터에는 단순한 거래 기록 같은 정형적 데이터도 있겠지만, 사진이나 음성, 영상처럼 비정형적인 것들도 있죠. 데이터의 총량뿐 아니라 유형도 다양해지면서 기존의 단순한 방식으로는 데이터를 다루기 힘들어졌습니다. 그래서 사람들은 이 다루기 버거운 '빅데이터'에 주목하기 시작했는데요. 다루기는 어려워도 그것이 분명히 이곳저곳에 쓸모가 많다는 것을 깨달았기 때문입니다.

빅데이터는 이른바 '5V'라는 다섯 가지 특징을 가지고 있습니다. 규모(Volume)와 다양성(Variety), 속도(Velocity)와 함께 최근에는 정확성(Veracity)과 가치(Value)가 거론됩니다. 일단 총량이 커야 하고, 다양한 유형으로 이루어져야 하며, 데이터를 수집하는 속도도 거의 실시간으로 이루어져야 하죠. 또한 데이터가 정확하게 현실을 반영해야 하고, 이용할만한 가치가 있어야 합니다. 이러한 빅데이터는 주로 기업들의 비즈니스 모델 구축과 마케팅에 이용되고 있는데요. 빅데이터를 새로운 유전이라고 부르는 것은 한계를 모르고 진화하는 정보화 사회에서 기업 간 경쟁에서 살아남기 위해 필수불가결한 요소이기 때문입니다. 고객들의 정보가 넘쳐흐르는 빅데이터는 기업들이 보석을 캐내는 광산이자 중대한 도전과제가 되었습니다. 빅데이터는 단순히 그 크기가 중요한 것이 아니라 상술한 정형·비정형 등 모든 유형의 정보를 이용하는 것이 핵심이죠. 고객을 끌어들이기 위해 빅데이터 안에 수록된 갖가지 정보를 분석하는 것입니다. 실제로 기업들은 빅데이터를 분석해 고객의 성향을 파악하고 마케팅에 활용하기 위한 다양한 용도로 사용하고 있습니다.

🔍 정치・**경제**・사회・국제・문화・미디어・과학・**IT**・스포츠

온라인 소상공인 매출 20배 올리는 방법, 빅데이터에 있다

"스토어링크 솔루션을 통해 매출이 10~20배 증가한 업체들이 다수 나왔습니다." 정용은 대표가 말한 창업 이후 약 2년 반 동안 이룬 성과의 한 대목이다. 스토어링크는 이커머스의 오픈마켓에 특화된 **빅데이터** 분석과 마케팅 솔루션을 제공한다. 코로나19를 거치며 이커머스에 입점한 중소상공인들의 경쟁이 치열해졌다는 점을 감안하면, 매출 20배 증가를 이끌었다는 것은 눈에 띄는 성과다. 온라인 기반 비즈니스를 하는 많은 이들의 관심이 쏠릴 수 있는 부분이기도 하다. 정 대표는 "기존에는 이커머스 입점 기업들의 마케팅이 포털이나 SNS 광고 등에만 초점이 맞춰져 있었는데, 다양한 방법으로 소비자들의 구매가 일어난다는 점에 주목했다"고 말했다. 스토어링크는 빅데이터로 소비자 구매 패턴을 분석해 매출로 연결되는 다양한 루트를 확인하는 기술을 보유하고 있다.

출처 : 아시아경제/일부인용

상식UP! Quiz

문제 빅데이터는 '5B'라는 다섯 가지 특징을 가지고 있다. ｜ O / X ｜

해설 빅데이터는 '5V'라는 다섯 가지 특징을 가지고 있다. 규모(Volume)와 다양성(Variety), 속도(Velocity), 정확성(Veracity)과 가치(Value)가 이에 해당한다.

답 X

154 NFT

거품인가, 혁신인가

NFT(Non-Fungible Token, 대체불가토큰)는 가상화폐와 같은 일종의 가상자산입니다. 그러나 보통의 가상화폐와는 달리 상호교환이 불가능하죠. 각각의 NFT가 저마다 고유한 가치를 가지고 있어 서로 대체할 수 없는 것입니다. 고로 대체불가토큰이라는 이름이 붙었는데요. 블록체인 기술에 바탕을 둔 이 NFT는 삭제나 수정을 하는 등의 위·변조를 할 수 없고 모든 거래 내역이 저장되어 누구나 투명하게 이 기록들을 열람할 수 있습니다. 이러한 NFT를 다른 디지털 재화 또는 자산에 부여하면 해당 재화·자산에 대한 희소성을 인정받게 되죠. 동시에 무단 복제도 불가능해져 원본 재화·자산만이 가진 고유한 가치를 보장받을 수 있습니다. 다시 말해 NFT는 디지털 재화를 온전히 나만 소유하고 있다는 일종의 공식 인증서가 되는 셈입니다. 가령 레오나르도 다빈치의 걸작 '모나리자'의 사진을 찍은 후 이를 컴퓨터에 넣어 디지털 파일로 변환하고 NFT를 부여하면 그 '모나리자 사진'은 고스란히 나의 소유가 됩니다. 물론 '모나리자'의 진품은 아니지만 적어도 내가 찍은 사진이 진품임을 인정받고 시장에 넘겨 수익을 얻을 수 있는 것이죠.

NFT는 대부분 온라인 경매로 거래되는데 주로 디지털 아트나 게임 아이템, 한정 상품 거래를 중심으로 시장이 성장했습니다. 특히 예술품은 NFT로 변환하기 여러모로 용이한데, 희소성 있는 진품임을 인정받기 수월하고 실물과 달리 보관하기도 편하며 온라인으로 거래가 이루어진다는 점에서 자유롭습니다. 이러한 특수성 때문에 NFT로 거래될 수 있는 디지털 재화는 무궁무진합니다.

한편 게임업계에서는 이 NFT를 새로운 수익 모델로 창출하기 위한 시도를 하고 있는데요. 게임 안에 존재하는 아이템이나 영상, 콘텐츠 등의 지식재산권에 NFT를 접목시켜 매매가 가능하도록 한다는 것입니다. 이들은 이것을 'Play to Earn' 즉, '게임을 하며 돈을 번다'는 말로 설명했습니다. 게임업계는 게임을 하며 얻는 아이템에 NFT를 붙여 시장에서 거래할 수 있는 가상화폐로 환전할 수 있도록 한다는 계획입니다. 이 과정에서 유저는 게임사에 수수료를 지불해야 합니다. 그러나 우리나라에서는 법률상 환금성과 사행성이 있다고 판단되어 현재로서는 이 시스템을 서비스 할 수 없습니다.

> 🔍 정치 • **경제** • 사회 • 국제 • 문화 • 미디어 • 과학 • **IT** • 스포츠
>
> ## "NFT, 富의 기득권 바꾸는 기폭제 될 것"
>
> "소수 인원이 호가를 부르던 예술품·자산 경매 시장이 NFT의 등장으로 수백만명이 참여하는 시장으로 바뀌고 있습니다. NFT는 앞으로 부의 기득권을 바꾸는 기폭제가 될 겁니다." '한경 글로벌마켓 콘퍼런스 NYC'엔 세계 NFT 대가들이 한자리에 모였다. 세계에서 가장 큰 NFT 프로젝트를 이끄는 기업 외에 세계 최대 블록체인 전문 매체, 글로벌 1위 미술품 경매회사 고위 인사들이 NFT 미래에 대해 열띤 토론을 벌였다. 이들은 "NFT가 미술품 투자뿐만 아니라 부동산 거래, 기업 마케팅 등 실물경제에 광범위하게 영향을 미쳐 사람들의 일상생활을 바꿔놓을 것"이라고 예상했다. 앞으로 시장 상황이 어려워도 독창성과 탄탄한 스토리텔링으로 무장한 NFT는 빛을 발하게 될 것이라는 점에 의견을 같이했다.
>
> 출처 : 한국경제/일부인용

상식UP! Quiz

문제 NFT는 블록체인 기술을 바탕으로 한다.

해설 NFT(대체불가토큰)는 블록체인 기술을 바탕으로 하고 있어, 위·변조가 불가능하고 거래내역을 투명하게 볼 수 있다.

답 ○

155 가상인간

IT 시장의 블루칩

2021년 7월 국내의 한 금융사 광고에 등장한 모델이 큰 화제를 모았습니다. 모델의 이름은 '로지'. 그러나 로지는 사람이 아니었죠. 그는 한 기획사의 스튜디오에서 컴퓨터 그래픽과 인공지능으로 제작한 가상인간이었습니다. 이러한 사실이 알려지자 사람들은 놀라워했는데요. 로지의 외모와 표정, 춤사위가 실제 사람처럼 자연스러웠기 때문입니다. 이런 가상인간들을 우리는 이제 흔하게 접할 수 있죠. 광고부터 이들이 출연하는 무대와 음반까지 우리와 동일한 세계를 살아가는 셀러브리티(Celebrity)처럼 존재하고 있습니다. 많은 기업들이 마케팅을 위해 이 가상인간들을 적극적으로 기획·개발하는 중입니다. 가상인간 제작업체에서는 이들의 SNS계정을 개설해, 실제 사람처럼 꾸민 일상을 게시합니다. 그래서 가상인간들은 '가상인플루언서'로도 활동하고 있는데, 게시물을 구독하는 사람들의 숫자도 만만치 않습니다.

가상인간의 외형은 3D 모델링을 통해 만들어집니다. 단순히 얼굴과 신체의 겉면을 만드는 것이 아니라, 골격부터 근육, 피부까지 섬세하고 조직적으로 빚어냅니다. 또한 실제 사람의 몸동작과 표정을 캡처하고 반영해서 조잡한 로봇의 움직임이 아니라 자연스럽게 동작하도록 만들죠. 물론 신체의 모든 부분이나 의상, 그 질감까지 구현하기 위해서는 엄청난 비용이 들기 때문에 얼굴 부분만 제작하고 실제 사람의 이미지에 덧씌우는 경우도 있습니다. 여기에 인공지능이 주입돼 스스로의 목소리를 갖고 감정을 내보일 수 있게 됐죠. 현재의 가상인간은 인공지능을 시각화한 것으로도 볼 수 있습니다.

기업들이 가상인간을 모델로 선호하는 이유는 무엇보다 리스크가 적기 때문입니다. 실제 사람을 모델로 기용할 경우 모델이 사고를 일으키거나 사회적 물의를 빚게 되면 광고주인 기업 입장에서도 난처할 수밖에 없죠. 그런 면에서 사회적 분란을 일으킬 염려가 없는 가상인간은 기업에겐 매력적인 존재입니다. 미디어 속에 한

정되긴 하지만 활동에 시공간적인 제약이 없다는 것도 장점인데요. 또 언제든지 외모를 재설정하는 것이 가능해 기업의 이미지를 알맞게 표현할 수 있다는 것도 특기할 만 합니다.

🔍 정치·**경제**·사회·국제·문화·미디어·과학·**IT**·스포츠

솔루션 업체도 '가상인간' 화두 '한계 없다'

가상인간은 메타휴먼, 즉, 증강 공간에서 사용자와의 상호작용이 가능한 인공지능(AI) 캐릭터를 의미한다. 국내에도 '로지', '샘'과 같은 가상 인플루언서들이 방송, 교육, 금융, 유통 등 국내 산업 현장의 다양한 업종으로 빠르게 확산 중이다. 글로벌 시장조사업체 이머진리서치에 따르면 2020년 약 12조 5,000억원이던 전 세계 가상인간 시장 규모는 2030년 50배가 넘는 약 659조 4,750억원에 이를 것으로 전망했다. 가상인간은 이미 많은 기업이 활용 범위를 넓히고 있는 분야다. 삼성전자와 LG전자는 각각 가상인간 '샘'과 '김래아'를 공개하며 사업을 키우고 있다. 장점은 전 세계 고객과의 소통이 용이하고, 새로운 팬덤을 형성할 수 있다는 점이다. 여기에 사람이 범할 수 있는 실수나 위험 부담도 없다. AI·가상현실(VR)·증강현실(AR) 등 관련 기술의 발전, 팬데믹 기간 비대면의 일상화와 함께 부상한 메타버스의 성장과도 맞물린다.

출처 : 프라임경제/일부인용

상식UP! Quiz

문제 현재 흔히 볼 수 있는 가상인간은 독자적인 의사표현과 감정표현이 가능하다.

O / X

해설 아직까지 가상인간들은 실제 인간이기보다는 캐릭터로 활용되며 독자적인 감정표현이 불가능하고, 사람이 정해놓은 연출대로 행동하며 그려지고 있다.

답 X

좋은 책을 만드는 길, 독자님과 함께 하겠습니다.

신문으로 공부하는 말랑말랑 시사상식 종합편

개정13판1쇄	2025년 05월 10일 (인쇄 2025년 04월 16일)
초 판 발 행	2013년 06월 20일 (인쇄 2013년 04월 09일)
발 행 인	박영일
책 임 편 집	이해욱
편 저	시사상식연구소
편 집 진 행	김준일 · 남민우
표지디자인	김지수
편집디자인	신지연 · 임창규
발 행 처	(주)시대고시기획
출 판 등 록	제10-1521호
주 소	서울시 마포구 큰우물로 75 [도화동 538 성지 B/D] 9F
전 화	1600-3600
팩 스	02-701-8823
홈 페 이 지	www.sdedu.co.kr
I S B N	979-11-383-9234-1 (13030)
정 가	18,000원

※ 이 책은 저작권법의 보호를 받는 저작물이므로 동영상 제작 및 무단전재와 배포를 금합니다.
※ 잘못된 책은 구입하신 서점에서 바꾸어 드립니다.